U0056431

新課綱想說的事：
幼兒園教保活動課程大綱的理念與發展
（第二版）

幸曼玲、楊金寶、丘嘉慧、柯華葳、蔡敏玲

金瑞芝、郭李宗文、簡淑真、林玫君　著

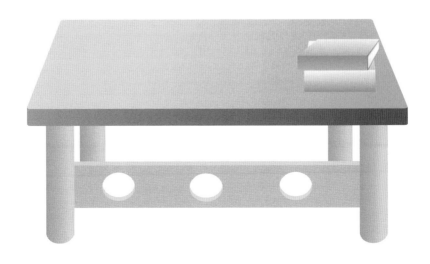

作者簡介

辜曼玲（第一章）

學歷：美國俄亥俄州立大學心理學博士
現職：臺北市立大學幼兒教育學系副教授

楊金寶（第二章）

學歷：國立中央警察大學犯罪防治博士
現職：國立臺北護理健康大學嬰幼兒保育系教授兼
　　　副校長

丘嘉慧（第三章）

學歷：國立政治大學幼兒教育博士
現職：國立清華大學幼兒教育學系助理教授

柯華葳（第三章）

學歷：美國華盛頓大學教育心理學哲學博士
現職：國立中央大學學習與教學研究所榮譽教授

蔡敏玲（第四章）

學歷：美國伊利諾大學香檳校區幼兒教育博士
現職：國立臺北教育大學幼兒與家庭教育學系教授

金瑞芝（第五章）

學歷：美國德州大學奧斯汀分校課程與教學幼兒教育博士
現職：臺北市立大學幼兒教育學系教授

郭李宗文（第六章）

學歷：美國北科羅拉多大學幼兒教育博士
現職：國立臺東大學幼兒教育學系教授

簡淑真（第六章）

學歷：美國俄亥俄州立大學幼兒教育博士
經歷：國立臺東大學幼兒教育學系教授

林玫君（第七章）

學歷：美國亞歷桑那州立大學課程與教學幼兒教育博士
現職：國立臺南大學戲劇創作與應用學系教授兼藝術學院院長

二版序

　　2016 年 12 月 1 日下午 4 點 37 分，我的手機收到了一則訊息：「老師，發布正綱了！發布正綱了！！！」連續的驚嘆號，掩不住傳訊者的喜悅。而我，也立刻點開連結的網站：「修正『幼兒園教保活動課程暫行大綱』，名稱並修正為『幼兒園教保活動課程大綱』，並自中華民國一百零六年八月一日生效。」我長嘆了一口氣，終於、終於、終於正名了！

　　從 2005 年底啟動的課綱研編工作，到 2012 年發布為「幼兒園教保活動課程暫行大綱」，再到 2016 年頒布為「幼兒園教保活動課程大綱」，在這十多個年頭中，從研編、到修整、到研修，每一次都為了不同之目的而增修。2009 年第一次成形的「幼兒園教保活動與課程大綱（草案）」，內容多、字詞深，因此 2011 年修整的目標是「短小輕薄而不嚇人」，希望能更貼近現場工作者的需求。2012 年發布為暫行大綱後，第二次的研修則是更進一步強化了健康教育和性別平等教育的內涵。幾次的檢修，都是反反覆覆的推敲字詞之意義，不但要思考如何將複雜的概念簡單化，也要思考如何提醒現場工作者在課程實施時不會遺漏。參與的委員固然辛苦，但最最勞累的該是助理們。無怪乎，當我把行政院公告貼在動態消息時，第一個回應我的是遠在屏東的朱老師。朱老師當時是擔任政治大學倪鳴香教授的助理，修整過程的辛勞點滴在心頭，

「終於正名了」，真的讓大家鬆了一口氣。

從暫綱到正綱，雖然進行逐步的研修，但課綱的大架構並無改變，基本的理念也與當時研編時並無二致：依然秉持著培養幼兒各領域的領域能力及核心素養為主要目標。原本在暫行大綱總綱所使用的「六大能力」，也因應十二年國民基本教育的用詞，修整為「六大核心素養」，以利銜接。早先在課程大綱研編之初所採用的概念就是「key competence」的概念，與十二年國民基本教育思考的方向一致。核心素養指的是個體所擁有的重要知識、能力和態度。個體透過教育的歷程，擁有這些關鍵的素養，使其得以過著成功與負責任的生活，也使社會得以面對現在和未來的挑戰。在這變動的世界中，素養的培養才是面對未來的準備。

正綱的發布與實施，也意味著課程大綱的變動暫時告一段落。但是，課程大綱的研究以及課程大綱的落實則需要更多人的參與。我們的投入是為了孩子未來的福祉，我們的參與是為了孩子的將來而努力，相信這也是所有幼教人共同的願望。

幸曼玲

2017 年 9 月

初版序

　　成就一個屬於臺灣孩童的課程大綱是義不容辭、責無旁貸的神聖任務。2005年年底，我接到教育部的電話，邀請我與前教育部次長楊國賜教授共同組織團隊，研編適合幼托整合後2～6歲幼兒使用的課程大綱。當時的我支吾其詞、不置可否，內心非常遲疑，因為這是一個龐大的任務，需要投注完全的心力。雖然我過去有研編國民小學課程大綱的經驗，但這畢竟是需要團隊合作的任務，而我們的團隊在哪裡？然而，也由於我有過去課程發展的板橋經驗，對課程大綱的發展歷程有實際的體驗，因此也有捨我其誰的使命感。

　　記得是在臺灣師範大學附近的一個咖啡廳，楊次長和我就著各方的建議名單，擬定各領域的召集人。幸運的是，邀約非常順利，團隊快速組成。研編小組從研究工具的擬定、施測、整理分析，到課程大綱的擬定和實驗，共同經歷了五年時光。團隊剛組成時，陣痛在所難免，各領域自成一系，有自己的思考邏輯，不是稀奇的事；但各領域成員是否願意放棄成見、尋求共識、相互整合，卻是一項巨大的挑戰。所幸研編小組的成員願意各抒己見、相互聆聽，擔任召集人的楊次長也願意給我們足夠的討論空間，而有了現在的成果。

　　這本書主要是記錄研編小組研編課程大綱從無到有的研發過程。在過程中，有低潮、有歡笑；課程大綱也有機會在多方徵詢後來回檢視、

相互討論，彼此修正。感謝教育部願意支援人力和經費，讓研編小組可以從實徵研究做起，建立一套真正屬於臺灣幼兒的課程大綱，傲視全球。感謝楊國賜教授願意擔任我們的大家長；感謝共同打拼的好夥伴楊金寶教授、柯華葳教授、丘嘉慧教授、蔡敏玲教授、金瑞芝教授、郭李宗文教授、林玫君教授，以及各領域的團隊成員們，願意支持總綱提出的要求。也感謝在天之靈的臺東大學簡淑真教授，您對幼兒教育的貢獻讓天下孩子受惠。

　　總綱的研擬過程凝聚了多人的智慧，包括：臺灣師範大學的廖鳳瑞教授、政治大學的倪鳴香教授、臺灣師範大學的簡淑真教授，以及現在轉任淡江大學的潘慧玲教授。沒有多方經驗的挹注，成就不了現在的課程大綱。此外，也要感謝我這群無怨無悔的助理們，包括：張竣欽先生、李昭明先生、周于佩小姐、李碧玲小姐和其他人，只要我一聲令下，無論晴雨、假日，就得搬著電腦和印表機在星巴克苦心工作。最後，感謝所有參與研究施測、課程實驗的無名英雄們，有了你們，讓課程大綱更貼近現場，也更能造福幼兒。

幸曼玲

2015 年 8 月

目次

第一章　總綱 ……………………………………………… 1

第一節　「幼兒園教保活動課程大綱」的修訂背景 …………… 2

第二節　臺灣幼兒教育二十年的發展 …………………………… 4

第三節　《幼稚園課程標準》與《托兒所教保手冊》的檢討 ……… 8

第四節　世界幼兒教育課程的發展趨勢 ……………………… 14

第五節　孩子的圖像 …………………………………………… 22

第六節　立論基礎的成形 ……………………………………… 26

第七節　「幼兒園教保活動課程大綱」的發展過程 ………… 29

第八節　「幼兒園教保活動課程大綱」的特色 ……………… 46

第九節　結語 …………………………………………………… 53

第二章　身體動作與健康領域 ……………………………… 63

第一節　身體動作與健康領域的理念與內涵 ………………… 64

第二節　身體動作與健康領域的發展歷程 …………………… 79

第三節　身體動作與健康領域的轉化歷程 …………………… 98

第四節　新課綱與《幼稚園課程標準》的差異 …………… 130

第五節　身體動作與健康領域Ｑ＆Ａ ……………………… 133

第六節　結語：從疑點到據點 ……………………………… 138

第三章　認知領域 …………………………………… 145

第一節　認知領域的理念與內涵 …………………………………… 145

第二節　認知領域的發展歷程 …………………………………… 149

第三節　認知領域的轉化歷程 …………………………………… 185

第四節　新課綱與《幼稚園課程標準》的差異 ……………………… 197

第五節　認知領域 Q & A …………………………………… 197

第六節　結語 …………………………………… 203

第四章　語文領域 …………………………………… 219

第一節　語文領域的理念與內涵 …………………………………… 220

第二節　語文領域的發展歷程 …………………………………… 224

第三節　語文領域的轉化歷程：從實徵研究成果到學習指標 …… 253

第四節　新課綱與《幼稚園課程標準》的差異 ……………………… 256

第五節　語文領域 Q & A …………………………………… 260

第六節　結語 …………………………………… 263

第五章　社會領域 …………………………………… 267

序曲──未盡之言 …………………………………… 267

第一節　聚焦於社會能力 …………………………………… 268

第二節　社會領域的發展歷程 …………………………………… 276

第三節　社會領域的轉化歷程 …………………………………… 291

第四節　新課綱與《幼稚園課程標準》的差異 ……………………… 302

第五節　社會領域 Q & A …………………………………… 307

第六節　結語 …………………………………… 310

第六章　情緒領域 ⋯⋯⋯⋯⋯⋯⋯⋯⋯⋯⋯⋯⋯⋯⋯⋯⋯⋯⋯ 321

第一節　情緒領域的理念與內涵 ⋯⋯⋯⋯⋯⋯⋯⋯⋯⋯⋯⋯ 322

第二節　幼兒情緒能力指標的研究發展歷程 ⋯⋯⋯⋯⋯ 363

第三節　情緒領域的轉化歷程 ⋯⋯⋯⋯⋯⋯⋯⋯⋯⋯⋯⋯⋯ 375

第四節　新課綱與《幼稚園課程標準》的差異 ⋯⋯⋯ 379

第五節　情緒領域 Q & A ⋯⋯⋯⋯⋯⋯⋯⋯⋯⋯⋯⋯⋯⋯⋯ 381

第六節　結語 ⋯⋯⋯⋯⋯⋯⋯⋯⋯⋯⋯⋯⋯⋯⋯⋯⋯⋯⋯⋯⋯ 389

第七章　美感領域 ⋯⋯⋯⋯⋯⋯⋯⋯⋯⋯⋯⋯⋯⋯⋯⋯⋯⋯⋯ 397

第一節　美感領域的理念與內涵 ⋯⋯⋯⋯⋯⋯⋯⋯⋯⋯⋯ 397

第二節　美感領域的發展歷程 ⋯⋯⋯⋯⋯⋯⋯⋯⋯⋯⋯⋯⋯ 406

第三節　美感領域的轉化歷程 ⋯⋯⋯⋯⋯⋯⋯⋯⋯⋯⋯⋯⋯ 431

第四節　新課綱與《幼稚園課程標準》的差異 ⋯⋯⋯ 438

第五節　美感領域 Q & A ⋯⋯⋯⋯⋯⋯⋯⋯⋯⋯⋯⋯⋯⋯⋯ 441

第六節　結語 ⋯⋯⋯⋯⋯⋯⋯⋯⋯⋯⋯⋯⋯⋯⋯⋯⋯⋯⋯⋯⋯ 446

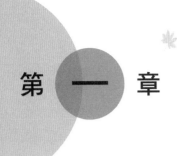

第 一 章

總　綱

辛曼玲

　　為回應社會的快速變遷、因應世界發展趨勢，2011 年立法院通過了《幼兒教育及照顧法》，確立了幼托整合的政策方向，以保障 2～6 歲幼兒接受適當教育及照顧之權利。也因著該法的通過，確立了我國學前教育中「教育與照顧合一」的具體方向，其目的為促進同年齡的幼兒都有接受相同品質教育和照顧的機會，以促進幼兒身心健全發展。

　　教育部依據《幼兒教育及照顧法》第 12 條的規定，為提供合宜的教保服務內容，達成教育與照顧的目標，特制定「幼兒園教保活動課程大綱」與《幼兒園教保服務實施準則》，以做為教保服務人員專業活動的依據。「幼兒園教保活動課程大綱」於 2012 年 10 月以暫行大綱的形式公布，爾後進一步修訂後，於 2016 年 12 月以正綱發布實施；而《幼兒園教保服務實施準則》亦於 2012 年 8 月 1 日公布（2012 年 1 月 1 日起實施），自此教保服務人員有了更明確的依據與規準。但在正綱公布之前，研編及研修小組花了超過十年的時間研編及修訂，茲將其主要背景說明如下（研修的歷程請詳見本章附錄）。

第一節　「幼兒園教保活動課程大綱」的修訂背景

　　之前，臺灣幼稚園使用的課程標準是在 1987 年頒布的《幼稚園課程標準》，至今已有二十餘年的歷史（教育部，1987）。後來，許多幼教相關的學者都建議有及早修訂《幼稚園課程標準》的必要，而教育部與內政部也在這些年陸續委託相關研究，考量幼教課程標準的修訂方向。這些研究分別是：教育部國民教育司於 1998 年所委託的「幼稚園課程標準修訂研究」（楊淑朱、王連生、盧美貴、江麗莉，1998）；2000 年的「『幼稚園課程綱要』研訂報告」（黃富順等人，2000）；2003 年的「我國五歲幼兒基本能力與能力指標建構研究」（盧美貴，2003）；2004 年內政部委託的「幼兒園零至五歲幼兒適性發展與學習活動綱要研究」（張孝筠，2004）；2005 年教育部委託的「國民教育幼兒班課程綱要研究」（盧明、廖鳳瑞，2005）；「國民教育幼兒班課程綱要之能力指標專案研究」（幸曼玲、簡淑真，2005）。這些與《幼稚園課程標準》相關的研究，在七年間從二十世紀跨越到二十一世紀，可見幼教界對新課綱的殷殷企盼。

　　在這些年間，《國民小學課程標準》修訂了兩次，但《幼稚園課程標準》的修訂卻只聞樓梯響。然而在這段時間中，幼兒教育的改革也因著國民小學教育的改革而有所不同，各個專案研究的重點也在當時的時空條件下有不同的考量，例如：2000 年的《幼稚園課程綱要》就是為了「國民中小學九年一貫課程」向下延伸而制定（黃富順等人，2000），該綱要規範了為 4～6 歲的孩子在幼稚園所應接受的課程目標、課程內容、實施要點，在設計的過程中，亦針對當時修訂課程設計的理念訂定了清楚的方針。2000 年《幼稚園課程綱要》的研擬過程中明定：(1)幼兒是自己學習經驗的主動建構者；(2)幼兒的學

習需要成人協助其統整廣博而豐富的生活內涵；(3)每個幼兒的發展速度及程度不同；(4)幼兒的學習需要的是「他人」提供學習所需的指導、示範、鼓勵、回饋（黃富順等人，2000）。

相較於 2000 年《幼稚園課程綱要》的研擬，2003 年「我國五歲幼兒基本能力與能力指標建構研究」是在國民教育向下延伸一年的思考下所制定的幼兒學習能力指標。由於 2001 年教育部於「教育改革檢討與改進會議」中決議：「考量政府財政及未來社會需求，國民教育可以向下延伸一年為優先」，之後為研擬 5 歲幼兒納入國民教育體制的相關事項，因此委託當時的臺北市立師範學院盧美貴教授進行「我國五歲幼兒基本能力與能力指標建構研究」（盧美貴，2003）。

然而在 2000 年前後，行政院因應學術界及民間的呼籲，在中央成立了跨教育部和內政部的幼托整合小組，積極研商幼托整合的可行性。但在當時，幼托如何整合、幼托年齡如何切割、年齡切割後由內政部或是教育部管轄等問題一直未有定案。在當時的氛圍下，國民教育向下延伸一年，歸教育部管轄；0～2 歲歸內政部管轄似乎是大家的共識；至於 2～6 歲幼兒該如何歸屬，卻一直懸而未決。2004 年，內政部的「幼兒園零至五歲幼兒適性發展與學習活動綱要研究」專案，就在這種情況下委託當時的國立花蓮師範學院張孝筠教授（張孝筠，2004），探究 0～2 歲和 2～6 歲的幼兒該學些什麼、領域如何分類等問題。

2004 年似乎是幼兒教育與國民教育連結的契機，政府開始重視幼兒教育，甚至考量「免費非義務的幼兒教育」之政策規劃與執行。2005 年，教育部成立幼教科專管幼兒教育相關業務。同年，教育部委託的「國民教育幼兒班課程綱要研究」（盧明、廖鳳瑞，2005）和「國民教育幼兒班課程綱要之能力指標專案研究」（幸曼玲、簡淑真，2005）兩研究，就是為了「國民教育幼

兒班」做準備。然而，2005 年 5 月，教育部和內政部共同召開會議，宣布「幼托整合」方案的執行：0～2 歲歸內政部、2～6 歲歸教育部，開啟了「幼托整合」的里程碑，而教育部也開始為幼托整合後的「幼兒園」進行各項準備工作。新課綱就在過去研究的基礎上，以及幼托整合的思維下，進行了相關研究和實驗。

第二節　臺灣幼兒教育二十年的發展

　　然而，要進行新課綱的研究，就不得不思考這二十多年來臺灣幼兒教育的發展。自從 1987 年《幼稚園課程標準》公布以來，整個臺灣幼兒教育的變化相當快速，雖然這段期間曾有許多學術單位和專業人員對課程標準的修訂投入相當多的精力和經費（幸曼玲、簡淑真，2005；張孝筠，2004；黃富順等人，2000；盧美貴，2003），可是卻遲遲無法落實於幼教現場，使法規或行政面與幼教實務面之間的落差日益擴大。

　　二十多年來，雖然法規的變動小，但幼教實務界的表現卻是風起雲湧，嘗試在以「為幼兒好」的前提下，開墾出一條條合宜的途徑。而百家爭鳴的幼教現場也隨著年代的演進，呈現了不一樣的樣貌。

　　在《幼稚園課程標準》頒布之前，不論是幼稚園或托兒所的教學型態大多是以「排排坐，吃果果」的傳統教學方式進行，幼教機構被認為是一個保護幼兒的地方，幼兒是需要被照顧的個體，且缺乏自主能力。其收托的目的在於保護幼兒，除此之外就是提供機會讓幼兒在進入小學前為學科知識的學習做好準備。雖然幼教的大環境如此，卻也不乏求新求變的園所經營者，希望藉由國外的幼教經驗，帶給臺灣社會的幼兒更好的學前教育和童年生活。

　　「發現學習」（discovery learning）大約於 1970 年引進臺灣，原來的對

象是針對國民教育階段的兒童，希望以「統整課程」的方式，讓他們獲得更佳的學習成效（高敬文，1986）。但礙於當時的教師對此理念不熟悉，使得「發現學習」難以在國小階段推動。相較之下，未受限於正式教育規範的幼兒教育反獲得發展的空間。許多幼教實務工作者願意嘗試以新的理念、不同的教學方式，期望帶給幼兒全新的學習經驗；希望在學習之餘，更能重拾他們在童年應展露出的天真笑容。當時在臺北縣的佳美幼稚園即是一例。

1974 年，佳美幼稚園跳脫傳統教學，開始進行開放式教學，也由於這樣的「巨變」，當時的家長和社會文化都很難適應，使得佳美的在園人數從四百人銳減至一百人。但當時的黃園長並不因此放棄，反而更積極利用多餘的空間，開闢成一個個學習角落。教師直接教學的內容和時間減少，取而代之的是幼兒在角落的自由遊戲（Free play）。隨後幾年的耕耘，認同這種理念的家長和老師愈來愈多，園方為了讓幼兒有更多的時間遊戲，更修改每日的作息時間表，使幼兒擁有更長的時間從事自己在角落的自由探索，而角落學習的型態在佳美幼稚園逐漸成形。

在此同時，專家學者也逐步帶領現場教師反思：直接教學是符合幼兒身心發展的學習方式嗎？為改變幼稚園的傳統教學，教育學者開始提倡已引進臺灣十數年的「開放教育」概念，強調以幼兒為中心（child-centered）的方式讓幼兒學習。也就是說，在課程進行時，允許幼兒選擇自己有興趣的活動而主動學習；教師應適性教學、激發幼兒的潛能，強調課程統整與生活化（陳伯璋、盧美貴，1991）。此一教育理念隨著學者的推動，在教育現場蔚為風潮。

由於幼教改革先行者的經驗，使後續發展的學前機構省卻自行摸索的時間和錯誤的嘗試，有效地成為開放教育或以兒童為中心的教育實踐者（國立臺灣師範大學附設實驗幼稚園，1996；張杏如，2007；漢菊德編著，1998）。

除了學習區外，主題教學也漸漸成為幼兒教育現場的主流。另一方面，隨著幼教政策的制定和推行，政府也開始關注幼稚園的教學品質。因此自 1986 年之後，各縣市政府教育局便陸續開始進行幼稚園評鑑的工作，更使得我國的學前教育逐漸步上軌道（邱志鵬，無日期）。

此時，幼兒不再被認為是空白的，而是有能力的個體，因此教育現場應提供機會讓幼兒探索。在教學活動上，教師直接教學的時間被去除了大部分，取而代之的是教師規劃合宜的環境，讓幼兒自由遊戲。而教師在孩子遊戲過程中，則扮演觀察者和引導者的角色。

「以幼兒為中心」的教育思想在這幾年內蓬勃發展，幼兒教育的實務現場也呈現多元發展。雖然在幼教課程模式上的歧異性大，有些園所運用學習區、主題與情境並行的方式（例如：臺北縣佳美幼稚園）；有些園所以主題為教學主軸（例如：國立臺灣師範大學附設實驗幼稚園）；有些園所則以方案結合學習區的方式（例如：臺北市南海實驗幼稚園、臺中市愛彌兒托兒所）；有些園所更從國外引進課程模式，期望給予本地幼兒和家長更多、更好的學習選擇（例如：臺中市娃得福托兒所、臺北市蒙特梭利理想園幼稚園）等。但是多數幼教園所經營者都抱持著從事教育改革和追求卓越所需的勇氣和開放心胸，運用各種資源、辦理無數的研習活動、聘請優秀的幼教師資，使臺灣幼兒教育的發展達到數十年來的巔峰時期。然而，教學方式是協助幼兒成為全人的方法，而其教育願景中要有明確的幼兒圖像，才是教育的目標（漢菊德編著，1998，頁 59-60）。就如同漢菊德園長在其規劃的幼稚園中，以「建構一位謙沖、有信心、不浮誇、隨時願意學習他人、更新自己、關懷他人、為他人著想的獨立個體」為目標。

在這一階段中，教師的角色從支持的夥伴轉變為方向的引導者。幼兒在遊戲時，教師的角色不再只是一名資源提供者，而應該與幼兒站在同樣的地

位之上,均是情境的參與者;教學的進行是由所有情境中的成員所共同建構,教師也是情境成員中的一名,擁有與幼兒相同的權利參與學習。尤其是教師擁有的經驗勝於幼兒,應有更積極的作為,發掘幼兒的「近側發展區」(zone of proximal development),以作為鷹架(scaffolding)的搭建者。因為就研究顯示,純發現式的學習過程,雖是尊重學習主體的表現,但卻需要足夠的探索時間,而且須進一步確認學習到適應社會所必要的知識和技能;反之,引導式學習不但能保有學習主體的自由選擇權,也能掌握幼兒的學習方向(林清山譯,1991,頁 174)。因此,教育活動已由純然的自由遊戲轉換至引導式遊戲(guided play)的方向。

在政府的介入方面,雖然已對幼稚園進行評鑑,但面對幼教現場的蓬勃發展,過去的評鑑制度已不適用,幼教學者和行政人員也開始重新檢視評鑑制度。而教育部依據 1999 年頒布之「發展與改進幼兒教育中程計畫」的內容,自 2001 年開始逐年編列經費補助各縣市政府辦理公私立幼稚園的評鑑和獎勵績優幼稚園的工作,希望以五年的時間(2000～2004 年)完成全臺灣幼稚園的評鑑工作,同時透過績優園所的表揚,以起拋磚引玉之效(教育部,1999)。

然而,隨著社會的變遷、少子化的影響,家長的要求在此階段對課程與教學有很大的影響。「家長要求什麼」即成為學前機構追求的方向:家長要求英文,園所就教英文;家長希望園所要教才藝,園所就安排才藝課程。堅持幼教理念的園所再次成為少數,再加上「少子化」的社會現象日趨嚴重,這些園所漸漸敗於市場機制下的現實,不是做出讓步妥協,就是退出幼教圈。

就評鑑而言,教育部到 2005 年為止,在全國的 3292 所幼稚園中,已有 3284 所接受評鑑;但自 2006 年起,教育部取消評鑑制度,改採「幼稚園及托兒所輔導計畫」,希望逐步提升幼稚園和托兒所的整體品質。

我國的幼兒教育從 1987 年《幼稚園課程標準》至今的近二十多年來，擁有這樣的幼教演變和成就，須歸功於願意投入幼教學術和實務的每一個人，由於這群人的熱情和堅持，使得幼兒在生命的早期能有獨特的學習場域，而造就其美好的學習經驗。

不過，若深入來看，我國幼兒教育理念的轉換大概可從傳統教學強調的知識灌輸，到開放教育的自由遊戲，進一步到引導式遊戲或引導學習的理念。在此過程中，有許多爭議是來自於「以教師為中心」、「以幼兒為中心」或「師生互動」而學習的討論。而新課綱在研擬之時，其實對幼教的理念已從 1987 年版的「以生活教育為中心」、「以幼兒為主體」、「以活動課程設計的型態進行統整性實施」、「儘量將課程設計為遊戲的型態」、「幼兒教育的課程不得為國民小學的課程預習和熟練」之概念，更進一步發展到「引導學習」、「師生互動」的樣貌了。

第三節　《幼稚園課程標準》與《托兒所教保手冊》的檢討

在進行研擬新課綱時，必須先針對原有的《幼稚園課程標準》與《托兒所教保手冊》進行檢討，說明如下。

壹、1987 年《幼稚園課程標準》

《幼稚園課程標準》係於 1987 年頒布，為中央層級所規定，由上而下制定，具有法律位階，實務現場必須切實遵守，但實行至今已有二十餘年，當時的意識形態與需求已與現今有所不同。綜觀過去的相關研究，發現 1987 年

《幼稚園課程標準》有下列幾項問題。

一、許多幼教相關科系與幼教現場老師認為已不適用

　　根據先前的研究（盧明、廖鳳瑞，2005），國內的幼教系與幼保系教授，以及幼教實務人員對於 1987 年《幼稚園課程標準》頗有微詞，認為它已經過時、內容不完整、太細瑣、領域分類不適當、只適合單元教學的取向，以及用字遣詞太過於成人本位。

二、國內幼教師資培育者與幼教實務人員鮮少使用

　　盧明、廖鳳瑞（2005）在調查國內各師資培育機構開設的課程，與使用 1987 年《幼稚園課程標準》的情形時發現，僅有少部分的培育機構將其視為我國幼兒教育課程的指引，多數的師資培育者僅將它做為授課教材、學生教案設計的參考，或是將其做為評論的對象。雖然仍有師資培育者會把 1987 年《幼稚園課程標準》當作授課教材之一，但是真正使用的比例也不高。在他們的調查當中，發現九所師範校院所開設的教材教法課程有 68 門，但僅有 13 門課的教學大綱中有使用到《幼稚園課程標準》，使用的方式多半也只是在一次上課的時間閱讀或介紹，甚至只將其列為課程參考書目之一，而將其列為課程的主要用書則僅有 2 門課。

　　除此之外，根據盧明、廖鳳瑞（2005）的調查也發現，少有幼教實務人員使用 1987 年的《幼稚園課程標準》來設計課程，大部分的幼教實務人員都將其做為考試用書，或是新手老師做為課程設計與檢核教案的參考書；較為資深的老師認為《幼稚園課程標準》有缺點而不使用，多半依據自己的經驗來設計課程。

三、國內師範校院幼教相關科系的開課內容與《幼稚園課程標準》中的六大領域不符

1987年《幼稚園課程標準》中的六大領域：「健康」、「語文」、「常識」、「音樂」、「工作」和「遊戲」，其中的「常識」領域，經常被拆為自然、社會和數、量、形三個科目。在九所師範校院中，有些學校除了開設常識教材教法之外，也另外開設自然、社會與數學教材教法；另有些學校不開設常識教材教法，直接開設自然、社會與數學教材教法。這顯示1987年《幼稚園課程標準》中的常識領域過大，劃分不符合實際需求（盧明、廖鳳瑞，2005）。

四、「遊戲」概念有別，實務現場經常簡化了遊戲的意義

回顧1987年的教育環境，當時的幼兒教育剛剛起步，實務現場仍受到「行為主義」的觀點所影響，而《幼稚園課程標準》的理念卻頗為先進，尤其是仍然延續過去課程標準的領域劃分方式，將「遊戲」納為一個領域，雖然爭議不斷，但究其真意，實有不得已之苦衷。但是，遊戲對俗民（folks）的概念與學術界有別，在現場中進行時反而簡化了遊戲的意義。一般人對於遊戲的概念多半是「玩」，但是學術界中的遊戲卻非僅止於如此。學者們對於遊戲的定義雖然有不同的看法，但是綜合學者們的看法後，遊戲有五個特徵，分別是：(1)遊戲沒有固定模式；(2)遊戲出自內在動機；(3)遊戲是過程而非結果；(4)遊戲是一種自由選擇；(5)遊戲具有正向的情感等（郭靜晃譯，1992，頁14-15）。

從上述的遊戲五項特徵來看，我們可以發現遊戲並非只是玩，也不只是一種娛樂或是消磨時間的活動。遊戲是一種自發性的探索，藉由這樣的探索，

可以促進幼兒在認知、語言和社會能力等各方面的發展。但可惜的是，一般大眾（尤其是家長）卻以一般的概念來解釋，當幼兒園強調以遊戲為中心的學習意義時，家長反而覺得這類幼兒園什麼都沒教，而不願意將幼兒送到這類的幼兒園。

五、以領域劃分的方式落入學科框架

自 1953 年以來，幼稚園的教育就非常強調生活訓練、遊戲和音樂。而 1975 年將《幼稚園課程標準》的領域定為：「健康」、「常識」、「語文」、「工作」、「音樂」和「遊戲」後，1987 年的課程修訂定位為小修，因而維持此六大領域。然此六大領域除了「遊戲」外，均是以「學科」做為劃分學習內容的標準。這樣的區分方式與日本《幼稚園教育要領》的區分方式不同，日本「幼稚園教育要領」的五個領域分別是：「健康」、「人際關係」、「語言」、「環境」和「表現」，這是以幼兒的生活需求來區分學習領域。

六、書寫方式難以幫助實務工作人員對於課程規劃有整體的思考

1987年《幼稚園課程標準》的每一個領域都以「目標」、「範圍」和「評量」等三方面來結構領域內涵。每一個「範圍」下都包含了「內容」、「實施方法」和「實施要點」。以「工作」領域為例，範圍包括了「繪畫」、「紙工」、「雕塑」和「工藝」。「繪畫」的內容又包括了「自由畫」、「合作畫」、「故事畫」、「混合畫」、「圖案畫」、「混合遊戲畫」和「版畫」等。各個範圍以列舉的方式呈現，看起來較為零碎且雜亂，難以歸結成系統。教師在進行課程規劃時無法整體思考，僅能從所提供的活動型態進行課程規劃。

七、「實施通則」列在各領域的內容之後，削弱了課程標準規範的力量

1987年《幼稚園課程標準》的實施通則所規範之內容極為明確，且符合幼兒教育的理念，例如：「以生活教育為中心」、「以幼兒為主體」、「以活動課程設計的型態進行統整性實施」、「儘量將課程設計為遊戲的型態」、「幼兒教育的課程不得為國民小學的課程預習和熟練」等，至今都是幫助幼兒健康成長的重要信念。可惜的是，在1987年《幼稚園課程標準》中，「實施通則」出現的時機在各領域的內容呈現之後。各領域的內容之前只出現總目標，令讀者難以有提綱挈領的整體思維，也因而削弱了實施通則做為課程編製依據的力量。

八、重視內容方面的評量，缺少評量時機與方式的資訊

每一個領域所提供的「評量」，多為內容方面的評量，例如：「說出與日常生活有關的重要社會機構」（教育部，1987），而且沒有提供教師評量的方式和評量的時機等方面之資訊。雖然在最後的實施通則中再另闢「教學評量」，但僅提供教學評量一般性的原則。

綜合來說，1987年《幼稚園課程標準》就當時的時代背景而言，其所陳述的幼教理念上是先進的，但是從過去的研究顯示，多數幼教相關領域的學者專家與實務人員都認為不適用，而且也鮮少使用在幼教的師資培育和幼教教學現場。究其原因，除了上述相關研究顯示的不適用原因之外，不知是否也因為篇幅過小，許多重要的理念多以列點的方式陳述，以致於在閱讀上有過於簡化其意義的可能；而實施通則與各領域的書寫內容並沒有相互呼應，也造成實施通則的內涵無法反映在現場教師的各領域教學中。此外，領域的

區分方式，也容易誤導他人認為幼兒教育是國民小學教育的預備而提早學習。

 ## 貳、《托兒所教保手冊》

《托兒所教保手冊》（內政部，1979）係於 1979 年由內政部公布實施，期間並無修正；再加上手冊內容較為簡略，且無法律位階，就現場實際教學而言，幾乎多以幼稚園之課程標準編寫教材，設計活動。因此，外界很難對幼稚園和托兒所有所區分。細究《托兒所教保手冊》，可發現有下列幾項問題。

一、托兒所機構鮮少使用

綜觀托兒所的課程，各機構多半有自己的教學目標與方式，而很少使用《托兒所教保手冊》中的內容。舉例來說：臺北市某托兒所在教學課程中，相當強調「幼兒興趣、潛能的激發，培養幼兒自主與深入探究的學習態度與能力」和「社區人文、自然資源的認識、運用與關懷」，這樣的目標與課程方向是《托兒所教保手冊》中較沒有提及的部分。

二、領域劃分方式以學科為主

《托兒所教保手冊》涵蓋年齡範圍較廣，其教保內容依年齡不同有些差異。除 1～2 歲外，其領域分為：「遊戲」、「音樂」、「工作」、「常識」、「抽象概念」、「語言」和「生活習慣」（內政部，1979）。其領域劃分方式與 1987 年《幼稚園課程標準》相當類似，除了「遊戲」、「抽象概念」外，也像是以學科來劃分學習內容。

三、書寫方式難以幫助實務工作人員對於課程規劃有整體的思考

《托兒所教保手冊》依年齡不同而劃分不同領域，且考量到不同年齡層幼兒的發展與需求，是相當符合現代幼兒教育的理念。但是在領域內容上卻以列舉的方式呈現，例如：在 2～3 歲之幼兒組的「工作」領域中，分為繪畫、黏土、化學陶泥與紙類造型，看起來頗為零碎，教師僅能從其中的活動型態，如體能遊戲或生活模擬遊戲等來規劃課程，而難以有整體的思考。

總之，《托兒所教保手冊》與 1987 年《幼稚園課程標準》有許多類似的問題，皆以學科方式在劃分領域，也將「遊戲」列為學習領域之一；內容雖然包羅萬象，但是書寫方式卻以列舉為主，不易使實務工作人員對課程規劃有整體思考。這些問題都是研編小組在研擬新課綱時，必須詳加思考的課題。

第四節　世界幼兒教育課程的發展趨勢

 ### 壹、對「發展合宜課程」之質疑

美國幼教協會（National Association for the Education of Young Children, NAEYC）在 1987 年首次提出「發展合宜課程」（Developmental Appropriate Practice, DAP）的立場聲明時，引起了諸多批評（Bowman & Stott, 1994; Ludlow & Berkeley, 1994; New, 1994; Williams, 1994）。這些批評同聲譴責「發展合宜課程」忽略了文化的意義，尤其是 Williams（1994）認為，「發展合宜課程」的背後有幾個假設來反映「發展合宜」。首先，發展合宜指的是，最好的幼兒園課程是讓個體在身體動作、社會、情緒和認知等各方面得到最好

的成長，而幼兒園的品質也是由個體在各方面的發展來定義；其次，個體所在的團體或其所在的家庭被視為個體發展的背景，而非探討個體發展時的主要考量；第三，「發展合宜課程」強調個體發展的價值高於群體；第四，「發展合宜課程」強調的是個體發展的獨立性，獨自完成工作、獨自解決問題；最後，Williams 認為，「發展合宜課程」過度強調語言的重要，強調利用語言來協商、來討論問題。Williams 並以美國印地安人為例，來說明「發展合宜課程」並不「合宜」，尤其是其潛藏的價值並不見得適合每一個美國人，例如：美國的印地安人。

雖然，美國幼教協會（NAEYC）在 1996 年發表了新的立場聲明，但新的聲明卻是以先前的版本為基礎，並特別在「社會文化的角色」上多所著墨（洪毓英譯，2003，頁 27），例如：幼教工作者在決定如何教育孩子時，需考慮孩子所處的社會文化。幼教工作者須了解孩子的生活背景，以確保提供給孩子的學習經驗是有意義的，並和孩子的過去經驗是有相關性的。另外，在談到幼兒的學習與發展原則時，也簡單提到「幼兒的發展和學習會受到許多社會習慣及文化內容的影響」（洪毓英譯，2003，頁 33）；在探究教師角色時，也特別強調「活用社會文化的知識」。但細究其內容，1996 年的聲明雖然強調文化的重要性，也說明了教師了解幼兒文化的必要性，但並未解決一般人對「發展合宜課程」的最大質疑，那就是——如果每個幼兒的文化不同、背景各異，那該如何建立普遍性的發展指標呢？

此外，美國幼教協會（NAEYC）在 1996 年公布的「發展合宜課程」之聲明，也沒有解決 Williams 對「發展合宜課程」背後假設的質疑。「發展合宜課程」是否強調個體的發展多過群體的發展？「發展合宜課程」是否過度強調語言發展的重要？「發展合宜課程」是否過度強調「獨立」的重要性？如果我們以「發展合宜課程」為思考的起點時，從我們的文化角度來看，我

們又該如何看待「發展合宜課程」呢？

 ## 貳、多元觀點的課程發展趨勢

在幼兒教育發展的早期，課程深受發展心理學之影響（Fthenakis, 2007; Spodek & Sara, 2007）。這些課程教材多注重幼兒的發展，強調「全人發展」的概念，而且以遊戲為課程的核心，並以遊戲的方式促進幼兒各方面的發展。但是，Fthenakis（2007）則抱持不一樣的觀點，他從不同的角度來檢視幼教課程，認為幼教應該跳脫發展心理學的取向，以多元非線性的後現代理念做為課程的核心。

首先，Fthenakis以幼兒將來要面對的情境來思考（Fthenakis, 2007）。他認為，幼兒將來要面對的世界是多樣的與紛雜的，因而所面對的課程不應該是確定的或是單一的。而由於幼兒將來面對的情境擁有高度的不確定性，而且參與情境中的每一個人與其他人都有差異，因此其面對的課程不應該是線性模式，而應該是以其所處的文化情境為軸心來設計課程，其課程內容會受到其所處的歷史和情境的特殊性所影響。

其次，由於先前的研究發覺，幼兒在遊戲時，在思考上及行為表現上都具有個別差異，也因而推衍到幼兒在其他層面原本具有的差異，例如：族群文化差異、社會階層差異、地域文化差異等。這些差異既然存在於互動情境中，乃生活的常態，即應該接受差異的存在。教師可將「差異性」視為課程的豐富資源，以增廣幼兒的學習。透過這樣的思考，幼兒的個體性、特殊性和其自身的觀點都得以納入課程的考量。

在這樣的觀點下，Fthenakis（2007）認為，新的課程不是培養幼兒的發展能力（更何況「發展」隱含著一個普遍兒童存在的可能性），而是培養幼

兒的學習能力，學習如何組織知識，學習如何在問題解決中有效的運用所知。因此，提高幼兒如何學習的學習能力是第一要務，其次則是培養幼兒的個人能力，這些能力如自我概念、解決人際衝突的能力等。

Fthenakis（2007）並在他的文章中提出澳洲、紐西蘭和瑞典的課程都是屬於這一類，而紐西蘭的課程更是示範了將「差異性」視為課程的資源，豐富了課程的內涵。

在這樣的思維下，後現代的課程觀點重新重視兒童、重新定位兒童，也考量情境的複雜性及接受差異性的存在。

 ## 參、從後現代的角度思考課程

Dahlberg、Moss 與 Pence（2013）認為，就現代主義的觀點而言，假設兒童將來面對的社會是靜態的，是可預測的，因此，教育的方式是提供原理原則，並幫助兒童應付未來的社會。而現代教育的方案多半是以現代主義的觀點設計課程，而忽略了以文化的多樣性和社會的複雜性結合而成的世界觀。以後現代的觀點來思考課程，應思考教育是發生在具體情境中，而其情境中包含了幼兒、教師、家長和其他成人的角色。不同情境中有不同的學習內涵，因此教育關注的應該是個體與情境間學習和互動的過程。這也是 Fthenakis 與 Hayes 所稱「後現代主義的課程觀點」（Fthenakis, 2007; Hayes, 2007）。由於未來的社會多變且無法預期，因此我們要培養的兒童是要能處理未來社會的公民。對 Dahlberg 等人而言，個體必須調整自己以面對複雜且多元的社會（complexity & diversity）。這樣的兒童是有高度反思能力的兒童，這樣的公民是具有高度反省力的公民。

就知識層面而言，後現代的知識觀是有觀點、有角度的，而且是混亂不

清的。而知識是根植在情境中，是融入情境脈絡的，而且是在地化的。沒有一種知識是放諸四海皆準，沒有知識是絕對的；每個知識都是不完整的，且彼此之間可能有矛盾的。因此，伴隨而來的教育方式，則與現代主義的教育觀完全不同。

首先，容許兒童有機會根據自己的想法建立自己的假設、驗證自己的假設，而這樣的假設可能和科學性的正式假設不同。接著，兒童有機會連結自己的假設和科學性的假設，並檢視其間的差異。最後，兒童應有機會選擇，也有機會讓自己的假設或科學的假設更為有意義。在這樣的教育觀下，教師的角色是與孩子的想法相遇，並尊重孩子的理論和假設，對孩子所建構的假設和理論也抱持好奇和想要探究的心態，讓孩子的想法得以發揮。對兒童而言，被尊重的學習環境讓孩子更有信心。但是，孩子間彼此的想法可能會相互激盪，彼此衝突。教師提供的學習空間創造新的機會，鼓勵創造的可能性。兒童在相互激盪間透過教師的穿針引線，反思自己的想法、批判自己的論點、擴充自己的觀點。

其次，在這樣的學習空間裡，兒童建構自己、理解自己，也形成自我。在後現代的觀點下，兒童的自我不但複雜且多面向、零星片段和含混不清，以及是矛盾且脈絡化的。在自我形成的過程中，自我不斷組織和再組織，而組成自我是在關係情境中進行。在關係情境中，關係的範圍是不斷變動，也不斷重組，更在不斷協商過程中重構範圍；自我在過程中持續變動轉換、取代和被取代。在此狀態下，兒童的自我是動態而非靜態的，兒童的自我是隨著情境的意義而持續轉變的，而在開放的情境中，兒童針對情境建構屬於自己的意義，而建構起在當下情境下的自我。在這樣的觀點下，「關係」（relationship）是教育的核心要素。

Malaguzzi（1993；引自詹佳蕙、黃又青譯，2000）也提出「關係」

（relationship）在教育過程中扮演的角色。就 Malaguzzi 而言，關係包括很多層面，例如：與環境的關係，與成人、同儕的關係，兒童主動建構自我的關係，與同儕團體的互動關係，與學習情境中其他人的互動關係。在以關係為基礎的互動過程中，兒童在建構過程裡產生的衝突轉化為個人的認知經驗，而這類衝突的認知經驗進一步導致了學習和發展。

肆、重新概念化幼兒教育

　　事實上，這樣多元化的觀點也是自 1991 年以來，一群幼教學者齊聚美國威斯康辛州麥迪遜市舉行的「重新概念化幼兒教育：理論與實務」（Reconcepturalizing Early Childhood Education: Theory & Practice）研討會所持續關注的焦點（Tobin, 1991）。十多年來，有一群學者鼓吹跳脫發展心理學家在強調科學研究時的限制，重新思考「社會公平」、「教育平等」、「壓迫和權力」和「多元化與機會」等議題在理論建構和教學實務中扮演的角色（Swadener, Cannella, & Che, 2007）。這些學者要求教育應該去殖民化，以本土情境為考量，並從文化人類學和社會學的角度出發，探究幼兒與情境互動過程中的種種現象和意義的價值，例如：2004 年在挪威舉行的研討會，其主題重點就是在「困頓中的認同」（troubling identity）（Rhedding-Jones & Grieshaber, 2005）。個體的自我是在社群中發展，而自我認同與認可其所在的社會文化、自我表徵、個人的行動和在群體中的關係相關聯。個體在發展的過程中，其自我持續建構也不斷的解構，在過程中，自我認同是困惑的，也是困頓的。這是「重新概念化幼兒教育」所提出的另類幼兒教育（alternative perspective）的形式，將個體所在的文化納入發展的考量，而不是將文化視為個體發展的背景。

　　林欣宜（2007）在探究國小一年級兒童的自我概念發展時，也看到了兒童在關係脈絡下自我建構的歷程——7歲大的西瓜（化名）在與母親的互動中建構其自我概念。由於華人社會中關係的緊密，西瓜在日常生活中或在假日生活時，總會隨著母親到親戚朋友家探訪。而在不同的生活脈絡下，母親的角色也隨時在轉換。這時的母親有時是別人的朋友，有時是他人的媳婦，也有時是公司的老闆娘，更有時是學生的家長。角色不同時，西瓜和母親的互動歷程也不相同。而西瓜又是一個有自己想法的孩子，在學校生活中的人際互動不順利，又持續讓西瓜的自我建構歷程充滿荊棘。西瓜在其原生家庭、學校和爺爺家的關係脈絡不同，其自我概念也在持續交錯改變。Holland、Lachicotte、Skinner與Cain（1998）也提出類似的想法：「自我」（identity）是一個連續體，無法簡單的以二分法區分為心理層面或社會層面，它其實是個人在社會實踐的過程累積之結果。社會實踐過程中有私人的路徑，也有公開的路徑；這些路徑的社會參與建構了自我。

　　從「重新概念化幼兒教育」的觀點來看，重視幼兒所處的文化情境和歷史脈絡是十分重要的，而這樣的觀點與重視幼兒普遍性的發展能力之觀點，其實是全然不同的過程。

　　從以上的觀點來看，跳脫發展心理學取向的課程，主要須先揚棄傳統心理學取向以科學研究的結果來看待個體的發展方式，並認為個體的發展有普遍存在的標準。在此思考歷程下，雖然社會文化對個體的發展有影響，但是這些因素是發展影響的背景因素，而非發展的一部分。Rogoff（2003）在其著作中，以「社會影響」（social influence）和「社會文化取向」（socio-cultural approach）來區分兩者的差異（李昭明、陳欣希譯，2003）。因此，如何看待文化在個體發展過程中扮演的角色，是區分兩種取向的一大因素。而在一種課程取向中，將差異視為課程的資源，接受差異的存在；或是承認主流文化，

每個人都朝向主流文化發展，而忽略差異的存在，則是另一種課程取向的思考。

　　當接受社會文化情境中差異的存在之同時，情境中的人、事、物都成為學習的主體，而結構好的課程並無法反映參與成員的現狀，而是要利用當時情境來建構相關課程，隨時調整方向，這才是學習的重點。因此，在非結構化的課程形式中，參與情境的個體擁有共享的權力，需彼此協商課程；而課程也不是以線性的方式進行，需隨時機動、根據需求調整，才能符合學習者的需求，這是一種強調動態循環與開放的課程。在學習過程中，參與成員與教師共享權力、共構課程，也彰顯過去全然強調「以兒童為中心」（child centered）的課程之侷限性。

　　Fthenakis（2007）建議，未來的幼教課程也需要有不一樣的思考，例如：未來的幼教課程應思考「權力分享」、「對課程進行協商」、「承認差異性」、「公正對待並發揮積極作用」、「課程合作方案」和「實踐者對專業知識的運用」等方面。這幾大項其實都圍繞著一個核心概念——課程由生活情境出發，由參與的成員共構課程。在共構課程的過程中，教師須下放權力，讓孩子一起參與；但教師也不該是完全任由孩子主導課程，教師是生活情境的一分子，可以和孩子一起決定課程。由於每個人都有差異，接受差異的存在並公正的對待參與成員，讓每個人都有參與的機會，以協商共構課程。而建構的課程有其情境特殊性，教師在過程中運用專業的知能引導幼兒的參與，而其在實務現場建構起的專業知識也有其獨特性。

　　然而，除了「發展合宜的課程」之外，其他學者也提出「社會文化」在課程規劃的重要性，而不要落入建構「普遍性發展能力」的迷思。此外，未來的社會多變，我們已經無法確定什麼樣的知識才能幫助孩子應付未來的社會，因此培養孩子處理訊息的能力、省思的能力，讓孩子在情境中思索自己

和自然情境及與社會情境的「關係」，才是建構幼教課程的目標。

第五節　孩子的圖像

　　課程規劃需要有目標，而課程大綱的設計也需要有總目標的訂定。但是什麼樣的孩子是我們所欲培養的孩子樣貌呢？過去在思考課程大綱時都有訂定總目標，但多切割成條目之型態，且未以孩子的角度思考，例如：黃富順等人（2000）所研擬的《幼稚園課程綱要》，是以銜接國民小學九年一貫課程為目的，其總目標是以培養幼兒的能力為主，共有七項：(1)培養幼兒生活自理能力與健康的生活習慣；(2)增進幼兒自我了解，發展個人潛能；(3)培養幼兒表達、溝通、分享的知能；(4)發展幼兒尊重他人、增進合作、關懷社會的態度；(5)激發幼兒主動探究和實驗的精神；(6)培養幼兒獨立思考和解決問題的能力；(7)培養幼兒表現、欣賞、審美及創造能力等七大能力。

　　盧美貴的研究是以問卷調查的方式，提出5～6歲幼兒的七大基本能力，並檢視其重要性和合適性。這些基本能力是：「認識自己」、「生活自理」、「溝通表達」、「遵守規範」、「主動探索」、「表現與創新」和「關心人與環境」等七項（盧美貴，2003）。

　　盧明、廖鳳瑞（2005）的研究，也是針對國民教育幼兒班的課程提出可能的總目標，這些目標包括：自我概念和自我照顧、表達與溝通、主動探索、問題解決、多元文化的接觸與尊重、美感與創造力及對自然環境的關懷。

　　但，如以孩子的角度思考，其總目標的建構歷程又是什麼呢？

壹、何謂孩子的圖像？

根據 Lamb 與 Hwang（1996）的觀點，圖像（image）有很多同義詞，包括概念、知覺、信念和想法等都是。孩子的圖像（image of childhood）包括兩個面向：一方面是對孩子的期待，另一方面則是影響孩子個體成長的因素。影響孩子個體發展的層面很多，包括是否是天生的，還是可培養的；或者是有哪些傾向是天生的，有哪些傾向是受到外界影響的；孩子對外界的感受力為何，是否有關鍵期；而外在修正教導的極限為何；早期經驗對個體發展的影響；或者是個別差異的問題等。這些都屬於孩子圖像的內涵。

而孩子圖像的來源，根據 Lamb 與 Hwang（1996）的想法，包括以下四點：第一，圖像可能來自與專業人士的對談，但也可能來自鄉野小民的意見；第二，孩子的圖像可能是內隱不見的；第三，孩子的圖像是具有整體性、有連貫性的，而且會伴隨個體調整；第四，在同一個社會文化團體中，孩子的圖像可能不同，但在不同的文化中，圖像會反映文化的差異和時代的意義。

貳、美國 Navajo 印地安人的孩子圖像

在美國亞歷桑那州和新墨西哥州交界處的美國印地安 Navajo 族群，是美國境內規模最大的原住民，一生嚮往的生活是和平、安適和富足。對 Navajo 印地安人而言，好的生活意指：說平和的話、有和平的思想，以及平和的社會，人們在安和的社會關係中安享晚年。因此，孩子的成長發展須培養好的思想（good thought）；好的思想有如聖靈中的風（Holy Wind），聖靈的風導引和驅動個體的發展，也讓個體朝向負責及對萬事萬物的尊重之發展。

Navajo 族群認為，孩子的發展約略可分成多個階段。對幼兒而言，發展的第一階段是對外在事物的覺知，是克己的開始；第二階段的孩子開始覺知自己對事情的想法和意圖，並開始覺察和他人的關係；第三階段的兒童開始學習親屬關係的重要，開始啟動與尊重相關聯的舉動；第四階段的兒童知道自己的責任所在，且可以辨別之所以有此責任的原因，也知道自己在群體中的位置，以及自己對他人的責任；第五階段是指兒童自己該完成自己的事，但也該對家庭中的事負責；第六階段是指兒童個體能夠完全掌握自己在成人世界中所擔負的責任，並掌握親屬關係的意義；成人期的第七階段，他們會開始超越自己，並為自己做計畫；最後一個階段的 Navajo 印地安人會為群體中所有的人和事做計畫。

從以上八個階段的內涵歸納，Navajo 印地安人的重點在培養負責和尊重的態度，而其生活圈從個人自我的覺知發展到親屬關係，再到全部族人的社會關係之建立，顯示社會在其生活中扮演的角色。

而 Williams 也提出類似的看法，他認為 Navajo 印地安人有以下四個特徵：他們強調「群體的幸福是每一個人的責任，個人存在的意義是增進其他人的福利」、「個體間相互依賴而非各自獨立」、「個體在群體中貢獻自己的力量前，須先觀察他人的表現，以這樣的方式來完成事情會更為愉快，而非快速展現自己的能力」，以及「成人權威是外來的力量，透過這樣的力量可以導引個人努力的方向及設定的目標」（Williams, 1994）。根據他的說法，對 Navajo 印地安人而言，「發展合宜課程」並不「合宜」，尤其是「培養獨立的個體」和「以幼兒為中心」的兩個概念，與 Navajo 印地安人社會所隱含的文化價值格格不入。

由上述的研究可見到兩個現象：就算是在美國境內，不同族群都有不同的孩子圖像，而這樣的孩子圖像與其想要過的生活有關。Navajo 印地安人如

果沒有採取主流社會資本主義以競爭為主的價值觀,那他們教養的方向則與美國白人不同。其次,每個文化社群由於目標各異,其發展的關注點也不同,所建構的發展階段大不相同。而這樣的研究結果也反映了 Rogoff(2003)的觀點:文化就像是生活在水中的魚,最後才發現水的重要。

參、我國新課綱中所揭櫫的孩子圖像

發展孩子的圖像須立基在我國的文化,在過去的研究中,清楚呈現出孩子圖像的一位學者是南海幼稚園的創園園長漢菊德女士。在她所編著的書籍中,清楚的呈現她所認為的孩子樣貌(漢菊德編著,1998,頁 59-60):

> 她(他)斯文中不帶嚴肅,謙沖而不自卑,有信心但不浮誇,有原則但不刻板。
>
> 她(他)原諒別人的過失,接納別人的成就,不高傲、不排斥,隨時學習別人,更新自己。
>
> 她(他)主動關心別人和體貼別人的感受,為別人著想,從不做傷害他人的事。
>
> 她(他)的朋友有大企業家,也有落魄失意的人,無論是誰都對她(他)有溫暖可靠的感受。
>
> 她(他)是勇者的化身,敢作敢當,勇往直前,不推諉,不逃避。
>
> 她(他)的生活多采多姿,對運動有興趣,對藝術文化關心,而環境、社會、政治也常令她(他)憂心忡忡。
>
> 她(他)留意新資訊、新潮流。她(他)的言談風趣,常識見聞豐富,工作有創意。她(他)展現著無窮盡的生命力,每天帶給人愉

快、振奮、樂觀的氣氛。

但她（他）的內心深處，從未在意過名聲和利益！她（他）或許會
有卓越的發明或成就，但她（他）或許只是一個市井小民。

新課綱研編小組在思考總目標的過程中，也以孩子的角度討論出孩子的
圖像，這個圖像如下：

1. 擁有健康的身心，能養成獨立自主的生活態度、習慣與技能。

2. 對自然環境與人文世界的好奇與探索，能發展思考及表現創意。

3. 有自信，擁有仁愛合作的情懷。

4. 對自我與環境有所覺知，有豐富的情感，能調節情緒。

5. 有豐富美感與語言的經驗，能認識並欣賞多元文化。

6. 有安全的依附，勇於冒險面對挑戰。

第六節　立論基礎的成形

新課綱的立論基礎為：「以個體與生活環境互動為**基礎**，形塑幼兒心智
為**核心**，顧及幼兒全人發展及其所處文化環境的價值體系**兩層面**，規劃幼兒
學習的領域。」其所定義的課程是：「有計畫的提供幼兒學習的機會，是促
進幼兒心智成長的訊息來源」。相關論述如下。

幼兒在環境中生活，學習面對生活環境的點點滴滴，擁有適應環境的能
力。然而，幼兒在與生活環境互動的過程中，個體本身亦逐漸發展，而成為
有能力的健康個體。這個觀點與十二年國民基本教育「生活」課程的基本理
念一致：「生活課程以兒童為學習的主體，不以學科知識系統分割兒童的生
活經驗；生活課程啟發兒童積極正向的情感和態度，奠定未來學習的基礎。

生活課程設置的目的在於引導學童經由生活中的體驗與探索、理解與欣賞、溝通與合作、表現與實踐等學習歷程，提升其對周遭人、事、物與環境的覺知及互動能力，增進其適應生活及改善生活的態度、知能及實踐的能力。」

　　幼兒所處的生活環境是學習的來源。幼兒在與環境互動的過程中，一方面能促進個體的發展，另一方面也習得生活環境中的點點滴滴。生活環境可以分成幾個面向：一是物理環境，二是自然環境，三是社會環境，四是人文環境（如圖 1-1 所示）。物理環境指的是個體生活周遭的設施、建築物等物質系統；自然環境指的是一切以天然狀態（非人為狀態）所呈現的生命或非生命的現象；社會環境指的是個體周遭與人互動的體系；人文環境是指基於人類活動不斷演變的社會體系，是人為因素所造成的，而不是自然形成的。人文環境與社會環境密不可分，是社會環境的延伸，例如：透過歷史而保存下來的文化產物，包括信念、價值、藝術作品、古蹟文物等。而生活環境的範圍擴大也含括了幼兒園、家庭、社區、臺灣及華人的價值體系。

圖 1-1　生活環境的幾個面向

　　然而，幼兒是主動的，從出生開始就擁有許多先前經驗。幼兒利用儲存在長期記憶中的舊經驗來連結或解釋新經驗，以學習新事物的意義。新事物則透過探索、體驗、覺知與過去經驗整合，當有需要時，幼兒又從長期記憶中提取相關經驗，進一步利用圖像或符號表徵來與人溝通。因此，就個體而言，學習包括了三種面向：一是透過探索、體驗、覺知的輸入過程，在輸入的過程中需要探索媒介、理解媒介；二是整合長期記憶中訊息的思考過程；三是運用學習所得解決問題，與人溝通的輸出過程。輸入需要探索媒介、理解媒介；輸出也需要利用媒介表徵內在的想法。

　　然個體心智的發展和實踐都要透過文化而完成，心智要透過文化的演化，才得以保存下來，而演化的過程就是心智發展的過程，這是以文化論的觀點來看待個體的成長。採取文化論的學者雖然沒有直接定義文化，但是他們卻從文化和心智的關聯來理解文化在人類發展過程中所扮演的角色。這些學者認為，文化是超越有機體的，人類的心智必須和文化緊密結合，心智才得以形塑。人類在解讀文化的過程中，建構了心智。對文化論者而言，文化是同屬於一個社群人中因需要所共同創造的符號系統，這些符號透過演化而得以保存，而這些符號的意義與原本形塑的心智密不可分。因此，個體的心智發展體現了對文化訊息中的解讀和意義的生成。但，文化訊息的重要性和相關的意義，是根植在文化情境中的，也因而心智的發展需仰賴文化，也因而文化的創新與再造得以可能。在這樣的觀點下，教育的意義和方式展現與一般行為主義所採取的計算觀點有著全然不同的看法。

　　幼兒的學習與發展是在與生活環境互動的過程中進行，因此，新課綱的內涵規劃有以下幾個重點：

　　1. 幼兒是主動的，幼兒有其獨特的思考方式與表徵方式；然而，又需修整自己的思考和表徵，以與他人溝通和互動。

2. 幼兒的學習和發展是與生活環境互動而進行的。

3. 幼兒學習的面向包括生活環境中的各個面向，尤其是強調歷史文化所保留下來的人文環境的面向。

4. 幼兒的心智成長是在與文化情境互動中成長。

5. 幼兒階段須透過生活環境的刺激促進個體各方面的發展，也納入社會的期待和文化的期待，例如：華人的價值觀、華語文及家庭觀等。

6. 根據個體發展的面向及生活環境的各個面向，課程大綱的領域分成強調個體發展面向的身體動作、認知和情緒等領域，以及除了個體發展面向外，還加入個體所處生活環境的社會期待和文化期待之健康、語文、社會和美感領域。

也就是說，新課綱是以幼兒為主體，一方面促進幼兒個體的發展，另一方面也提供生活環境中的多元文化經驗，以促進其心智能力的成長。

第七節　「幼兒園教保活動課程大綱」的發展過程

在上述的立論基礎下，新課綱的發展過程強調幾個重點，說明如下。

壹、確定新課綱的意義與範圍

名稱的演變顯示了現今學前教育中「教育系統」（由師範學院轉型成教育大學的幼兒教育學系、幼兒教育學程）與「保育系統」（現行技職體系中嬰幼兒保育學系或幼兒保育學系、其他相關科系）對幼兒園中的教學活動之看法差異；同樣的，也凸顯了幼托整合後，《幼兒教育及照顧法》中的「幼教師」、「教保員」、「教保服務人員」之角色定位問題。在尚未釐清各個

方案間的關係前，新課綱的小組成員已先將課綱的適用範圍與意義做了界定，也希望藉由此定位能凸顯使用者所扮演的角色。新課綱所設定的「幼兒園教育的意義和範圍」（教育部，2012），說明如下。

為達成《幼兒教育及照顧法》所定之目標，幼兒園應根據二歲以上到入國民小學前幼兒的特性，透過教保情境的安排實施教保服務，並與家庭與社區密切配合，以幫助幼兒健全發展。

幼兒園教育提供幼兒群體活動的機會，以支持幼兒學習在社會文化情境中生活。透過教保服務人員的引導，幼兒不但要擁有健康的身心，學習與人相處，同時也願意關懷生活環境，培養對周遭人、事、物的熱情與動力。在幼兒園中，教保服務人員須與幼兒建立充分的信賴關係，致力於經營良好的教保環境，以支持或幫助幼兒的成長。且幼兒園是一個多元的社會，教保服務人員可提供各種社會文化活動，讓幼兒體驗日常生活環境中文化的多元現象，有機會從自己的文化出發，進而包容、尊重及體認各種文化的價值和重要。

幼兒園的教保服務需重視此階段幼兒獨特的發展任務，關注幼兒在身體動作與健康、認知、語文、社會、情緒、和美感等各方面的成長，使之成為健康的未來社會公民。為使幼兒能順利由幼兒園銜接到國民小學，在幼兒進入國民小學之前，幼兒園宜主動與小學聯繫，謀求幼兒園與國民小學在教育理念與教學方法上的溝通與交流。

根據以上文字，新課綱設定的意義與範圍有以下幾項特徵：

1. 幼兒園教育為機構教育。

2. 設定幼兒園教育的整體目的——提供幼兒群體活動，以支持幼兒學習在社會文化情境中生活，其目標在關懷周遭環境，培養對人、事、物的熱情與動力。

3. 幼兒園所收托的年齡層是 2 歲到 6 歲的幼兒。

4. 教保服務人員的角色是安排教保情境、與幼兒建立信賴關係、支持及幫助幼兒各方面的成長，然教保服務人員也須重視幼兒的獨特性存在。

5. 教保服務人員在規劃教保情境時，須提供各種社會文化活動，讓幼兒體驗日常生活環境中文化的多元現象。因此，有機會讓幼兒能從自己的文化出發，進而包容、尊重其他文化。

6. 幼兒園教育須與家庭、社區相互配合。

7. 幼兒園應主動與小學聯繫，以促進幼兒由幼兒園到小學的銜接。

貳、決定新課綱的領域區分

在新課綱的發展過程中，對於幼兒園課程的領域區分有二個方式：一是參考「國民教育幼兒班課程綱要研究」（盧明、廖鳳瑞，2005）與「國民教育幼兒班課程綱要之能力指標專案研究」（幸曼玲、簡淑真，2005）之結論所決定，分為身體動作、認知、語文、社會、情緒和美感等六個領域；二是根據立論基礎，幼兒在生活環境中學習，在互動的過程中建構心智能力。然幼兒階段又是個體發展的主要時期，因此領域的區分須顧及幼兒的全人發展及所處文化情境的價值體系等兩個層面，因而確立了這六個領域。

新課綱以幼兒與生活環境互動為基礎，因此其領域的區分兼顧幼兒的全人發展以及生活環境的面向。而領域的劃分是從幼兒的發展領域出發，再加入生活環境中對「幼兒」的社會期待和文化期待。因此，新課綱領域的劃分

其實含括了「幼兒全人發展」和「其所處文化環境的價值體系」（社會期待和文化期待）等兩個層面。

「全人發展」指的是幼兒發展成為「健全個體」所要關注的各個層面，「其所處文化環境的價值體系」是指社會文化對幼兒的期望與要求。新課綱將其分為「身體動作」、「認知」、「語文」、「社會」、「情緒」和「美感」等六個領域，其中「身體動作」、「認知」、「情緒」是以幼兒發展為主，而「語文」、「社會」、「美感」則更進一步加入了社會期待和文化期待的內涵。

由於「身體動作」領域也含括了健康的內涵，因此內容除幼兒發展的關注外，也包含了社會和文化對孩子的期待。2012 年新課綱發布為暫行大綱之前，為了凸顯健康的意涵，將「身體動作」更名為「身體動作與健康」。2016 年新課綱以正綱公布時，領域名稱依然維持暫行大綱公布時的名稱，但在課程目標及學習指標上更加強化有關「健康」的內容。

語文領域的內涵並非僅止於語言的發展，更進一步擴展到參與社會溝通系統。個體溝通的對象不只是人，還加上了各種性質和類型的文本。而溝通所用的媒介（如口語、肢體、圖像符號）及溝通的文本都是文化的產物，是先人智慧的結晶。語文領域不只重視個體的語言發展，還重視生活情境中各類形式的溝通，能運用在文化中習得的或自創的方式，參與日常社會情境的互動。

社會領域除了強調幼兒社會發展的部分以外（如自我的發展、人際關係的建立、團體規範的建立等），還增加了「人與環境」的面向。讓幼兒透過積極的參與，領會家庭的重要；也讓幼兒透過活動，了解社區中的各種人、事、物之多元生活方式，藉此體會自己和環境的互動關係，進而萌生感謝與感恩之情。而幼兒在面對各種人、事、物，參與各類活動時，都不應受到其

年齡、性別、種族、社經背景和身心狀態所限制。

　　從幼兒全人發展的角度來看，原本無「美感」的面向，但生活中原本就存在著美的事物，重要的是我們是否能開啟五官，持續接觸美的事物，持續累積美感經驗，建立美的需求。透過探索與覺察美的事物，表現與創作美的經驗，回應和賞析美的作品，就能讓幼兒累積美感經驗；而隨著美感經驗的累積，個體更有機會創作美的事物。美感經驗使人豐富生活的理解，美感經驗使人獲得美的享受。

　　因此，新課綱的六個領域皆是從幼兒的需求出發，加入符合幼兒需求的社會期待和文化期待，而轉化成各個領域的課程目標和學習指標。

　　整體來說，採用這六個領域的理由有二：第一，以幼兒為主體，確認這個階段的幼兒其獨特的任務為「全人的發展」，因此以「幼兒發展」為出發點；但以「課程」的角度，則更須加入「應該教什麼」的思考；第二，新課綱涵蓋的年齡層為 2 歲到入國民小學前，如太早就以學科為領域的區分方式，幼兒教育容易被誤認為國民小學的準備教育，而喪失了幼兒教育的主體性。且世界各國幼兒教育課程大綱的領域區分方式，也因著收托幼兒的年齡不同而有差異；以學科劃分領域的方式因著幼小銜接的需求，多出現在大班階段（5 歲到入小學前）。

參、設定每個領域的領域目標與雙向細目表

　　新課綱研編小組接到六個領域後的第一個任務，即是設定各領域的領域目標。透過各領域相關研究的探究，各領域的理論架構、內涵與目標逐漸形成，並考量幼兒園教育中，教保服務人員的課程設計應規劃欲培養的核心素養。為顧及未來領域的統整，每個領域都以雙向細目表的架構，以領域能力

為縱軸，以學習面向為橫軸，建構領域的內涵。

新課綱的立論基礎，強調**個體**與**生活環境互動**，因此在規劃各個領域時，均以生活環境為重點，關注「幼兒的全人發展」和「社會期待及文化期待」的兩大重點。從各領域的學習面向中，可以從不同角度切入生活環境中的重點；各領域除了學習面向外，還包括了該領域面對學習面向所需要的領域能力。以下說明包含學習面向和領域能力的領域內涵。

身體動作與健康的領域內涵包括「身體動作」、「用具操作」與「健康行動」等三個學習面向，以及「覺察與模仿」、「協調與控制」和「組合與創造」等三個領域能力。此領域著重幼兒探索身體、使用各式用具及生活自理習慣的養成，包含：穩定性動作、移動性動作、操作性動作，以及精細動作。因此，在幼兒的學習環境中，需提供幼兒有探索身體與使用各式用具的機會，使幼兒在生活環境的互動中逐漸掌握「覺察與模仿」、「協調與控制」和「組合與創造」等三種能力，以靈活掌握身體自主的行動，擁有靈活敏捷的動作。

認知領域的學習面向為「生活環境中的數學」、「自然現象」和「文化產物」，此領域重視幼兒處理訊息的思考歷程，包含：蒐集訊息、整理訊息和解決問題。在幼兒的學習環境中，有許多看到、聽到、嚐到、觸碰及聞到的一切訊息，這些訊息有些與數學有關，有些與自然環境的現象有關，也有些與文化所遺留下來的產物相關聯。因此，幼兒的學習需要在所處生活環境中不斷參與和探索，在與環境互動的過程中，不僅能學習處理這些訊息，也在其中建構知識與想法。

語文領域的學習面向為「肢體」、「口語」、「圖像符號」和「文字功能」，領域能力為理解和表達。此領域重視幼兒參與社會溝通系統，在此社會溝通系統中，幼兒不只與人溝通、互動，也包含了各類文本，在互動的過

程中理解互動對象的意義，同時也能使用不同的溝通媒介來表達自己的想法。因此，在幼兒的學習環境裡，要提供許多機會讓幼兒有與不同對象（人與文本）互動的機會，幼兒在其中知覺與理解，也漸漸能學會使用不同的媒介（肢體、口語、圖像符號和文字功能）來表達。

社會領域的學習面向為「自己」、「人與人」和「人與環境」，此領域重視幼兒參與人際互動情境，累積這些參與的經驗，建構所處文化的價值、信念與行動。因此，在幼兒的學習環境中，特別重視與他人、與環境互動的機會，幼兒可在其中發現與反思自己與他人的需求，也展現自己對他人、對環境的關懷。在此互動的過程中，逐漸展現其「探索與覺察」、「協商與調整」和「愛護與尊重」等三項領域能力。

情緒領域的學習面向為「自己」和「他人與環境」，此領域關注幼兒辨識自己的情緒，關懷並理解他人的情緒，調節正負向情緒，運用合於文化規範的方式表達情感，以獲得健康的身心及優質的人際關係。幼兒得以在生活環境中、與他人互動的過程中，展現「覺察與辨識」、「表達」、「理解」和「調節」的能力。社會領域與情緒領域在學習面向上雖然相當類似，但由於要凸顯情緒的重要性、提升教保服務人員對此的關注，因此特別將有關情緒的部分劃分出來。

美感領域的學習面向為「情意」和「藝術媒介」，此領域重視生活環境中的各種美感經驗與來源，這些來源包含視覺藝術、音樂和戲劇扮演。幼兒在生活環境中，與這些不同藝術媒介互動的過程裡，連結正面的情意、產生愉悅的感受，更樂於從事美感相關的活動。美感領域的領域能力則包括「探索與覺察」、「表現與創作」和「回應與賞析」等三項領域能力。

總之，此六大領域皆強調個體與生活環境的互動，重視幼兒在所處的生活環境之參與和探索，而每個領域因其領域的特殊性，在生活環境的切分上

各有不同的角度與重點，因此各個領域的學習面向各有不同關注的焦點。個體與生活環境互動的過程中又彰顯其核心素養的獲得，而各領域的領域能力又因領域的特質不同而有所差異；各個領域的學習面向與領域能力所交織而成的內涵架構，再進一步組織成課程目標，並形成分齡的學習指標。表 1-1 為各領域的學習面向和領域能力，以及其與課程目標的關係。

表 1-1　新課綱各領域的課程目標規劃表

1. 身體動作與健康領域

領域能力＼學習面向	身體動作	用具操作	健康行動
覺察與模仿	身 1-1 模仿身體操控活動	身 1-2 模仿各種用具的操作	身 1-3 覺察與模仿健康行為及安全的動作
協調與控制	身 2-1 安全應用身體操控動作，滿足自由活動及與他人合作的需求	身 2-2 熟練各種用具的操作	身 2-3 熟練並養成健康生活習慣
組合與創造	身 3-1 應用組合及變化各種動作，享受肢體遊戲的樂趣	身 3-2 樂於善用各種素材及器材進行創造性活動	

2. 認知領域

領域能力＼學習面向	生活環境中的數學	自然現象	文化產物
蒐集訊息	認 1-1 蒐集生活環境中的數學訊息	認 1-2 蒐集自然現象的訊息	認 1-3 蒐集文化產物的訊息

表 1-1 新課綱各領域的課程目標規劃表（續）

領域能力＼學習面向	生活環境中的數學	自然現象	文化產物
整理訊息	認 2-1 整理生活環境中的數學訊息	認 2-2 整理自然現象訊息間的關係	認 2-3 整理文化產物訊息間的關係
解決問題	認 3-1　與他人合作解決生活環境中的問題		

3. 語文領域

領域能力＼學習面向	肢體	口語	圖像符號	文字功能
理解	語 1-1 理解互動對象的意圖		語 1-4 理解生活環境中的圖像符號 語 1-5 理解圖畫書的內容與功能	語 1-6 熟悉閱讀華文的方式 語 1-7 理解文字的功能
理解		語 1-2 理解歌謠和口語的音韻特性 語 1-3 認識社會使用多種語言的情形	語 1-4 理解生活環境中的圖像符號 語 1-5 理解圖畫書的內容與功能	語 1-6 熟悉閱讀華文的方式 語 1-7 理解文字的功能
表達	語 2-1 以肢體語言表達	語 2-2 以口語參與互動 語 2-3 敘說生活經驗 語 2-4 看圖敘說	語 2-5 運用圖像符號	
表達	語 2-6 回應敘事文本 語 2-7 編創與演出敘事文本			

表 1-1　新課綱各領域的課程目標規劃表（續）

4. 社會領域			
領域能力＼學習面向	自己	人與人	人與環境
探索與覺察	社 1-1 認識自己	社 1-2 覺察自己和他人內在想法的不同 社 1-3 覺察生活規範與活動規則	社 1-4 覺察家的重要 社 1-5 探索自己與生活環境中人事物的關係 社 1-6 認識生活環境中文化的多元現象
協商與調整	社 2-1 發展自我概念	社 2-2 同理他人，並與他人互動 社 2-3 調整自己的行動，遵守生活規範與活動規則	
愛護與尊重	社 3-1 喜歡自己，肯定自己 社 3-2 保護自己	社 3-3 關懷與尊重生活環境中的他人 社 3-4 尊重他人的身體自主權	社 3-5 尊重生活環境中文化的多元現象 社 3-6 關懷生活環境，尊重生命

表 1-1　新課綱各領域的課程目標規劃表（續）

5. 情緒領域

領域能力＼學習面向	自己	他人與環境
覺察與辨識	情 1-1 覺察與辨識自己的情緒	情 1-2 覺察與辨識生活環境中他人和擬人化物件的情緒
表達	情 2-1 合宜地表達自己的情緒	情 2-2 適當地表達生活環境中他人和擬人化物件的情緒
理解	情 3-1 理解自己情緒出現的原因	情 3-2 理解生活環境中他人和擬人化物件情緒產生的原因
調節	情 4-1 運用策略調節自己的情緒	

6. 美感領域

領域能力＼學習面向	情意	藝術媒介
探索與覺察	美 1-1 體驗生活環境中愉悅的美感經驗	美 1-2 運用五官感受生活環境中各種形式的美
表現與創作	美 2-1 發揮想像並進行個人獨特的創作	美 2-2 運用各種形式的藝術媒介進行創作
回應與賞析	美 3-1 樂於接觸多元的藝術創作，回應個人的感受	美 3-2 欣賞藝術創作或展演活動，回應個人的看法

資料來源：教育部（2016）

肆、編製各領域測驗，進行實徵研究，蒐集臺灣幼兒的資料

初步規劃出各領域的目標與雙向細目表後，因為課程目標和學習指標仍需要參酌我國幼兒能力的實際狀況才能確定。有鑑於過去政府與學術單位均未編製相關領域的幼兒能力測驗和幼兒能力常模，因此，新課綱研編小組中的各領域編製團隊就進一步編製各領域的幼兒能力測驗，並進行全國各領域幼兒能力實徵資料的蒐集，期望整理出第一份屬於本土的幼兒能力資料。

 伍、整合各領域能力，形成六大核心素養

新課綱串接上述六個領域培養幼兒的領域能力，這些領域能力歸納為「覺知辨識」、「表達溝通」、「關懷合作」、「推理賞析」、「想像創造」、「自主管理」等六大核心素養，而這六大核心素養是由各領域的領域能力統整而來。各領域的領域能力定義如下：

「**身體動作與健康**」的領域能力為「覺察與模仿」、「協調與控制」、「組合與創造」。

「**覺察與模仿**」是指，幼兒能注意到新事物的存在，意識或模仿生活中出現的各類動作和健康行為。

「**協調與控制**」是指，幼兒能整合不同動作，使動作間配合得當，和諧一致。

「**組合與創造**」是指，幼兒能掌控自己的肢體，發揮想像力，組合各種肢體動作，以扮演心中設定的故事或圖像的能力。

　　認知領域的三項領域能力包括：「蒐集訊息」、「整理訊息」和「解決問題」。「蒐集訊息」是指，透過感官、工具測量及記錄等活動獲得訊息；「整理訊息」是指，將先前蒐集到的各種訊息一步步加以組織整理；「解決問題」是指，在發現探究性的問題後，與他人討論提出解決問題的思考歷程。

　　語文領域的主要領域能力是「理解」與「表達」：「理解」是指，幼兒覺察、區辨與詮釋所接收之訊息的能力；「表達」是指，幼兒回應人或文本，運用肢體、口語或自創符號呈現意義，以及創作的能力。一般而言，理解的發展比表達早；不過，在實際使用語文的時候，兩種領域通常統合使用、相輔相成。

　　為達成幼兒積極參與人際互動的脈絡、體驗有意義的文化生活，「探索與覺察」、「協商與調整」、「愛護與尊重」即成為社會領域的三項重要之領域能力：「**探索與覺察**」是指，幼兒對自己、他人及生活環境中的事物感到好奇，透過行動發現其中的特質和內容。「**協商與調整**」是指，幼兒在人際互動的過程中，能與他人溝通和商量，同理他人想法，並能調整自己，與他人和諧相處的能力。「**愛護與尊重**」是指，幼兒能主動關注自己、照顧自己，並願意接受他人及擁有與自然共處的情懷。

　　情緒領域主要是培養幼兒處理情緒的能力，包含：個體覺察到內外在刺激，能辨識情緒狀態和種類的「情緒覺察與辨識」；了解情緒產生原因的「情緒理解」；學習運用各種策略來改變負向情緒或過度激動的情緒，此稱為「情緒調節」；以及學習理解所處文化的規則，適時、適情境、適角色來表達情緒，此稱為「情緒表達」。

　　美感領域主要是要讓幼兒從內心深處感知並體驗美好的事物，以建構感知的能力。「探索與覺察」、「表現與創作」和「回應與賞析」是美感領域欲培養的三項領域能力。

此六個領域的領域統整為六大核心素養，其意義分別為：「**覺知辨識**」是指，運用感官知覺自己及生活環境的訊息，並理解訊息及其間的關係。「**表達溝通**」是指，運用各種符號表達個人的感受，並能傾聽和分享不同的見解與訊息。「**關懷合作**」是指，願意關心與接納自己、他人、環境和文化，並願意與他人協商，建立共識、解決問題。「**推理賞析**」是指，運用舊經驗和既有知識，分析、整合及預測訊息，並以喜愛的心情欣賞自己和他人的表現。「**想像創造**」是指，以創新的精神和多樣的方式表達對生活環境中的人、事、物之感受。「**自主管理**」是指，根據規範覺察與調整自己的行動。

此六大核心素養的培養尚需仰賴「身體動作與健康」、「認知」、「語文」、「社會」、「情緒」和「美感」的串接與統整實施。幼兒與其所處的生活環境互動，在其中不斷的參與和探索，藉由各種人、事、物的互動，幼兒逐步展現與深化此六大核心素養。六個領域的課程目標與六大領域的關係，以及六個領域的領域能力與六大核心素養的關係，如表 1-2 所示。

表 1-2　新課綱六大核心素養與各領域能力間的關係

各領域 / 六大核心素養		覺知辨識	表達溝通	關懷合作	推理賞析	想像創造	自主管理
身體動作與健康領域	覺察與模仿	○					
	協調與控制			○			○
	組合與創造		○			○	○
認知領域	蒐集訊息	○	○				
	整理訊息		○		○		
	解決問題		○	○			○
語文領域	理解	○		○	○		
	表達		○	○		○	○

表 1-2　新課綱六大核心素養與各領域能力間的關係（續）

六大核心素養 各領域		覺知辨識	表達溝通	關懷合作	推理賞析	想像創造	自主管理
社會領域	探索與覺察	○					
	協商與調整		○	○			○
	愛護與尊重			○			○
情緒領域	覺察與辨識	○		○			
	表達		○	○			
	理解	○		○		○	
	調節						○
美感領域	探索與覺察	○					
	表現與創作		○			○	
	回應與賞析				○	○	

資料來源：幸曼玲、倪鳴香（2016）

 陸、將各領域的領域目標結合起來，形成總目標

在各領域的領域目標之編製團隊蒐集全國實徵資料的同時，「新課綱總綱」（以下簡稱總綱）編製團隊，另整理出各領域初步的領域目標，並融合為新課綱的「總目標」，以此做為「幼兒園教育所培養出的幼兒圖像」。

一、重新思考：「我們如何看待幼兒？」、「我們想培養出什麼樣的孩子？」

不過，透過此由各領域的領域目標歸納而出（由下而上）的幼兒圖像，並未獲得新課綱研編小組的共識，其最大的理由是因為這樣的幼兒圖像是一種從各種理論組織而成的「理想」之幼兒圖像，已經與我國的文化脈絡脫節。

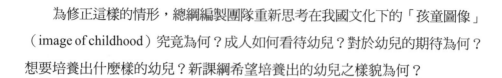
為修正這樣的情形，總綱編製團隊重新思考在我國文化下的「孩童圖像」（image of childhood）究竟為何？成人如何看待幼兒？對於幼兒的期待為何？想要培養出什麼樣的幼兒？新課綱希望培養出的幼兒之樣貌為何？

二、基本理念的衍生與確立

在討論孩子的圖像、確認總目標的同時，新課綱小組成員也在彼此浮現的幼教理念中尋找共通性，而建構出新課綱的基本理念。基本理念不僅從孩子的發展出發，更擴及孩子參與社會的需求和歷程，包括：怎麼看孩子？怎麼看孩子的學習？怎麼看教學？怎麼看課程？

為此，我們將孩子視為是充滿好奇心、喜歡探究、熱愛遊戲的個體。為了延續其原本的特質，教師須安排合適的環境讓孩子浸淫其中，進行學習。而每個孩子不論在社會文化中或是在心理特質上都有獨特性，教師須體察孩子，尊重每個孩子的發展，引領孩子融入所在的環境，覺知及感受周遭的環境。雖然設計的課程是有目標的行動，但是在引領、介入、輔導的過程中，教師宜時時省思自己的角色：課程的設計是否符合孩子的舊經驗？課程的設計是否激發孩子的學習動力？課程的引領可否激發孩子朝目標邁進，激發新的潛能？

除了強調孩子的主動性之外，也凸顯孩子參與的社會文化情境之重要。幼兒在參與社會文化活動的過程中，能主動挪用（appropriate）社會既有的規約，進而詮釋與修整。而為了參與群體，成為群體中的一分子，孩子持續在群體中尋找位置，學會在群體中扮演適當的角色。

 ## 柒、重新思索華人文化價值觀的核心——「仁」，並轉化為「仁的教育觀」

依據黃光國（1988）在《儒家思想和東亞現代化》一書中所提，華人文化的價值觀可以回溯自宋代起，在往後的朝代中漸漸發展。為何從宋代？其原因與「理學」的興起有相當大的關係。

宋代是中國歷史上文藝成就最高的朝代之一，對於學術思想體系的重建上，尤其輝煌。理學是宋代學者所提出，其理論的根源是孔子的學說——儒家思想。在歷經唐末、北宋，乃至南宋時期的連年戰亂，生命變得脆弱和無常，人們轉而求助於心靈上的滿足，也間接支持了理學的發展。

宋儒認為，亂世中的人民應該重新思考人與人之間的關係，戰爭的出現是因為自己與他人間的陌生、不信任，以及關係的斷裂所導致。在探求過去諸子百家思想的過程中，儒家思想最為重視「關係」，其思想觀念的核心是「仁」，也寫做「人人」，其談論的正是人與人之間的關係（如五倫的觀念），這樣的觀點正符合宋代人民的需求，也獲得當時學者的認同，進而積極推動儒家思想的重建與詮釋，最後形成「理學」。理學的內涵深受往後各個朝代的重視，直至今日。換言之，儒家思想也透過理學的發展和傳遞，持續地影響華人的文化思想，而成為華人重要的文化價值。在臺灣的我們，也自然承載著「仁」的精神，並且把「仁」放在教育理念當中，傳承給下一代，更形成了我們特有的「仁」的教育觀。

此一教育觀並非代表著一固定的內容，例如：林安梧（2006）即認為，儒學是「聖之時者也」，會因為時代的需要進行調整。傳統「仁」的教育觀——以自己或家庭為重，鼓勵個人追求成就的觀點，明顯地已無法因應快速

變遷的現代社會（例如：地球暖化、金融風暴等），而個人之力又遠遠無法改變現況，此時我們必須將「仁」的概念重新詮釋，將「人與人之間的關係」從家庭成員或家族之內，擴展至「共同生活的一群人」來思考。這即與「公民社會」的概念做了最緊密的結合。

所以，對於新課綱而言，是以「仁」做為幼兒教育的核心，期待培養出來的幼兒，不僅是承續孝順父母、友愛兄弟姊妹的重要文化價值，更要能陶冶幼兒「愛人愛己、關懷環境、面對挑戰、踐行文化的素養，並奠定幼兒終身學習的基礎」（教育部，2016）。

第八節 「幼兒園教保活動課程大綱」的特色

壹、發掘與建構臺灣孩童的圖像

「孩童圖像」是指，孩童在生活中的形象、神情態度或是性格能力。孩童圖像與社會文化的價值有關。新課綱為確保幼兒健全的發展，建構社會文化中的「孩童圖像」，而訂定總目標，以描繪出孩童的樣貌。新課綱的規劃期待孩童是健康的、是自主自信的，願意與人相處，能和他人共同合作，而且有豐富的情感及創造力，樂於探索思考及關懷接納他人的個體。其總目標如下：幼兒園教育是一切教育的基礎，為培養未來自由社會的公民而努力。自由社會的特徵是意見分歧、看法多樣，有各異的價值觀。但是，未來自由社會的公民不但須省思其原本的文化，也須在與其相異的多元文化中生活。因而自由社會的公民應該是重溝通、講道理、能思考、懂合作、有信心、會包容的健康個體。

在此目標下，幼兒園教育的總目標如下：

1. 幫助幼兒擁有健康的身心，養成獨立自主的生活態度、習慣與技能。

2. 支持幼兒對自然環境與人文世界的好奇與探索，發展思考及表現創意。

3. 建立幼兒的自信，在與人溝通中培養仁愛合作的情懷。

4. 啟發幼兒對自我與環境的覺知，培養豐富的情感，學習調適情緒的表達。

5. 豐富幼兒美感與語言的經驗，認識並欣賞多元文化。

6. 建立幼兒安全的依附，勇於冒險、面對挑戰。

貳、以核心素養做為串接整合領域的方式，也以各領域能力做為培養幼兒的主要目標

分析 1987 年《幼稚園課程標準》的課程內容時，會發現標準內容較為零碎，無法統整出清楚的主軸。因此，此次新課綱的修訂事先即歸結出統整的主軸，那就是幼兒在各領域中處理該領域訊息的領域能力。以美感領域為例，幼兒需培養的是「探索與覺察」、「表現與創作」和「回應與賞析」等領域能力。在此領域能力的前提下，規劃出孩子在美感領域的課程目標；而情緒領域則是培養孩子「覺察與辨識情緒」、「表達情緒」、「理解情緒」和「調節情緒」的領域能力。由於各領域在先前多次的討論中已取得共識，因此在後續領域目標的撰寫上，其方向和角度較為一致。

參、以本土的實徵研究建構課程目標與學習指標

過去我們在進行課程綱要的研擬工作時，多半是參考其他各國的資料，並以有經驗的老師判別訂定課程內容的合宜性。到底我們的孩子之核心素養為何？我們的孩子是否不同於國外同年齡的孩子？此次課程綱要的擬定希望是基於全國的實徵資料，各組再根據實際需要設計合宜的工具，以進行資料的蒐集。而實徵研究進行之初，也事前透過全國教育局的科、課長會議和社會局的科、課長會議提案說明，以尋求行政協助。

資料分析後，再根據幼兒的表現，訂定各指標的幼兒通過標準。各領域由於所設計的工具不同，其設定通過的標準也不相同，總括來說，幼兒在各領域的通過率約為 50% 到 70%。除了實徵研究蒐集的資料外，也蒐集文獻中較無爭議的結果訂定指標，另外參酌教師與幼兒互動的經驗和文化中所強調的價值觀等訂定指標。

因此，新課綱中的課程目標與學習指標之擬定，多是根據實徵研究的結果，而指標擬定後，又進一步透過專家諮詢蒐集意見，以期更貼近現場的需求。

 肆、強調培養幼兒的核心素養

新課綱強調培養幼兒的核心素養，而非知識的灌輸，因此在基本理念上說明培養幼兒的六大核心素養：「覺知辨識」、「表達溝通」、「關懷合作」、「推理賞析」、「想像創造」和「自主管理」。

此六大核心素養的培養需要藉由身體動作與健康、認知、語文、社會、

情緒和美感等領域的統整實施，逐步累積孩子的經驗而逐漸獲得。因此，各領域的規劃也強調領域能力，每一個領域根據其領域的特殊性有其關注的領域能力與學習面向，並歸結為課程目標。

 ## 伍、考量華人重要的文化價值

儒家思想是中國人的主流思想，其所提出「仁」的概念，不僅在文化傳統上，也在我們的生活中處處可見，這是一種與人互動有關的善之表現，包含了與父母、長輩相處的孝道，與兄弟姊妹相處的友愛，若再進一步向外擴展與延伸，便是對環境的關懷。因此，在此孩童圖像的建構下，新課綱基於我國的文化內涵，以全球的宏觀視野，確立其宗旨為（教育部，2016）：

> 立基於「仁」的教育觀，承續孝悌仁愛文化，陶養幼兒擁有愛人愛己、關懷環境、面對挑戰、踐行文化的素養，並奠定幼兒終身學習的基礎；使幼兒成為重溝通、講道理、能思考、懂合作、有信心、會包容的未來社會公民。

宗旨中強調以「仁」的教育觀為基礎，「仁」的概念是從儒家而來，愛人愛己、仁民愛物是「仁」的核心概念。但隨著時代的改變，「仁」的概念也可進一步重新詮釋。「仁的教育觀」如下：

> 保留儒家重視家庭倫常的重要文化價值，例如：親子關係和手足關係。
> 修正傳統的儒家對他人關係的上下之差序格局，調整與他人的關係應該是彼此間能夠關懷、尊重與相互接納。

將「仁」的範圍從家庭進一步擴及「共同生活的一群人」，即「社區」的概念，引出「公民社會」的概念。

在幼兒教育階段，「家庭」仍是幼兒的核心，是協助孩童社會化的主要機構。家庭能協助幼兒建立對外界環境的信任，是安全依附的重要來源。幼兒在家庭中學習孝敬父母、友愛兄弟姊妹，到了幼兒園，則進一步發展出愛人愛物的關係。

陸、重視幼兒的發展需求與主體性，並重視幼兒所處的文化環境

從新課綱的立論基礎中，不僅幼兒的主體性被看見，也重視幼兒所處的文化環境。其基本理念如下（教育部，2016）：

以個體與生活環境互動為基礎，形塑幼兒心智為核心，顧及幼兒全人發展及其所處文化環境的價值體系等兩層面，規劃幼兒學習的領域。新課綱規劃的領域包括身體動作與健康、認知、語文、社會、情緒和美感。透過課程的規劃與實踐，幼兒可擁有「覺知辨識」、「表達溝通」、「關懷合作」、「推理賞析」、「想像創造」和「自主管理」等六大核心素養。

在此簡短的基本理念中，揭示了本課程有兩個重要的基礎：一是幼兒本身有全人發展的需要；二是其所處的文化價值體系是需要重視的，透過課程的規劃，讓幼兒有機會與其生活環境互動，培養六大核心素養。而此課程是強調幼兒的主體，以他／她的經驗出發，親身參與、體驗，藉由互動的機會，

發展成為健康的個體。

　　因此，在基本理念中的「我們怎麼看教保活動課程」之陳述如下（教育部，2016）：

> 　　課程在幼兒學習過程中不是外在「灌輸」的內容，而是促使幼兒成長的訊息來源。新課綱強調一個重視幼兒主體，也強調社會參與的課程。從幼兒的角度出發，以幼兒為中心，重視幼兒的生活經驗，同時也著重幼兒有親身參與、體驗各式社區活動的機會。藉由與生活環境互動的機會，幼兒發展成健康的個體，又能在社會中與他人一同生活、互動，並能體驗文化或創造文化。
>
> 　　幼兒的生活環境中存在著種種差異，如性別差異、種族文化差異、社會階層差異、地域文化差異、年齡差異及身心狀態的差異等。差異是生活的常態，因此宜將「差異性」視為教保活動課程的資源，以增廣幼兒的學習。透過這樣的思考，幼兒的個體性、特殊性和其自身的觀點都得以納入課程的考量。

　　雖然臺灣的幅員不如西方國家廣闊，但是各地區亦有其特色與特性，新課綱並非要統一全國的幼兒園課程取向，也並非想要塑造幼兒成為一樣的幼兒，因此特別重視與強調各地、各區域的社會文化體系。所以，新課綱的設計保有彈性空間，讓各地的教保服務人員得以選擇當地的素材，帶領幼兒參與和領略各地的文化與活動。因此，新課綱的實施通則強調（教育部，2016）：

> 依據幼兒發展狀態與學習需求，選擇適宜的教材，規劃合宜的教保活動課程。

　　由於各園所在的地理位置不同、生活環境各異，幼兒的生活經驗也會受到其所在環境的影響。各園宜配合教保活動課程內涵及幼兒的發展狀態，從其所在地的生活環境中選材，設計符合幼兒生活經驗的活動。

　　教保活動課程之擬定要從個體成長的基本需求出發，包括：幸福感、歸屬感與健康的生活習慣、食品衛生、疾病預防及安全的知能，以促進幼兒健康安全的成長。

　　同時，學習範疇要重視性別與種族平等之議題，以及流傳在社會中的文化資產，包括性別認同與性別刻板印象的覺察，關懷與尊重不同性別、不同年齡、不同社經背景、不同種族、及不同身心狀態的人，理解各種生活型態、生活物件及藝術表現，讓幼兒不但學習自己的文化，體驗生活環境中文化的多元現象，也能關懷與尊重不同的文化。

建立幼兒園、家庭與社區的網絡，經營三者間的夥伴關係。透過在地文化課程，以培養幼兒對文化的投入與認同。面對多元文化的社會，培養幼兒面對、接納和欣賞不同文化的態度。

　　幼兒的生活環境包含了家庭、幼兒園與其身處之社區環境，且每個環境皆是幼兒拓展其生活經驗的重要來源。透過學習，幼兒可習得所處環境中重要他人的價值體系。教保服務人員須覺察與辨識生活環境中的社會文化活動，並將其轉化為幼兒園的教保活動課程。其次，幼兒園宜提供機會，讓家長參與幼兒園的課程與教學，並以實際行動參與社區，以加深幼兒的情感與認同，成為社區的參與者和共構者。幼兒園也是社區的一部分，幼兒園的開放可讓社區

成員了解與接納幼兒園，體現幼兒園的教育理念，以促成家庭、幼兒園與社區間社會網絡的連結。

　　臺灣社會隨著新住民的加入，變異愈來愈大。每位幼兒來自不同的家庭，也帶著不同的文化進入幼兒園。文化的差異已然是教室中的常態。在教學的過程中，教保服務人員宜重視文化的獨特性與差異性，經營多元文化的教保活動課程，使幼兒能體驗並理解不同的文化，進而接納和尊重不同的文化。

　　從上述兩項實施通則可以看見，新課綱強調教保服務人員從所在地的生活環境中選材，重視當地重要的文化資產，如此才能設計符合幼兒生活經驗的課程，也才能讓幼兒學習、關懷自己的家庭與社區，進而尊重不同的文化。

第九節　結語

　　在全球化的浪潮中，我們從西方各個不同的幼教課程取向，理解到編製一套幼兒教育課程有幾個重點，包含：重視孩子的主體性與發展需求、看重孩子所處的情境與社會文化脈絡、強調培養孩子的核心素養，以及思考孩童圖像。

　　各種幼兒教育課程取向的重點，其基本的幼兒教育精神皆在於重視孩子的主體，而並非以成人的角度來決定孩子需要什麼，幼兒本身的需求與興趣即是課程的要素之一；在面對快速變遷的時代，凸顯了培養核心素養的重要性，而非知識的灌輸。除此之外，國家社會的文化也是重要的考量，不僅需要著重孩子所處的社會文化情境，也需思考要培養怎樣的孩子，我們要有怎樣的孩童圖像。

　　新課綱研編初期，研編小組成員一方面蒐集中國的諺語及各級學校校訓，以找尋華人對於兒童的看法與重要的教育目標和內涵，並綜合文獻與專家的意見，確認臺灣的孩童圖像以及華人文化的重要內涵。另一方面，研編小組成員也進行全國幼兒的抽樣施測，以理解臺灣幼兒在各個發展面向的能力與表現，並研擬一份屬於臺灣幼兒的幼教課綱，再經過實驗與試用，逐步修整與形成新課綱的內容。以下就針對孩童圖像、考量華人重要的文化價值、強調核心素養培養、重視幼兒主體性，並強調其在地需求等面向來簡介此課綱的內涵：

　　綜觀新課綱的研擬，研編小組參考了世界幼教發展趨勢，掌握全球幼兒教育趨勢下的基本理念與精神，重視幼兒的主體性與發展需求；同時也立基於我國的文化內涵，以「仁」的教育觀為基礎，承續孝悌仁愛文化（教育部，2012）。以宏觀的角度看待全球的幼教趨勢，又融合臺灣本土文化價值的新課綱。期盼未來我們國家不同學習階段的課程大綱也可以全球在地化的觀點來思考與編擬，為我們國家未來的主人翁量身打造一份屬於我們的課程大綱，培育有全球概念也認同本土的世界公民。

總綱研編小組成員

召集人：楊國賜

成　員：幸曼玲、倪鳴香、廖鳳瑞、簡淑真（國立臺灣師範大學）、
　　　　潘慧玲
　　　　研究助理：張竣欽、李昭明、周于佩、李碧玲、蔣玥

參考文獻

中文部分

內政部（1979）。托兒所教保手冊。臺北市：內政部。

李昭明、陳欣希（譯）（2003）。人類發展的文化本質（原作者：B. Rogoff）。臺北市：心理。

幸曼玲、楊金寶、柯華葳、丘嘉慧、蔡敏玲、金瑞芝⋯⋯廖鳳瑞（2015）。幼兒園教保活動課程手冊（上冊）。臺北市：教育部國民及學前教育署。

幸曼玲、倪鳴香（2016）。幼兒園教保活動課程暫行大綱研修計畫結案報告。教育部委託之專題研究成果報告，未出版。

幸曼玲、簡淑真（2005）。國民教育幼兒班課程綱要之能力指標專案研究。臺北市：教育部國民教育司。

林安梧（2006）。儒學轉正：從「新儒學」到「後新儒學」的過渡。臺北市：臺灣學生書局。

林欣宜（2007）。兒童自我概念形成歷程之個案研究：以親子互動事件為例（未出版之碩士論文）。臺北市立教育大學，臺北市。

林清山（譯）（1991）。教育心理學：認知取向（原作者：R. E. Mayer）。臺北市：遠流。（原著出版年：1987）

邱志鵬（無日期）。臺灣幼兒教育與照顧政策之回顧與前瞻。2008 年 1 月 13 日，取自 http://www0.nttu.edu.tw/aecer/meet91/%a5x%c6W%a5%ae%a8%e0%b1%d0% a8%7c%bd%d2%b5%7b%a4%a7bat%c5%dc%a4@%ad%d3%a5%ae%b1%d0%a4H%aa%b a%c6%5b%b9%ee%bbP%ac%d9%ab%e4.pdf

洪毓英（譯）（2003）。幼教綠皮書（原主編：S. Bredekamp & C. Copple）。臺北市：和英。（原著出版年：1997）

高敬文（1986）。發現學習教學計畫。載於信誼基金會（編），從發現學習邁向統合教學教師手冊（第二冊）。臺北市：信誼基金會。

國立臺灣師範大學附設實驗幼稚園（1996）。開放的足跡：師大附幼萌發式課程的實踐歷程。臺北縣：光佑文化。

張孝筠（2004）。幼兒園零至五歲幼兒適性發展與學習活動綱要研究。臺中市：內政部兒童局。

張杏如（2007）。信誼課程的「探索、發現、學習」之路。載於信誼基金會（主編），課程的成長：課程、教師、教材對話。海峽兩岸幼兒教育學術交流研討會手冊（頁 6-9）。臺北市：信誼基金會

教育部（1987）。幼稚園課程標準。臺北市：正中書局。

教育部（1999）。發展與改進幼兒教育中程計畫。2008 年 1 月 13 日，取自 http://edu5.tnc.edu.tw/index/00002/00206.htm

教育部（2012）。幼兒園教保活動課程暫行大綱。臺北市：作者。

教育部（2016）。幼兒園教保活動課程大綱。臺北市：作者。

郭靜晃（譯）（1992）。兒童遊戲：遊戲發展的理論與實務（原作者：J. E. Johnson 等人）。臺北市：揚智文化。

陳伯璋、盧美貴（1991）。開放教育。臺北市：師大書苑。

黃光國（1988）。儒家思想與東亞現代化。臺北市：巨流。

黃富順、林淑玲、阮碧繡、林玫君、沈昕、李連珠……古息珠（2000）。「幼稚園課程綱要」研訂報告。臺北市：教育部國民教育司。

楊淑朱、王連生、盧美貴、江麗莉（1998）。幼稚園課程標準修訂研究。教育部委託專案研究報告。

詹佳蕙、黃又青（譯）（2000）。駛入兒童權力的旅程：孩子眼中所見的世界（原作者：Reggio Children）。臺北市：光佑。（原著出版年：1993）

漢菊德（編著）（1998）。成為一個人的教育：南海實幼對全人教育的詮釋。臺北縣：光佑文化。

盧　明、廖鳳瑞（2005）。國民教育幼兒班課程綱要研究。臺北市：教育部國民教育司。

盧美貴（2003）。我國五歲幼兒基本能力與能力指標建構研究（編號：PG9105-0088）。臺北市：教育部國民教育司。

英文部分

Bowman, B. T., & Stott, F. M. (1994). Understanding development in a cultural context: The challenge for teachers. In B. L. Mallory & R. S. New (Eds.), *Diversity & developmentally appropriate practices: Challenges for early childhood education*. New York, NY: Teachers College Press.

Dahlberg, G., Moss, R., & Pence, A. (2013). *Beyond quality in early childhood education and care: Language of evaluation*. UK: Routledge.

Fthenakis, W. E.（2007）。早期教育的趨勢與展望：從國際化視角重新權想早期教育。載於朱家雄（主編），國際視野下的學前教育（頁 23-38）。中國上海：華東師範大學。

Hayes, A.（2007）。超越後現代：新世紀的早期教育。載於朱家雄（主編），國際視野下的學前教育（頁 52-62）。中國上海：華東師範大學。

Holland, D., Lachicotte Jr., W., Skinner, D., & Cain, C. (1998). *Identity and agency in cultural worlds*. Cambridge, MA: Harvard University Press.

Lamb, M. E., & Hwang, C. P. (1996). Images of childhood: An introduction. In C. P. Hwang & M. E. Lamb (Eds.), *Images of childhood* (pp. 1-12). New York, NY: Lawrence Erlbaum Associates.

Ludlow, B. L., & Berkeley, T. (1994). Expanding the perceptions of developmentally appropriate practice: Changing theoretical perspectives. In B. L. Mallory & R. S. New (Eds.), *Diversity & developmentally appropriate practices: Challenges for early childhood education* (pp. 107-118). New York, NY: Teachers College

Press.

New, R. S. (1994). Culture, child development, and developmentally appropriate practice: Teachers as collaborative researchers. In B. L. Mallory & R. S. New (Eds.), *Diversity & developmentally appropriate practices: Challenges for early childhood education* (pp. 65-83). New York, NY: Teachers College Press.

Rhedding-Jones, J., & Grieshaber, S. (2005). Troubling identities. *Contemporary Issues in Early Childhood, 6*(3), 212-214.

Rogoff, B. (2003). *The culture nature of human development.* USA: Oxford University Press.

Spodek, B., & Sara, O.（2007）。早期兒童教育和實踐的國際視野。載於朱家雄（主編），**國際視野下的學前教育**（頁 11-22）。中國上海：華東師範大學。

Swadener, B. B., Cannella, G. S. & Che, Y.（2007）。重新構想（美國）主流早期教育觀：伴有個體的反思。載於朱家雄（主編），**國際視野下的學前教育**（頁 39-51）。中國上海：華東師範大學。

Tobin, J. (1991). *A report on the first annual conference.* Retrieved June 16, 2005, from http://www.reconece.org/1991.html

Williams, L. R. (1994). Developmentally appropriate practice and cultural values: A case in point. In B. L. Mallory & R. S. New (Eds.), *Diversity & developmentally appropriate practices: Challenges for early childhood education* (pp. 155-165). New York, NY: Teachers College Press.

附錄　「幼兒園教保活動課程大綱」研編歷程

	階段	時程	內容
第一期計畫	資料蒐集	2006 年 2 月～2007 年 2 月	總綱與各領域架構研議： ・總綱進行總目標的研擬，討論孩子的圖像；以及課綱基本理念的討論。 ・各領域研擬領域目標和課程內涵架構，設計實徵研究的工具，並以抽樣方式至全國蒐集實徵資料，進行分析。
	資料轉化	2007 年 2 月～2007 年 11 月	各領域分析現場蒐集到的資料，輔以文獻資料，將之轉化成各領域的課程目標和分齡的學習指標。
	實施方式討論	2007 年 5 月～2007 年 11 月	實施方式的討論與研議： ・總綱撰寫實施通則。 ・各領域撰寫實施原則。 ・總綱與各領域商議活動和評量示例。
	專家諮詢	2007 年 1 月～2007 年 12 月	總綱各領域分別進行專家諮詢會議，修訂總目標、各領域領域目標、各領域課程目標與各領域之分齡學習指標。
	課程大綱內容整合	2007 年 11 月～2008 年 1 月	統合總綱和各領域間的關係，並檢視健康與安全內容的呈現方式，最後編輯「幼兒園教保活動課程大綱」（草案）和「幼兒園教保活動課程大綱課程手冊」（草案）。
第二期計畫	修整連結	2009 年 1 月～2009 年 7 月	・檢核修正總綱與各領域間之橫向與縱向連結。 ・檢查「國民中小學九年一貫課程綱要」與「幼兒園教保活動課程大綱」之銜接。
	課程實驗	2009 年 8 月～2010 年 7 月	總綱與各領域分七組，共有24園參與課程大綱實驗。

	階段	時程	內容
第二期計畫	相關手冊研擬	2009 年 10 月～2010 年 7 月	課程大綱相關手冊研擬： • 五年推廣計畫（草案） • 宣導手冊（草案） • 簡明版（草案） • 家長手冊（草案） • 課程手冊（草案）
	統合修整	2010 年 8 月～2010 年 9 月	根據實驗的結果，調修總綱與各領域課程目標與學習指標。
第三期計畫	蒐集與彙整課程大綱內容在理解與實踐上的問題	2010 年 12 月～2011 年 7 月	• 了解與蒐集現場教保服務人員使用課程大綱實踐上的經驗與困難。 • 閱讀領域「課程目標—學習指標」、「領域內涵」與「領域目標」，分析其內容、提出相關疑問以及修整建議。
	澄清各領域內容	2011 年 4 月～2011 年 9 月	• 澄清各領域之「領域內涵」、「領域目標」、「橫軸學習面向」、「縱軸領域能力」和「課程目標—學習指標」中的概念與用詞。 • 進行各領域之「領域目標」、「課程目標—學習指標」陳述形式與內容的調整工作。 • 籌備與舉辦聯席工作坊，確認各領域之「課程目標—學習指標」和「領域目標」修整原則，以及確認「領域內涵」和「學習指標實例」書寫架構及陳述形式之原則。
	課程大綱修整草案初稿	2011 年 10 月～2012 年 3 月	• 檢視領域召集人對該領域「領域目標」、「領域內涵」、「課程目標」、「學習指標」和「實施原則」所做的修整並提出建議。 • 進行各領域「領域內涵」和「實施原則」內文文編工作。 • 進行「領域內涵」、「課程目標」和「學習指標」陳述形式與內容的調整。 • 蒐集現場教保服務人員對課程大綱修整草案初稿的修整意見。

階段		時程	內容
第三期計畫	課程手冊修整草案初稿	2011 年 10 月～2012 年 3 月	・蒐集現場教保服務人員對「課程手冊草案」之架構和各篇章內容修整意見。 ・討論並進行「基本概念Q&A」和「學習指標實例」陳述形式與內容的調整。 ・蒐集現場教保服務人員對「課程手冊草案」修改版的修整意見。 ・檢視草案架構和各篇章內容，並整合現場教保服務人員的修整意見，進行文編修整工作。
第四期計畫	確認修整方向	2014 年 10 月～2015 年 4 月	・閱讀文獻：「幼兒園教保活動課程暫行大綱身體動作與健康領域修整計畫」及「幼兒園性別平等教育學習指標及學習內涵建構計畫」★1-2。 ・理解與分析前述兩項計畫之內容，並確認後續修整方向。 ・建立身體動作與健康領域，第三個學習面向名稱之共識。 ・確立課程大綱對於幼兒學習性別平等議題的立場，並擬定性別平等學習指標融入課綱的原則。
	檢視與修整「身體動作與健康」、「社會」及「情緒」三領域之內涵	2015 年 4 月～2015 年 11 月	・確認「身體動作與健康」之領域內涵及其架構、相關語詞意義與範圍。 ・確認「社會」之領域內涵及其架構、性別平等學習指標融入的方式。 ・確認性別平等學習指標及心理健康融入情緒領域的方式。
	檢修六大領域之領域內涵、實施原則及課程手冊相關內容	2015 年 11 月～2016 年 2 月	・確認「身體動作與健康」、「社會」、「情緒」、「美感」之領域內涵、實施原則及課程手冊相關內容。 ・整體檢視增修「認知」、「語文」領域內涵、實施原則及其與課程手冊相關內容，並邀請領域召集人提供修整建議。

階段	時程	內容
第四期計畫 檢修總綱之內涵及其與課程手冊相關內容	2015 年 11 月～2016 年 5 月	• 總綱增修「我們怎麼看課程」與實施通則中的評量部分，以及原本文意或概念不清楚的部分。 • 修整課程手冊（上冊）基本概念篇、幼兒園教保活動課程大綱簡版。
整體檢視總綱及六大領域及課程手冊相關內容	2016 年 2 月～2016 年 5 月	• 整體檢視總綱及六大領域之內涵，及其與課程手冊相關內容。 • 邀請學者、專家及教保服務人員閱讀並提供修整建議。
「課程領導（人）手冊」、「幼小銜接手冊」及「幼兒園、家庭及社區連結手冊」的研編	2014 年 10 月～2016 年 5 月	• 資料蒐集，確認手冊內容的需求，擬定各手冊之內涵架構。 • 召開專家諮詢會議，邀請執筆委員根據各內涵架構撰寫內容。 • 邀請教保服務人員閱讀手冊內容或試用，提供修改建議，並整體檢閱增修手冊內容。

註：★1 楊金寶、劉潔心、王慧敏（2014）。幼兒園教保活動課程暫行大綱身體動作與健康領域修整計畫結案報告。教育部委託研究。未出版。

　　★2 莊明貞、黃瑞琴、林碧雲（2015）。幼兒園性別平等教育學習指標及學習內涵建構計畫結案報告。教育部委託研究。未出版。

第二章

身體動作與健康領域

楊金寶

「身體動作」指的是靈活掌握身體自主的行動,而「健康」則是促進身體、心理及社會幸福感完好狀態的積極作為。「身體動作與健康領域」是協助幼兒靈活掌握身體、體驗健康生活、展現健康行動,並對於所處環境,做出安全的回應。身體動作發展良好,始能引發出良好的健康行為能力。

在幼托整合之前,進幼稚園就讀的 4 歲幼兒,於生命早期的前四年,早已透過碰觸及移動能力獲得更多的經驗。因此,未整合前的幼稚園之多數幼兒,其身體動作發展已有一定的成熟度。也因此,身體動作教學在幼稚園中並未獲得應有的認可,除非將之視為學習成果的表演活動,或是發現其動作無力或在某些方面無法正常運作,才會知道身體動作能力是幼兒教保過程中不可忽略的一環。

從 2006 年到 2012 年,身體動作領域都以「幼兒能力」思量「應該給幼兒什麼樣的課程」為主。此領域之發展與轉化歷程,歷經相關領域之專家學者、教保服務人員無數次的討論與對話、文獻蒐集、問卷調查、文字修辭等六年多的努力與修整。但是,關心臺灣幼兒園課程發展的朋友,擔心過往《幼稚園課程標準》的某些重要議題,在幼兒教育專業思潮演化中,是否無意但

可能被忽略，而「幼兒健康」就是眾人憂慮的議題之一。

健康問題散落在日常生活，健康促進也必須統整落實在真實的生活情境中。因此，健康學習已埋藏在幼兒教保活動及六大領域的領域內涵中，並從日常生活作息建立起幼兒的健康行為。但為了是否應「凸顯」已融入於生活中的健康議題，以及健康是否該「聚焦」在某一領域或獨立成為新領域時，專業角度不同的學者有數度深刻的討論。由於幼兒「健康」的確不容忽視，教育部最終決議將與健康體能相關的身體動作領域，加上「健康」兩字。因此，「身體動作領域」於 2013 年即轉變成「身體動作與健康領域」。

第一節　身體動作與健康領域的理念與內涵

自 2006 年開始研發新課綱[1]的架構與內涵起，身體動作與健康領域思考的關鍵，總不脫離「幼兒發展」與「在地環境」。如此思考的理由，無非是設計課程或教學活動時，都不應忽略幼兒的基本能力以及環境所能提供的學習資源。因為，幼兒的行動被侷限在他們所處之地，無論是無意義之反射或是有目的之行動，也無論其成熟的基本動作能力，能提供的是幼兒探索學習或落實健康活動，在地環境所展現的「鼓勵」與所提供的「機會」，都直接影響幼兒未來是否喜歡活動以及建立健康的習性。

若要能靈活掌握身體自主的行動，就須有能力掌握身體在動態與靜態狀態中的平衡與協調，才能展現健康行動，也才能有能力自我照顧，參與健康

---

1. 新課綱於 2013 年以「幼兒園教保活動課程暫行大綱」試行。自 2006 年啟動研編，經過十一年的宣導與修整後，教育部業於 2016 年 12 月 1 日以臺教授國部字第 1050129763B 號令發布修正，正名為「幼兒園教保活動課程大綱」，並自 2017 年 8 月 1 日生效。為了尊重本領域發展脈絡，仍以新課綱為名論述之。

促進的活動。為了讓讀者清楚身體動作與健康領域的萌發與理念，特將本領域的相關論述，從身體動作與健康的重要性、動作技能之發展與類別、身體動作與健康領域的設計理念等列項說明。最後，綜合整理出本領域的領域能力與學習面向。

壹、身體動作與健康的重要性

幼兒的身體活動是根據其身心發展特性及社會現況的需要，以「運動為主體、遊戲為方法、教育為指導」，培養幼兒身心發展的基礎能力為目標（林風南，1988）。Carson（1994）指出，幼兒早期肢體活動的刺激，可提供未來遊戲、運動競爭，甚至日常生活表現優異的基礎。對幼兒而言，身體活動的表現，是他們早期學習經驗的主題與目標。簡言之，幼兒是透過身體動作及遊戲來學習，以了解自己和周遭的世界。事實上，活動不但是生命的本質，幼兒還能從肢體動作中獲得快樂（許月貴、鄭欣欣、黃瀞瑩譯，2000）、刺激生長激素，以及骨骼肌肉的成長（Pless & Carlsson, 2000）。

幼兒因活動而使心跳加快，能快速運輸血氧到大腦，使思緒更清楚，學習效果更好。科學家發現，運動可增加掌管記憶與學習的海馬迴中，一種幫助神經生長的蛋白質，腦衍生神經滋長因子（brain-derived neurotrophy factor, BDNF）的活化，它會帶動第一類型胰島素生長因子（IGF-I）、血管內皮生長因子（VEGF），以及纖維母細胞生長因子（FGF2）等數種荷爾蒙的分泌。而且，這些荷爾蒙會和 BDNF 合作，啟動學習的分子機制，並促使幹細胞分裂，例如：BDNF 會幫助大腦增加胰島素生長因子，啟動神經元，製造出和記憶有關的血清張素和胺酸，而這兩種神經傳導物質會刺激更多的 BDNF 受體出生，增加神經元之間的連接，形成長期記憶；血管內皮生長因子則會在

大腦中建造更多的微血管，來因應運動時細胞對血液的需求；纖維母細胞生長因子在運動時會大量分泌，以促進組織生長、增加記憶的長期增益效應（洪蘭，2009）。這也是多數學者支持「適度活動有助學習」的生理學論點。

就發展而言，生長發育是整合萌發的。但是，長久以來，教育界和科學界似乎認定，「思考是思考」而「動作是動作」這種兩不相干的「身心分離」觀念。近十多年來，經過無數神經科學家之研究，我們已警覺到動作和思考之間是有著不容忽視的關聯。幼兒的身體發育和其他方面的發展息息相關，因為，他們運用所有感官與周遭環境互動，並在新訊息和已知事物之間建立連結而學習。

大腦中有一群反應外在世界的特別細胞，使我們能夠理解別人的行動及企圖。大腦、心智和身體的三方研究，已在肢體活動和學習間建立起重要的關係，大腦處理動作的部位也是處理學習的部位。簡單動作是由脊髓近側的基本大腦迴路所控制，當複雜動作或是陌生動作出現時，則改由「額葉」部位來處理。額葉，通常是大腦從事問題解決、規劃，以及學習和進行新事物之所在。感覺動作的統合運作對於學習準備非常重要，這些活動對注意力和閱讀都有顯著影響。

身體活動對幼兒學習及發展雖然重要，但是，現代居住空間不足、生活作息型態改變，雙薪父母下班已晚或回家已疲累，親子共同運動的機率並不高，因此幼兒活動機會大幅減少。根據調查資料顯示，國內近六成的學生不愛運動，且未養成規律運動的習慣（教育部體育司，2007），而不運動或運動量不足皆是造成兒童肥胖的因素之一。疾病由過去傳染病轉變成慢性病的今日，缺乏運動已是心臟血管疾病和中風的主要危險因子。Francis（1996）的研究指出，規律活動可預防心血管疾病，缺乏活動得心臟病的機率是高活動者的二倍。運動習慣與形式是否能建立，其決定關鍵在於幼兒是否喜歡活

動。不愛活動的兒童會成長成不愛運動的少年（楊金寶、張孝筠，2008）。

身體不動而造成心血管疾病，也許是未來的健康問題；不常活動而造成兒童不良於活動，目前也有驚人的數據。教育部的調查發現，臺灣 7～10 歲的孩子，動作協調能力不足高達 12%，疑似有此現象者也多達 16.5%；此數值，比美國和日本的 5% 至 10%，高出許多。另外，教育部委託中國醫藥學院物理治療系的調查發現，國小三年級和四年級學童，近五分之一有動作協調能力的問題，為美國同年齡兒童的四倍；有動作協調能力問題者，體能也明顯比一般學童差（引自大紀元，2009）。

幼兒時期是大腦與肌肉連貫發育的關鍵時期，研究顯示（林晉榮，2004；Crutchfield, Heriza, & Herdman, 1999; Pless, Carlsson, Sundelin, & Persson, 2002），幼兒能積極參與帶有少許激發性的體驗[2]，對激發大腦發育有絕對性的影響。但是，我國兒童活動量不足的警訊，已明顯出現身體健康及動作協調問題，而這些問題起源於幼兒階段缺乏「動態」教育。身體活動除了對健康有其重要性外，對於幼兒各種層面的幫助亦有價值，例如：約十五年前，黃永寬（1999）即指出，身體活動是適合幼兒發展的重要課程，因為幼兒經由身體運動，吸收大量感覺、知覺與運動刺激，以增加其身心機能的發展。

身體活動與個體生長發育及終生健康有著密切的關係，另外，早期成功的動作學習，不但能增進幼兒的自信心以及人際關係，在無形中也會影響他們在學業上的表現（黃淑芬，2002）。兒童發展專家 Gesell 強調：「頭腦經由身體的每個動作來表達自己」，Piaget 也指出：「最高階邏輯能力的來源是起於身體」（引自阮志聰，2000）。因此，適量且適當的身體活動對幼兒而

---

2. 所謂激發性的體驗，乃是讓幼兒自由體驗新的身體動作技巧，以及挑戰與超越自己的身體動作能力。激發性體驗的情境，是以創意安排讓幼兒能由行動與經歷中，取得對學習有所幫助之經驗。

言是非常必要的（黃淑芬，2002）。

貳、動作技能之發展與類別

動作發展專家已經證明，所有的基本動作模式都會在 5 歲之前出現；5 歲以後，就不再有新的動作模式。但是，要熟練這些基礎技巧，需要十到十五年的時間。幼兒動作發展是指，幼兒出生之後，隨著年齡增長，在身體軀幹、肢體活動、手眼協調動作技能發展的歷程（林晉榮，2004）。動作技能習得的基本階段，一般是從 2～7 歲，這段年幼時期是兒童熟練其穩定性、移動性及操作性等動作技能的最佳時機。動作技能發展可分為以下三個階段（許義雄譯，2004）：

1. **初始期**（Initial stage）：在 2～3 歲的階段，幼兒開始表現一些可觀察及目的化的動作，但動作較粗糙而不協調。

2. **基礎期**（Elementary stage）：此階段出現於 3～5 歲，是初始期與成熟期之間的轉換期。幼兒的協調性與節奏感會有所改善，也較能有效的控制動作，但這時期的動作仍缺乏流暢感。

3. **成熟期**（Mature stage）：此階段大約發生在 6～7 歲，已能將動作模式的所有成分加以整合，而形成正確無誤且有效率的動作。從此時期開始，動作表現快速進步，基本技能則不斷的精緻化。

Gallahue（1996）曾提及，倘若學習者在學習基本動作技能的階段，其運動概念及認知與運動技能未能得到良好的發展，將導致其缺乏學習複雜（專項）運動技能的能力。許義雄（1998）也提出建議，發展較複雜的專項運動技巧，宜把握適合發展基本動作技能的階段。因此，幼兒早期身體活動的刺激，可奠定適應日常活動能力的根基，甚至是競技運動的基礎。

綜合以上所述，幼兒動作技能的發展是循序漸進的，隨著年齡的增長，身體的發展也會漸漸成熟。但是，Gallahue（1996）指出，動作技能的發展不只是靠幼兒身體發展的成熟即可，更需要適當引導與練習的機會及鼓舞的環境，才能熟練精緻他們的動作技能（許義雄譯，2004）。

動作技能是動作的基本語言，如同音符可以發展成一首曲子，文字可以發展成一篇故事，基礎動作可發展為成熟的動作模式，這也是運動技巧的基礎。所以，幼兒園教保服務人員在設計身體動作與健康課程時，首先應理解基本動作技能。

基本動作技能可歸類如下（許義雄譯，2004）：

1. **穩定性動作技能**（Stability movement skills）：穩定性動作技能是移動性動作技能及操作性動作技能的基礎，它是一種使身體保持在「垂直」或「水平」方向的運動形式，例如：彎曲、伸展、扭轉、旋轉、揮動、倒立支撐、著地、停止、閃避，以及平衡等。

2. **移動性動作技能**（Locomotor movement skills）：移動性動作技能是指，身體自一個點轉換至另一個點的動作，轉換的方向可能是垂直的攀爬或水平的移動，例如：走、跑、跳、跨、躍等。這些基本技能若較為熟練，就能用來從事其他的特殊運動。

3. **操作性動作技能**（Manipulation movement skills）：操作性動作技能不但包含粗動作（Gross motor manipulation），於操作過程中，也會同時使用精細動作（Fine motor manipulation）。粗動作技能包含「發出」或「接收」某物品的力量，例如：投、踢、擊是「發出」物件的力量，接、拿、提是「接收」物件的力量。精細動作技能，則強調手眼協調以及精確的手部控制動作。

4. **聯結動作**（Movement phrases）：聯結動作是穩定性動作、移動性動作和操作性動作的結合，這種動作應在兒童熟練單一基本動作技能後，再予

以教導。

　　幼兒若能有足夠的機會，經常練習與應用肢體動作，當更能控制身體的
穩定、移動、操作動作，就能產生更敏捷的動作聯結。所以，本領域在歸類
及詮釋幼兒基本動作技能時，仍分為三種不同的類別。亦即，穩定性動作技
能是指，幼兒在一個固定的點上可以做出來的動作；移動性動作技能是指，
幼兒從一個固定的點移動到另外一個點，可以做出來的動作；操作性動作技
能是指，幼兒藉由物品（例如：球、繩、棒等），可以做出來的動作。三類
基本動作技能的內容，分別詳述如表 2-1 所示。

表 2-1　幼兒身體基本動作技能說明表

穩定性動作	移動性動作	操作性動作
揮動與擺動（Swing & sway）	走（Walking）	投擲（Throwing）
扭轉與旋轉（Twist & turn）	跑（Jogging/Running）	接（Catching）
彎曲與捲曲（Bend & curl）	單足跳（Hopping）	踢（Kicking）
伸展（Stretch）	雙足跳（Jumping）	高踢（Punting）
蹲（Sink）	踏跳（Skipping）	盤球（Dribbling with feet）
抖動（Shake）	前併步（Galloping）	運球（Dribbling with hands）
支撐（Support）	跨跳（Leaping）	打擊（Striking）
	側併步（Sliding）	舉球（Volleying）
	攀爬（Climbing）	

資料來源：改編自 Gallahue（1996）

　　不少學者（胡天玫，2005；高全寬，2003；黃月嬋，1998）支持上述之
歸類，也認為三類基本動作技能的相關性極高。在穩定性動作未發展成熟時，
移動性動作及操作性動作會因不穩而不易表現，或是容易發生意外，因此，

應多練習或再加強穩定性的動作活動。動作技能成熟的幼兒，必能把穩定性、移動性及操作性動作相互結合，展現出敏捷、快速、正確的行動。

Seefeldt的研究發現，運動技巧並不是純粹源自於個體的成熟，而是透過教導和練習才能有所改善（引自吳幸玲，2003）。此語深刻影響不少體育界教師的教學信念，並積極發展幼兒的體適能課程。但是，由於學齡前幼兒的成長速度明顯有別於其他時期的兒童，且因其生理機能尚未完全發展，不適合高強度或高耗氧的活動訓練。駱木金（1998）指出，幼兒的心肺機能與肌肉機能發展不成熟，只達成人的三分之一或四分之一，所以，宜採用含平衡、敏捷及協調的活動遊戲，進行身體動作教學，而非以強化肌力、耐力及爆發力為主的運動訓練。

陳怡如、陳孟文（2001）指出，幼兒的肌肉與骨骼組織，雖然會因快速的成長，而使得他們有更靈敏的跑、跳、投、擲、蹦、躍等行動能力，但是，大多屬於較低耐力且容易疲勞的類型。若給予高強度、持續或體力過度負荷的活動，較易產生扭傷或拉傷等運動傷害。因此，教保服務人員在進行幼兒身體動作教學時，應避免過度的振盪、連續的跳躍，以及急速的拉扯等動作，使幼兒能安全的進行活動。

動作是一切學習的開始，基本動作技能的習得，得以讓幼兒自由探索、運用技能解決問題，以及開展與他人互動的人際關係。所以，基本動作技能是身體動作學習的基礎，就像房子的地基，地基穩固之後，房舍組織才能依循基礎持續發展。因此，熟練基本動作技能，將有助於幼兒學習更為複雜的活動，以因應未來的社會。

參、身體動作與健康領域的設計理念

身體動作是幼兒生活的必須元素，也是幼兒的基礎學習工具。目前，幼兒運動已成為學前全人教育課程的核心，有意義和有系統的幼兒身體活動教學，已廣泛被先進國家接納，並成為幼兒每天的重點學習經驗。2～3 歲的幼兒，已顯示出諸多身體動作方面的能力，以促使自己具備探索周圍環境並與之相容的知能（Crutchfield et al., 1999; Losse et al., 1991; Purcell, 1994）。

部分教保服務人員誤以為幼兒動作是自然的發展，不需要特別的教導。但事實不然，適當的身體活動指導，能培養幼兒獨特的活動技巧，以滿足其自理生活所需的生理任務。特別是身體的協調能力，幼兒具備身體協調能力，代表他們能依照自己的生活或學習目的，自在的協同身體不同部位完成活動，這是肌肉神經系統、時間感覺、空間感覺，以及觀察環境與調整動作能力的綜合表現，其不但涉及發展，亦關乎幼兒有無觀察模仿及練習的機會。因此，幼兒個人的智力、心理特徵、基本運動素質，以及觀察是否敏銳等，都顯著影響協調能力的整體表現。

從身體動作與健康領域的理念架構圖分析（如圖 2-1 所示）[3]，本領域乃是引導幼兒先從動作學習，再從動作活動中學習。為了以後能成為更靈巧、熟練的行動者，幼兒即需要掌握各式各樣的身體基本動作。基本動作能力的全面發展，其內容即為「穩定性」、「移動性」、「操作性」的身體動作。早期積極的運動體驗，能增加幼兒獲得此生全面發展潛力的機會。父母和教保服務人員必須提供幼兒活動的機會，不論是日常生活的勞動，或是運動遊

---

3. 身體動作與健康領域的理念架構圖分析，乃參考並修正陳英三、林風南、吳新華編譯（1999）的〈透過動作教育予以提升的各種機能〉一文。

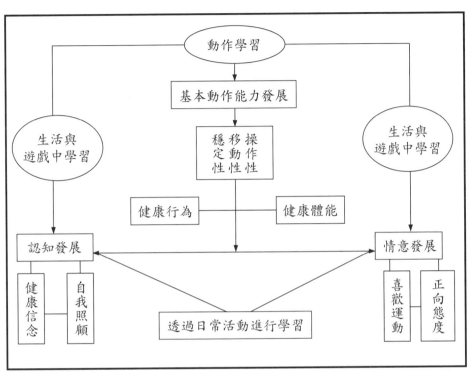

圖 2-1　身體動作與健康領域理念架構圖

戲的活動，都要儘量鼓勵他們進行肢體動作，以精練活動技巧。因為，不斷提供活動與練習的機會，幼兒不但能建立身體協調及促進健康體適能的基礎，也能養成樂於活動的健康習慣。

　　身體活動對健康的益處眾所周知，為了激發幼兒積極的生活方式，可利用活動引導幼兒探索、發現、學習、經歷和接觸身邊的世界，增進認知發展及問題解決能力，並促進和培養幼兒對身體活動的喜愛。另外，活動時的同儕互動，不論是日常生活的相互協助，或是彼此合作的遊戲運動，自我概念及人際關係都可藉由活動過程而內化。因此，幼托整合後的幼兒園教保活動，特別規劃身體動作與健康的課程領域，以及早挽回幼兒漸漸流失的健康與體能。

體能或肢體活動，猶如幼兒生活中的任何學習，都應該適合他們的發展階段。足夠的活動量能累積合宜的體力，而體力奠基於幼兒階段的活力，活力則植基於本領域中的動作技能。幼兒園身體動作與健康的領域理念，在於提供幼兒足夠的機會去經歷動作成功的經驗；在日常生活及遊戲過程中，感受身體活動的歡樂及體會各種動作的規則，學習如何自主且靈活掌控身體動作。也就是說，本領域的理念在於成就每位孩子的肢體控制與協調能力，能勤於以肢體活動滿足自我學習及解決生活問題，促進認知及情意發展，進而健康快樂的成長與學習！

肆、身體動作與健康領域的領域能力與學習面向

本領域的領域目標在於協助幼兒靈活展現基本動作技能，並能維護自身安全、擁有健康的身體及良好的生活習慣、喜歡運動與樂於展現動作創意。領域目標的達成涉及課程發展理念，是否能透過學習面向，引導幼兒發展出領域能力。因此，本領域發展理念在於協助幼兒體驗及探索正確的身體姿勢，並對於所處環境的變化，能做出安全的行動與回應。除了提高幼兒對較費力活動的堅持與興趣，並培養靈活敏捷的動作能力，另外，也藉由時常活動身體，間接提升健康、良好的體能，奠定往後安全且積極活動的健康生活模式。但是，課程應包含哪些學習面向，才能引導幼兒朝向靈活與健康呢？而在學習過程中，幼兒又能學到什麼能力呢？有關本領域的領域能力及學習面向，說明如下。

一、領域能力

身體能夠維持動態及靜態的平衡與協調，這是植基在穩定、移動、操作

等動作能力的習得。動作的穩定能力是指，感覺到身體各部位平衡關係的改變，並能正確且迅速調整動作，以恢復平衡；移動能力是指，依據任務或目的能自在行動的能力；操作能力是指，由身體發出或接收外在物體的動作。這些基本動作不但是引起學習的重要媒介，也是幼兒在生活環境中，必須具備的活動能力。

　　也就是說，幼兒若要能靈活掌握身體自主的行動，就須有能力掌握身體在動態與靜態中的平衡與協調，要能展現健康行動，也須有能力自我照顧，參與健康促進的活動。身體動作與健康領域包括「覺察與模仿」、「協調與控制」、「組合與創造」三項能力的培養。

（一）覺察與模仿的能力

　　覺察與模仿的能力是指，觀察他人或自己在活動中，學習模仿及調整身體姿勢、方位、活動方向、動作力道、速度、身體與物件的安全距離，以及健康相關行為，例如：覺察到走平衡木時的身體狀態，模仿打噴嚏能即時而正確的掩住口鼻動作。在教保活動中，幼兒能覺察與模仿安全的活動及動作與行為的實例頗多，例如：幼兒能隨著音樂節奏，邊繞著椅子跑、邊用眼睛注視椅子，音樂一停，會迅速找到空位子坐下。並且，也會注意同伴是否按規矩遊戲。在這個活動中，幼兒得觀察活動方向；模仿搶位子的動力與速度；覺察並評估活動進行中，動作如何能更平衡；感覺身體與位子及同伴之間的距離與關係，思考如何在搶空位子時，能快速改變方向及動作；搶位子時，如何行動才能更流暢且更安全。

　　有時候，覺察與模仿是為了某些目的，例如：跳過水溝覺知跳躍的動力；有時候，則是嘗試肢體如何移位翻轉的玩。也就是說，不論是玩耍或特定目的，幼兒探索身體在定點不動或在移動時，能知道如何運用身體來表現動作，

模仿及測試如何讓動作更自然，體會多樣動作的先後順序與速度快慢、上下左右的方向、安全的姿勢與活動限制、正確操作物件的方法、感受動力脈絡，並了解自己身體的動作潛能。綜言之，「覺察與模仿」是指幼兒能注意到新事物的存在，意識或模仿生活中出現的各類動作和健康行為。

（二）協調與控制的能力 [4]

協調與控制的能力是指，幼兒能依據活動目的或興趣，協調及控制身體不同的部位，評估身體動作的速度、節奏、力道、方向，以及環境空間的限制，再綜合表現出和諧流暢的身體動作。簡言之，幼兒能控制調整身體及動作，滿足生活自理及學習與需求的能力。

幼兒要身體力行，才能體驗時、空、事、物的關係，例如：從打籃球活動學習協調與控制能力。首先，透過各種追逐遊戲，讓幼兒在不同距離及不同速度的規範中，學習如何在靜止與行進中改變身體的力量、速度與方向，增強邊奔跑邊拍球、身體協調性及平衡能力，以提升「快速移動的運球動作」。其次，覺察及體會自我身體控制的靈活運用，練習或追球、或傳球、或接球的控制球。幼兒對於自己的身體能控制自如，自然就能操縱球，漸漸就能與球融為一體。最後，引導幼兒用眼睛觀察場地的所有狀況，用身體感覺周遭的人與球。避免幼兒一直看球而不抬頭看周遭環境，以增加幼兒手與眼的協調能力。

幼兒增加能做的動作技能及活動量，也利用實際的動作修正技巧，讓自

---

4. 協調與控制的能力，在能力發展過程中，本領域原設定幼兒透過在「練習與運用」活動的動作過程中，建立平穩、協調、控制、敏捷的能力。在某次研習會議，辛曼玲及蔡敏玲兩位老師，提醒「練習與運用」是獲得能力的策略與過程，但非能力。因此，將「練習與運用」修正為「協調與控制」的能力。

己能更靈活自主的控制自己的行動。也就是說，幼兒在活動過程中能體驗身體重心與軸心雖不斷改變，仍能保持平衡穩定並有效率的調整身體，以表現出足眼協調及手眼協調的能力。綜言之，「協調與控制」是指幼兒能整合不同動作，使動作間配合得當、和諧一致。在過程中，練習掌握各個動作的執行步驟，以控制身體不同的部位。

（三）組合與創造的能力

組合與創造的能力是指，幼兒能掌控自己的肢體，發揮想像力，組合各種肢體動作，以扮演心中設定的故事或圖像的能力。簡言之，幼兒能發揮肢體創造的能力。也就是說，幼兒能吸取活動經驗與知識，挑戰動作難度並創造不同的動作與活動細節，讓身體更靈巧、更柔軟或更能組合變化身體動作，以表達個人的想法、情感、情緒、觀念與創意的能力。

共同組合與創造是幼兒園常見的活動方式，通常以故事、戲劇、唱遊、遊戲的方式進行。在故事或歌曲活動中，有獨特動作表現的幼兒並不少，例如：〈捕魚歌〉中的「掌穩舵兒往前划」，幼兒並非全都是要定點用手划槳，可加上用腳滑行（4～5歲幼兒可改變身體軸心，壓低身體滑、向前向後滑）；「捕條大魚笑哈哈」，幼兒可表現被捕到時不斷的跳躍（4～5歲幼兒可變化單足、雙足交替跳躍，再繼續雙手划行及雙腳滑行）。當然，與他人討論合作，則更可加深創意想像。延續以〈捕魚歌〉為例子，有些幼兒可表演漁夫釣魚或撒網（邊跑邊撒），有些可表演被捕到的魚、蝦、蟹（被捕的動作各有不同），有些則可表演被捕到之後又逃走的魚、蝦、蟹（逃跑的方式各有差異）。當然，還可延展到「魚媽媽拯救小魚」的活動遊戲。幼兒可共同討論分配角色，以肢體創作上述各種想像情境。

二、學習面向

　　為協助幼兒獲得覺察與模仿、協調與控制、組合與創造等身體動作能力，教學過程必須考慮身體本體、器材與設備、足夠的時間等三項因素，依此而發展的學習面向包括「身體動作」、「用具操作」和「健康行動」，說明如下。

（一）身體動作面向

　　身體動作面向包括穩定性動作和移動性動作。穩定性動作指的是在某固定點上能做出來的動作表現；移動性動作是指從某地點移動到另外的地點，能做出來的動作表現。也就是，幼兒依據情境及需求的不同，能適當的表現及調整身體動作，且安全運用身體的穩定性動作及移動性動作技能，進行自由活動、團體遊戲、肢體表達、同儕合作等活動。強調讓幼兒體驗身體在各種角度下彎曲或伸展、保持靜態與動態平衡的姿勢，以及如何安全正確且快慢合宜的移動。

（二）用具操作面向

　　用具操作面向是指，藉由使用各種用具、文具、玩具、素材、器材、遊具、設施、設備等物品，進行動態的體能活動與靜態的操作學習。在操作過程中，協助幼兒發展各種動作技能。動作技能包括操作性動作和精細動作。操作性動作是藉由用具能做出來的大肌肉運動，而精細動作則是指需要精巧控制的活動技能。

　　本學習面向強調，同時提供幼兒大肌肉運動與精細動作的操作機會，學習因應各種用具的輕重、大小、形態而有不同的使用方式，並熟練安全操作的能力。普遍而言，大肌肉運動的用具操作，幼兒園常使用的用具是球類、

呼拉圈等，而精細動作的用具操作，最常使用的是抹布、剪刀、筆紙、餐具等。

（三）健康行動面向

健康行動面向是指健康與安全的學習。健康方面包括：個人衛生、保健行為、健康促進行為、健康飲食、收拾整理與維護環境的自理行為，以協助幼兒發展健康信念、學習健康行為與落實自我管理。在安全方面，則是指覺察身體活動的安全距離，辨別與保護自己與他人的安全、食物安全、遊戲安全、用品安全等議題。

身體動作與健康的課程目標，是在協助幼兒靈活行動、自主掌理「身體」、靈巧操作「用具」，以擴展幼兒感受身體動作變化的特殊經驗，學習安全使用生活所需的各種工具。同時，藉由自我照顧及參與幼兒園與其家庭或社區環境的整理，學習執行「健康」行為及活動，以養成健康生活的習慣。在學習過程中，獲得覺察與模仿、協調與控制、組合與創造的動作能力及落實健康行為，提升敏捷的身體動作能力及身體適能，培育健康安全的信念與態度。

第二節　身體動作與健康領域的發展歷程

2～6 歲的幼兒常處於活力旺盛的狀態，對於危險情境以及動作能力的認知尚未周延。因此，設計身體動作與健康領域的課程活動，必須注意安全。而如何讓幼兒盡情活動，挑戰動作能力又能維護安全，是本領域必須面對的第一個問題。處理這個問題，必先清楚幼兒的動作能力發展，以免安排的活

動超越身體動作的極限，而產生可避免但未避免的意外與傷害。因此，身體動作與健康領域的相關內容，就得從研究幼兒動作能力發展開始。

由於國內 2～6 歲幼兒的身體動作常模並未建立，因此醫療或教育體系各依其專業需求之不同而發展出不同的評估量表。國內常使用「丹佛發展評估量表」（Denver Developmental Screening Test, DDST）來篩檢及監測 6 歲以下幼兒的發展過程，此量表為廣受許多先進國家應用的發展篩檢工具，可評估兒童在粗動作、精細動作及適應能力的發展。但是，測量該年齡階段的身體動作工具，偏向於檢測發展問題，也就是說，該工具在於篩檢疑似發展遲緩的幼兒；而且，目前國內亦無該年齡層之身體動作量測資料庫可參考。

另外，在動作發展檢測工具中，唯一以質性評量為基準，且能最有效評量動作技能的表現過程（Wilson, Kaplan, Crawford, Campbell, & Dewey, 2000），也被國內體育界肯定及推崇的工具，應是「粗動作發展測驗」（Test of Gross Motor Development, 2nd ed., TGMD-2）。該工具主要的測量項目是移動性動作和操作性動作，目的是用來評量幼兒軀幹和肢體在運動執行過程中的穩定性與協調性。由於 3 歲之前是篩檢與治療特殊幼兒的黃金年齡，而動作能力表現則是評估發展遲緩的要項。因此，在 2～3 歲的身體動作與健康課程設計中，若融入部分的動作元素，即可達到評估發展里程及動作教學的雙重效益。

為了建構本領域的課程面向與學習指標，研究者於 2006 年 10 月中旬至 2006 年 12 月初，針對 2～3 歲、3～4 歲、4～5 歲、5～6 歲，分別設計動作能力評估指標，以「多階段分層隨機抽樣方法」進行抽樣。為顧及樣本之代表性，施測之托兒所與幼稚園涵蓋臺灣地區之北、中、南、東部。由於離島地區的幼兒人數較少，因此將金門納入北部、澎湖納入南部的抽樣範圍。本次抽樣總計調查 1,716 位教保服務人員對 2～6 歲幼兒動作的能力表現，以此

能力發展本領域之課程起點行為。由於此為本領域課程啟蒙的基礎，因此，在此試圖將能力發展過程詳細說明如下。

 壹、抽樣方法

　　本調查之抽樣採隨機分層叢集方式，依照各縣市、各年齡層的幼兒人口數在全國縣市中的比例，計算各縣市所需施測人數，再以十人為一所的原則將人數轉換為園所數。最後，以施測園所所需數的六倍計算備用園所數，即抽出施測園所與備用園所名單，再由研究人員依抽樣編號以電話向園所確認受測意願後即完成正式施測名單。各年齡應抽人數與實際施測的百分比，如表 2-2 所示。

表 2-2　身體動作領域各年齡應抽人數與施測人數百分比

年齡層 / 各區人數百分比		北區		中區		南區		東區		總計 人數／%
		人數	%	人數	%	人數	%	人數	%	
2～3 歲	應抽人數	173	43.25	91	22.75	103	25.75	33	8.25	400／100
	施測人數	160	41.99	70	18.37	101	26.51	50	13.12	381／100
3～4 歲	應抽人數	180	45.00	82	20.50	105	26.25	33	8.25	400／100
	施測人數	156	39.10	91	22.81	113	28.32	39	19.77	399／100
4～5 歲	應抽人數	180	45.00	83	20.75	104	26.00	33	8.25	400／100
	施測人數	220	47.52	81	17.49	110	23.76	52	11.23	463／100
5～6 歲	應抽人數	181	45.25	83	20.75	105	26.25	32	8.00	400／100
	施測人數	205	43.34	81	17.12	137	28.96	50	10.57	473／100

貳、能力評估工具

　　身體動作與健康領域的動作能力評估問卷，係參考「粗動作發展測驗」（TGMD-2）[5]、「丹佛發展評估量表」（DDST II）[6]，以及「學齡前課程本位評量」[7]等三種工具的粗動作與精細動作項目。同時，參考 Gallahue（1996）對於動作技能的分類，自編包含粗動作、精細動作、動作組合，以及生活自理等四大項目的研究工具。

　　四個年齡層的評估表，都包括填答說明與量表兩大部分。填答說明在於提醒施測的教保服務人員以下項目，包括：評估表之適用年齡、施測要點、評估分數如何勾選、結果登錄等作業。並且，隨各年齡層評估表附上指導手冊一份，期使各園所的教保服務人員能有一致性的施測。評估等級分為 1～4，各分數表示的行動意義為：1 是指經示範、協助、提醒仍未出現；2 是指需提醒與協助才能做到；3 是指偶爾提醒與協助就能做到；4 是指總是自己做得很

5. 「粗動作發展測驗」（TGMD-2）是設計用來評估 3～10 歲兒童粗動作能力與發展的測驗，其包括兩個分測驗，可測量 12 項大肌肉動作技能，其樣本是以美國十州中的 1,208 位兒童為樣本。移動性分測驗評量包含跑步、前併步、單足跳、跨跳、立定跳遠、側併步等六項動作技巧，操作性動作分測驗則評量包含定點擊球、原地運球、接、踢、高手擲球、低手滾球等六項動作技巧。

6. 「丹佛發展評估量表」（DDST II）是為正常兒童所設計，經過 2,096 個無明顯缺陷之足月產孩子的母群分析，於 1989 年被確認工具的有效性。其價值在於可篩檢出沒有症狀，但可能有問題的兒童，用客觀方法確認直覺的懷疑，並監測有發展問題之虞的危險群，而這個標準經過時間的考驗及修正之後，已成為目前最被廣為應用的 0～6 歲兒童發展評量工具。

7. 「學齡前課程本位評量」乃由吳淑美老師所編製，心理出版社於 1999 年出版之評量表。此評量表共有 1,820 個項目，涵蓋 0～6 歲幼兒所需要學習之內容，包含：粗動作領域、精細動作領域、認知領域、語言領域、社會／情緒領域，以及生活自理領域等六大部分。

好。四個年齡的評估題目皆為正向計分，分數愈高，表示動作表現愈穩定、愈成熟。

　　本量表包含粗動作、精細動作、動作組合、生活自理等分項目，各項定義與包含面向如下：(1)粗動作：係指大肌肉群及全身的動作、平衡及協調能力，泛指肢體動作，包括站立、行走、跳、跑、拍、接、丟、踢等的動作協調與平衡，以及控制與獨立移動身體的技巧；(2)精細動作：係指小肌肉群的運動及手眼協調，包含手指操作東西的技巧、視覺與手部動作的協調能力，以及手指與手腕的操作能力；(3)動作組合：係指粗動作、精細動作與感官動作的協調與創意組合，包括幼兒能配合音樂與遊戲或體能活動所產生的身體組合動作；(4)生活自理：係指幼兒必須處理日常生活所需而引發的相關技能，亦即幼兒能善用身體動作與功能，解決生活問題或完成生活需求的動作。

 ## 參、評估工具之信效度

一、評估工具之效度

　　本領域參考相關文獻及前述三項評量工具，於 2006 年 4 月初完成各年齡評估表之初稿。2006 年 4 月 20 日即邀集十家幼兒園所[8]的教保服務人員進行討論，對文意不清的部分題項進行修改，並請與會人員將評估表帶回園所內實際施測。之後，連續召開四次會議（同年 5 月 4 日、5 月 11 日、5 月 18 日、

---

8. 這十家幼兒園所，包含：基隆市經國管理暨健康學院附設托兒所、臺北市基督教女青年會委辦的景美托兒所、臺北市公設民營三民托兒所、臺北市公設民營三玉托兒所、臺北市公設民營正義托兒所、國立臺北護理學院委外辦理的辰新托兒所、臺北市私立正大托兒所、臺北市私立心愛托兒所、臺北市私立怡寶托兒所、雲林縣私立福祿貝爾幼稚園。

5月22日），針對實際施測後的四個動作能力評估表，逐題討論並修改。

　　由於以文字描述施測的動作，不如眼見動作影像般清晰，而且教保服務人員對動作較複雜的文字說明，常加入個人的想像及揣測，因而造成施測的誤差。所以，針對部分描述不清及評估目的不明的題目，乃邀請體育學者共同討論並修改文字。之後，反覆與教保服務人員檢視修正後的動作能力評估表，務使教保服務人員能完全理解。由於使用文字真的難以精確描繪動作表現，因此部分文字無法清晰描述之所有題項，即加上動作照片，以協助施測填答者理解題意。接著，確認修改後的題目，以符合施測人員的理解能力，同時完成評估表與指導手冊之修改，遂以三個月的時間，進行實際施測。

　　簡言之，評估幼兒身體動作能力的工具效度，乃採用專家效度。本領域共召開十一次專家審查會議，對各年齡層能力發展評估表之各題項的正確性、適用性、需要性加以刪修及說明。

二、評估表之信度

　　本評估表以Cronbach's α內部一致性檢驗，作為「身體動作能力發展評估表」之信度檢測。各年齡「身體動作能力發展評估表」之Cronbach's α值，在.85～.97之間，如表2-3所示。

表2-3　各年齡「身體動作能力發展評估表」之 Cronbach's α值表

量表項目	題目數	Cronbach's α值
2～3 歲「身體動作能力發展評估表」	50	.96
3～4 歲「身體動作能力發展評估表」	38	.97
4～5 歲「身體動作能力發展評估表」	20	.87
5～6 歲「身體動作能力發展評估表」	21	.85

肆、實證調查結果

　　動作能力發展評估調查結果，有效份數為 1,716 份，有效率為 96.7%。研究結果發現，多數幼兒已有基礎的動作能力，不論是粗動作、精細動作、動作組合、生活自理動作，平均數落在 3〜4 分之間。此表示，多數動作「偶爾得提醒與協助就能做到」，或是「總是自己做得很好」。研究者依據四個年齡層幼兒身體動作項目表現情形（如表 2-4 至表 2-7 所示），將動作難度等級分為三個區塊：60%以上的兒童，總是自己做得很好者，為普通的能力；總是自己做得很好為 41%以上而不足 60%之項目，為待觀察的能力；40%以下，則為困難的能力。

表 2-4　2〜3 歲身體動作項目表現情形

動作表現狀況 題項	1：經示範、協助、提醒仍未出現	2：需提醒與協助才能做到	3：偶爾提醒與協助就能做到	4：總是自己做得很好	平均數	有效個數
粗動作						
1.能倒退趴著爬下樓梯	9.0%	15.0%	12.9%	*63.1%*	3.30	379
2.能爬上遊戲器材的梯子或繩網（斜坡式繩網）	1.0%	7.6%	19.7%	*71.7%*	3.62	381
3.走路時會雙腳交替（腳跟、腳尖交替）且雙手自如的擺動（右腳、左手一起擺動）	5.3%	6.9%	21.1%	*66.8%*	3.49	379

表 2-4　2～3 歲身體動作項目表現情形（續）

題項 \ 動作表現狀況	1：經示範、協助、提醒仍未出現	2：需提醒與協助才能做到	3：偶爾提醒與協助就能做到	4：總是自己做得很好	平均數	有效個數
4.❖會倒退著走	2.1%	13.2%	18.5%	**66.2%**	3.49	379
5.能往前跑（雙腳需離地）且不會跌倒	1.0%	6.3%	19.4%	**73.2%**	3.65	381
6.跑時能轉彎	2.6%	9.3%	16.9%	**71.2%**	3.57	378
7.能沿著直線平穩走五步	4.2%	19.2%	22.3%	54.3%	3.27	381
8.能雙腳側站在平衡木上二至三秒鐘	6.6%	15.9%	21.0%	56.5%	3.27	377
9.能橫著走平衡木	8.5%	29.7%	24.4%	37.4%	2.91	377
10.當雙腳站在平衡木上時，能在平衡木上交替跨步走	16.3%	29.4%	25.4%	28.9%	2.67	374
11.❖會上樓梯	2.4%	3.1%	13.6%	**80.8%**	3.73	381
12.能在不扶扶手的情況下，雙腳交替的上樓	6.6%	21.3%	26.0%	46.2%	3.12	381
13.❖會原地雙腳跳	3.4%	8.2%	15.0%	**73.4%**	3.58	379
14.能雙腳從最後一階跳到地上，雙腳著地	2.6%	8.2%	20.5%	**68.7%**	3.55	380
15.能鑽過通道，或橫著身子通過繩網及障礙物	2.9%	11.3%	16.9%	**68.9%**	3.52	379
16.❖能舉手過肩丟球	1.8%	16.0%	18.1%	**64.0%**	3.44	381
17.能丟球且呈拋物線	5.5%	23.2%	20.5%	50.8%	3.17	380

表 2-4　2～3 歲身體動作項目表現情形（續）

題項　　　　動作表現狀況	1：經示範、協助、提醒仍未出現	2：需提醒與協助才能做到	3：偶爾提醒與協助就能做到	4：總是自己做得很好	平均數	有效個數
18.會站著接住約 30 公分遠的沙灘球（直徑約 20 公分），球可碰到身體	10.3%	30.5%	29.2%	30.0%	2.79	377
19.❖會向前踢球	1.3%	11.8%	22.0%	**64.8%**	3.50	381
20.◉能以單腳站立三秒鐘	10.3%	26.1%	31.6%	32.1%	2.86	380
21.扶住扶手時，能雙腳交替的走下樓梯	5.5%	5.5%	28.2%	**60.8%**	3.44	380
22.能在不扶扶手的情況下，雙腳交替的下樓	11.9%	29.3%	26.1%	32.7%	2.80	379
23.跳時能轉身	11.5%	23.4%	25.7%	39.4%	2.93	381
24.◉雙腳有距離的往前跳，且雙腳著地	4.5%	13.0%	25.9%	56.6%	3.35	378
25.能自己盪鞦韆並使之搖動	15.5%	25.8%	20.6%	38.2%	2.82	330
26.◉騎三輪車時能踩踏板前進	6.1%	15.9%	28.4%	49.6%	3.21	359
27.能對準目標或方向踢球	5.0%	21.8%	32.4%	40.8%	3.09	380
28.能用手拍大球	6.1%	24.3%	31.4%	38.3%	3.02	379
29.能用雙手將黏土搓成長條狀	3.7%	25.3%	33.0%	38.0%	3.05	376

表2-4 2～3歲身體動作項目表現情形（續）

動作表現狀況／題項	1：經示範、協助、提醒仍未出現	2：需提醒與協助才能做到	3：偶爾提醒與協助就能做到	4：總是自己做得很好	平均數	有效個數
精細動作						
1.能把小物品（如錢幣）放在很窄的容器（如撲滿、販賣機的洞內）	1.6%	17.4%	18.7%	***62.4%***	3.42	380
2.能串一～二顆大珠	4.7%	14.5%	21.1%	59.7%	3.36	380
3.能插入五～六個小圓柱至插洞板中	1.8%	17.9%	24.2%	56.1%	3.34	380
4.會仿畫直線、橫線	7.6%	22.6%	29.7%	40.2%	3.02	381
5.會仿畫圓圈（起點、終點要連在一起）	13.1%	30.2%	27.3%	29.4%	2.73	381
6.⊙能以二或三隻手指挑出某物	1.9%	15.1%	20.1%	***63.0%***	3.44	378
7.能串一～二顆小珠	5.6%	18.0%	32.5%	43.9%	3.15	378
8.看到示範後，會將紙對摺一次	6.3%	28.6%	30.7%	34.4%	2.93	381
9.會仿畫十字	18.6%	29.9%	32.3%	19.2%	2.52	381
10.會用剪刀將紙剪成一條條	26.0%	35.0%	24.9%	14.2%	2.27	366
動作組合						
1.能以腳跟—腳尖相接的方式沿著直線向前走五步	14.7%	30.2%	27.6%	27.6%	2.68	381
2.能將球對準目標並投入	13.5%	25.1%	29.6%	31.9%	2.80	379

表 2-4　2～3 歲身體動作項目表現情形（續）

題項　　　　　動作表現狀況	1：經示範、協助、提醒仍未出現	2：需提醒與協助才能做到	3：偶爾提醒與協助就能做到	4：總是自己做得很好	平均數	有效個數
生活自理						
1.會轉開門把	1.6%	11.6%	18.2%	***68.7%***	3.54	380
2.能轉開瓶蓋（如：果汁或奶瓶）	3.7%	16.7%	19.0%	***60.6%***	3.37	378
3.能一頁一頁翻書	1.1%	8.7%	20.0%	***70.3%***	3.59	380
4.能以手握湯匙自己進食	1.3%	3.9%	13.6%	***81.1%***	3.75	381
5.能拿杯子自行喝水	1.3%	3.1%	10.2%	***85.3%***	3.80	381
6.能自己以手脫襪子	1.8%	7.4%	12.4%	***78.4%***	3.67	381
7.能自行以手脫褲子	2.6%	10.5%	13.9%	***73.0%***	3.57	381
8.能解開大的釦子	17.6%	24.1%	32.5%	25.7%	2.66	381
9.能扣上大的釦子	19.7%	32.5%	26.5%	21.3%	2.49	381

註：1.❖表示 2 歲底標動作項目，◉表示 3 歲底標動作項目；底標具有篩檢提示。

　　2.動作表現狀況「總是自己做得很好」達 60% 以上的能力，為本領域設計學習指標的能力參考值（即表中粗斜體的部分）。

表 2-5　3～4 歲身體動作項目表現情形

題項　　　　　動作表現狀況	1：經示範、協助、提醒仍未出現	2：需提醒與協助才能做到	3：偶爾提醒與協助就能做到	4：總是自己做得很好	平均數	有效個數
粗動作						
1.能睜開眼，手插腰，單腳站立三秒鐘	3.0%	14.9%	28.0%	54.2%	3.33	397

表 2-5　3～4 歲身體動作項目表現情形（續）

動作表現狀況 題項	1：經示範、協助、提醒仍未出現	2：需提醒與協助才能做到	3：偶爾提醒與協助就能做到	4：總是自己做得很好	平均數	有效個數
2.能在不扶扶手的情況下，一腳一階的雙腳輪替上下樓梯	1.8%	9.6%	23.1%	**65.5%**	3.52	385
3.能立定雙腳往前跳（需雙腳同時離地、著地，且跳躍時雙手上擺過頭）	2.0%	17.3%	27.4%	53.3%	3.32	398
4.能左腳單腳往前連續跳三下，再換右腳單腳往前連續跳三下	8.8%	25.5%	26.3%	39.4%	2.96	396
5.騎三輪車時，能繞著目標轉彎	2.8%	15.9%	27.0%	54.4%	3.33	397
6.能弓箭步半蹲，使用前跨腳之對側手，手心朝前滾球	3.3%	23.8%	31.1%	41.8%	3.11	395
7.會接住距離 150 公分遠的海灘球（直徑約30公分），且球不會碰到身體	9.6%	26.8%	44.9%	18.7%	2.73	396
8.能定位踢一個大的、滾動的球	1.3%	15.3%	26.1%	57.4%	3.40	399
9.能用球棒打到一個掛起來的大球（直徑約20～25公分）	2.3%	17.8%	35.3%	44.7%	3.22	394

表 2-5　3～4 歲身體動作項目表現情形（續）

題項 ＼ 動作表現狀況	1：經示範、協助、提醒仍未出現	2：需提醒與協助才能做到	3：偶爾提醒與協助就能做到	4：總是自己做得很好	平均數	有效個數
10.能用球棒打到一個掛起來的球（直徑約 10～15 公分）	2.5%	20.6%	39.9%	36.9%	3.11	393
11.能雙手拍打地上彈起的大球，並能用雙手接住	6.4%	28.2%	32.6%	32.8%	2.92	393
12.能連續側滾翻三下（雙手需伸直交握，雙腳交叉，以身體力量滾翻）	3.0%	20.7%	29.3%	47.0%	3.20	396
精細動作						
1.能用線串起三～五顆小珠	--	5.8%	30.7%	**63.5%**	3.58	397
2.能摺衣或布，並用手推壓出直線	1.8%	18.3%	35.4%	44.5%	3.23	398
3.能自己將正方形對摺成長方形，並對齊邊	1.8%	23.3%	32.3%	42.6%	3.16	399
4.能將任意三點連起來	1.3%	14.4%	25.5%	58.8%	3.42	396
5.能用彩色筆或蠟筆畫圓形	0.3%	8.0%	19.1%	**72.6%**	3.64	398
6.能將九～十塊積木堆成塔狀	0.3%	10.6%	26.7%	**62.5%**	3.51	397

表 2-5　3〜4 歲身體動作項目表現情形（續）

題項　　　動作表現狀況	1：經示範、協助、提醒仍未出現	2：需提醒與協助才能做到	3：偶爾提醒與協助就能做到	4：總是自己做得很好	平均數	有效個數
7.能配合插洞板之洞的大小及形狀插入適當的圓柱	0.5%	8.5%	29.4%	**61.6%**	3.52	398
8.能把六〜八種形狀積木放入形狀板中	0.8%	12.7%	28.0%	58.5%	3.44	393
9.會照著別人敲過的順序敲打三〜五樣物品	2.5%	19.3%	33.2%	45.0%	3.21	398
10.會配合音樂節奏拍手	2.3%	13.9%	22.2%	**61.6%**	3.43	396
11.能完成三〜六片的拼圖	1.5%	15.8%	29.6%	53.0%	3.34	398
12.能完成二片的圖片拼圖（把剪成二片的圖片拼湊起來）	1.8%	10.1%	19.6%	**68.5%**	3.55	397
13.能完成四〜六片拼圖	3.3%	18.9%	31.2%	46.6%	3.21	397
14.能將線捲至線軸上	2.3%	22.5%	37.9%	37.4%	3.10	396
15.能在二條距離2公分的橫線中間畫一條橫線	0.5%	15.3%	31.3%	52.9%	3.37	399
16.能在二條距離2公分的縱線中間畫一條縱線	1.0%	15.0%	30.8%	53.1%	3.36	399

表 2-5　3～4 歲身體動作項目表現情形（續）

題項 ＼ 動作表現狀況	1：經示範、協助、提醒仍未出現	2：需提醒與協助才能做到	3：偶爾提醒與協助就能做到	4：總是自己做得很好	平均數	有效個數
17.能用大拇指、食指及中指握筆	4.8%	17.0%	23.6%	54.6%	3.28	399
18.會照著已經畫好的直線剪	8.8%	20.1%	29.0%	42.0%	3.04	398
19.會用雙手掌將黏土搓揉成球形	1.5%	14.0%	31.8%	52.6%	3.36	399
20.會以手指將一塊黏土捏出任何圓形以外的造形	1.3%	13.3%	40.7%	44.7%	3.29	398
動作組合						
1.雙腳併攏，蹲下時手指尖能觸地	4.8%	9.8%	27.4%	58.0%	3.39	398
2.能以腳跟—腳尖相接的方式沿著直線退後走	6.8%	24.4%	32.2%	36.7%	2.99	398
生活自理						
1.能扣上小的釦子	5.0%	20.2%	25.7%	49.1%	3.19	397
2.能用夾子夾取食物，如：麵包	1.0%	9.5%	26.9%	***62.6%***	3.51	398
3.能自行洗手	--	1.0%	16.8%	***82.2%***	3.81	399
4.能在如廁後自行擦屁股	10.5%	32.1%	25.1%	32.3%	2.79	399

註：1.動作表現狀況「總是自己做得很好」達 60%以上的能力，為本領域設計學習指標的能力參考值（即表中粗斜體的部分）。

　　2.「--」即未出現「經示範、協助、提醒仍未出現」的狀況。

表 2-6　4～5 歲身體動作項目表現情形

題項＼動作表現狀況	1：經示範、協助、提醒仍未出現	2：需提醒與協助才能做到	3：偶爾提醒與協助就能做到	4：總是自己做得很好	平均數	有效個數
粗動作						
1.能閉上眼，手插腰，單腳站立三秒鐘	1.9%	8.9%	26.8%	*62.3%*	3.50	462
2.能雙腳離地，非同手同腳擺動（雙手前後擺動），後擺腿呈 90 度，雙手彎曲的跑步	0.4%	6.9%	27.3%	*65.3%*	3.57	461
3.能單腳跳下樓梯一階	5.7%	9.0%	22.2%	*63.1%*	3.43	455
4.能跑著跳過高約 20 公分的橡皮筋繩，起跳腳與落地腳需不同	5.2%	10.8%	23.1%	*60.9%*	3.40	463
5.會接住距離 150 公分遠的大球（直徑約 20 公分），且球不會碰到身體	6.7%	15.6%	27.2%	50.5%	3.22	463
6.能用跑的去踢一個大的（直徑約 20 公分）、滾動的球	0.9%	12.9%	20.3%	*65.9%*	3.51	458
7.能在直線上連續側滾翻三下（雙手需伸直交握，雙腳交叉，以身體力量滾翻）	2.0%	9.4%	28.7%	*60.0%*	3.47	457

表 2-6　4～5 歲身體動作項目表現情形（續）

動作表現狀況 題項	1：經示範、協助、提醒仍未出現	2：需提醒與協助才能做到	3：偶爾提醒與協助就能做到	4：總是自己做得很好	平均數	有效個數
精細動作						
1.能將正方形摺成三角形	0.4%	5.4%	16.9%	**77.3%**	3.71	462
2.能按指示（如數字順序）將點連起來	0.9%	4.1%	18.4%	**76.7%**	3.71	463
3.能畫簡單的圖形（如房子）	0.9%	6.5%	24.0%	**68.7%**	3.60	463
4.會照著別人敲過的順序敲木琴（三個音）	1.5%	16.2%	36.7%	45.6%	3.26	458
5.能完成 8～15 片的拼圖	4.4%	13.4%	31.8%	50.4%	3.28	456
6.能用曬衣夾夾任何東西	--	1.9%	19.5%	**78.6%**	3.77	462
7.能在二個同心圓中間畫圓	0.6%	9.3%	20.3%	**69.8%**	3.59	463
8.會照著已經畫好的圓形剪	2.8%	14.5%	24.2%	58.4%	3.38	462
9.會照著已經畫好的正方形剪	1.7%	9.3%	22.1%	**66.8%**	3.54	461
生活自理						
1.能以雙結繫住鞋帶	18.9%	37.4%	30.2%	13.5%	2.38	460
2.會用鑰匙開鎖	5.2%	18.0%	29.6%	47.2%	3.19	460
3.能用筷子夾食物	4.6%	17.8%	29.7%	47.9%	3.21	461
4.能自己穿衣服	0.9%	7.6%	21.6%	**70.0%**	3.61	463

註：1.動作表現狀況「總是自己做得很好」達60%以上的能力，為本領域設計學習
　　指標的能力參考值（即表中粗斜體的部分）。

　　2.「--」即未出現「經示範、協助、提醒仍未出現」的狀況。

表 2-7　5～6 歲身體動作項目表現情形

動作表現狀況 / 題項	1：經示範、協助、提醒仍未出現	2：需提醒與協助才能做到	3：偶爾提醒與協助就能做到	4：總是自己做得很好	平均數	有效個數
粗動作						
1.能閉上眼，手插腰，單腳站立十秒鐘	1.9%	16.5%	42.8%	38.8%	3.18	472
2.能轉身丟球	0.2%	5.1%	26.0%	**68.7%**	3.63	470
3.能以弓箭步站立，使用前跨腳之對側手，手心朝前丟球	--	10.0%	20.4%	**69.6%**	3.60	471
4.能踢一個往上拋後掉下來的大球	1.7%	10.3%	29.3%	58.8%	3.45	468
5.會接住距離 150 公分遠的球（直徑約 10 公分），且球不會碰到身體	2.5%	10.6%	33.2%	53.7%	3.38	473
6.能連續用單手拍球四下	2.8%	11.3%	31.1%	54.9%	3.38	470
7.能做出複雜的身體動作（如仰臥起坐五次）	10.5%	23.4%	35.3%	30.8%	2.86	448
精細動作						
1.能繫蝴蝶結	12.1%	36.2%	32.3%	19.5%	2.59	473

表 2-7　5～6 歲身體動作項目表現情形（續）

題項 ＼ 動作表現狀況	1：經示範、協助、提醒仍未出現	2：需提醒與協助才能做到	3：偶爾提醒與協助就能做到	4：總是自己做得很好	平均數	有效個數
2.會使用膠帶黏貼固定物品的兩邊（或兩角）	--	3.0%	17.2%	**79.8%**	3.77	470
3.能正確握鉛筆，且能用鉛筆寫字或畫畫	0.2%	2.3%	10.1%	**87.3%**	3.85	473
4.能在既有圖形內著色	--	1.5%	11.2%	**87.3%**	3.86	473
5.會剪圖片	--	3.6%	15.4%	**81.0%**	3.77	469
6.能畫五～六個彎的迷宮圖	0.8%	2.8%	11.9%	**84.5%**	3.80	472
生活自理						
1.能自己正確穿襪子	--	1.3%	9.0%	**89.8%**	3.88	469
2.會盛飯	0.6%	5.3%	25.1%	**69.0%**	3.62	471
3.會以筷子吃東西	1.5%	8.2%	24.9%	**65.4%**	3.54	465
4.會兩手拿掃把，把地上髒物掃到一處	0.2%	4.2%	17.8%	**77.7%**	3.73	471
5.會一手拿掃把，把髒物掃到畚箕內	0.8%	6.6%	24.6%	**68.0%**	3.60	472
6.會一手托著碗底、一手用湯匙舀菜送入口中，而不掉落菜渣	0.4%	3.4%	18.5%	**77.7%**	3.73	470
7.能自己翻轉手腕刷牙	0.2%	1.3%	9.3%	**89.2%**	3.88	473

表 2-7　5～6 歲身體動作項目表現情形（續）

題項　　　　　動作表現狀況	1：經示範、協助、提醒仍未出現	2：需提醒與協助才能做到	3：偶爾提醒與協助就能做到	4：總是自己做得很好	平均數	有效個數
8.能自己擰乾毛巾或抹布	--	3.4%	18.9%	*77.8%*	3.74	472

註：1.動作表現狀況「總是自己做得很好」達 60% 以上的能力，為本領域設計學習
　　　指標的能力參考值（即表中粗斜體的部分）。
　　2.「--」即未出現「經示範、協助、提醒仍未出現」的狀況。

　　到底身體動作能力是自然發展或學習的成果，還是未來學習的依據或基礎？如果是前者，那麼所有的動作能力理應都已能達成，不過，實證調查結果並非如此；如果是後者，那麼適性的身體動作與領域課程，應從幼兒動作難度三級區的哪一級，定位為課程設計的基礎呢？本領域認為，40%以下的幼兒能自我完成的動作，表示動作難度偏高，若以此為課程發展的基礎，幼兒容易產生挫折而不願或不敢嘗試；總是自己做得很好不足 60%，乃是動作能力不穩，有待觀察，若以此為課程發展的基礎，幼兒容易因動作不穩而發生危險；60%以上的幼兒，總是自己做得很好的動作，表示幼兒已具備一般的動作能力，應可藉由普遍已成熟的肢體動作，引導其他觀察中以及較困難完成的身體動作及技巧活動。因此，60%以上的幼兒，總是自己做得很好的動作，即成為本領域課程內容及設計的起點。並且，亦是持續滾動修正領域目標及課程目標與學習指標的依據。

第三節　身體動作與健康領域的轉化歷程

　　從實證研究結果發展成課程，並從課程規劃活動成就幼兒能力，的確是

件大工程。本領域從研究結果擷取幼兒能獨立完成的身體動作項目，要如何轉化成課程內涵，歷經長期且多次的辨證與翻修。其中，有關獨立可完成的動作能力如何轉化成課程的爭論，大致是圍繞在：(1)本領域最後要引導幼兒園畢業的孩子，學習與成長的終點行為或能力為何？亦即，本領域的終極目標為何？其發展的轉折又如何？(2)要達到領域目標，得透過何種課程及教保活動？這些課程目標與學習指標，彼此之間存在何種關係？十一年來，課程目標增刪與調整的原因為何？又是如何發展至今的樣態？最後，從課程目標及學習指標所引導出的教學活動，幼兒又能學到什麼樣的能力？在此針對上述的提問，說明如下。

壹、領域目標的發展與轉化

　　身體動作與健康領域的終極目標，在於協助或引導及提供幼兒積極的身體活動經驗，以增加幼兒獲得全面發展潛力的機會。教學活動則在於促進動作技巧的成熟，以成為日後更靈巧的行動者。同時，藉由穩健敏捷的動作能力，完成自我飲食與清潔衛生等健康照顧。因此，領域目標在於引導教學者設計各種活動，以利幼兒體會及學會掌握各種基本的身體動作。基本動作包含穩定性動作、移動性動作、操作性動作，以及手眼協調與掌指動作之精細動作等四個範疇。也就是說，本領域課程涵蓋上述四種動作類別，經由觀察與模仿、運用與調整、整合與創意的能力學習過程，最終能善用熟練的身體動作，以達生活自理、熱愛活動。所以，第一階段的五個領域目標，都聚焦在「身體動作」的熟練：

　　1. 提供身體移動性動作的成功經驗，增進身體運動的歡愉性。

　　2. 熟練身體軸心不變之定點動作，調整控制身體的穩定性。

3. 應用身體穩定及移動能力，提升操作性動作技能的精確性。

4. 透過生活自理及學習活動，促進手眼精細動作的協調性。

5. 整合各項身體粗細動作，達成生活自理，展現肢體創意。

第二階段，進入幼兒園實驗[9]本領域課程後，卻發現課程內容過度強調身體動作，課程發展與小學的體育活動類似，幼兒主動探索的本質在早期的課程規劃中，似乎明顯被忽略。另外，也發現多數幼兒被家長過度寵愛，而剝奪其勞動身體的學習機會。所以，第二階段強調學習應環繞在幼兒生活的周遭環境，讓幼兒隨著自己的興趣學習安全去動，動著去學習滿足自己的生理需求。並特別強調幼兒參與團體的「運動與遊戲活動」以及個人的「勞動與自理活動」之兩種生活學習。也就是說，領域目標從正確的基本動作立下安全活動的開端，透過團體活動或個人生活自理等兩大途徑，提供幼兒不斷探索多樣的動作技巧。而且，能以各種不同的方式去探索，成就喜歡運動的習慣。所以，第二階段的領域目標修正成以下四項：

1. 覺察並修正基本身體動作技能，奠定安全活動的基礎。

2. 運用各種生活自理機會，強化清潔衛生及自我照顧的能力。

3. 樂於參與團體活動與展現動作創意，並體驗多元活動的經驗。

4. 應用動作技能及相關器材，培養喜歡運動的習慣。

第三階段，進行領域內容的整體檢視，刪除贅字並進行文編工作，期許領域目標能更簡潔易讀，最終，定稿為目前確定的版本：

1. 靈活展現基本動作技能並能維護自身安全。

2. 擁有健康的身體及良好的生活習慣。

---

9. 本領域的實驗幼兒園有三所，由北而南為：桃園縣私立文欣幼兒園——教育部友善教保服務計畫非營利幼兒園、新竹市私立陽光幼兒園——教育部友善教保服務計畫非營利幼兒園、苗栗縣私立新南幼兒園——教育部友善教保服務計畫非營利幼兒園。

3. 喜歡運動與樂於展現動作創意。

 貳、課程目標的發展與轉化

　　幼兒對動作展現或自我行動能力的感覺及控制良好，就比較願意將運動視為生活的一部分。多數人認為，基本動作技能會隨著幼兒成長而自然成就。的確，動作能力會隨著幼兒成長而成熟，但是，動作成熟只是幼兒能表現出動作的最低程度。如果身體動作的學習缺乏指導、練習和鼓勵，幼兒即無法學習用於運動和終生活動的重要技能。本領域期盼幼兒能掌握各種基本的身體動作，開創個人活動的範疇與能量。但是，課程目標應如何承接領域目標，成就幼兒更熟練的動作技巧及能力呢？這是本領域面臨的第二個問題。

　　由於教保服務人員對於基本動作技能並不熟悉，因此，身體動作與健康領域的課程，必先闡述三類基本動作的各種動作元素，讓教學者明白幼兒是如何「學著去動」。所以，將基本動作分為雙層次鋪陳，架構於課程目標中。第一層次的基本動作技能分為三類：(1)穩定性動作：即幼兒在固定地點（原地）可做的動作。有時候，也稱這個動作類型為主軸式動作，是以身體為定點向四周轉動或擺動；(2)移動性動作：即幼兒從某個固定點移動到另外一個點，可以做出來的動作。多數 2 歲幼兒已具備基本的移動性動作，但若未經學習而無法達到成熟階段，將會阻礙未來動作能力的呈現；(3)操作性動作：即幼兒藉由物品（如球、繩、棒等），可以做出來的動作。通常可使用手，也可用腳或其他的身體部位執行操作活動。

　　第二層次則針對三類基本動作技能所屬的動作元素加以詮釋：

　　1. **穩定性動作的元素**：(1)揮動：大幅度的揮舞手臂；(2)擺動：身體部位有節奏的前後左右來回移動；(3)扭轉：固定身體的支點，做有限度的轉動；

(4)旋轉：以 360 度轉動身體部位，轉動時腳的位置會做改變；(5)彎曲：彎曲身體的任何部位，包括身體軀幹、手臂、手指頭、腿以及脖子；(6)捲曲：盡量彎曲身體的部位，並將這些部位緊緊靠住身體；(7)伸展：將身體各部位盡量做水平或垂直的延伸；(8)蹲：雙腿彎曲，讓身體向下沉；(9)抖動：雙腳趾抓地，讓身體有節奏的前後來回震動；(10)支撐：身體或手臂擔負重量時（揹著、抱著、提著、倒立）的平衡與支撐。

2. **移動性動作的元素**：(1)走：動作技巧是雙腳交替跨步前進，雙臂配合腳步擺動；(2)跑：雙腳交替跨步前進時，雙腳會短暫離開地面，雙臂配合腳步擺動；(3)單足跳：以單腳起跳，將身體向上帶動，並以同一隻腳落地的動作；(4)雙足跳：以雙足起跳，將身體向上帶動，雙腳同時著地的動作；(5)踏跳：先由前導腳做一次步行的動作，再接著做一次單腳跳的動作，如此有節奏地交替而行；(6)前併步：用同一隻前導腳，以後腳尖接續前腳跟的方式，依序向前移動；(7)跨跳：將身體向上提起，完成向前跨越的動作，空中停留的時間比跑步要長；(8)側併步：身體側向並以後腳接續前腳的方式移動；(9)攀爬：同時運用手與腳，爬上有高度的物體。

3. **操作性動作的元素**：(1)投擲：引用上臂力量，手腳動作對稱，扭動腰部來投球或物品；(2)接：眼睛看著球或物品，依照其飛行的高度及速度調整動作，並用手掌接球或物品；(3)踢：用腳對物體（例如：球）發動力量的動作；(4)高踢：用腳將落下中的球往前往上踢；(5)盤球：將球以兩腳控制，使其隨著身體移動，藉以向目標前進的動作；(6)運球：以手指指腹拍球，手臂、腰、手指要隨球律動；(7)打擊：以慣用手在上，非慣用手在下，轉身並扭腰的水平揮棒，打擊定位球或物品；(8)舉球：兩手上舉過頭，雙手拇指與食指形成一三角形，透過此三角形的中央瞄球，當球過手時手指要放軟，讓球順勢掉進來後，再像彈簧一樣把球送出。

4. **精細動作的元素**：就活動模式而言，精細動作通常會統整融入操作性活動。舉凡操作物品的過程，都會使用到手部的指間關節、指掌關節的精細動作，最常見的動作是揉、捏、抓、握、拿、放等：(1)揉：大拇指、食指及中指來回擦或搓，或是用手指與手掌來回擦或搓；(2)捏：大拇指與食指的指腹彼此捏緊閉合；(3)抓：手指的指關節用力彎曲成爪狀；(4)握：手指內捲握於手掌內；(5)放：手掌張開，手指用力伸直。

為什麼要費心地將身體動作以剝洋蔥的方式，層層解析呢？因為，此涉及到從動作能力到領域能力的兩大學習主軸：主軸一，學習如何正確的動；主軸二，學習如何從動作活動中，以獲得更深更廣的能力。幼兒最早的學習方式及知識的獲得，都是透過動作去學習，因此，身體動作即擔負幼兒連續學習的重要角色。在幼兒能夠將意念用言語表達之前，通常是先感受到此意念，再透過視覺和肢體動覺表現出來。所以，身體動作與健康領域的課程核心，前三階段的發展重點，在於確認肢體動作的角色與功能。第四階段，則在建構後續新增的健康學習面向，並調整與健康相關的課程目標與學習指標。

動作活動透過全身肢體來詮釋，使得全身的肢體都成為學習的工具，因此，即以此建構本領域的課程目標及學習指標。由於不論是大專校院的教保教學者或學習者，抑或是職場工作的教保服務人員，對於本領域課程目標的設計與轉變，都有或深或淺的疑慮與好奇。而且，課程目標的編修也的確繁複，因此，以下將課程目標的發展過程，分成三階段來說明。

一、第一階段：學習「如何去動」的課程目標

當本領域將身體動作從基本動作類型深入剖析到動作元素時，研究者思考的課程重點是：幼兒必須學習正確的動作。因此，第一階段的課程目標與學習指標，偏向生理動作的純熟以及可進行的教學活動。14 個課程目標涵蓋

穩定性動作、移動性動作、操作性動作、手眼協調之精細動作等四個範疇，幼兒融入這些活動內容，能漸漸學習到觀察與模仿、運用與調整、整合與創意等動作能力。由於這些動作與活動能萌發教保服務人員課程設計的點子，因此列點說明如下：

1. **觀察與模仿穩定性身體動作**：模仿揮動與擺動、扭轉與旋轉、彎曲與捲曲、伸展、蹲、抖動、支撐等穩定性身體動作，例如：用雙手在空中連續畫大圓、左右擺動自己的身體、雙腳側站在平衡木上二～三秒鐘、單腳站立三秒鐘等。

2. **觀察與模仿移動性身體動作**：模仿走、跑、跳、爬等移動性身體動作，例如：倒退走、往前跑不會跌倒、跑時轉彎、跳時轉身、原地雙腳跳、雙腳有距離的往前跳、做出具方向性的動作（上下、前後）、鑽過通道、橫著身子通過繩網及障礙物、滑步的動作、連續單腳跳的動作等。

3. **觀察與模仿操作運動器材的身體動作**：模仿投擲、接、踢、運球、打擊等操作性身體動作，例如：投球呈拋物線、站在約 30 公分遠處接住一個直徑約 20 公分的沙灘球、向前踢球、用手拍大球、做出籃球的投籃動作等。

4. **觀察與模仿手眼協調的精細動作**：模仿對指及手眼協調的精細動作，例如：模仿摺手帕、將衣服摺好、做出摺紙作品等。

5. **觀察與模仿掌指動作**：模仿掌指關節的抓握動作，例如：模仿握住粗彩色筆塗鴉、搓、揉、捏、塑黏土、用塑膠刀切東西、包水餃等。

6. **運用與調整穩定性身體動作**：如以坐姿調整身體彎曲度並觸摸膝蓋或腳趾頭、配合快節奏音樂抖動身體、閉眼單腳站、躲避別人投擲過來的球、閉眼插腰且單腳站立十秒鐘等。

7. **運用與調整移動性身體動作**：如爬上遊戲器材的梯子或繩網、應用任何肢體動作爬上樓梯、參與簡單路線變換的活動、無扶手交替上下樓梯、立定雙腳往前跳、在直線上連續側滾翻、活動中避免與前後之同儕碰撞、表現具方向感的活動等。

8. **運用與調整操作運動器材的身體動作**：如按照指示向正確方向踢球、用球棒打到直徑約 10～15 公分掛起來的球、在距離 150 公分遠處接住一個直徑約 10 公分的球，且球不會碰到身體、連續用單手拍球六下等。

9. **運用與調整手眼協調的精細動作**：如自己脫襪子及褲子、拿杯子平穩的喝水、依正確步驟（濕、搓、沖、捧、擦）洗手、自己正確穿衣褲、翻轉手腕刷牙及擰乾毛巾、正確以筷子進食等。

10. **運用與調整掌指動作**：如轉開門把或瓶蓋、用曬衣夾夾衣物、參與及練習張貼學習作品、折疊及收納家人衣服及褲襪、參與及協助教室掃除（掃地、擦桌子、提水、刷地）等。

11. **整合與創意表現穩定性身體動作**：如做出像果凍在碗裡晃動的樣子、以雙手做出像汽車雨刷一樣的擺動、整合展現五種穩定性動作技巧（伸、彎、蹲、旋、擺）、表現簡易的平衡組合活動等。

12. **整合與創意表現移動性身體動作**：如展現熟悉動物的走路方式（貓、狗、鴨子等）、隨著音樂律動與節奏表現出快、慢、輕、重的移位動作、整合展現五種移動性動作技巧（走、跑、踏、跳、滑）、配合節奏與速度做出具創意性的旋轉或跳躍等。

13. **整合與創意表現操作運動器材的身體動作**：如做出邊跑邊運球並投球的動作、整合使用五種操作性動作技巧（投、接、踢、擊、運）、熟練操作不同器物的動作技巧（如玩踩高蹺遊戲）、以身體不同部位做

出變化式傳球動作等。

14. **整合與創意表現手部的精細動作**：如運用手指變化出不同的光影遊戲、玩出不同樣式的翻花繩、用手指做出讚許肯定的數種動作等。

第一階段的課程目標在於引導幼兒學習動作技能，因此動作技能（穩定性、移動性、操作性）是課程目標也是課程內容。各年齡之學習指標，則以幼兒身體技能之表現、平衡、協調、敏捷為觀察要點。此階段的課程設計已將動作技能「整合套裝」化，例如：穩定性動作技能有「伸、彎、蹲、旋、擺」的組合，移動性動作技能有「走、跑、踏、跳、滑」的類組，操作性動作技能有「投、接、踢、擊、運」的整合。雖然動作技能「整合套裝」可協助教保服務人員理解身體動作概念，也容易清楚各種動作的意義，同時，可依動作媒介引發不同的動作遊戲或解決生活自理問題。不過，第一階段的課程發展仍有以下三項缺點：

1. 單純以動作類別及動作技能當成課程目標及學習指標，其課程過於零散，缺乏系統化以及整體結構性。現場教保服務人員的回應是：「感覺好像是拼湊出來，會卡住的機械式課程」。

2. 逐一列出的動作類別及活動，感覺很像是條列式的動作能力發展篩檢。因身體動作都會因應生活及學習或遊戲情境發生，若將動作與教學情境剝離，恐將只見動作不見能力。

3. 身體可以做什麼、身體移動的力道與速度、身體移動的位置與空間、身體與物體或與人的關係等豐富動作教學的思維，若一同融入課程目標及學習指標，易造成龐雜糾結的課程架構，讓教保服務人員難以理解。

此雛形階段的課程結構鬆散，學習指標高達 117 項。教保服務人員在諮詢會議中，提出兩項建設性的建議：(1)若能以「活動」方式來設計目標及指

標，將有助於現場教學以及身體動作活動之進行，也比較能理解身體動作的教學內容；(2)課程若要落實可行，必須刪除或整併部分的課程目標及學習指標。

二、第二階段：如何「動著去學」的課程目標

　　第一階段的學習重點是動作能力及相關活動。但是，此容易讓教保服務人員誤解本領域是動作發展遲緩幼兒的動作訓練課程，抑或只是有趣的體能活動之彙整。為了避免上述誤解，進入幼兒園實驗課程之前，本領域認為課程目標或學習指標的設計，理應與人際（社會的）及認知（智力的）與情感（情緒的）連結。同時，也將控制動作的脈絡因素，包括：如何做動作的動力（重心、空間、時間、力道）、什麼肢體在動（行動、對稱、形狀、流暢）、動作發生的媒介（水平、方向、路徑），以及肢體與自己及物體和他人的關係等，從課程抽離到教保服務人員的教學實施原則，以簡化課程目標及學習指標。

　　從「學習動作」到「動作學習」的課程轉折後，本領域重新思考幼兒與環境互動的可能情境，不論參與活動的方式是個人或團體，不論活動的場地是在戶外自然環境或室內建築空間，不論活動過程有無使用器材或設備，研究者歸納整理出以下幾項本領域的「變與不變」。改變的部分，是課程目標設計的重點：「動作技能」加上「身體活動」，身體活動又區分出「徒手活動」與「攜帶活動」，徒手活動再發展出「身體操控活動」，攜帶活動則演變為「用具操控活動」。另外，因多數幼兒園都有體能活動、自編韻律或唱遊活動，此部分的教學活動也深受幼兒喜愛。因此，再加入「律動活動」，此三類課程內容即成為本領域的學習面向。

　　維持不變的是教學情境與領域能力：由於幼兒具備主動學習的特質，身

體動作之學習更是如此。因此，教保服務人員從「何處」提供「何種」經驗，是本領域課程目標思考的不變方向。教學情境仍是以「生活與學習」及「運動與遊戲」為主；領域能力同樣圍繞在「模仿、運用、創意」。不過，教保服務人員認為「應用」是直覺的使用動作能力，應用比運用更符應幼兒發展。而且，常常練習才能產生動作穩定及協調能力。因此，「運用與調整」此階段修正為「練習與應用」。實作過程發現，「整合與創意」涵蓋想像及創新的心理能力，不易觀察。幼兒階段能展現的動作能力是肢體的組合與姿態或隊形的變化創造。因此，「整合與創意」最後修正為「組合與創造」。領域能力同樣是「觀察與模仿」及「練習與應用」。但是，「練習與應用」的能力，到底「應用」與「運用」有何不同，此階段有深刻的辯證。應用指的是某種工具或動作技能之使用；運用則是善用與運動或動作相關的知識、技能、相關資源，以及價值判斷，以便能適應幼兒園的活動、改善生活自理，以及解決相關問題的能力。因此，原「練習與應用」的能力修正為「練習與運用」。

　　根據上述，第二階段的課程內容更新為三大主軸：身體操控活動、用具操控活動、律動活動。身體操控活動的動作技能為移動性動作及穩定性動作，也就是說，凡是以身體表現動作或肢體創造能力，都屬於身體操控活動；用具操控活動的動作技能，以操作性動作及精細動作為主，再配合情境需要，佐以移動性動作及穩定性動作，也就是說，不論用手或腳操作或實作或演練各種工具或素材，都屬於用具操控活動；律動活動包含兩部分，若教保服務人員選擇以音樂及節奏建構各種身體活動，則動作技能為穩定性動作及移動性動作；若是選擇搭配彩帶或是樂器等不同的素材，則加上操作性動作及精細動作。

　　領域能力則定調為「觀察與模仿」、「練習與運用」、「組合與創造」，

並依據領域能力及三大主軸內容，設計下列九項課程目標：

1-1 能在生活情境中，觀察及模仿穩定性和移動性的身體操控活動。

1-2 能在生活情境中，觀察及模仿操作各種體能器材及用具的動作。

1-3 在遊戲及音樂活動中，能觀察及模仿舞蹈、體操、遊戲活動。

2-1 能在遊戲中，安全應用身體穩定及移動技能，滿足自由活動，與他人合作之需求。

2-2 能運用及練習，操控各種學習素材，滿足生活自理及探索學習的需求。

2-3 在遊戲及學習情境中，應用動作速度節奏及空間，參與音樂律動活動。

3-1 習慣活動身體各部位，組合及創造各種類型及想像動作。

3-2 喜歡變化體能器材，並能集體討論創新的身體活動及遊戲方法。

3-3 在韻律活動歷程中，大膽透過身體組合動作，創造不同的動感姿勢。

三、第三階段：精修「易讀易懂」的課程目標

　　為了確定本領域課程的可行性，再次全面檢視課程目標及學習指標，遂於 2009 年 9 月入園進行課程實驗。98 學年度，入班觀察共 37 次（文欣幼兒園 20 次、陽光幼兒園 8 次、新南幼兒園 9 次）。第一學期，在不影響該園既有的教學規劃下，進行各領域課程目標及學習指標的連結、對照、討論及理解程度；第二學期，則融合各領域的課程目標設計主題教學，發展教學活動並回頭對照學習指標。入園進行課程實驗，從過程中體會落實課程的問題並滾動修正。同時，觀察三個實驗幼兒園是否能發展本領域在地化的教保活動課程。

　　此階段的課程發展又可分為三部分：第一部分是「從幼兒園實作問題與

觀點，審查修正課程」；第二部分是「從其他領域入園實驗後的提問，省思調整課程」；第三部分是「從其他學者解讀文字的正確性，精修確認課程」。

　　從實驗幼兒園及各領域召集人的提問，發現課程結構雖已較嚴謹，但是部分內容重疊，文字陳述冗長。第二次修正本領域的課程目標，由九項修正為八項，最後定稿，則由八項修正為六項，其修正重點都在於簡化課程目標及文字。由於「律動活動」可融入「身體操控活動」及「用具操控活動」，因而刪除此學習面向。另外，「用具」可操作而非操弄，故將「用具操控活動」修正為「用具操作活動」；「身體操控活動」疑有被動與受控於人的誤解，故修正為「身體動作活動」。課程目標三修的原因，如表 2-8 所示。

表 2-8　課程實驗後，身體動作與健康領域課程目標修改原因表

2009 年 9 月 1 日初訂版 課程目標	2010 年 7 月 9 日修訂版 課程目標	2012 年 10 月 15 日定稿版 課程目標
身-1-1 能在生活情境中，觀察及模仿穩定性和移動性的身體操控活動。	身-1-1 能在生活情境中，觀察及模仿身體操控活動。	身-1-1 模仿身體操控活動。
修訂原因：身體操控活動原本就包含穩定性和移動性動作，故將穩定性和移動性動作刪除。 定稿原因：生活情境是學習機會與環境，可抽離至教學實施原則，以簡化課程目標。而且，身體操控活動的觀察與模仿，不限於生活情境，也常出現於主題、單元、學習區的課程活動。因此，本課程目標定稿為：「模仿身體操控活動」。		
身-1-2 能在生活情境中，觀察及模仿操作各種體能器材及用具的動作。	身-1-2 能在生活情境中，觀察及模仿操作各種器材的動作。	身-1-2 模仿操作各種器材的動作。

表 2-8　課程實驗後，身體動作與健康領域課程目標修改原因表（續）

2009 年 9 月 1 日初訂版 課程目標	2010 年 7 月 9 日修訂版 課程目標	2012 年 10 月 15 日定稿版 課程目標
修訂原因：器材所包含範圍較廣，而且體能器材及用具也包含在器材內，因此，以「器材」替代一切用具，並將體能及用具刪除。 **定稿原因**：生活情境是學習機會與環境，可抽離至教學實施原則，以簡化課程目標。而且，操作各種器材的動作，不限於生活情境，也常出現於主題、單元、學習區的課程活動。因此，本課程目標定稿為：「模仿操作各種器材的動作」。		
身-1-3 在遊戲及音樂活動中，能觀察及模仿舞蹈、體操、遊戲活動。	身-1-3 在律動中，能觀察及模仿配合音樂節奏的活動。	刪除此目標。
修訂原因：律動為身體動作與健康領域的課程內容，且其已包含音樂節奏，故修改為「在律動中，能觀察及模仿配合音樂節奏的活動」。 **定稿原因**：由於律動活動也是身體操控活動的方式，可以納入身-1-1 的課程目標，因此，刪除此課程目標。		
身-2-1 能在遊戲中，安全應用身體穩定及移動技能，滿足自由活動，與他人合作之需求。	身-2-1 在活動中，安全應用身體操控技能，滿足自由活動，與他人合作之需求。	身-2-1 安全應用身體操控動作，滿足自由活動及與他人合作的需求。
修訂原因：修訂內容有二：活動範圍較遊戲廣泛，故以活動代替遊戲；另外，穩定性和移動性動作技能，原本即為身體操控活動的動作技能，故將其刪除，修改為身體操控技能。 **定稿原因**：「在活動中」是贅詞，故刪除之。		
身-2-2 能運用及練習，操控各種學習素材，滿足生活自理及探索學習的需求。	身-2-2 能練習及應用各種用具操控動作，滿足生活自理及探索學習的需求。	身-2-2 熟悉各種用具的操作動作，建立生活自理技能。

表 2-8 課程實驗後，身體動作與健康領域課程目標修改原因表（續）

2009 年 9 月 1 日初訂版 課程目標	2010 年 7 月 9 日修訂版 課程目標	2012 年 10 月 15 日定稿版 課程目標
修訂原因：將「能運用及練習，操控各種學習素材」，修改為「能練習及應用各種用具操控動作」，此更能強調動作。 **定稿原因**：練習及應用是學習歷程而非領域能力，在用具操作的學習面向上，重要的是能「協調與控制」用具的操作動作，也就是熟悉如何操作用具，建立生活自理技能。		
身-2-3 在遊戲及學習情境中，應用動作速度節奏及空間，參與音樂律動活動。	身-2-3 在遊戲及學習情境中，應用動作變化，參與音樂律動活動。	刪除此目標。
修訂原因：將「應用動作速度節奏及空間」，修改為「應用動作變化」。因速度節奏及空間較為侷限，且將之抽離至教學實施原則中，故修改為「動作變化」。 **定稿原因**：音樂律動活動可視其是否持有樂器或素材，分為身體操控活動或用具操作活動。因此，本課程目標可融入身-2-1「安全應用身體操控動作，滿足自由活動及與他人合作的需求」，以及身-2-2「熟悉各種用具的操作動作，建立生活自理技能」的目標中，故刪除本目標。		
身-3-1 習慣活動身體各部位，組合及創造各種類型及想像動作。	身-3-1 應用身體各部位，組合及創造各種動作。	身-3-1 應用組合及變化各種動作，享受肢體遊戲的樂趣。
修訂原因：組合及創造為身體動作與健康領域之領域能力，主要目的在於熟悉各種基本動作技能後，能應用身體各部位，創造出各種動作。故將身-3-1修改為：「應用身體各部位，組合及創造各種動作」。 **定稿原因**：強調幼兒喜歡活動或運動的態度，樂於展現動作創意。因此，「應用組合及變化各種動作」不變，強化「享受肢體遊戲的樂趣」。		

表 2-8　課程實驗後，身體動作與健康領域課程目標修改原因表（續）

2009 年 9 月 1 日初訂版 課程目標	2010 年 7 月 9 日修訂版 課程目標	2012 年 10 月 15 日定稿版 課程目標
身-3-2 喜歡變化體能器材，並能集體討論創新的身體活動及遊戲方法。	身-3-2 善用各種素材及器材，樂於創造遊戲活動。	身-3-2 樂於善用各種素材及器材進行創造性活動。
修訂原因：修正理由有二：「體能器材」較侷限，故修改為「各種素材及器材」；另外，本目標最主要的意旨是創造而不是團體或小組討論。因此，「集體討論創新的身體活動及遊戲方法」，修改為「樂於創造遊戲活動」。 定稿原因：較精確的文編修正，本目標確定為：「樂於善用各種素材及器材進行創造性活動」。		
身-3-3 在韻律活動歷程中，大膽透過身體組合動作，創造不同的動感姿勢。	刪除此目標。	刪除此目標。
修訂原因：經過幼兒園實驗課程後，發現此課程目標可併入身-3-1「應用身體各部位，組合及創造各種動作」，以及身-3-2「善用各種素材及器材，樂於創造遊戲活動」，故刪除之。		

　　經過多次修正，本領域綜合「覺察與模仿」、「協調與控制」、「組合與創造」等三項能力與「身體動作」、「用具操作」等兩項學習面向，最後確定身體動作與健康領域的課程目標如下：

　　身-1-1 模仿身體操控活動。

　　身-1-2 模仿操作各種器材的動作。

　　身-2-1 安全應用身體操控動作，滿足自由活動及與他人合作的需求。

　　身-2-2 熟悉各種用具的操作動作，建立生活自理技能。

身-3-1 應用組合及變化各種動作，享受肢體遊戲的樂趣。

身-3-2 樂於善用各種素材及器材進行創造性活動。

四、第四階段：建構健康學習面向，調整課程目標與學習指標的歷程

（一）健康行動學習面向的建置歷程

健康教育及幼兒教保領域學者與幼兒園教保服務人員，對新增的「學習面向」除了「健康」兩字達成共識外，其他可被接受的名詞有：自我健康照護行為、身體健康、健康表現、健康照顧、健康技能、健康習作、健康實作等。為求領域內涵更嚴謹且適合幼兒學習，遂針對前述可能的「健康學習面向」，共訪談教保服務人員 87 人。訪談結果是「健康實作」認同頻率最高，多數（58 人）認為學齡前幼兒首重「養成並實際操作」健康行為，從做中學建置健康信念及態度，並可由此建立健康習慣。事實上，唯有藉由實際行動方能看出幼兒是否已具備自我照顧能力與健康習慣。也就是說，欲達「健康」實需落實於生活中。

但是，健康領域的學者認為，「健康」一詞涵蓋的範圍較廣，比較合乎健康的真義，也較為明確，且本領域名稱是「身體動作與健康領域」，原學習面向的「身體動作」與「用具操作」，屬於身體動作層面；因健康而新增的學習面向，直接以「健康」為名，會更符合本領域名稱，也比較不會窄化健康的內涵。不過，眾人皆知，健康範圍涵蓋生理、心理、社會的健康與安寧。在身體動作領域加入健康議題，其學習重點原本在於幼兒如何身體力行健康行為，此必須依據原身體動作領域的內涵架構，再進行本領域的編修。若是以健康為學習面向，本領域恐將被質疑並未納入心理及社會的健康議題。

經過多方與多次討論，新增的學習面向確定為「健康行動」（幸曼玲、倪鳴香，2016）。

（二）課程目標與學習指標的調整歷程

學習面向增加「健康行動」，本領域的課程目標及學習指標也因此而增修調整。健康相關的課程目標與學習指標，不但得符合國際幼兒課程發展，也得銜接國小相關的課程領域，更要符合目前幼兒園的教學現況及教保服務人員的理解。因此，彙整上述三種文件資料而修正調整。

1. 課程目標

由於幼兒畢業能力銜接的是國小之學習，因此本領域分析「國民中小學九年一貫課程綱要：健康與體育學習領域」中，探討與兒童健康較相關的「生長與發展」、「人與食物」、「安全生活」，以及「群體健康」的分段能力指標，直接向下延伸至學前幼兒教育。經過多次討論後，參考下列分段能力指標，以為幼兒健康向上銜接國小階段的能力準備（國民教育社群網，2008）：

健 1-1-4 養成良好的健康態度和習慣，並能表現於生活中。

健 1-2-3 體認健康行為的重要性，並運用做決定的技巧來促進健康。

健 2-1-3 培養良好的飲食習慣。

健 2-1-4 辨識食物的安全性，並選擇健康的營養餐點。

健 5-1-1 分辨日常生活情境的安全性。

健 5-1-2 說明並演練促進個人及他人生活安全的方法。

健 7-1-1 瞭解健康的定義，並指出人們為促進健康所採取的活動。

「國民中小學九年一貫課程綱要」的分段能力指標分為三個階段，上述

所列指標都是第一階段（國小一至三年級）的能力指標，只有健1-2-3屬於國小四至六年級的能力指標。由於本領域認為，運用做決定的技巧以促進健康宜應從幼兒園開始，此項能力影響幼兒未來的健康發展極深。因此，在研編課程目標時，採用該能力指標的精神內涵，從幼兒園日常生活作息的模仿健康行為，開啟其選擇偏向健康行為的決定。

另外，本領域也參考高瞻課程（High Scope）的「Physical Development and Health」（Epstein, 2012），發現與本領域健康相關的重要發展指引（key developmental indicators, KDIs）有二：其一為個人照顧／自我照顧（personal care），是指幼兒能落實自我生活照顧的例行常規（自己照顧自己的能力）；在此原則下，課程活動引導幼兒擁有的能力為：能自己進食、穿衣、洗手、刷牙、抽取衛生紙，以及如廁。另一則為健康行為（healthy behavior），是指幼兒參與健康的實際行為與作法；在此原則下，課程活動設計讓幼兒擁有的能力為：積極參與促進健康的實際活動，能表現出健康行為（例如：咳嗽時會用手臂摀住口鼻、上完廁所後會洗手、使用自己的刀叉餐具等），以及注意一些安全的舉止（例如：騎腳踏車戴安全帽、不在盪鞦韆前走動、繞過濕滑地面等）。

因此，在覺察與模仿的領域能力下，增加：(1)覺察生活習慣與健康的關係；(2)覺察健康與安全的重要；(3)模仿健康與安全的自保行為。在協調與控制的領域能力下，增加：(1)熟練運用各種健康管理的習慣；(2)參與維護健康的行動。再回頭對照國外與幼兒健康相關的重要發展指引（KDIs）後認為，覺察生活習慣與健康的關係、覺察健康與安全的重要、模仿健康與安全的自保行為等三項課程目標，可歸納為「覺察模仿健康與安全的生活行為」。另外，熟練運用各種健康管理的習慣、參與維護健康行動的二項課程目標，可綜整為「熟練並表現健康生活習慣」，並將幼兒園重要的健康教育議題，例

如：口腔衛生、視力保健、營養教育、傳染病防治，融入「熟練並表現健康生活習慣」的課程目標。

　　新增的兩項課程目標，再諮詢 19 個縣市共蒐集 95 位教保服務人員的意見。多數的教保服務人員表示，「覺察模仿健康與安全的生活行為」較具體，較容易判讀目標的內容。但也表示，課程目標是學習指標的根源，所引導的學習範疇應該較廣泛，而行為是健康落實的細緻表現，具體行為宜放在學習指標內以分齡呈現。因此，課程目標宜以活動替代生活行為，故調整為「覺察模仿健康與安全的活動」。

　　而由於覺察模仿層次不同，有模仿行為並不表示能覺察合宜的健康行為。因此，在健康行為能力區分為覺察與模仿。最後進行修辭調整，確定健康課程目標 1 為「覺察與模仿健康及安全的活動」；課程目標 2 原本為「熟練並表現健康生活習慣」，但因健康生活習慣需要漸漸養成，表現健康行為理應落實在分齡的學習指標中，因此課程目標 2 最後確定為「熟練並養成健康生活習慣」。

　　另外，原身體動作面向中的課程目標：「身-2-2 熟悉各種用具的操作動作，建立生活自理技能」，由於幼兒生活自理已歸納至健康面向，為避免課程目標交錯重疊，因此將此課程目標刪除建立生活自理，將身-2-2 的課程目標聚焦在能協調與控制的操作工具，重點在於提升幼兒的精細動作能力，所以身-2-2 修正為「熟悉各種用具的操作並熟練精細動作」。

2. 學習指標的編修

　　學習指標是課程目標的細項，如同達成課程目標的分齡指引。有關建置本領域與健康相關的 2～6 歲之學習指標，本領域也是先參考「國民中小學九年一貫課程綱要：健康與體育學習領域」之相關能力指標下的健康技能或表

現，以為學習指標建構的基礎。在覺察與模仿能力的學習歷程中，可能的健康技能或表現為：

- 知道並描述對於出生、成長、老化及死亡的概念與感覺。
- 體會食物在生理及心理需求上的重要性。
- 模仿與演練促進個人生活安全的方法。
- 在協助下／遵照成人指示服用藥物。
- 覺察生活環境中的危機。

在協調與控制能力的學習歷程中，學習自我健康管理，可能的健康技能或表現為：

- 養成良好的健康態度和習慣，並能表現於生活中。
- 辨識食物的安全性，並選擇健康的營養餐點。
- 培養良好的飲食習慣。
- 演練預防運動傷害的方法。
- 表現預防疾病的正向行為與活動。

如同課程目標的研發，本領域從「草擬的課程目標」及國小低年級的「健康技能或表現」省思幼兒的健康教學重點，同時也從國小一年級的「健康與體育」課本[10]，以及美國高瞻課程取向建議教師宜教導的健康內容與教學策略，並訪談國小一年級學童健康學習內容，整理出幼兒階段重要的健康學習要點。

健康啟蒙（Healthy Start, 2012）及高瞻課程認為，幼兒園的健康教學之重點，在於促進幼兒養成與進食、運動、衛生等相關習慣的健康行為，並能在教學過程中有計畫的保護幼兒安全。在國小一年級的「健康與體育」課本中，

---

10. 參考南一書局出版之課本。

與健康教學相關單元，例如：「整潔寶寶」強調的健康技能是：能正確使用廁所，並依照正確的步驟和方法清潔雙手；「美齒寶寶」則期盼幼兒會正確的刷牙和定期檢查牙齒，並選擇適合自己的牙刷；「活力的來源」之目的在養成良好的飲食習慣，以促進身體健康。

為求審慎，經過教保服務人員修整後的學習指標，再度請專家學者審視指標所蘊含的能力。最後，確定本領域與健康行動面向的相關課程目標及 14 項學習指標（如表 2-9 所示）。期盼藉由學習指標的確定，以引導教保服務人員提供幼兒健康促進的教學活動與安全環境，俾便幼兒園中的幼兒們，能健康快樂的成長。

學習指標蘊藏廣泛的健康意義，因此學習指標的文字陳述雖簡潔，但內容範疇卻不少。為了使教保服務人員能在閱讀指標時，能清楚引導幼兒健康學習的方向與內容，特別在與健康相關的學習指標中以「★」加註，說明如下：

★1：健康行為除了指外顯的行為層面外，還包括與健康維持、健康恢復及健康改善所展現出的信念、動機、價值、情感和外顯的行為模式及習慣。其包含具體的內涵如下：

(1) 個人衛生，含身體清潔（例如：洗臉、洗澡、洗手、更換衣物等）、刷牙、如廁、擤鼻涕等。

(2) 保健行為或健康促進，指口腔保健（塗氟、定期檢查牙齒）、視力保健、聽力保健、隨氣候變化主動增減衣物、隱私部位的保護（指器官的清潔、穿內褲等）等。

(3) 健康飲食（例如：①良好的飲食行為—細嚼慢嚥、定食定量、在位置上坐好吃飯；②食物的安全—食物的保鮮、保存期限；③均衡營養的飲食—指幼兒學習選擇少油、少鹽、少糖的飲食。從辨識安全新鮮食

表2-9　新增健康行動面向而增修調整之課程目標與學習指標

課程目標	2～3歲學習指標	3～4歲學習指標	4～5歲學習指標	5～6歲學習指標
身-1-3 覺察與模仿健康行為及安全的動作	身-幼-1-3-1 模仿日常生活的健康行為★1	身-小-1-3-1	身-中-1-3-1 覺察與模仿日常生活的健康行為★1	身-大-1-3-1
	身-幼-1-3-2 模仿良好的飲食行為★1	身-小-1-3-2	身-中-1-3-2 辨識食物的安全，並選擇均衡營養的飲食★1	身-大-1-3-2
	身-幼-1-3-3 模仿身體活動安全的距離★2	身-小-1-3-3 覺察身體活動安全的距離★2	身-中-1-3-3	身-大-1-3-3
			身-中-1-3-4 覺察與辨別危險，保護自己的安全★3	身-大-1-3-4 覺察與辨別危險，保護自己及他人的安全★3
身-2-3 熟練並養成健康生活習慣	身-幼-2-3-1 學習自己用餐	身-小-2-3-1 正確使用餐具	身-中-2-3-1 清潔自己的餐具與整理用餐環境	身-大-2-3-1 使用清潔工具清理環境
	身-幼-2-3-2 參與日常生活的健康行為★1	身-小-2-3-2	身-中-2-3-2 熟練並維持日常生活的健康行為★1	身-大-2-3-2

品並學會選用多樣食物，建立多喝水、不偏食、多吃蔬果等均衡飲食
的態度。）

(4) 維護環境衛生，餐後整理環境、清潔生活環境等收拾習慣。

(5) 其他健康的生活習慣，如睡眠習慣、如廁習慣、保持良好姿勢（閱讀
及坐臥立行等）等。

★2：身體活動安全的距離指的是幼兒遠離危險的適當距離，以及幼兒保
持活動進行時的適當距離，例如：幼兒能與容易滑倒的地方及熱燙物品與瓦
斯火源保持適當距離；玩遊戲及律動時，幼兒避免與人及設施設備產生碰撞
的適當距離。

★3：自己的安全、自己及與他人相處的安全，包含玩具安全、遊戲安
全、活動安全、交通安全、水火／用電／用品安全、災害防治的安全、藥品
安全、避免性騷擾等。

 參、課程如何轉化為能力

課程目標在於能引導出適合幼兒學習的經驗，但是幼兒經驗的差異極大。
依據課程目標所發展的活動，務必保持彈性的指引。同樣的，在課程目標下，
演化出的學習指標，也必須有適時調整教學活動的準備，因為沒有兩個班級
是一模一樣的。即使幼兒年齡相同，在動作能力的表現、活動的經驗、情感
的成熟程度，都會有所不同。課程目標如何轉化成幼兒的領域能力，教保服
務人員必須理解兩大部分：其一，課程目標期盼的幼兒能力為何？其二，不
同年齡或發展的幼兒，如何使用學習指標？以下先說明課程目標內涵的能力
範疇，再說明學習指標的轉變。

一、覺察與模仿的領域能力

課程目標 1-1 至 1-2 是和幼兒覺察與模仿有關身體的穩定性動作、移動性動作及用具操作等動作技能。課程目標 1-3 是讓幼兒覺察與模仿健康行為及安全的動作。健康行為是指與個人健康維持、健康恢復及健康改善有關的行為模式，包括：個人衛生、保健行為、飲食習慣、睡眠習慣、如廁習慣、保持良好姿勢（閱讀與坐臥立行等）的習慣，以及收拾習慣等。安全的活動意指保持身體活動時安全的距離及維護自己和他人的安全。

二、協調與控制的領域能力

課程目標 2-1 至 2-2 是有關能協調與控制身體活動的能力。幼兒能協調肢體不同部位與彼此的關係，以肢體做出各式各樣的形狀，探索能支撐及載運他們重量的動作，體驗如何靈活控制搖擺、翻滾、支撐等調整與移轉重心及克服地心引力的活動。另外，幼兒能依據空間環境及生活學習情境，調整及控制動作的大小、快慢、輕重、方向、形式，以及與周遭他人和環境的關係。在活動進行時，宜提供合宜的設施設備及團體合作的情境，並適時提供穩定性、移動性、操作性等動作技能。當幼兒能成功的操控身體或操作用具，就會持續體驗身體向前、向後、站蹲、傾斜、伸手、揮手或跳躍，測試身體動作幅度與韻律感，以及調整使用用具的力道與方式。

課程目標 2-3 是引導幼兒協調與控制自己的動作，並養成健康的生活習慣，包括：個人保健行為、飲食習慣、睡眠習慣、如廁習慣、保持良好姿勢（閱讀與坐臥立行等），以及收拾習慣等。

三、組合與創造的領域能力

　　課程目標 3-1 至 3-2 是關於整合與變化動作的肢體創意能力。肢體動作可在持續活動中，組合成具有韻律感的連續性動作。幼兒知道如何協調肢體展現動作，就會發現肢體具有表達及創造的本質，例如：肢體上下擺動如同海浪，或是四肢突然大字型開展再快速縮回，如同星星閃爍。幼兒喜歡表達及創造不同的動感姿勢，並享受肢體遊戲的樂趣。

　　另外，音樂、戲劇、故事及遊戲均能激發想像創造的動作，例如教保服務人員提問：「天上的飛機如何飛？」幼兒便張開雙臂起飛，或是扮成螺旋槳雙手交纏過頭頂並旋轉；幼兒翻轉或扭轉「機」身及「機」翼，加速飛翔或突然起降，或兩人單手相互抱腰、單臂伸出當機翼，表現並行同飛的「人體飛機」。此外，討論想法和鼓勵展演的遊戲或舞蹈，也能激發幼兒的創意動作。

　　不同年齡幼兒的確需要不同的學習指標，才能適性引發幼兒能力。但是，學習指標對教保服務人員而言，是不同於過往的全新觀念。這不是活動目標，也不是學習後的評量指標，而是得依據學習指標引發適合幼兒的課程及教保活動，並從不同的教學活動中，漸漸蓄積出幼兒的能力。由於教保服務人員的先備經驗不一，因此，本領域在課程發展歷程中，時常陷入提供「清楚而確實的指標」或「簡潔但彈性的指標」之兩難中，例如：「能正確執行洗手步驟、潔牙、洗澡等衛生活動」較具體，教學者較能明確設計教保活動，卻不如「正確執行衛生保健活動」有彈性。但問題是，哪一種學習指標更能適性引導幼兒呢？

　　從三個實驗幼兒園的課程驗證經驗發現，當幼兒園理解課程目標是幼兒在畢業時應具備的身體動作能力時，就能清楚規劃幼、小、中、大不同班級

的幼兒，在整學年或學期中，從不同年齡的學習指標發展教學策略或活動，進而安排到每天的課程。無論是精心設計的教學活動，或是每日例行的晨操，抑或是特別安排的環境大掃除，教學活動都必須回扣學習指標，以免活動與指標脫鉤。教保服務人員都必須藉由學習指標，思考這些「動作活動」能為幼兒累積何種「動作能力」[11]。

　　由於本領域的學習指標過多、過細且繁複，因而產生課程不易被理解及執行的問題。為此，學習指標必須再精簡與修正。在不違反身體動作與健康領域之領域目標、課程內容、領域能力的原則下，同時兼顧多數幼兒園已傾向混齡教學，本領域乃朝向「指標項目合併」以及「適用年齡延伸」等兩方向進行精簡整併，例如：將原「身-幼-1-1-1 認識軀幹及肢體的名稱」與「身-小-1-1-1 認識正確的身體動作名稱」，兩項合併為「身-幼-1-1-1 認識身體部位或身體基本動作的名稱」；在適用年齡延伸方面，採取將「幼小」與「中大」班級之學習指標整併原則，例如：將原「身-小-1-3-1 模仿日常生活的健康行為」向前移至幼幼班，因此 2～3 歲及 3～4 歲的學習指標相同；將原「身-大-1-3-1 覺察與模仿日常生活的健康行為」向前移至中班，因此 4～5 歲及 5～6 歲的學習指標相同。

肆、如何評估幼兒的能力

　　身體動作與健康領域並非是單獨的一門體育課，而是融合在日常生活中的行為表現。因為身體動作和關愛、休息、營養一樣，都是自然且必須的。

---

11. 缺乏新課綱經驗的幼兒園，可先以身體動作與健康領域的教學活動回扣學習指標。熟悉身體動作與健康領域的課程目標與學習指標後，則宜以學習指標設計教案或教學活動，在活動進行過程中，建議再次對照學習指標，以免活動與指標分離。

當然，多數幼兒園會提供專為促進動作技能而設計的設備，同時，也會提供幼兒參與運動與遊戲及韻律與舞蹈的機會。本領域所研發的課程，不論是教學者依目標或指標規劃學習活動，或是引導幼兒到戶外遊戲場地自由活動，抑或是設計更多樣或更具挑戰性的身體活動，多數的教保服務人員已經注意到，身體動作是一種表達的媒介，可自然的融入到各式各樣的課程模式中。

不過，很明顯的，教保服務人員擅長提供幼兒動作活動，但是否能提高幼兒的身體動作能力，除了與是否偏向「以幼兒為中心」的教學態度有關，也與教學者是否知道幼兒「在做什麼」有很大關係。提高幼兒身體動作能力，教保服務人員得知道要「觀察」什麼，才能評估與設計幼兒全面性的動作活動課程。也就是說，教保服務人員要觀察的是幼兒動作發展的過程，在各種活動中，觀察身體在做什麼？身體動作怎麼發生？是否平穩、協調或敏捷？而不是幼兒能跑多快，走多遠或是跳多高！

一、平時的觀察與引導

為滿足生活及學習所需，身體動作的表現及健康行為隨時在發生。教保服務人員平日與幼兒互動，從進入幼兒園到離開幼兒園，特別是生活自理及協助整理學習環境的時刻，都是觀察幼兒活動的契機。由於覺察與模仿、協調與控制、組合與創造等動作能力，彼此高度相容的整合於活動中，因此教保服務人員平日觀察幼兒操控身體及操作用具活動，可將三項領域能力統整觀看。

針對課程目標 1-1「模仿身體操控活動」、2-1「安全應用身體操控動作，滿足自由活動及與他人合作的需求」，以及 3-1「應用組合及變化各種動作，享受肢體遊戲的樂趣」，教保服務人員可依下列提示觀察幼兒的覺察與模仿、協調與控制、組合與創造等能力之表現：

- 能依情境做出走、跑、踏步、攀爬、滑行的動作嗎？
- 能表現出單腳跳、雙腳跳、踏跳、跨跳等克服地心引力的行動嗎？
- 能估計各種跳躍的動作幅度及調整上肢協助平衡嗎？
- 能調整並做出伸展、彎曲、站蹲、搖擺等重心改變的穩定動作嗎？
- 能在移動過程感受肢體對稱及不對稱活動的韻律感嗎？
- 能因為危險或障礙物而緊急控制前進的速度嗎？
- 能流暢的調整速度並改變身體重心與活動的方向嗎？
- 能判斷合宜的活動空間與他人的安全距離嗎？
- 能配合音樂或節奏組合及變化肢體動作嗎？
- 能自行想像並組合肢體創造各種動作嗎？
- 能感受肢體彎繞的特質而做出各式各樣的形狀嗎？
- 能以肢體動作表達情緒及想法與意見嗎？
- 能感受無法如同儕展現動作技能時的心理反應嗎？
- 能觀察及表現出舞蹈以及體操活動嗎？
- 能共同討論創新的身體活動及遊戲方法嗎？

對照課程目標 1-2「模仿各種用具的操作」、2-2「熟練各種用具的操作」、3-2「樂於善用各種素材及器材進行創造性活動」，教保服務人員可依下列提示觀察幼兒的覺察與模仿、協調與控制、組合與創造等操作之能力：

- 能自然調整身體及雙手做出投、接、拍、打擊等操作物體的動作嗎？
- 使用清潔工具整理環境能維持平穩的動作嗎？
- 能覺察及模仿如何騎乘腳踏車並平穩控制轉彎的速度嗎？
- 使用搖晃或擺盪的遊具能平穩控制身體及調整動作幅度嗎？
- 使用攀爬設備時能手腳協調並且注意安全嗎？
- 能感受及體會邊跑邊滾大龍球、邊拍球與邊運球的不同嗎？

‧操作學習用具時能專注並表現手眼協調的動作嗎？

‧能控制腳步及移動速度做出腳踢及盤球的動作嗎？

‧能調整方向及速度擊中或踢中由空中落下的物體嗎？

‧能辨別器物大小及重量而調整肢體使力的力道與方法嗎？

‧對熟悉或不熟悉的用具都能有不同於過往的新玩法嗎？

　　與健康面向相關的課程目標 1-3「覺察與模仿健康行為及安全的動作」、2-3「熟練並養成健康生活習慣」，教保服務人員可依下列提示引導幼兒覺察與模仿、自我照顧與生活自理的自主行動能力：

‧能覺察天氣冷熱不同而自行穿或脫衣服嗎？

‧能模仿如廁、洗手、洗臉、刷牙等保健行為嗎？

‧能覺察好吃與均衡營養食物的差別嗎？

‧能選擇新鮮、安全與均衡的飲食嗎？

‧能為自己準備餐具及能自己用餐嗎？

‧用餐後會主動收拾清潔用餐環境嗎？

‧能自己完成個人的清潔衛生工作嗎？

‧能使用清潔工具協助整理學習環境嗎？

‧能樂於參與日常生活中其他與自我照顧相關的活動嗎？

‧能辨別安全距離避免意外傷害嗎？

‧騎乘單車會戴安全帽嗎？

二、定期的觀察與分析

　　定期分析的資料來自於上述平日觀察所得的觀察紀錄或在教學日誌內的紀錄；另為了解幼兒在家中的健康與運動情形，家庭聯絡簿中也可增添「清潔自理」或「自我照顧」及「親子運動」等欄位，蒐集相關資訊，列入教學

分析的資料。分析的重點在於幼兒是否能維護自己及團體的健康行為與活動，以及基本動作的純熟與協調敏捷的狀況，教保服務人員可根據表 2-10 所列的各個關注面向分析觀察資料，並嘗試從中了解幼兒為何如此表現，以為調整後續課程內容、教學方法或個別指導的參考。

表 2-10　設計身體動作與健康關注面向表

資料來源	關注面向	
觀察幼兒日常行動或體能遊戲活動	身體怎麼動	移動行進：跑、跳、攀、滑、平衡
		重心運用及轉移：伸展、彎曲、搖擺、蹲站、旋轉、翻滾
觀察幼兒在戶外遊戲場使用大肌肉器材的情形		對抗地心引力：單腳跳、雙腳跳、踏跳、跨跳
		操作用具：投擲、接、踢、打擊、拍、運、滾
教學日誌中有關身體動作表現的紀錄	如何挑戰及豐富動作內涵	身體動作：身體重心改變、動作幅度範圍、速度快慢節奏
觀察運動會或親子活動		展演故事：動作表達想法、情緒、感受、意見，擴展及結合動作表現角色行為
美勞區的活動觀察紀錄		創意活動：嘗試挑戰新活動，統整美勞或創意作品融入肢體動作，從肢體動作創造出不同的動作方式，增加互動內容的趣味

表 2-10　設計身體動作與健康關注面向表（續）

資料來源	關注面向	
幼兒參與活動的意願	樂於活動提高身體適能	積極參與活動的意願：主動參與帶領的、跟隨的、平行的、合作的、競爭的遊戲活動
		增加活動頻率與時間：逐漸延長活動時間、每天都有活動時間、每次活動 30 分鐘以上、活動後達流汗效果
觀察例行性活動的表現	樂於參與自我照顧的健康行為	觀察幼兒在如廁、吃飯、清潔、收拾等生活自理的態度，展現符合情境的照顧行為
家庭聯絡簿或親子學習活動紀錄		是否能自行穿脫更換衣服鞋襪，選擇健康的食物、不偏食，能自己洗臉潔牙並參與居家環境的清理打掃，理解 3C 產品對視力的影響並減少使用時間

　　幼兒具備身體協調能力，代表他們能依照自己的生活或學習目的，自在協同自己不同部位完成身體活動，這是肌肉神經系統、時間感覺、空間感覺，以及環境觀察與適應調整能力的綜合表現。此不但涉及發展，亦關乎幼兒有無觀察與模仿及練習的機會。因此，教保服務人員應提供合宜、適性、足量、有趣且具有挑戰性的活動機會，並觀察及分析影響幼兒身體動作協調控制能力的整體表現，此應能提高幼兒動作敏捷及肢體創造能力。

第四節　新課綱與《幼稚園課程標準》的差異

在 1987 年教育部所頒布的《幼稚園課程標準》中，身體動作與健康領域的內涵主要隸屬於「健康」與「遊戲」兩大領域中，健康與遊戲的範圍及內容有部分重疊。就「遊戲領域」而言，乃是以「鍛鍊幼兒基本動作，發展幼兒運動與興趣能力」為目標，教學內容分為「大肌肉運動」及「小肌肉活動」。而大小肌肉的運動與活動，則又與健康領域的運動遊戲類型活動重複。

《幼稚園課程標準》並非沒有身體動作，從其活動類型分析，身體動作的學習活動，隱藏在「遊戲」及「健康」的教學內容中。由於幼兒階段的健康，的確是不容忽略的教育議題，因此，《幼稚園課程標準》將身體動作視為健康的範疇。就課程結構而言，1987 年版的《幼稚園課程標準》，強調的是領域內容，而非幼兒能力的發展。就幼兒發展而言，身體動作是發展的基石，「適性適齡」無法跳脫發展而學。同時，為回應社會變遷造成的活動環境惡化、幼兒體力下滑、肥胖盛行率衝高等健康問題，新課綱乃將身體動作與健康列入課程領域。

為了讓教保服務人員快速理解「新課綱」的身體動作與健康領域，特說明幼兒園新舊課程標準之間的異同，並整理如表 2-11 所示，以利讀者從《幼稚園課程標準》的先備經驗，歸納比對並轉化成新的學習。

表 2-11　1987 年版《幼稚園課程標準》與新課綱身體動作與健康領域的異同

差異　　課綱	1987 年版課程標準	新課綱
1.領域名稱：相異	健康。	身體動作與健康。
2.領域目標： ＊1987 年版的目標 3 與新課綱相似性高。 ＊目標 5 強調自護能力，但卻透過安全教育，而非自我保護的基本動作技能。	1.滿足幼兒身心需要，促進幼兒身心均衡的發展。 2.充實幼兒健康知能，培養幼兒健康習慣與態度。 3.<u>鍛鍊幼兒基本動作，發展幼兒運動興趣與能力</u>。 4.擴展幼兒生活經驗，增進幼兒社會行為的發展。 5.實施幼兒安全教育，協助幼兒獲得自護的能力。	1.靈活展現基本動作技能並能維護自身安全。 2.擁有健康的身體及良好的生活習慣。 3.喜歡運動與樂於展現動作創意。
3.學習面向：相異	在「健康的身體」範疇中：內含運動能力與興趣。	設定「身體動作」、「用具操作」及「健康行動」三大學習面向。
4.學習內容：相異	直接列出不同的運動遊戲類型，例如： 1.使用基本動作，如行走、跑、跳等從事運動遊戲。 2.使用簡單的技巧，如投、推、拉、滾動等從事運動遊戲。 3.使用簡單的運動器材，如滑梯、鞦韆等從事運動遊戲。	依據領域能力及學習面向設計課程目標，再依據課程目標及幼兒的年齡不同，規劃不同的學習指標，以引導出適齡適性的課程及教保活動。課程設計有兩大部分： 1.遊戲與運動：此部分與 1987 年版課程標準的學習內容相似。

表 2-11 1987 年版《幼稚園課程標準》與新課綱身體動作與健康領域的
異同（續）

課綱　差異	1987 年版課程標準	新課綱
4.學習內容：相異	4.利用感覺、知覺等從事運動遊戲。 5.參與簡單的團體遊戲，如捉迷藏、模仿遊戲、想像遊戲、解決問題的遊戲。 6.隨音樂做簡單的體操。	2.生活與學習：強調幼兒從個人生活自理、學習區域整理，以及家庭環境打理，都是學習的重點。
5.幼兒能力：相異	並不特別強調幼兒能力的學習。	幼兒透過「覺察與模仿」、「協調與控制」、「組合與創造」等肢體動作能力，熟悉穩定性、移動性與操作性等基本動作技能，並在操作活動中，發展手眼協調及靈活掌握身體自主行動的能力。同時，養成個人保健行為，飲食習慣、睡眠習慣、如廁習慣、保持良好姿勢，以及收拾習慣等健康的生活習慣。
6.教材編選：相同	兩者均強調以遊戲為方法，同時，必須配合幼兒的身心發展，順應其能力、興趣和需要，選擇與生活經驗、生活環境、家庭背景有關的在地化教材。	

本領域強調真實且生活化的教學活動，理應涵蓋日常生活層面。因此，除了既定的教保活動課程，舉凡生活自理及協助學習環境之清潔整理，所引起的身體動作或用具操作，都應是「動」與「做」，而非「說」與「聽」。但是，呼籲教保服務人員在活動安排時宜思考趣味性與遊樂性，避免在肢體「勞動」過程中，因「辛苦」而喪失樂於活動的意願。

第五節　身體動作與健康領域Q & A

 ### 壹、本領域主要的特色是什麼？

身體動作與健康領域關注幼兒動作穩健的學習歷程，強調運用基本的動作技能及知識，透過實踐生活自理行動及遊戲等方式，內化動作知覺與培養問題解決的能力，以做為未來精緻與複雜動作的準備，奠定幼兒安全和積極活動的健康生活模式。

本領域根據幼兒身心發展特性及生活環境現況而設計，教學強調「以運動為主體，以遊戲為方法」，希望幼兒能夠在安全的環境中，配合生動活潑的音樂與器材，融入各種難易程度不同的體能遊戲，讓幼兒在遊戲或活動情境下漸漸增進體能，在分組與團體活動中，學習紓解情緒與強化人際關係的技巧。同時，在日常生活中，從做中學落實身體清潔、刷牙、如廁、擤鼻涕等個人衛生行為，學習口腔、視力、聽力，以及隨氣候變化主動增減衣物等自我保健與健康促進能力。能夠選擇均衡營養、細嚼慢嚥、定食定量、在位置上坐好吃飯等健康飲食行為。從辨識安全新鮮食品並學會選用多樣食物，建立多喝水、不偏食、多吃蔬果等均衡飲食的態度，以及維護環境衛生、餐

後整理環境、清潔生活環境和收拾習慣等。

貳、本領域在幼兒發展上究竟有多重要？

身體動作的重要性，可以從「身體做為探索學習的工具」以及「建立身體動作能力的理由」等兩方面來理解，分別簡述如下。

一、身體做為探索學習的工具

幼兒在獲取知識的過程中是主動的，他們透過身體的觸覺及移動能力，建立對這個世界的認識與了解。不論是室內活動或是戶外觀摩，幼兒發現事物與如何發現，都須善用「能」自在活動的身體。而透過親自觸摸或拆組，幼兒就能體會生活環境中的各種經驗。無疑的，幼兒的學習須藉由操作與探索的過程，「看到」並不等於「知道」，要提供幼兒充分的活動經驗，教保服務人員須放心讓幼兒自己動動手、動動腳的「探索」，以滿足他們的好奇心，發揮想像力，增進創造能力。

二、建立身體動作能力的理由

幼兒園階段身體動作的能力，不只是冒險、探索與學習的工具，也是培養「動態」生活習慣的關鍵。身體的活動在幼兒成長中扮演著舉足輕重的角色，幼兒藉由身體的活動得以擷取大量的感覺、知覺及運動刺激，以促進身體正常的發育、展現正確的姿勢與動作協調的能力。事實上，幼兒熟練各項基本動作，不但可安全穩健地移動身體，也會增加身體及關節的柔軟性，使其更靈活敏捷，降低受傷的機會，並養成日後美姿美儀的舉止，例如：正確的行走及端坐的姿勢，可直接減少彎腰駝背及脊椎側彎的發生，也可間接減

少近視機率。同時，身體活動能強健大肌肉的發展與成熟，也影響精細動作的操作與學習。

 ## 參、本領域如何看待動作學習弱勢的幼兒？

一般而言，學習弱勢涵蓋兩大部分：一為能力未達該年齡的發展標準；另一則是因家庭或學校資源不足而造成的學習落後。2～6歲幼兒時期是身體動作技能學習的基礎階段，基於先天氣質及個別家庭教養態度與方式的差異，幼兒在動作技能發展上的差異性也極大，教保服務人員不宜只依據年齡來做為認定學習落後的評斷。若是發現幼兒無法做出下列動作：2～3歲在無扶助的情況下能做出雙足跳；3～4歲可以單腳跳一下；4～5歲能以單腳連跳五下以上；5～6歲能單腳站穩十秒鐘，雙腳合併能向前跳45公分以上，則需要有專業醫療的介入評估。

資源不足部分，以活動空間不足影響最大。幼兒園的室內面積宜保留幼兒足夠的活動空間，如果扣除公共空間的面積，例如：走廊、廁所、儲藏室、廚房、辦公室、家長接待空間等，再扣除教室中的工作櫃、玩具櫃、桌椅等，最後每名幼兒可能只剩下不到1.5平方公尺的使用空間，這種超級「特小空間」，對於幼兒身體動作的發展與學習實有關鍵性的影響。若有此情況，則建議教保服務人員宜高度使用戶外的活動空間。

 ## 肆、如何避免幼兒活動傷害？

活動可能會造成某些意外傷害，是大家清楚了解的現象，但是要預防活動傷害的產生，並不是禁止幼兒活動就可完全避免。幼兒園內要避免幼兒活

動的傷害，應依幼兒園的環境設備條件與情境，建立合宜的操作程序與注意事項。在幼兒活動前須有所準備，以防止身體運動傷害的發生。預防方法可從幼兒、教學與設備器材等三方面考量：就幼兒本身而言，需要建立起遵守活動規則的習慣與態度；就教學方面而言，則需要注意在活動進行前有充分的暖身及活動後的緩和活動，並安排適當的活動時間，隨時留意觀察幼兒活動過程的膚色及換氣情形，也要適時補充水分；就設備器材方面而言，則應選擇安全的活動環境，活動前宜檢視器材與設備的安全性，同時要穿著合適活動的衣著與運動鞋。基本上只要遵守上述注意事項，即可降低幼兒活動的傷害。

伍、規劃活動時，除了安全，尚需考量的重點為何？

能吸引幼兒動起來，教保服務人員需留意活動時段的選擇、時間長短的安排，以及課程活動內容的趣味性與挑戰性。一般而言，早上是幼兒參與動作探索的最佳時間，而下午得等幼兒午休後再進行比較適當。活動時間則因幼兒年齡及注意力維持長度的差異而有所不同，基本上，2～3 歲幼兒的活動時間以 20 分鐘最適合；3～5 歲則以 30 分鐘為主；5～6 歲約可延長至 40 分鐘，但是若再加上活動過程的分組及解說，則可再增加 10 分鐘。

基於 3～5 歲期間是幼兒欣賞及使用語言文字的最佳時機，建議教保服務人員在設計本領域的課程活動時，3 歲幼兒可加入童謠，以激發幼兒的參與；4～5 歲幼兒可廣泛使用手指謠、故事、詩詞、歌曲（尤其是愈有趣、滑稽，他們愈喜歡）。在移動與靜止活動之間，彈性增加動作的困難度，並參考幼兒活動中的回應與意見。偶爾也可規劃設計童玩、民俗等與鍛鍊身體動作能力相關的活動，以探索了解本土文化。最重要的，還需肯定及發展幼兒的創

造能力，3～5 歲幼兒擁有強烈的好奇心及想像力，活動中能藉由肢體動作啟發幼兒內在的想像、探索和發現，將可鼓勵幼兒喜愛活動以及展演其創意。

陸、幼兒常常活動身體，就能提升體適能嗎？

體適能是大家相當熟悉的運動用語，一般兒童體適能的訓練及檢測項目為平衡、協調、力量、爆發力、肌耐力、柔軟度、敏捷性，以及速度，通常是透過長時間有氧的大肌肉群運動，以建立或擁有良好的健康體能及體態為目的。幼兒園的孩子，年齡介於 2～6 歲之間，這階段幼兒的心跳較快，每次心輸出量較少，較無法快速滿足激烈運動後的供氧需求。而且，當骨骼肌肉劇烈收縮進行肌力訓練時，因供應大肌肉群的氧氣不足，容易造成肌肉中的乳酸堆積，而導致肌肉酸痛疲勞。因此，本領域強調提供安全的環境，有計畫的安排體能遊戲或活動，逐步學習控制及協調身體動作，漸漸增加有氧運動的時間，自然就能提高其身體肌力、平衡性、適應性和心肺耐力，亦即身體活動習慣建立之後，即能提高幼兒的體適能。

柒、如何協助家長提高幼兒的身體動作能力？

家長可能會認為，在空間狹小的家庭中跑跑跳跳，不會吵到鄰居嗎？家中沒有適合幼兒的運動器材，怎麼實施身體動作遊戲呢？事實上，設計適合於家庭施行的親子體能活動，非常簡易，例如：利用毛巾，帶領幼兒做各種的投擲、拉扯動作，也可以用枕頭做各種跳躍、滾翻等遊戲，當然，也可以善用家長的身體和幼兒做各種推、拉、碰、踩等活動。請家長配合親子體能活動，與孩子一起做運動。另外，家長也可以安排孩子到社區公園自由奔跑，

享受與其他小朋友及大自然互動的愉悅，自在的提升及強化幼兒穩定性、移動性、操作性、精細等動作技能。

其實，只要方法應用得宜，選定家庭中的安全器具，身體活動遊戲並不必然會發出「吵鬧」的噪音，習慣安靜的家長並不必擔心。家長只要願意用點心思，家庭中許多的物品，皆可成為幼兒運動的教材，事實上，願意「動的身體」就是最好的親子運動器材。總之，家長若能與幼兒園共同推動「活動身體」的課程，不但可以增加家庭歡樂的氣氛，增進親子的感情，也能使幼兒及家長增加運動的機會，親子就能共同體會流汗的樂趣。教保服務人員若能設計延展至家庭的身體動作活動，親子強健體魄一起來，生活就能更健康而多采！

第六節　結語：從疑點到據點

從 2009 年新課綱實驗入園，到各縣市研習宣講，以及各幼兒園申請輔導計畫，多年來，現場夥伴對本領域最大的疑惑有兩種：一種是「歸類」的疑惑；一種是「信念」的疑惑。舉例而言，幼兒蹲下 10 分鐘整理球具，爾後就跑去與其他小朋友玩「鬼抓人」的遊戲，那麼「這是穩定性的蹲，還是移動性的跑呢」？歸類性的疑惑還有學習面向的歸屬問題，例如：幼兒從溜滑梯滑下來，這是「溜滑的身體動作」面向還是「滑梯的用具操作」呢？信念的疑惑，則與自由活動的詮釋有關，特別是「自由自在」的自發性活動，是不是就不應該介入干涉呢？

事實上，身體動作所引發的相關活動或肢體動作，幾乎都是統整連貫的。不論是「或蹲或站或伸」的穩定性動作，抑或是「或走或跑或跳」的移動性動作，都在於協助幼兒能否自主的控制及調整身體。就幼兒溜滑梯而言，用

具操作的面向，在於協助幼兒學習手或腳適當的使用力氣，以「接收」或「傳出」物品，並增加「手眼協調」或「腳眼協調」的能力。因此，就屬性歸類而言，幼兒溜滑梯既未用到手也未用到腳去操作任何用具，自當不屬於用具操作面向。不過，本領域的學習重點不在於動作技巧的「分配」或「歸類」，而在於是否能促進幼兒更敏捷的動作協調能力。所以，本領域建議教保服務人員既要「見樹也要見林」，除了注意動作技能及不同學習面向的相關活動，更要理解課程目標以及活動可引發幼兒何種動作能力。

另外，自由活動是幼兒自發性的活動，是由幼兒自身主導的身體動作活動。幼兒在幼兒園中，能夠主動與環境互動，即能充分體驗到控制自己身體的愉悅。但是，「自由」不表示「放任放縱」或「不管不教」，此種體驗，必須在周圍成人安全的守護下，才能提高肢體活動的興致及增廣活動範圍。不論是室內或室外，幼兒均可感受到身體解放的快樂，這些活動包括教學者適時調整音樂，讓幼兒自然而簡單地從事類似舞蹈或韻律的活動，或是在團體中相互追逐嬉戲等。

多數的自由活動，均以大肢體活動為主軸，屬於活動強度低但持續性高的型態。此種幾乎每天都有的活動，其實與幼兒的發展階段同時並存。教保服務人員的確不需要特別注意是屬於何種型態或何種強度的活動，但要注意的是幼兒是否有規律且持續的活動，同時，宜注意活動的動線是否保持通暢，環境場域也必須檢視是否安全。當然，自由容易失去規範而產生紛爭，因此，宜引導幼兒避免競爭性的肢體活動或遊戲，以減少挫折與攻擊的危險。

簡言之，幼兒能自由行走移動，自會從解放出來的雙手雙腳，開創出個人活動的新世界。在諸多體能遊戲或肢體動作活動中，呼籲教保服務人員「心中」宜有課程目標的「幼兒能力」，以免迷思於多采多樣的活動或過度關注某項動作技能。同時，也要注意幼兒活動安全，才能幫助幼兒建置能快、能

慢、能動、能控的能力據點。

當然，幼兒能協調身體各種行動能力，才能依據特定的健康促進目的，落實有益於個人健康及環境衛生的行動。幼兒除了具體可觀察學習的健康行為外，還需在幼兒園及家庭生活中，體會及學習與健康維持、健康恢復及健康改善所展現出的信念、動機、價值、情感，以及合宜的衛生保健習慣。若能如此，幼兒終能以擁有健康的身體及良好的生活習慣為學習的據點。

身體動作與健康領域研編小組成員

第一期（2006 年 2 月 1 日至 2008 年 1 月 31 日）

召集人：楊金寶

成　　員：張孝筠、王慧敏、尹亭雲、吳蘭若、黃倩儀、王宗騰、胡天玫、陳美岐

第二期（2009 年 1 月 1 日至 2010 年 9 月 30 日）

召集人：楊金寶

成　　員：王慧敏、尹亭雲、王宗騰、胡天玫、彭梅玲、陳美岐

第三期（2013 年 7 月 10 日至 2014 年 12 月 10 日）

召集人：楊金寶

成　　員：王慧敏、劉潔心、幸曼玲、王懋雯、陳美岐

參考文獻

中文部分

大紀元（2009）。**臺灣 1/4 學童　動作不靈敏**。2009 年 5 月 10 日，取自 http:/
/epochtimes.com/b5/2/5/4/n187833.htm

吳幸玲（2003）。**兒童遊戲與發展**。臺北市：揚智。

阮志聰（2000）。從國民中小學新課程談統整的體育教學。載於統整的體育
教學手冊。2009 年 9 月 15 日，取自 http://www.incolor.com.tw/incolor/pro-
folio/001/aa.htm

林風南（1988）。**幼兒體能與遊戲**。臺北市：五南。

林晉榮（2004）。從動作發展看幼兒運動遊戲設計。**學校體育雙月刊，14**
（80），49-58。

幸曼玲、倪鳴香（2016）。幼兒園教保活動課程暫行大綱研修計畫結案報告。
教育部委託之專題研究成果報告，未出版。

洪蘭（2009）。運動改善情緒提升孩子學習力。天下雜誌。2013 年 1 月 25
日，取自 http://www.cw.com.tw/article/article.action? id=37222

胡天玫（2005）。**基本動作技能評量**。2009 年 5 月 28 日，取自 http://teacher.
nc.hcc.edu.tw/tguide/major/show_teaching.php? id=152

高全寬（2003）。**國小低年級動作技能評量與差異分析：以羅東國小為例**（未
出版之碩士論文）。臺北市立體育學院，臺北市。

教育部體育司（2007）。**快活計畫：促進學生身體活動，帶給學生健康、活
力與智慧**。2009 年 2 月 26 日，取自 http://140.122.72.62/policy/index

國民教育社群網（2008）。**國民中小學九年一貫課程綱要健康與體育學習領
域**。2013 年 12 月 10 日，取自 http://teach.eje.edu.tw/9CC2/ 9cc_97.php?
login_type=1

許月貴、鄭欣欣、黃瀞瑩（譯）（2000）。幼兒音樂與肢體活動：理論與實務（原作者：Rae Pica）。臺北市：心理。

許義雄（1998）。社會變遷與學校體育。載於許義雄（主編），運動教育與人文關懷（上冊）（頁1-35）。臺北市：師大書苑。

許義雄（譯）（2004）。兒童發展與身體教育（原作者：David L. Gallahue）。臺北市：美商麥格羅・希爾國際股份有限公司臺灣分公司。

陳怡如、陳孟文（2001）。運動對兒童中期身心影響之探討。臺灣體育學院學報，9，177-182。

陳英三、林風南、吳新華（編譯）（1999）。動作教育的理論與實際。臺北市：五南。

黃月嬋（1998）。幼兒體能教學之理念。幼兒教育年刊，10，119-129。

黃永寬（1999）。幼兒運動遊戲的教學。大專體育，42，38-45。

黃淑芬（2002）。幼兒對身體活動教學知覺之研究（未出版之碩士論文）。國立臺灣師範大學，臺北市。

楊金寶、張孝筠（2008）。幼兒園教保活動與課程大綱：身體動作領域期末報告。教育部國民教育司委託。

駱木金（1998）。幼兒身體運動機能發展之特性。幼兒教育年刊，10，107-118。

英文部分

Carson, L. M. (1994). Preschool physical education: Expanding the role of teacher preparation. *The Journal of physical Education, Recreation and Dance, 65*(6), 50-52.

Crutchfield, C. A., Heriza, C. B., & Herdman, S. (1999). *Motor control*. Morgantown, WV: Stokesville Publishers.

Epstein, A. S. (2012). *Physical development and health*. Ypsilanti, MI: HighScope

Press.

Francis, K. (1996). Physical activity in the prevention of cardiovascular disease. *Physical Therapy, 76*(5), 456-468.

Gallahue, D. L. (1996). *Developmental physical education for today's children* (3th ed.). New York, NY: McGraw-Hill.

Healthy Start (2012). *Wellness concepts and behaviors for children aged 3-5*. Retrieved April 12, 2012, from http://www.healthy-start.com/preschool-teaching-aids/healthy-start.html

Losse, A., Henderson, S. È., Elliman, D., Hall, D., Kinght, E. et al. (1991). Clumsiness in children-do they grow out or fit? 10 year follow-up study. *Developmental Medicine and Child Neurology, 33*, 55-68.

Pless, M., & Carlsson, M. (2000). Effects of motor skill intervention on developmental coordination disorder: A meta-analysis. *Adapted Physical Activity Quality, 17*, 381-401.

Pless, M., Carlsson, M., Sundelin, C., & Persson, K. (2002). Preschool children with developmental coordination disorder: A short-term follow-up of motor status at seven to eight years of age. *Acta Paediatr, 91*, 521-528.

Purcell, T. (1994). *Teaching children dance: Becoming a master teacher*. Champaign, IL: Human Kinetics.

Wilson, B. N., Kaplan, B. J., Crawford, S. G., Campbell, A., & Dewey, D.(2000). Reliability and validity of a parent questionnaire on childhood motor skills. *American Journal of Occupational Therapy, 54*, 484-493.

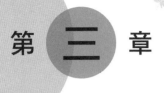

第 三 章

認知領域

丘嘉慧、柯華葳

　　本章介紹認知領域的設計理念與內涵的理論基礎，以及建構學習指標的過程，包括調查臺灣幼兒認知能力發展的實徵研究，再從實徵研究結果轉化為引導教學方向的學習指標。接著說明認知領域與 1987 年修訂的《幼稚園課程標準》之差異，及現場教保服務人員常問問題的說明。

第一節　認知領域的理念與內涵

 ## 壹、認知與問題解決歷程

　　認知領域提到的「認知」是處理訊息的思考歷程。處理訊息的歷程包括感官上的覺知，對訊息的選擇、處理與儲存，成為個體的知識庫，並能抽取使用以解決問題（鄭昭明，2010）。個體隨時都在經歷處理訊息的思考歷程，透過五官知覺外界訊息，在眾多所覺知的訊息中，只有被注意到的才能有進一步的處理。個體能同時辨識這些訊息，理解它們的意義，然後保留在記憶

系統中，之後再將記憶中的訊息轉換表徵、重整及合成，而建構成個人的知識與經驗。解決問題的歷程就是利用環境中的訊息、學習到的知識與經驗，以及思考的結果來解決面臨的問題。換言之，解決問題歷程需要所有的認知歷程。

幼兒很早即發展出處理訊息和解決問題的認知能力。從嬰幼兒的研究結果可知，1歲以下嬰兒即發展出知覺（Clarkson, Clifton, & Morrongiello, 1985; Mehler & Bertoncini, 1979）、注意力（Gilmore & Johnson, 1995; Haith, Hazan, & Goodman, 1988）、記憶（Bushnell, McCutcheon, Sinclair, & Tweedie, 1984; DeCaspar & Fifer, 1980; Mandler & McDonough, 1995; Rovee-Collier, 1999）、推理（Hespos & Baillargeon, 2001; Younger & Cohen, 1983）、解決問題（Fabricius, 1988; Lewis, Alessandri, & Sullivan, 1990）等訊息處理的認知能力。從蔣文祁（2000）以及丘嘉慧、柯華葳（2014）整理的文獻可知，幼兒的概念發展是伴隨著上述認知歷程的發展而產生（Goswami, 1998）。但是，幼兒能有系統的處理訊息和解決問題之能力是需要學習的，因此，認知領域即強調問題解決思考歷程中認知能力的培養，幼兒可透過解決問題的歷程，強化其覺察、探索和處理訊息的知能。

貳、解決問題的成分

解決問題的歷程包括發現問題、確定問題、形成策略、執行實現、監控過程、朝向目標，以及評估結果（柯華葳，1993，1994；黃茂在、陳文典，2004；Bransford & Stein, 1993）。發現問題是解決問題行動的開端，有了問題後，需要透過分類和比較等能力來確定問題，然後針對問題提出解決策略、實際執行解決目標問題，最後檢查結果。認知領域將解決問題的思考歷程分

為「發現問題」、「確認問題」及「解決問題」等三個階段，以具體說明幼兒需要學習的認知能力。

發現問題是幼兒與生俱來的能力，Chouinard（2007）的研究發現，即使是語言能力尚未發展的嬰幼兒，也會透過手勢（gesture）及發出聲音來提出問題以獲得訊息。因此，幼兒發現問題之能力是不用學習的，但藉由有系統的「蒐集訊息」、「整理訊息」以確認問題，及有步驟的「解決問題」，則是幼兒需要學習的認知能力。

「蒐集訊息」是指，透過感官觀察、工具測量及記錄等活動獲得訊息。隨著幼兒的發展，研究指出年齡愈大愈能夠有效使用環境的工具（Charlesworth & Lind, 1998; Clarkson et al., 1985; Mehler & Bertoncini, 1979），例如：4 歲幼兒會模仿他人使用工具觀察世界，5 歲幼兒會使用任意單位（arbitrary unit，如腳步、樹枝）的測量工具，6 歲幼兒會運用標準單位的正式工具測量屬性（例如：長度、重量）獲得訊息（Charlesworth & Lind, 1998）。

「整理訊息」是指，組織整理先前蒐集到的訊息，包括：歸類、分類、比較、找出關係（例如：序列與型式）。幼兒隨著年齡的增加，能展現愈多整理訊息的能力（Baillargeon, 1987; Bauer & Mandler, 1989; Bryant & Trabasso, 1971; Fuson, Lyons, Pergament, Hall, & Youngshim, 1988; Halford, 1993; Hodges & French, 1988），例如：年齡較小的幼兒會以「主題」（thematic）相近的想法找出特徵間的關係，年齡較大的幼兒則會以「類別（category）特徵」找出關係（Mervis & Pani, 1980; Smiley & Brown, 1979）。整理訊息除了進一步釐清需要解決的問題外，還能知道與問題有關訊息間的關係，以幫助接下來的問題解決。

在發現問題及確認問題後，幼兒需要解決問題。「解決問題」是根據問題提出可能的解決方法、思考這些方法的可行性，然後進行實作與驗證、檢

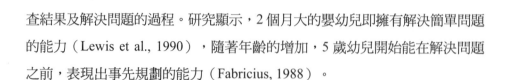

查結果及解決問題的過程。研究顯示，2 個月大的嬰幼兒即擁有解決簡單問題的能力（Lewis et al., 1990），隨著年齡的增加，5 歲幼兒開始能在解決問題之前，表現出事先規劃的能力（Fabricius, 1988）。

 ## 參、學習面向

　　除了解決問題的認知能力，認知領域還包含「生活環境中的數學」、「自然現象」與「文化產物」等三個學習面向。「生活環境中的數學」包括覺察數量、數字符號、形狀、空間方位、測量等；幼兒生活中常接觸到的「自然現象」有動植物、天氣、溫度、石頭、沙及光影等；「文化產物」則是舉凡人類為因應生活需要而製造或創造的器物（包括用具與工具）、設備、建築物都屬之。生活物件的範圍小到自己身上穿的、戴的、用的，以及日常生活中經常接觸的器物、交通工具、設備與建築物，大到其他地區或古代人所使用的器物、設備與建築物等，例如：服飾、博物館的文物及古蹟。

　　認知領域將數學的學習面向界定為生活環境中的數學，因為數學的學習並非獨立存在，須應用在生活環境中的事物才有意義。生活環境包括自然現象及文化產物，因此「生活環境中的數學」是有關自然現象及文化產物的數學。換句話說，數學是用來幫助我們描述和解釋自然現象或說明文化產物的特徵，是我們認識自然現象及文化產物的工具；幼兒能藉由數學了解自然現象和文化產物，例如：藉由測量到的重量及身高的數量訊息了解大象的雄偉特徵，所以數學的學習來自於生活中的學習，並回到解決生活中的問題上。

 ## 肆、課程目標

認知領域根據「蒐集訊息」、「整理訊息」與「解決問題」等三項領域能力，以及「生活環境中的數學」、「自然現象」與「文化產物」等三個學習面向，而形成以下的課程目標：

認-1-1 蒐集生活環境中的數學訊息

認-1-2 蒐集自然現象的訊息

認-1-3 蒐集文化產物的訊息

認-2-1 整理生活環境中的數學訊息

認-2-2 整理自然現象訊息間的關係

認-2-3 整理文化產物訊息間的關係

認-3-1 與他人合作解決生活環境中的問題

這些目標主要是協助幼兒在蒐集、整理及解決和「生活環境中的數學」、「自然現象」與「文化產物」有關的訊息及問題的過程中，提升其認知能力和擴展經驗。

第二節　認知領域的發展歷程

在上述理念的理論基礎下，認知領域研編小組即編製研究工具進行 2～6 歲幼兒認知發展的實徵研究調查，以了解臺灣幼兒認知能力的發展情況，並將研究結果轉換為學習指標。以下分別說明研究工具的設計、施測方式及研究結果。

認知領域以「幼兒認知能力作業」測量幼兒蒐集訊息、整理訊息，以及

解決問題等認知能力的表現。研究工具的編製首先根據已有的幼兒認知發展之研究結果找出需測量的內容架構，之後再因應幼兒特質來編製具有信、效度測驗的工具。

 壹、藉由研究文獻，建立幼兒認知能力及概念內容的架構

Geary（2005）指出，兒童在理解世界的過程中，會形成直覺性的或天真的（naïve）通俗知識（folk knowledge），包括了社會心理、生物及物理範疇。但在「幼兒園教保活動課程暫行大綱」中，有關社會心理方面的社會、情緒等議題已被提出成一領域，在排除與社會、情緒領域的相關文獻後，認知領域則選取其他領域未提及，與生物及物理範疇有關的自然現象及數學做為領域的概念內容。此部分即是針對幼兒的認知能力及幼兒對生物和物理世界的認識，來說明幼兒的生物及人的概念、物體運動概念、地球科學概念、數量概念、空間概念，以及時間概念。

一、幼兒解決問題能力

幼兒的認知能力很早即發展出來。如前所述，隨著年齡增加，幼兒可以蒐集訊息及整理訊息的能力愈加複雜。幼兒的知覺與注意力在嬰兒時期就已發展出來，他們即開始使用觸覺、視覺、聽覺等各種感官去經驗外界事物（Clarkson et al., 1985; Mehler & Bertoncini, 1979）。除了透過感官外，4歲幼兒會開始使用工具觀察世界（Charlesworth & Lind, 1998）。在許多研究中可以發現，嬰幼兒即會進行比較、歸納、推論及預測（Baillargeon, 1987; Bauer & Mandler, 1989）；2歲幼兒能進行類比推理（analogy），但分類能力的發展仍未完全（Brown, 1990; Mervis & Crisafi, 1982; Smiley & Brown, 1979），直

到 5 歲，幼兒即能以類別分類（Mervis & Pani, 1980）。在找出特徵間的關係上，4 歲幼兒能以遞移性推論（transitive inferences）比較訊息，例如：家人的身高排序為爸爸＞媽媽＞哥哥＞姊姊＞弟弟（Bryant & Trabasso, 1971）；他們也能以因果關係進行類比推理而找出特徵間的關係，例如：蘋果被刀子切開成兩半，類比推理知道一塊黏土變成兩半是因為被刀子切開。直到 5 歲，幼兒就可以進行較複雜的對應關係，包括階層集合包含關係（class inclusion），例如：能分辨一串葡萄裡有綠葡萄和紫葡萄（Fuson et al., 1988; Halford, 1993; Hodges & French, 1988）。

另外，年幼幼兒除了能解決簡單問題（Lewis et al., 1990; Willats, 1990; Willats & Fabricius, 1993）及事先規劃（Fabricius, 1988）外，許多研究發現，2 歲以上幼兒即具有解決類似問題的遞移能力，也就是他們在面對一個類似的問題時，可以藉由先前成功解決問題的方法來解決目前的問題，或將習得的問題解決策略用來解決問題（丘嘉慧，2008；Chen, Campbell, & Polley, 1995; Freeman, 1996; Goswami, 1992, 2001）。

雖然研究結果顯示，2～6 歲幼兒已具備蒐集訊息、整理訊息、解決問題能力，以及解決類似問題的遞移等認知能力表現，但相關的研究結果皆是在單純的實驗脈絡下獲得，而整合各類資訊是解決日常生活中所遇問題的一大特色，換句話說，我們在日常生活中所遇到的問題促使著我們需考慮很多原因及結果，大多情況都並非只是單純的一個原因造成一個結果，例如：根據平衡概念的研究結果顯示，大約到了 7、8 歲，幼兒才能同時考慮到距離和重量等兩個因素（Karmiloff-Smith, 1997; Siegler, 1976）。Wikdening（1982）利用三個層面的資訊，檢視 5 歲幼兒、10 歲兒童及成人連結三種資訊的能力，結果發現，5 歲幼兒能知道二個層面訊息間的關係，但無法綜合三個層面的訊息。

根據上述研究結果，在幼兒認知作業中，為了能區別年齡上的發展狀況，認知領域利用一維（one dimension）概念及二維（two dimensions）概念來增加幼兒認知作業的複雜度，即將各個認知能力區別為簡單（一維）及複雜（二維），例如：「蒐集資訊」能力可以區分為一維概念的資訊蒐集及二維概念的資訊蒐集。舉例來說，在平衡概念作業中，幼兒要評斷放在天平兩端的物品是否一樣重時，必須觀察到兩端物品的重量及與中心點的距離等兩個概念（二維概念）。若幼兒只觀察到兩個物品的重量，即是屬於一維概念的訊息蒐集，若是幼兒同時觀察到兩端物品的重量及距離，表示其具有二維概念資訊蒐集的能力。藉由一維及二維概念的區別，可以說明不同幼兒在認知能力展現上的層次差異，以及幼兒在不同領域概念的認知能力表現上是否出現領域特定性（domain-specific）的現象。

在幼兒認知發展研究中，有些研究以鷹架理念執行實驗，這些研究指出，若有適當的引導，幼兒會有更佳的表現，例如：Brown 與 Kane（1988）研究3～5 歲的幼兒，發現 4、5 歲幼兒能夠以故事間的類比（analogy）產生學習的遷移，來解決新的問題；而 3 歲組在暗示、討論、教導的情境下，也有80%的幼兒能遷移所學習的到全新題目上。認知領域亦將鷹架理念納入作業中，以確認幼兒在協助解題的表現。

二、學習面向的研究

（一）生物及人的概念

在生物概念中，幼兒對生物與非生物的分辨、遺傳，以及人的身體構造與疾病等概念常被提出來探討。有關幼兒是否具有分辨生物與非生物概念的研究，分別透過「生物有自行移動的特質」（Gelman & Gottfried, 1996; Massey & Gelman, 1988; Opfer, 2002; Opfer & Gelman, 2001; Opfer & Siegler, 2004）、操弄「生物的內在和外在特質」，例如：生物具有包括血液及骨骼的內在特質（Gelman, Spelke, & Meck, 1983; Gelman & O'Reilly, 1988; Gelman & Wellman, 1991; Keil, 1989; Simons & Keil, 1995），以及藉由「生物隨著時間流逝會改變外貌的成長特質」，例如：小兔子變大兔子、毛毛蟲變成蝴蝶等（Inagaki & Hatano, 1996; Keil, 1989; Rosengren, Gelman, Kalish, & McCormick, 1991），進行探究。綜合研究結果發現，幼兒要到 5 歲才能分辨生物與非生物的基礎概念。

在幼兒是否理解「基因會被傳遞下去」的遺傳概念方面，有研究以「經過不同基因特質父母的撫養，是否會影響寶寶的外在（例如：眼睛顏色、性別）及原有的特質」來進行研究（Carey & Spelke, 1994; Gelman & Wellman, 1991; Inagaki & Hatano, 1993; Solomon, Johnson, Zaitchik, & Carey, 1993; Springer & Keil, 1989），例如：袋鼠寶寶被山羊撫養是否仍具有其原來的特質（包括跳躍及身上有袋子）。研究結果指出，4 歲幼兒能了解小孩會遺傳父母的特質，而與父母相像，但此時的幼兒傾向以類別成員關係（category membership）做為父母與子女相像的原因；直到 7 歲，幼兒才會將父母與其子女間相似的身體特質（例如：身高）歸因於生物遺傳。

除了探討幼兒對生物的分辨及遺傳的概念外，有些研究則將焦點放在人的概念上，探討人體的構造、器官的作用。Mintzes（1984）指出，兒童認為心臟是可以把髒血換成乾淨血的地方，有些兒童認為心跳和呼氣、吸氣有關。王美芬（1996）探討 31 位大班幼兒對於呼吸作用及消化作用的認知，結果發現，在呼吸的必要性方面，31 位大班幼兒中有 25 位不知道不呼吸會死亡。在呼吸器官的知識方面，24 位大班幼兒中有 14 位認為，與呼吸有關的器官包括鼻、胸、胃、肚子、心臟；只有 3 位幼兒能畫出兩個肺及其位置。在大班幼

兒對消化作用的認知方面，他們能明確指出「胃」、「食道」、「腸子」等消化器官的名稱，31 位中有 28 位幼兒知道口腔咬碎食物有助於吞嚥，而且容易消化。在食物吞下所經的途徑方面，約半數幼兒認為食物所經的途徑是：嘴—胃—腸子；其中有 8 位幼兒認為食物先到大腸再到小腸。在感覺肚子餓的理由方面，幼兒只有兩種回答，「因為消化掉」、「排泄掉了」。綜合來說，6 歲幼兒才會對人體構造、器官部位，以及身體內在功能運作有較多的了解，但仍不清楚呼吸作用及消化作用，例如：幼兒仍說不出人不呼吸會死亡；只有半數的幼兒能說出食物的消化途徑。

在疾病概念方面，大多數的研究者探討幼兒對病因的理解，包括對疾病傳染性的認識，以及使用內在正義（immanent justice）判斷病因。Campbell（1975）比較 6～12 歲兒童對疾病典型的定義，結果發現兒童隨著經驗和成熟度的增加，而對疾病有更精準的定義。Kister 與 Patterson（1980）探討兒童對傳染性疾病病因的概念及使用內在正義（immanent justice）[1] 解釋的判斷，研究結果發現，學齡前幼兒會傾向於將傳染性概念過度延伸至非傳染性疾病或意外傷害，認為幾乎所有的疾病都會傳染，且年紀較大的幼兒較少使用內在正義來理解病因。Springer 與 Ruckel（1992）進一步探討 4、5 歲學前幼兒對疾病病因的信念是否採用內在正義的判斷，結果顯示大部分的兒童不會以內在正義來判斷病因。Solomon 與 Cassimatis（1999）探討 4、5 歲學齡前兒童對疾病概念中細菌理論的認識，結果發現幼兒無法像成人一樣，清楚區分細菌會傳染疾病而毒素不會，他們認為會生病都是因為和其他小朋友一起玩，所以被傳染；由此顯示學前幼兒對細菌的概念仍不足。Williams 與 Binnie（2002）的研究亦發現，4 歲及 7 歲幼兒對於非傳染性感染疾病認識最少，

---

1. 以內在正義判斷病因即是指，幼兒傾向以他人行為的好壞來判斷其是否會生病，意指被人認為是壞小孩者比較容易生病。

他們將接觸性感染疾病的知識，用於非接觸性感染疾病，幾乎所有的疾病都出現傳染性疾病的反應。王嘉菁（2006）研究發現，年幼的中、小班幼兒傾向將所有疾病都判斷成具有傳染性，也容易將所有疾病判斷為內在正義所引起，而大班及國小低年級兒童則具有較佳的疾病概念。

　　綜合上述研究可知，5 歲幼兒能以各項生物特質分辨生物與非生物；6 歲幼兒能了解人體構造、器官部位及身體內在功能；直到 7 歲，幼兒能認識父母與其子女間的生物遺傳關係，但仍不了解疾病的傳染性。雖然「生命與非生命」及「遺傳」這二個概念是在大多數生物概念的研究中被探討，但沒有研究同時將兩者在同一時間呈現給幼兒，因此，根據上述的文獻討論及選取學習面向的標準，本領域選取「生命與非生命」及「遺傳」做為生物概念的二維概念。

　　另外，3 歲幼兒仍會以內在正義理解病因，4 歲幼兒則不會；但對疾病傳染性的認識，直到 7 歲，幼兒對細菌會導致疾病的認識仍不足。幼兒對於人體構造及各種體內的作用皆未具有完整的概念，在疾病病因判斷方面，年紀小的幼兒已有傳染的概念，只是尚未完整，而內在正義亦是影響年幼幼兒病因判斷的因素。由於尚未有研究同時探討傳染病病因和內在正義判斷對幼兒病因判斷的影響，認知領域即選取「疾病的傳染性」與「內在正義因素」做為探討人的疾病病因概念之二維概念。

（二）物體運動概念

　　研究者利用「違背期望派典」（violation-expectation paradigm），設計一個物體從斜坡滑下撞擊另一物體會產生移動的實驗，並透過注視偏好法來檢視嬰兒的運動力學概念。結果發現，6 個月大的嬰兒在看到車子從坡道滑下時，會對車子與盒子之間的撞擊產生期望，表示其已具有因撞擊產生運動的

概念（Baillargeon, 1986; Kotovsky & Baillargeon, 1998, 2000; Wang, Kaufman, & Baillargeon, 2003）。

在了解「力」（force）的概念方面，6～7歲幼兒認為力存在於物體的內部，因此力會施在所有重量的物品上，且愈重的物品被施的力愈大。8～12歲幼兒開始認為，是否有力施在一個物體上，不是取決於重量而是運動（movement），他們認為用力推一個物體時，如果這個物體沒有移動，代表沒有施力在這個物體上。此結果顯示，直到12歲，兒童仍不清楚力的概念。但在解釋造成運動的原因部分，8歲幼兒在解釋移動的彈珠撞上靜止彈珠的結果時，即可以考量移動物體大小、速度和距離的因素（Ioannides & Vosniadou, 2002; Osborne & Freyberg, 1985; Zhou, 1996）。王幸雯（2000）研究幼稚園大班幼兒的速度概念之發展，結果發現，大班幼兒觀察行車狀況時，可以正確判斷速度快慢，在已知車速快慢，預測何者可走較遠或先到時，有部分兒童不能正確回答，且約有一半的兒童尚不能應用概念解決問題，而其說明的理由多以知覺為主，部分則以位置或距離來判斷；或僅能粗略估計車行距離與時間，估計的策略以憑感覺為主，因此初具速度概念但不穩定。陳嘉慧、張麗芬（2008）針對5歲、6歲、7歲與8歲兒童，探討幼兒的距離、時間、速率概念的發展及其所使用的距離、時間、速率判斷的策略。結果發現，7歲組幼兒對於距離概念的理解顯著優於5歲組幼兒，5～8歲組幼兒在三種概念發展順序上，皆為時間概念發展最早，距離概念次之，速率概念發展最晚。

由於相關議題的幼兒研究較少，在綜合各研究結果之後，本領域選取嬰幼兒熟稔的撞擊概念作為認知作業內容，並根據幼兒相關概念之發展[2]，選取

---

2. 在 Baillargeon（1987）的研究中即顯示，小至3個半月大的嬰兒即能分辨出軟硬物體的質地及特性，例如：了解軟物體（如海綿）是可以受到擠壓，但硬物體（如木塊）是無法被擠壓的。而在盧瑞青（2004）的研究中發現，4～6歲幼兒已熟悉和了解木頭、石頭、塑膠、布、鐵、玻璃等物質的材質及特性。

運動力學中的「速度」及減緩撞擊的「質地」等兩議題做為二維概念。

（三）地球科學概念

關於幼兒的地球科學概念之研究，主要在探討幼兒的地球形狀概念、地球在太空中的位置，以及日夜循環的概念（Baxter, 1989; Mali & Howe, 1979; Nussbaum, 1979, 1985; Nussbaum & Novak, 1976; Plummer, 2009; Samarapunga-van, Vosniadou, & Brewer, 1996; Sharp, 1995; Sneider & Pulos, 1983; Vosniadou & Brewer, 1992, 1994）。根據各研究的結果可知，幼兒對地球的概念可分為：

先前概念：兒童不認為地球是圓的，他們認為地球是平的、中空的、兩個地球（人們生活在平面的地球上，另一個是球體，在天空上），或長方形的。

概念一：兒童知道地球是圓的，但是由不同角度的問題檢視時，他們的回答顯現他們相信地球實際上是平的。

概念二：兒童認為地球像球一樣圓，但缺乏無邊無際的太空概念。他們認為地球將太空分割為兩個部分：地球上方的太空和地球下方的太空；天空連接上方的太空，地面或海洋連接下方的太空。

概念三：兒童認為地球是圓的，但是他們缺乏重力的概念，他們認為將物體放置於地球面的下端時會掉落。

概念四：兒童認為地球是圓的，他們也知道物體放置於地球面的下端時不會掉落，但是他們仍無法完全了解地球的重力來自於地心的牽引。

概念五：兒童完整具有其所居住社會接受的地球形狀及重力概念。

綜合各研究結果，6～7歲幼兒處於先前概念階段，對地球、月亮和太陽的運行，以及日月循環皆未具有正確的概念，他們歸因日夜循環的原因有：太陽繞著地球轉、地球一天繞著太陽轉一次，或太陽上下來回運行；8～10歲

的兒童概念為一、二或三，他們了解天空中的天體會以很慢的速度運行，而非固定不動；大約 11～12 歲左右的兒童即具有概念四及五；直到 13 歲，兒童才能較科學性的理解太陽系運行，但仍未能理解月亮及星星的運行。換句話說，大部分 8 歲以下的幼兒，對於地球、月亮和太陽的運行，以及日月循環皆未具有正確的概念，因此，本領域不選取地球科學概念。

（四）數量概念

數量概念的研究議題，可以分為量的察覺、數字表徵的理解、計數（counting）能力、數量估計（numerical estimate）能力，以及算術運算能力。在量的察覺方面，研究者透過習慣化派典（habituation paradigm）進行研究，結果發現 4 個月大的嬰兒能區分數量 1 和 2，以及數量 2 和 3；至 6 個月大，嬰兒已能辨識數量 8 和 16 的不同（Antell & Keating, 1983; Starkey & Cooper, 1980; Starkey, Spelke, & Gelman, 1990; van Loosbroek & Smitsman, 1990; Xu & Spelke, 2000）。Wood 與 Spelke（2005）進一步探討嬰兒處理數量的速度，他們分別呈現點列表（dot list）一秒、一秒半及二秒。結果發現，當點列表呈現二秒後，5 個月大嬰兒才能區辨四點及八點。有研究者接續探討會影響幼兒注意到事物數量的因素，當同時呈現數個不同特質的物品（例如：大小、形狀、顏色）時，4 歲以下幼兒會只注意到物品的特質，而不會注意到物品的數量（Baroody, Li, & Lai, 2008; Soltész, Szücs, & Szücs, 2010）。概括來說，幼兒對量的察覺，除了受到事物呈現的數量外，還受到呈現時間及事物的特質所影響。

在計數方面的研究中，有一部分研究是在探討幼兒對數量的知覺（perception）方面。雖然許多研究者認為，經過一一對應及接替順序（succession）的計數歷程，才能算出各種不同大小集合物的數量（Gallistel & Gelman,

1992）。所謂一一對應的概念是指，一組同另一組含有相同的數目，例如：每個人都有一顆蘋果；接替順序的概念則是指，每一個數字都有一個獨特的接替數，例如：1 的後面是 2、2 的後面是 3。但是卻有研究者認為，透過對數量的知覺，可以不用經過計數的歷程也能知道集合物的數量，因為人們通常可以不用經過計數的歷程也能知道一堆物品的數量，此歷程稱為「速視」（subtizing）（Simon, 1997; Starkey & Cooper, 1995）。所謂「速視」是指，人們在看到一堆物品時，可以很快、不費力且正確的知覺到這堆物品的數量。「速視」的能力只能在小集合的數量上展現，但是大集合數量的知覺則需要透過計數的過程來完成（Klahr & Wallace, 1973）。研究者相信，速視的運作規則與一般的推理不同，但目前對速視歷程的運作規則尚不清楚（Carey & Spelke, 1994）。研究結果指出，2 歲幼兒即具有速視的能力，3 歲幼兒可以在一次呈現六個紅點的情況下表現速視能力（Benoit, Lehalle, & Jouen, 2004; Starkey & Cooper, 1995）。

　　關於幼兒計數能力發展方面，2 歲幼兒就會計數到 3 以上（Baroody & Price, 1983; Fuson, 1988; Fuson, Richares, & Briars, 1982; Gelman & Gallistel, 1978）。Gelman 與 Gallistel（1978）指出，幼兒的計數運作包含五項原則，大約 5 歲的幼兒就具有所有的原則概念（Gelman & Gallistel, 1978; Gelman, Meck, & Merkin, 1986）。五項原則包括：

　　1. **一一對應原則**（the one-to-one correspondence principle）：指著一個物件只數一次。

　　2. **固定數序原則**（the stable-order principle）：計數物件時，要遵守一定的數字順序，1、2、3、4、5……。

　　3. **基數原則**（the cardinal principle）：點算到最後一個物件時所唸到的數字就是這堆物件的數量。

4. **抽象原則**（the abstraction principle）：數字可以代表所計數任何可數的事物，例如：3 可以代表三個蘋果、三位學生或是三張桌子。

5. **次序無關原則**（the order-irrelevant principle）：無論從哪一個物件開始數算，都不會影響這堆物件的總數。

隨著年齡的增加，幼兒的計數能力愈佳，數字比較的能力也較好（林亮宜，1984；姜忠信，1990；張建好，1985）。常孝貞、鍾志從（2009）探討3～5歲學前幼兒的一一對應、計數能力及基數概念的發展，結果發現3～5歲幼兒皆具有一一對應原則的概念；計數原則的發展順序為：固定數序原則發展最先，一一對應原則發展其次，接著是發展基數原則、抽象原則，最後發展出次序無關原則。綜合上述研究可知，3歲以前的幼兒不僅具有數字概念，還具有計數能力。年幼的幼兒從計數學習到數字，經由計數還可以熟悉數字的序列，了解數字所代表的意義，更能明確的運用計數法則，進而做數字的運算，學到更多的數與量概念。

在了解數字所代表的意義方面，2歲幼兒已經知道每一個數字代表不同且唯一的數量；而3歲幼兒在理解數字3的意義後，再經過訓練，他們也能理解數字4的意義（Huang, Spelke, & Snedeker, 2010; Wynn, 1992）。

在有關數量概念的研究中，Piaget（1952）探討了兒童對數字及階層分類的理解。他發現2～5歲的幼兒可以把他們認為有關係的東西分類在一起，但是 Piaget 認為兒童必須進一步理解階層集合包含關係（class-inclusion），才是真正理解數字及階層分類的概念。他利用階層集合包含關係的問題詢問3～7歲的兒童，例如：告訴兒童「那裡有四隻狗和兩隻貓」，然後問兒童「那裡的狗比較多，還是動物比較多？」若是兒童不具有階層集合包含關係的概念，他們就會回答：「狗比較多。」Piaget的研究結果發現，在3～7歲的兒童中，年紀愈大的兒童愈能夠正確的使用階層集合包含關係的概念來解決問題。

綜合上述研究可以發現，幼兒的數量概念已有相當多的研究探討，從相關的研究結果亦可知，年紀很小的幼兒就具備相關的數量概念，但在容量上的知覺部分，在國內尚未有幼兒速視發展的相關研究。據此，認知領域將探討幼兒的容量速視能力。同樣的，沒有研究同時將兩種數量概念在同一時間呈現給幼兒，因此，本領域選取「容量速視」與「階層集合包含關係概念」做為數量概念的二維概念。

（五）時間概念

根據鍾靜、鄧玉芬、鄭淑珍（2003）的文獻整理可知，時間的概念包含了時刻、時間量（期間）、時間單位、順序、週期，以及連續性。所謂「時刻」是指時間序列中瞬間的位置，簡單來說，時刻即是指，在流動的時間上定出時間的點，藉此與人溝通。「時間量」是指，時刻與時刻間經過的量，也就是時間數線上的點與點之間的距離。時間量包含兩個概念：一個為時間單位量，例如：年、月、日；另一個為時間間隔，例如：早餐到午餐期間。「時間單位」是指，一段時間間隔可以分成等值的小間隔作為單位，時間單位分為時鐘時間、月曆時間及歷史時間。「順序」是指，將一些事件依發生的先後排成順序。「週期」是指，先後多個事件接連發生的模式與規律。時間週期有兩種性質：線性的時間次序和反覆。簡單來說，週期就是指事件週期性的再發生。「連續性」是指一個事件從開始到結束的整個過程是連續的，簡單來說，連續性是指時間是不會停止的概念。

在幼兒時間概念的發展上，Piaget（1969）認為，只有 7、8 歲的兒童才開始具有時間概念。但是 Friedman（1982）發現，6～8 歲的幼兒能夠區別許多規律，並能將自身的經驗與慣用的時間作結合。而 Case、Sandieson 與 Dennis（1986）則進一步發現，3.5 歲～5 歲的幼兒在時刻報讀方面，可以了解時

鐘的形式及了解時間和事件的起點、終點有關；而5～7歲的幼兒則能比較時間線上的兩個點之先後、分辨長、短針，以及讀報整點。

國內的研究顯示，幼稚園幼兒尚無時刻概念（陳雪枝、鍾靜，2003），但學齡前幼兒已具有「生活事件發生的次序」、「早上、晚上」、「今天、明天」的分段概念。對於「今天是星期幾」及「時鐘」的概念，大部分兒童都顯得有困難（楊玉娥，1996）。鍾靜等人（2003）進一步探討幼兒的各種時間概念，其研究結果發現，在時刻概念方面，5～6歲幼兒能經由他人告知日常生活中例行事件的時刻來描述，例如：看卡通的時間、洗澡時間，但也能以上午、中午、下午來描述事件發生的時刻；在時間量方面，幼稚園幼兒無法說出時間量的長短；在順序概念方面，幼兒僅能以單一事件來描述，但他們仍能夠理解「之前—之後」的關係性；在週期概念方面，幼兒能夠知道事件重複出現的週期性，但無法確切描述出時間點，幼兒能知覺到時間的連續性，但無法明確說出為何時間是持續的；在時間用語方面，幼稚園幼兒在時刻的描述上，會以已知事件發生的時間點與某一刻相連結，例如：以「放學回家」與「卡通播出時間」相連結，因此，幼兒也具有時間量的概念。另外，陳埩淑（2010）進一步探討透過教學是否能幫助幼兒發展時間概念。結果顯示，透過教學，6歲幼兒可具有時間順序、週期，以及時間量等概念，然而在報讀時刻上，相對於整點，報讀半點仍有困難，但在時間量的覺知上，需給予參照點才能估計時間量。

無論是國內或國外，關於幼兒時間概念的研究都相當少，但綜合相關研究的結果顯示，幼兒已具有各種時間的概念。在認知領域中，將選取時間的「順序」及「週期」做為幼兒時間概念的二維概念。

（六）空間概念

空間概念包括在空間中的位置（包含上面、下面、前面、後面、裡面、外面）、方向（包含往前、往後、往左、往右），以及距離（包含靠近、遠離）（陳埓淑，2005）。綜合各項研究可以進一步將幼兒的空間概念分為四類：相對於自己，目標物體的位置（egocentric representation）、相對於環境中其他物體，目標物體的位置（landmark-based representation）、相對於抽象的參考架構（例如：地圖），目標物體的位置（allocentric representation），以及空間指示詞的使用。以下分別整理各研究結果。

關於「相對於自己，目標物體的位置」之概念，與位置概念有關的研究顯示，16個月大的嬰兒可藉由自己位置的改變，而知道物體相對位置的變化，例如：玩具在右手邊，自己在轉了方向後，可以知道玩具變了方向，不是在右手邊了（Acredolo, 1978）。5、6歲幼兒無法指稱物體在別人的左邊還是右邊，他們會用自己的參考架構（即自己的左邊還是右邊）來回答問題，但是此時的幼兒尚無法主動的以組織後的方向（organization of direction，即離目標物最近的方向），來告知他人尋找藏起來物品。但是當尋找的人提出「下一步我要往哪裡走，可以不用走太遠」的詢問時，幼兒才會說出組織後的方向（Plumert, Pick, Marks, Kintsch, & Wegesin, 1994）。在心智旋轉（mental rotation）的概念上，7、8歲幼兒會用自己的架構配合位於不同方位的人之架構，所以即便不是自己所在的位置，也可以確認左右邊（Roberts & Aman, 1993）。直到8～10歲，兒童即會使用想像別人移動路徑的策略（mental walk strategy），來說明如何由一個地方到另一個地方（Gauvain & Rogoff, 1989）。

「相對於環境中其他物體，目標物體的位置」之概念與方向及距離有關。研究結果顯示，1歲以前的幼兒可以藉由提供緊接在目標物旁邊的標的物來界

定方向；幼兒在 2 歲之後，標的物離目標物有一段距離也還有效用，可以幫助其界定方向；直到 5 歲，幼兒可以用多個標的物來界定目標物體的位置，所以更能正確的界定方向。但當幼兒在尋找標的物時，若被擾亂了方向（orientation），4 歲幼兒即無法根據物品的幾何關係重新定位（reorientation）而找到標的物（Gouteux & Spelke, 2001; Hermer & Spelke, 1996）。在估算距離方面，當場景是熟悉的，或路的兩端以物體標示時，4 歲幼兒即擁有距離保留概念（Fabricius & Wellman, 1993; Miller & Baillargeon, 1990）。

「相對於抽象的參考架構（例如：地圖），目標物體的位置」之概念亦與方向、位置、距離有關。1 歲幼兒即能擁有此概念，若是將玩具藏在房間的某一個角落，然後讓幼兒蒙著眼睛轉十圈後，1 歲幼兒依然會根據「玩具藏在左邊是長的牆、右邊是短的牆的那個角落」之表徵去尋找玩具。即使在玩具位置已有明確標示（landmark），1 歲幼兒還是只會按照心中關於目標物體位置的表徵去尋找玩具（Hermer & Spelke, 1994）。

學前兒童和年紀較小的學齡兒童會在地圖上畫路標，但會畫得很零散。如果要他們在教室地圖上標示桌子和同學位置，他們可以表現得很好；但如果地圖方位變得跟教室方位不同，要他們在地圖上標示就變得很困難（Liben & Downs, 1993）。當地圖以一個有意義的圖形（例如：狗的形狀）呈現時，他們會用轉過方向的地圖找到藏起來的東西，也就是說他們會以類比推理找到東西（Uttal, Gregg, Chamberlin, & Sines, 2001）。

幼兒要具有看地圖找路的能力，必須具有三個條件：認得地圖上符號的意義、知道自己在地圖上的位置或方向，以及當地圖方向和空間不一致時，要使用策略找到方向。在認得地圖上符號的意義方面，幼兒要發現地圖上的位置，必須知道地圖上的元素和空間的元素是配合的。研究顯示，當地圖擺放方向和空間是一致時（identity correspondence），3 歲半的幼兒可以找到藏

起來的物品（Blades & Spencer, 1994）。要「知道自己在地圖上的位置或方向」，幼兒需要沿著路發現很多位置，必須知道自己在地圖上的位置，並且可以自己移動去找到東西。4 歲以上幼兒可以一邊移動、一邊知道自己在地圖上的位置（Uttal & Wellman, 1989）。

在指稱詞的使用方面，能夠指稱出「前」、「後」、「左」、「右」以具體說明方向的能力，此與自我參照（egocentric frame of reference）有關（Pick & Lockman, 1981）。「前後」的關係較容易區辨，但「左右」的區辨往往較困難（Shepard & Hurwitz, 1984）。4 歲幼兒已能區辨「左」、「右」（Braine & Fisher, 1988），但要到 7 歲才會使用「左」、「右」的空間指稱詞（Benton, 1959; Corballis & Beale, 1976）。

綜合上述研究結果可知，年紀很小的幼兒即具有位置、方向及距離的空間概念。大約 1 歲的幼兒即具有基本的辨別位置及方向的能力，5 歲幼兒已能找出各種相對位置，才能正確預估兩物體之間的距離，但仍無法完全清楚理解空間指示詞。而在指稱詞方面，幼兒要到 7 歲才會使用「左」、「右」的空間指稱詞。根據此結果，認知領域選取「位置」及「方向」做為空間概念中的二維概念。

三、研究工具設計架構

根據上述的文獻探討，研編小組排除 8 歲以上兒童才發展出的概念，進一步整理適合幼兒園幼兒的學習面向架構（如圖 3-1 所示）。幼兒的認知能力包括「蒐集訊息」、「整理訊息」、「解決問題」，以及「解決類似問題的遷移」。學習面向包括「數量概念」中的量、計數、數字及階層集合；「時間概念」中的時刻、順序、週期、時間量、時間語；「空間概念」中的位置、方向、距離、地圖、空間語；「生物及人概念」中的生物特質、遺傳、人體

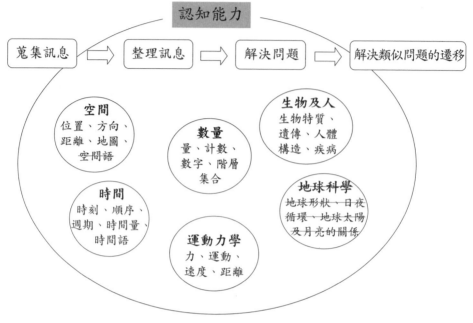

圖 3-1　根據幼兒認知發展文獻結果建構的內容架構

構造、疾病；「運動力學」中的力、運動、速度、距離。空間概念中的「空間語」不適合 2～6 歲幼兒學習，「地球科學概念」對幼兒偏難，因此在圖中被用橫線劃掉。

　　文獻探討的結果，除了找出適合 2～6 歲幼兒的學習面向架構外，還進一步檢視中文文獻結果已確定為幾歲幼兒即發展出來的概念，並選出發展年齡不確定，但與生活環境有關的數學和科學概念項目，來編製調查臺灣幼兒的認知能力及概念的研究工具。研編小組利用幼兒認知作業探討幼兒的蒐集訊息、整理訊息、解決問題，以及解決類似問題的遷移之展現，再利用一維及二維增加作業的複雜度，並根據文獻的整理結果選取各概念的二維內容。之後，選取數量概念中的階層集合包含關係概念及容量速視；空間概念中的方

向及位置；時間概念中的順序及週期；生物概念中的生命與非生命、遺傳；
改變與平衡中之運動力學的速度及質地；人的概念中的內在正義因素及疾病
傳染性概念，以做為幼兒認知作業的內容。認知領域的研究工具架構，如圖
3-2 所示。

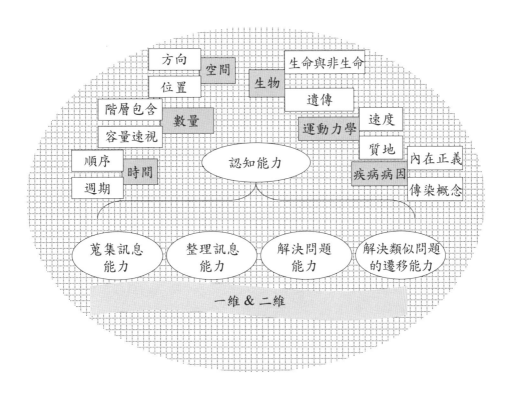

圖 3-2　認知領域的研究工具架構

 貳、研究工具編製：幼兒認知能力作業

在獲得幼兒認知作業中的內容項目後，即開始進行作業的編製。以下分
別說明作業的編製過程，包括：作業編製、作業計分方式、專家諮詢，以及

預試結果。

一、作業編製

為了使幼兒不覺得是在進行測驗，並覺得整個作業是有趣、具有吸引力的，幼兒認知作業將作業項目融入故事中，故事內容與幼兒日常生活的經驗有關。整個幼兒認知作業的實施以說故事的形式呈現，在講述故事的同時，佐以彩色圖片的呈現，以利於幼兒的專注及理解。

在編製適合於幼兒的認知能力作業之過程中，大致上有兩個需要較費心力的地方：一為作業內容需貼近幼兒生活經驗；一為作業內容需避免受知識概念的影響。在作業內容貼近幼兒經驗方面，研編小組藉由實驗法的方式進行，因此需要藉助一套標準化的測驗及程序，如此才能進行調查各年齡層的幼兒認知能力表現，並比較各年齡層間的差異。認知領域的幼兒認知作業主要是以故事敘述的方式，並以貼近幼兒生活經驗的內容為主，但由於各個幼兒的生活經驗不同，致使在編製作業中的故事內容之選用及用詞上格外困難。研編小組為克服此困難，經由專家諮詢及預試，不斷透過討論來修正作業內容。

在作業內容避免受知識概念的影響方面，認知領域所強調的是幼兒認知能力之展現及學習，並非強調知識概念的獲得。然而，認知能力通常須在知識下才能展現，因此，要能將作業內容編製到能夠測量出不同的幼兒認知能力，又不會過於強調知識概念的獲得，研編小組立基於相關文獻研究結果，在幼兒已具有的概念上測量認知能力。

幼兒認知能力作業的內容共包含六種概念：生物概念、運動力學、疾病概念、數量概念、時間概念，以及空間概念。研編小組依據研究欲測量的概念編製出帶有故事主角及情節的故事內容，故事情節的選取以可以融入二維

概念且與幼兒生活經驗有關為主。六種概念的故事結構之鋪陳皆相同，一開始提供與解決問題有關的訊息，然後以故事主角遭遇到問題做為結束。之後，再延續此問題故事編製一個相類似、需要使用相同方式解決的問題故事。

最初在編製故事時，研編小組企圖將六個概念融入一個故事中，但卻使得故事內容變為複雜且訊息內容過多。在考量如此的作業內容將增加幼兒進行作業時的認知負荷下，研編小組簡化的將一種概念編製出一個故事，每種概念間的故事內容分別獨立，沒有連貫性，如此一來，就可以減少幼兒的認知負擔，增加故事的多樣性，還可吸引幼兒持續的專注力；在研究方法上，更可以隨機安排每個故事出現的順序，以平衡故事出現順序對研究結果所帶來的影響。另外，如文獻所示，提示有助於幼兒解題（Brown & Kane, 1988），並在施測過程中加入提示（教學）的歷程，以了解幼兒在接受提示或教學的情況下認知能力的展現；此方式也能幫助研究結果得以與往後的教學活動綱要有所連結。整個幼兒認知能力作業的流程，如圖 3-3 所示。

二、作業計分方式

在蒐集訊息及整理訊息的表現上，幼兒第一次即答對就給予 5 分，在給予第一次提示後才答對則給予 4 分，給予第二次提示後才答對給予 3 分，第三次提示後才答對給予 2 分，給予三次提示後仍答錯者則給予 0 分。在解決問題的表現上，將幼兒的回答歸類至「同時考慮兩個次概念」、「只考慮其中一個 A 次概念」、「只考慮其中一個 B 次概念」，以及「皆不考慮」等四個類別。回答同時考慮兩個次概念者給予 2 分，回答只考慮其中一個次概念者給予 1 分，皆不考慮者給予 0 分。

綜合來說，為了獲知目前臺灣幼兒認知能力的現況，進而以幼兒的現有能力做為基礎，提供編製幼兒課程之能力指標，研編小組編製幼兒認知能力

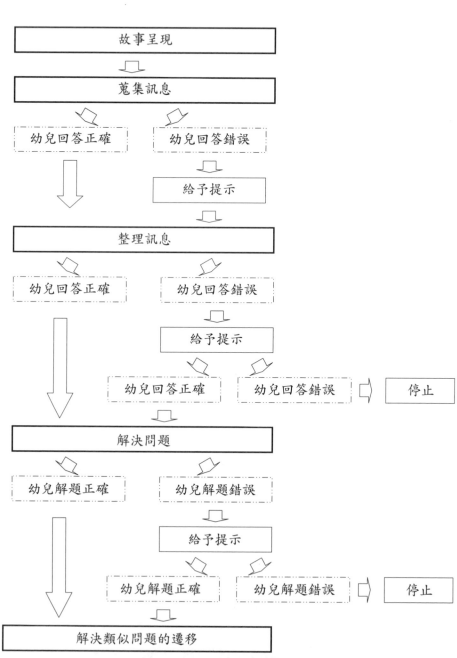

圖 3-3　幼兒認知作業流程圖

作業主要有四個原則：

　　1. 主要測量幼兒的蒐集訊息能力、整理訊息能力、解決問題能力，以及解決類似問題的遷移能力等四種認知能力。

　　2. 以二維變項分析幼兒認知能力展現的深度。

　　3. 將測量的問題融入於故事的講述中。

　　4. 故事中呈現的問題以開放性問題為主，在提示教學的階段中，問題才會以選擇題的形式出現。

三、專家諮詢

　　在編製幼兒認知作業的歷程中，研編小組分別於 2006 年 7 月 7 日及 8 月 10 日舉行兩次專家諮詢會議。專家包括兩位教學經驗豐富、分別來自托兒所及幼稚園的現場老師，以及三位研究專長皆在幼兒認知發展、數學與科學概念之內容領域專家。透過現場老師，使得幼兒認知作業的用語及內容能更貼近幼兒的生活經驗；透過內容領域專家，則針對本領域在研究方法及研究方向上給予指導及導正，使得幼兒認知作業的內容及形式不偏離內容架構。

四、預試結果

　　幼兒認知能力作業設計完成後，研編小組在新北市兩間幼兒園及高雄市一間幼兒園進行預試，藉以修正作業內容及實施程序。總計共有 30 位大、中、小班幼兒參與預試，結果顯示此作業確實能分辨不同年齡層幼兒的表現，評分者信度為 .92。透過預試，一方面可以訓練施測人員，另一方面在預試之後，還可進行工具的題本修正，進而編製標準化的施測手冊。

 參、施測方式

　　本研究共進行二次施測，調查臺灣北、中、南、東四區幼兒的蒐集訊息能力、整理訊息能力、解決問題能力，以及解決類似問題的遷移能力。第一次施測在 2006 年 11 月及 12 月進行，主要的目的在調查幼兒的各項認知能力表現；第二次施測在 2007 年 5 月及 6 月進行，目的是為了能追蹤幼兒認知能力發展的趨勢，因此以間隔半年的時間測驗每位幼兒兩次。

 肆、研究結果

　　本研究第一次施測的分析結果在說明幼兒的各項認知能力之表現，稱為幼兒認知能力調查；第二次施測的分析結果在說明各年齡層幼兒認知能力表現的穩定度，稱為幼兒認知能力穩定度調查。

一、幼兒認知能力調查

　　第一次施測的參與幼兒原有 659 位，扣除 9 位特殊幼兒（如過動症、自閉症）及未完成六個概念的幼兒，共有 650 位幼兒的資料，分布如下：北區 159 位，中區 162 位，南區 165 位，東區 164 位；男生 334 位，女生 316 位；年齡最小為 27 個月，最大為 87.47 個月。本研究將幼兒的年齡，依照年級劃分的方式區分，即分為未滿 3 歲半（2.25～3.49 歲）、3 歲半～4 歲半、4 歲半～5 歲半、5 歲半～6 歲半、6 歲半以上（6.5～7.29 歲）。各年齡層的幼兒人數，如表 3-1 所示。

表 3-1　兩次施測各年齡層幼兒人數

年齡　　施測	幼兒認知能力調查	幼兒認知能力穩定度調查
3.5 歲以下	34	--
3.5～4 歲	86	16
4～4.5 歲	77	31
4.5～5 歲	91	33
5～5.5 歲	87	41
5.5～6 歲	94	40
6～6.5 歲	85	36
6.5 歲以上	96	88
總計	650	285

註：「--」表示無調查。

　　幼兒認知能力調查的結果分三個部分說明，包括：(1)幼兒蒐集訊息、整理訊息，以及解決問題能力的表現；(2)幼兒蒐集、整理、解決問題，以及遷移各概念的通過率；(3)蒐集訊息、整理訊息，以及解決問題的關係。以下分別說明之。

（一）幼兒蒐集訊息、整理訊息以及解決問題能力

　　由於在本研究中解決類似問題的遷移能力只有在幼兒正確解決問題後才能測量得到，並非所有的幼兒皆有此能力的數據，因此，在此部分不予以分析。此處分別就年齡、性別及地區來分析幼兒在蒐集訊息、整理訊息及解決問題能力表現的差異。

1. 年齡

(1) 蒐集訊息能力

　　各年齡層幼兒蒐集各概念訊息的平均表現，如表 3-2 所示。經由年齡×概念二因子重複量數變異數分析的結果顯示，各年齡層幼兒在蒐集訊息的表現上有顯著差異，$F(7, 642) = 48.8$，$MSE = .01$，$p < .001$。經過 Scheffe 事後比較顯示，年齡愈大的幼兒表現愈佳，$p < .001$。幼兒在各概念間的蒐集訊息表現亦有顯著差異，$F(5, 3225) = 174.4$，$MSE = .005$，$p < .001$。經過 Scheffe 事後比較顯示，幼兒在蒐集時間及空間概念訊息的表現顯著低於其他概念，$p < .001$。另外，年齡及概念亦有交互作用存在，$F(35, 3225) = 19.9$，$MSE = .005$，$p < .001$。綜合 Scheffe 事後比較顯示，3 歲半以下的幼兒在蒐集各概念訊息的表現顯著低於其他年齡層幼兒，$p < .001$。

表 3-2　幼兒認知能力調查各年齡層幼兒蒐集各概念訊息的平均表現

	3.5 歲以下	3.5～4 歲	4～4.5 歲	4.5～5 歲	5～5.5 歲	5.5～6 歲	6～6.5 歲	6.5 歲以上
時間	.72	.82	.83	.90	.92	.95	.97	.97
空間	.92	.87	.94	.95	.97	.99	1.00	1.00
運動力學	.94	.97	.99	.99	.99	1.00	1.00	1.00
疾病	.88	.97	.98	.99	.99	1.00	1.00	1.00
生物	.94	.98	.99	.99	1.00	1.00	.99	.99
數量	.99	.99	1.00	.98	.99	.99	.98	1.00

(2) 整理訊息能力

　　各年齡層幼兒分析整理各概念訊息的平均表現，如表 3-3 所示。經由年齡×概念二因子重複量數變異數分析的結果顯示，各年齡層幼兒在整理訊息

表 3-3 幼兒認知能力調查各年齡層幼兒分析整理各概念訊息的平均表現

	3.5 歲以下	3.5～4 歲	4～4.5 歲	4.5～5 歲	5～5.5 歲	5.5～6 歲	6～6.5 歲	6.5 歲以上
時間	.40	.58	.71	.82	.86	.93	.96	.98
空間	.75	.88	.92	.96	.96	.99	.99	.99
運動力學	.64	.73	.77	.83	.85	.88	.86	.90
疾病	.56	.79	.83	.89	.90	.96	.96	.97
生物	.53	.63	.63	.71	.73	.78	.82	.78
數量	.67	.72	.73	.84	.80	.83	.87	.86

的表現上有顯著的差異，$F(7, 642) = 123.48$，$MSE = .005$，$p < .001$。經過 Scheffe 事後比較顯示，年齡愈大的幼兒表現愈佳，$p < .001$。幼兒在各概念間的整理訊息表現亦有顯著差異，$F(5, 3225) = 136.11$，$MSE = .02$，$p < .001$。經過 Scheffe 事後比較顯示，幼兒在整理時間及力學概念訊息的表現顯著低於其他概念，$p < .001$。另外，年齡及概念亦有交互作用存在，$F(35, 3225) = 10.24$，$MSE = .02$，$p < .001$。綜合 Scheffe 事後比較顯示，3 歲半以下幼兒在整理各概念訊息的表現顯著低於其他年齡層幼兒，$p < .001$。

(3)解決問題能力

　　各年齡層幼兒解決各概念問題的平均表現，如表 3-4 所示。經由年齡×概念二因子重複量數變異數分析的結果顯示，各年齡層幼兒在解決問題的表現上有顯著差異，$F(7, 642) = 73.83$，$MSE = .17$，$p < .001$。經過 Scheffe 事後比較顯示，年齡愈大的幼兒表現愈佳，$p < .001$。幼兒在各概念間的解決問題表現亦有顯著差異，$F(5, 3225) = 55.64$，$MSE = .13$，$p < .001$。經過 Scheffe 事後比較顯示，幼兒在解決力學問題的表現上顯著低於其他概念，$p < .001$。另

表 3-4 幼兒認知能力調查各年齡層幼兒解決各概念問題的平均表現

	3.5 歲以下	3.5～4 歲	4～4.5 歲	4.5～5 歲	5～5.5 歲	5.5～6 歲	6～6.5 歲	6.5 歲以上
時間	.07	.07	.25	.44	.63	.76	.84	.77
空間	.22	.34	.28	.49	.49	.54	.60	.76
運動力學	.07	.24	.17	.19	.27	.36	.35	.39
疾病	.54	.63	.61	.70	.69	.68	.75	.81
生物	.29	.31	.35	.35	.52	.63	.57	.55
數量	.36	.45	.50	.50	.57	.50	.50	.62

外，年齡及概念亦有交互作用存在，$F(35, 3225) = 8.08$，$MSE = .13$，$p < .001$。綜合 Scheffe 事後比較顯示，4 歲以下幼兒在解決時間、空間及力學方面的問題顯著低於 6 歲以上幼兒解決時間、空間、疾病、生物及數量等問題的表現，$p < .05$。

2. 性別

以下分別說明不同性別幼兒的各項認知能力表現狀況。

(1)蒐集訊息能力

經由性別×概念二因子重複量數變異數分析的結果顯示，不同性別幼兒在蒐集訊息的表現上沒有顯著差異。幼兒在各概念間的蒐集訊息表現亦有顯著差異，$F(5, 3240) = 167.3$，$MSE = .005$，$p < .001$。綜合 Scheffe 事後比較顯示，幼兒在蒐集時間及空間概念訊息的表現顯著低於其他概念，$p < .001$。另外，性別及概念沒有交互作用存在。

(2)整理訊息能力

　　經由性別×概念二因子重複量數變異數分析的結果顯示，不同性別幼兒在整理訊息的表現上沒有顯著差異。幼兒在各概念間的整理訊息表現亦有顯著差異，$F(5, 3240) = 191.97$，$MSE = .02$，$p < .001$。綜合 Scheffe 事後比較顯示，幼兒在整理時間及力學概念訊息的表現顯著低於其他概念，$p < .001$。另外，性別及概念沒有交互作用存在。

(3)解決問題能力

　　經由性別×概念二因子重複量數變異數分析的結果顯示，不同性別幼兒在解決問題的表現上沒有顯著差異。幼兒在各概念間的解決問題表現亦有顯著差異，$F(5, 3235) = 92.30$，$MSE = .14$，$p < .001$。綜合 Scheffe 事後比較顯示，幼兒在解決力學問題的表現上顯著低於其他概念，$p < .001$。另外，性別及概念沒有交互作用存在。總括來說，男女生幼兒在各項認知能力的表現上皆沒有差異存在。

3. 地區

　　表 3-5 說明了不同地區幼兒的各項認知能力表現。以下分別說明北、中、南、東四區幼兒的各項認知能力表現狀況。

(1)蒐集訊息能力

　　經由區域×概念二因子重複量數變異數分析的結果顯示，不同區域幼兒在蒐集訊息的表現上沒有顯著差異。幼兒在各概念間的蒐集訊息表現亦有顯著差異，$F(5, 3225) = 92.16$，$MSE = .005$，$p < .001$。綜合 Scheffe 事後比較顯示，幼兒在蒐集時間及空間概念訊息的表現顯著低於其他概念，$p < .001$。另

表 3-5　幼兒認知能力調查不同地區幼兒蒐集、整理訊息及解決問題的平均表現

地區	北部地區			中部地區			南部地區			東部地區		
人數	159			162			165			164		
概念	蒐集訊息	整理訊息	解決問題	蒐集訊息	整理訊息	解決問題	蒐集訊息	整理訊息	解決問題	蒐集訊息	整理訊息	解決問題
時間	.91	.83	.56	.90	.82	.56	.88	.80	.53	.89	.81	.56
空間	.99	.97	.43	.95	.94	.46	.96	.94	.43	.95	.94	.52
運動力學	.98	.84	.35	.99	.84	.21	.99	.79	.20	.99	.82	.28
疾病	.99	.92	.68	.99	.88	.66	.99	.88	.71	.97	.87	.68
生物	1.00	.75	.47	.99	.72	.46	.98	.72	.42	.98	.71	.41
數量	1.00	.82	.54	1.00	.80	.52	1.00	.82	.40	.96	.74	.49

外，區域及概念沒有交互作用存在。

(2)整理訊息能力

　　經由區域×概念二因子重複量數變異數分析的結果顯示，不同區域幼兒在整理訊息的表現上有顯著差異，$F(3, 646) = 2.81$，$MSE = .09$，$p < .05$。但經過 Scheffe 事後比較顯示，各區域間未有顯著的差異。幼兒在各概念間的整理訊息表現亦有顯著差異，$F(5, 3230) = 193.09$，$MSE = .02$，$p < .001$。綜合 Scheffe 事後比較顯示，幼兒在整理生物概念訊息的表現顯著低於其他概念，$p < .001$；幼兒在整理空間及疾病概念訊息的表現顯著高於其他概念，$p < .001$。另外，區域及概念有顯著交互作用存在，$F(15, 3230) = 2.26$，$MSE = .02$，$p < .01$。綜合 Scheffe 事後比較顯示，北區幼兒在整理空間訊息的表現上顯著高於其他地區幼兒整理時間、力學、生物及數量訊息的表現，$p < .001$。

(3)解決問題能力

經由區域×概念二因子重複量數變異數分析的結果顯示，不同區域幼兒在解決問題的表現上沒有顯著差異。幼兒在各概念間的解決問題表現有顯著差異，$F(5, 3235) = 92.16$，$MSE = .14$，$p < .001$。綜合 Scheffe 事後比較顯示，幼兒在解決力學問題的表現上顯著低於其他概念，$p < .001$。另外，區域及概念有顯著交互作用存在，$F(15, 3235) = 2.01$，$MSE = .14$，$p < .05$。綜合 Scheffe 事後比較顯示，南區幼兒在解決力學問題的表現上顯著低於其他地區幼兒解決時間、空間、疾病及數量問題的表現，$p < .001$。

（二）幼兒蒐集、整理、解決問題以及遷移各概念的通過率

此處說明不同年齡層幼兒在幼兒認知能力調查中，通過蒐集訊息、整理訊息、解決問題及遷移能力測驗的人數百分比。透過此百分比之說明，可以更進一步了解不同年齡層幼兒在不同概念中所能達到的認知能力。以下分別就六個概念加以說明。

1.時間概念

約 69%未滿 3 歲半幼兒可以正確的蒐集到週期訊息。蒐集定錨的時間訊息對大部分的幼兒來說是困難的，但若是透過提示，超過 80%的 4 歲半以上幼兒可以正確蒐集到訊息。在沒有提示下，超過 50%的 4 歲半以上幼兒可以正確整理時間概念的訊息，在經過提示後，超過 85%的幼兒可以完成整理，由此顯示，提示對於幼兒蒐集及整理困難時間訊息的表現有幫助。在解決時間問題方面，超過 50%的 4 歲半以上幼兒可以正確解決二維時間概念的問題，但要到 5 歲半，才有 60%以上的幼兒可以展現解決類似問題的遷移能力。

2. 空間概念

雖然只有 61%及 38.9%的 3 歲半幼兒可以正確蒐集位置及方向的訊息，但是經由提示後，超過 90%的 3 歲半幼兒可以完成。經由提示後，超過 60%的幼兒可以正確整理位置及方向訊息。超過 50%的 5 歲半幼兒能解決二維的空間問題，但一直要到 6 歲半以上，才有 17.7%的幼兒可以展現解決類似問題的遷移能力。

3. 運動力學概念

超過 70%的 3 歲半幼兒可以完成有關運動力學訊息的蒐集，經由提示後，更有高達 94%的 3 歲半幼兒完成。雖然低於 34%的 6 歲半以上幼兒可以完成有關運動力學訊息的整理，但經由提示後，超過 80%的 4 歲半以上幼兒可以完成，也有 40～60%的 3 歲半以上幼兒可以完成整理。經由提示後，仍只有 47.9%的 6 歲半以上幼兒可以完成解決二維運動力學問題，低於 10%的各年齡層幼兒可以展現解決類似問題的遷移能力。

4. 疾病概念

超過 70%的未滿 3 歲半幼兒可以正確蒐集到有關內在正義及傳染的疾病病因訊息，經由提示後，超過 85%以上的幼兒可以達成。雖然只有低於 50%的 5 歲半幼兒可以正確整理有關疾病的訊息，但經由提示後，70%的 3 歲半～4 歲半幼兒可以正確的表現。要經由提示後，才有超過 50%的 4 歲半以上幼兒可以完成解決二維的疾病問題；35～40%的 5 歲半以上幼兒可以展現解決類似問題的遷移能力。

5. 生物概念

在提示後，超過 90%的未滿 3 歲半幼兒可以正確蒐集到有關生命有無及遺傳方面的生物概念，但只有大約 50%的 3 歲半幼兒能正確整理生物概念的訊息；直到 5 歲半，20%左右的幼兒才能正確解決二維生物問題並展現解決類似問題的遷移能力。

6. 數量概念

高達 90%以上的未滿 3 歲半幼兒可以正確完成數訊息的蒐集。經提示後，可以有 82%的 3 歲半幼兒完成數訊息的整理，但卻低於 60%的 6 歲半以上的幼兒可以完成容量訊息的整理。低於 27%的 6 歲半以上的幼兒可以正確解決結合數及容量二維訊息的問題。

綜合來說，各年齡層幼兒的通過率在蒐集訊息時皆為最高，到整理訊息階段時，各年齡層幼兒的通過率漸漸降低，至解決二維問題及展現解決類似問題的遷移能力時，年齡較小的幼兒幾乎無法通過。由此顯示，蒐集訊息對各年齡層的幼兒來說是最簡單的認知能力，整理訊息、解決問題能力次之，解決類似問題的遷移能力最困難。另外，從上述的結果也顯示出，提示對幼兒的各項認知能力表現有正向的影響。

（三）蒐集訊息、整理訊息以及解決問題的關係

在認知領域中強調幼兒處理訊息的歷程，在這歷程中，幼兒所需要的認知能力包括蒐集訊息、整理訊息及解決問題。以下即透過數個相關分析，來說明各概念中認知能力的關係。在時間概念中，蒐集訊息與解決問題有顯著的正相關（$r = .41$，$p < .05$），整理訊息亦與解決問題有顯著的正相關（$r =$

.44，$p < .05$）。在空間概念中，蒐集訊息與解決問題有顯著的正相關（$r = .15$，$p < .05$），整理訊息亦與解決問題有顯著的正相關（$r = .25$，$p < .05$）。在運動力學概念中，蒐集訊息與解決問題沒有顯著的正相關，但整理訊息與解決問題則有顯著的正相關（$r = .13$，$p < .05$）。在疾病概念方面，蒐集訊息與解決問題有顯著的正相關（$r = .14$，$p < .05$），整理訊息亦與解決問題有顯著的正相關（$r = .27$，$p < .05$）。生物概念中的蒐集訊息與解決問題有顯著的正相關（$r = .12$，$p < .05$），整理訊息亦與解決問題有顯著的正相關（$r = .23$，$p < .05$）。數量概念的蒐集訊息與解決問題有顯著的正相關（$r = .10$，$p < .05$），整理訊息亦與解決問題有顯著的正相關（$r = .08$，$p < .05$）。綜合各概念的結果顯示，幼兒在進行解決問題時，蒐集訊息的能力與整理訊息的能力有相關，整理訊息的能力及解決問題的能力亦有相關。此份統計除了說明本研究不同概念內容中的認知能力相同外，且三個認知能力間是相關的。

二、幼兒認知能力穩定度調查

　　第二次施測係於幼兒認知能力調查之後的半年舉行，從第一次幼兒認知能力調查的幼兒中再次抽樣，共獲得臺灣北、中、南、東四區 285 位的幼兒資料，分布如下：北區 71 位，中區 96 位，南區 57 位，東區 61 位；男生 144 位，女生 141 位。各年齡層幼兒人數，如表 3-1 所示。

　　由於第二次施測的主要目的，在於說明幼兒認知能力調查所測得的各年齡層幼兒認知能力表現之穩定度，因此，在此部分主要是進行同一位幼兒第一次幼兒認知能力調查與第二次施測表現的比較。透過數個 t 檢定檢驗兩次施測的差異；結果發現各年齡層中，在半年之後的第二次施測表現比第一次顯著要好，顯示出本研究的幼兒問題解決認知歷程之作業確實能有效的區分發展上的改變。整體而言，幼兒蒐集訊息半年的進展較少（如表 3-6 所示），這

表 3-6　兩次施測各年齡層幼兒蒐集訊息表現的顯著差異表

	3.5 歲以下	3.5~4 歲	4~4.5 歲	4.5~5 歲	5~5.5 歲	5.5~6 歲	6~6.5 歲	6.5 歲以上
時間	*			**	**	**		*
空間	*	**		**		**		
運動力學								
疾病	*							
生物								
數量								

*$p < .05$; **$p < .01$; ***$p < .001$

是因為在幼兒認知能力調查時，不論年齡，多數幼兒在不同內容都有相當高的通過率。表 3-7 顯示幼兒在整理訊息方面會因成長有進步，而表 3-8 所顯示解決問題的表現在 4.5~5.5 歲間進步最為顯著。這些資料在我們轉換成學習指標時，都是重要的參考依據。

表 3-7　兩次施測各年齡層幼兒整理訊息表現的顯著差異表

	3.5 歲以下	3.5~4 歲	4~4.5 歲	4.5~5 歲	5~5.5 歲	5.5~6 歲	6~6.5 歲	6.5 歲以上
時間		*		*				*
空間	*			*	*			
運動力學	*	**		**	*	**	*	
疾病	*							
生物		*		**	***	***	*	***
數量					*			

*$p < .05$; **$p < .01$; ***$p < .001$

表 3-8　兩次施測各年齡層幼兒解決問題表現的顯著差異表

	3.5 歲以下	3.5～4 歲	4～4.5 歲	4.5～5 歲	5～5.5 歲	5.5～6 歲	6～6.5 歲	6.5 歲以上
時間		***	**	**	*			
空間						**		
運動力學	**		*	*	*		**	
疾病					*			
生物				***				
數量				*			*	

*$p < .05$; **$p < .01$; ***$p < .001$

三、結論

　　根據上述各項分析的結果可知，2～6 歲幼兒皆具有蒐集訊息的能力，但在整理訊息的能力上，年齡較小的幼兒較會出現困難。至於在解決問題及解決類似問題的遷移方面，同樣的，年齡較小的幼兒無法利用二維概念解決有關的問題，有些年齡小的幼兒甚至連一維概念都無法考量。而有較多年齡較大的幼兒可以利用二維概念進行問題解決。

　　關於「提示」是否能提升幼兒認知能力的表現問題，綜合幼兒在各概念表現的結果顯示，在蒐集訊息、整理訊息方面，提示皆可以提升幼兒的表現；而在解決問題方面，若幼兒一開始無法同時考量二維概念，在給予其提示後，也可以提升幼兒的解決問題能力。但歸結所有的結果發現，「提示」的效果仍受到幼兒年齡發展的影響，例如：在提示後，5 歲半以上的幼兒能夠以二維概念解決問題的比例多於 5 歲半以下的幼兒；而較多年齡較小的幼兒在接受提示後，從原本兩者概念皆不考量的情況下，進階為考量其中的一個概念。

　　綜合來說，幼兒處理訊息時需經由蒐集訊息、整理訊息及解決問題的歷

程。幼兒性別不會影響其在這些歷程中的認知能力表現，居住地區只有與認知能力或概念交互作用時才有影響，不會直接影響認知能力的表現，但幼兒的年齡及要處理的概念訊息內容則會有所影響。隨著年齡的增長，幼兒的蒐集訊息、整理訊息、解決問題，以及解決類似問題的遷移等認知能力的展現愈佳。在處理不同概念時，對幼兒來說，愈是困難或不熟悉的概念，就愈不易展現完整的認知能力。

<h2>第三節　認知領域的轉化歷程</h2>

在了解臺灣 2～6 歲幼兒認知能力的發展情況後，研編小組根據實徵研究結果形成分屬不同年齡層幼兒的學習指標，並經由教保服務人員在教學現場實際試作，修正成完整的學習指標。以下分別從實徵研究結果的轉化及教學現場實作兩個部分，來說明認知領域學習指標的轉化歷程。

 ## 壹、實徵研究結果的轉化

在實徵研究進行完畢後，研編小組統計各年齡層幼兒的通過率（即幼兒答對的比率），以做為指標及內容選取的依據。根據研究結果轉換為認知領域學習指標，認知領域共歷經下列六個轉換歷程，說明如下。

一、統整不同年齡幼兒的各項認知表現

認知領域的研究為能充分了解幼兒認知發展的狀況，因此以每半歲為單位，進行 2～6 歲幼兒之認知能力表現的調查。為能依照總綱決議將幼兒分為 2～3 歲、3～5 歲及 5～6 歲三個年齡層說明幼兒的能力指標，因此研編小組

統整不同年齡層幼兒認知表現的結果。

二、刪除困難的概念

綜合本研究的結果發現，幼兒對有些概念進行認知處理是有困難的，而刪除困難概念的評量是以各年齡層幼兒在整理訊息及解決問題的表現上做為考量。與其他內容的概念相較下，各年齡層都有超過五成的幼兒，無論是自己或是在他人提示下皆無法解決運動力學的問題，再加上年齡較小的幼兒無法進行整理運動力學的訊息，由此顯示運動力學的內容對大多數的幼兒來說是困難的。在數量概念的表現上，各年齡層幼兒在整理容量訊息的表現較差。另外，經過專家諮詢會議的討論，專家們一致認為科學概念中「人的概念」原本即隸屬於生物概念，不應將其自成一類概念，因此，認知領域不再使用「人的概念」。綜合來說，認知領域於內容中將運動力學概念及數量概念中的容量排除，而以「生物、數／量／形、空間與時間」做為主要的學習面向。

三、區分幼兒認知能力的表現層次

確定主要的學習概念內容後，經由專家諮詢會議進一步訂出各年齡層幼兒在各項認知能力表現層次的標準。依據幼兒在調查中的通過率表現，幼兒能力表現的層次包括下列三種標準：

1. 經提示後，達70%的幼兒答對之能力項目，維持在原年齡層，以「能」表示；經提示後，達 40～70%的幼兒答對，則維持在原年齡層，以「嘗試」表示。

2. 在未經提示下，達 80%的幼兒答對，則此能力提前一年，以「能」表示，但是，當提前一年的那個年齡層，根據標準 1，被判定為「嘗試」或是沒有達到能「嘗試」的條件時，則仍以「嘗試」表示。

3. 在未經提示下，達 30～40%的幼兒可達成之能力加註「嘗試」，以做為本年齡層之學習指標。

被判定為「能」的能力指標，表示這個年齡層的幼兒應能達到這樣的表現。但基於認知能力可以擴充變複雜，以及認知能力的展現會受到學習內容的影響，以「能、不能」的形式來呈現，其實是說不出其發展性與連續性，因此，研編小組在指標的撰寫上不出現「能」的字詞。

依據研究結果可知，2～6 歲幼兒解決二維問題和展現解決類似問題的遷移能力皆不佳，因此，研編小組刪除「解決類似問題的遷移」能力，使得幼兒應學習的認知能力僅包括「蒐集訊息」、「整理訊息」及「解決問題」。另外，相關的認知能力，例如：使用工具的能力、記錄能力等，因為沒有相關的文獻提出通過率做為依據，所以將研究結果放入三個年齡層中，選取的標準為：若研究結果顯示 4 歲以上的幼兒才具有，亦即「能」的能力，就提前至 2～3 歲，此能力即為 2～3 歲幼兒能「嘗試」的能力。

四、納入相關研究結果，以豐富各概念的內容範圍

相關文獻被選取做為指標內容的標準，是以各研究所探討幼兒的年齡做為依據，若其研究結果顯示 4 歲幼兒能具有的概念，本領域則將其列入適合於 3～5 歲幼兒的能力指標中；若研究結果顯示 5 歲以上幼兒才具有的概念，則列入 5～6 歲幼兒的能力指標中。

為避免過度強調知識的學習，認知領域在指標的概念內容撰寫上，以含括較大範圍的詞彙來說明。舉例來說，在生物概念中，認知領域所探討的變項為生命的有無及遺傳，其他的研究還探討了以內在特質（例如：血液、心臟）及外在特質（例如：頭髮、皮膚及眼睛），來區分動物、生物的生長等，亦有研究探討幼兒對於動、植物的概念。綜合來說，幼兒已具有非常多的生

物概念，因此，在能力指標的撰寫上，不分別以動物生命有無、動物遺傳、生物生長或動植物等來說明，而是以統整後的「生物」來說明能力表現。

五、接受專家檢驗並進行修正

在依據認知領域及相關研究的結果轉換學習指標後，由現場實務經驗豐富的教保服務人員及教授進行審查，提出了降低各指標難度（尤其是 2～3 歲）及避免使用過於學術性用語的修正建議。

認知領域經由專家小組會議討論後，將會影響指標難度的概念內容改為由各園所依其所擁有的教學資源及幼兒興趣可發展的教學內容（例如：生物、數量、空間），進一步使用更淺顯易懂的詞彙來說明各項幼兒認知能力，並在認知能力上修正 2～3 歲幼兒學習指標的難度。

六、納入「幼兒園教保活動課程大綱」中總綱的基本理念

認知領域根據「幼兒園教保活動課程大綱」的總綱中之基本理念，而將依研究結果所訂定的幼兒能力指標轉化為指引教學方向的學習指標，例如：基於關於幼兒的學習與發展，需要與周遭的人、事、物互動的基本理念，因此在指標中加入了幼兒需要在與他人分享、溝通和討論的情境中學習認知能力，使得幼兒能在過程中與同儕相互學習，進而能與他人共同合作。

貳、教學現場實作及廣納專家意見修正認知領域學習指標

新課綱中的學習指標除了可以幫助教保服務人員了解不同年齡層幼兒的能力發展，也是導引教學方向的重要指引；學習指標能為教保服務人員所理

解並能在實務上使用，則是推行的關鍵。因此，認知領域研編小組於學習指標建構完成後，即開始進入教學現場進行後續研究，包括：「認知領域課程實驗」、「六大領域統整課程實驗」，以及 2010 年度、2011 年度方案三的實施，以持續修正認知領域的學習指標。除此之外，認知領域也參考專家給予的修正建議，專家有「幼兒園教保活動與課程大綱」成果審查會議的審查委員，以及教育部 2010～2012 年「幼托整合後幼兒園教保活動與課程大綱（草案）暨教師手冊修整計畫」、2014～2016 年「幼兒園教保活動課程暫行大綱研修計畫」之團隊。綜合來說，認知領域學習指標的修改可從二個方面來說明：學習面向及指標敘述的合宜性。

一、在學習面向的修改方面

研編小組在進行實徵研究時，即以科學及數學做為研究的內容。但為了避免強調知識的學習，認知領域在指標的內容撰寫上，以含括較大範圍的詞彙來說明，因此最初的學習面向為拋除學科的「生活環境」。

但現場教保服務人員提出認知領域的指標應將「數量形及數學符號」編入學習指標中，於是，研編小組與幼教專家即共同商討如何增加數與量的內容至學習指標中，進而修正指標。之後，研編小組將原有的「記錄」的指標加入具體的「數量形及數學符號」內容，因此編列了「使用具體物品或替代物記錄蒐集到的資料（一對一對應的概念）」、「以文字符號記錄蒐集到的資料」、「以數學符號（如：20 以內的數）記錄蒐集到的數量資料」，以及「圖表整理資料（包括 10 以內量的合成與分解）」。

之後，持續將修改後的新版本送至實驗園所，讓現場教保服務人員實作。教保服務人員認為，認知領域的指標所描述的「數與量」內容仍不具體，例如：幼兒該學會多少個數字，或該學會哪些數與量的概念。另外，教保服務

人員認為認知領域沒有具體的學習面向，不知該如何設計活動。在本領域研究人員於研編小組聯席會上與其他小組成員共同商討後，決定將學習面向修改為「生活中的數量形與科學」，這些學習面向是其他領域沒有囊括的，並依據建議加入文字及數學符號的內容，以顧及幼小銜接問題。

但現場教保服務人員認為，「生活中的數量形與科學」之範圍仍過於籠統，因此，研究團隊再次邀請專家學者共同討論，將認知領域的學習面向區分為「生活周遭的數學」、「常見動植物」，以及「自然環境與現象（如：水、空氣、土地、光影等）」等三個學習面向，並增列數字符號、數量排序及合成與分解的學習指標。之後，請多位現場教保服務人員協助檢視，在修正部分的文字敘述後，完成實驗課程後的修訂版本。

但現場教保服務人員仍認為，認知領域涵蓋的範圍不能對應於幼兒生活環境中的一些主題，例如：交通工具、服裝、廟宇等。基於教學現場的回饋，認知領域參考教育部 2006 年公布之九年一貫課程綱要的「生活課程」，將上述生活環境中的主題列入文化產物之學習面向中。因此，認知領域的學習面向再次修正為「生活環境中的數學」、「自然現象」，以及「文化產物」等三個學習面向，亦同時增列了形狀、位置、生活物件的學習指標。

二、在指標敘述合宜性的修改方面

經由現場教保服務人員的建議，認知領域刪除了不合宜的指標，例如：刪除了一項關於 2～3 歲幼兒記錄能力的指標，教保服務人員普遍認為這項指標對 2～3 歲幼兒是困難的。也修正指標的文字敘述，使教保服務人員更易解讀指標，例如：將文字敘述「聯結訊息間的關係」修正為「連結訊息間的關係」；「檢查解決方法的可行性」修正為「思考解決方法的可行性」。

接著，經由教育部「幼托整合後幼兒園教保活動與課程大綱（草案）暨

教師手冊修整計畫」之團隊通盤檢視各領域的學習指標，整合各領域的用字，意思相近的盡可能使用相同的語詞，例如：察覺、覺察或覺知。各領域指標描述的形式也要求相同，例如：刪除指標中使用「如：」的說明。研編小組即依照修整計畫團隊的修改建議進行最後的修正。

　　除了上述兩方面的主要修正外，研編小組還依據研編小組聯席會議的決議要點進行修正，將原本規劃的「2～3 歲」、「3～5 歲」及「5～6 歲」指標，再區分出「3～4 歲」及「4～5 歲」指標，亦即依照研究調查的結果編列「2～3 歲」（幼幼班）、「3～4 歲」（小班）、「4～5 歲」（中班）及「5～6 歲」（大班）等四個年齡層幼兒的指標。

　　最後，教育部「幼兒園教保活動課程暫行大綱研修計畫」團隊再次檢視及統整各領域間的學習指標語詞及能力編排之一致性。在此次的研修中，認知領域做了三個部分的修正。首先，將原先分開描述「圖像」及「符號」記錄訊息的用詞，修改與語文領域使用的用語「圖像符號」相近，將「以圖像記錄」、「以符號記錄」修改為「以圖像或符號記錄」，並考量幼兒不同年齡的能力表現，進一步依年齡層區分出記錄簡單及多項訊息。另外，考量幼兒在生活中記錄的訊息不單只有自然現象及文化產物的訊息，還會記錄生活環境中的數學訊息，因此增列了「以圖像或符號記錄生活環境中的數學訊息」之學習指標，並在實施原則中說明記錄數學訊息的記錄方式，包括：對應數量的訊息、數字符號及數線。

　　第二個修正是合併意義相近的學習指標。將原先有關「認識數字符號」及「生活環境中的數字符號」之兩項學習指標合併為一項學習指標，因此小班的指標由原先的「覺知數量的訊息」及「覺知生活環境中的數字符號」，合併為「覺知數量的訊息及生活環境中的數字符號」；中班的指標由原先的「認識數字符號」及「覺知生活環境中的數字符號」，合併為「認識數字符

號」；大班的指標由原先的「認識數字符號」及「辨識生活環境中的數字符號的意義」，合併為「辨識生活環境中的數字符號的意義」。

最後的修正為調整「蒐集生活環境中的數學訊息」學習指標之次序，主要是顧慮到幼幼班的學習指標編排。幼幼班過去的學習指標編排是從 1-5-1 開始，造成教保服務人員尋找指標的不便利，因此將原先的 1-1-5 及 1-1-6 修改為 1-1-1 及 1-1-2，並修正其他指標的標號次序。認知領域在經過修正後，完成最終的修訂版本，詳細的學習指標內容如表 3-9 所示。

表 3-9　認知領域的學習指標內容

課程目標	2～3歲學習指標	3～4歲學習指標	4～5歲學習指標	5～6歲學習指標
認-1-1 蒐集生活環境中的數學訊息	認-幼-1-1-1 探索物體的外形	認-小-1-1-1 辨識與命名物體的形狀	認-中-1-1-1 ↑	認-大-1-1-1 覺知物體的形狀會因觀察角度的不同而不同
	認-幼-1-1-2 探索兩個物體位置間的上下關係	認-小-1-1-2 覺知兩個物體位置間的上下關係	認-中-1-1-2 辨識兩個物體位置間上下、前後、裡外的關係	認-大-1-1-2 以自己為定點，辨識物體與自己位置間的上下、前後、左右的關係
		認-小-1-1-3 覺知數量的訊息及生活環境中的數字符號	認-中-1-1-3 認識數字符號	認-大-1-1-3 辨識生活環境中數字符號的意義
			認-中-1-1-4 運用點數蒐集生活環境中的訊息	認-大-1-1-4 ↑
			認-中-1-1-5 運用身邊物件為單位測量自然現象或文化產物特徵的訊息	認-大-1-1-5 運用標準單位測量自然現象或文化產物特徵的訊息

表 3-9 認知領域的學習指標內容（續）

課程目標	2~3歲學習指標	3~4歲學習指標	4~5歲學習指標	5~6歲學習指標
認-1-2 蒐集自然現象的訊息	認-幼-1-2-1 觀察動植物的特徵	認-小-1-1-6 以圖像或符號記錄生活環境中的數學訊息	認-中-1-1-6 →	認-大-1-1-6 運用數字符號記錄生活環境中的訊息
		認-小-1-2-1 觀察動植物的生長變化	認-中-1-2-1 →	認-大-1-2-1 →
		認-小-1-2-2 觀察自然現象特徵的變化	認-中-1-2-2 →	認-大-1-2-2 →
		認-小-1-2-3 以圖像或符號記錄自然現象的簡單訊息	認-中-1-2-3 以圖像或符號記錄自然現象的多項訊息	認-大-1-2-3 →
認-1-3 蒐集文化產物的訊息	認-幼-1-3-1 探索生活物件的特性與功能	認-小-1-3-1 觀察生活物件的特徵	認-中-1-3-1 →	認-大-1-3-1 →
		認-小-1-3-2 以圖像或符號記錄生活物件的簡單訊息	認-中-1-3-2 以圖像或符號記錄生活物件的多項訊息	認-大-1-3-2 →

表 3-9　認知領域的學習指標內容（續）

課程目標	2～3歲學習指標	3～4歲學習指標	4～5歲學習指標	5～6歲學習指標
認-2-1 整理生活環境中的數學訊息			認-中-2-1-1 依據序列整理自然現象或文化產物的數學訊息 認-中-2-1-3 運用十以內的合成與分解整理數量訊息	認-大-2-1-1 ↑ 認-大-2-1-2 覺知物件間排列的型式 認-大-2-1-3 ↑ 認-大-2-1-4 運用二十以內的合成與分解整理數量訊息 認-大-2-1-5 運用圖／表整理生活環境中的數量訊息
認-2-2 整理自然現象訊息間的關係	認-幼-2-2-1 依據動植物的特徵歸類	認-小-2-2-1 ↑ 認-小-2-2-2 比較動植物特徵的異同	認-中-2-2-1 依據特徵為自然現象分類並命名 認-中-2-2-2 與他人討論自然現象特徵間的關係	認-大-2-2-1 ↑ 認-大-2-2-2 ↑

表 3-9　認知領域的學習指標內容（續）

課程目標	2～3歲學習指標	3～4歲學習指標	4～5歲學習指標	5～6歲學習指標
認-2-3 整理文化產物訊息間的關係	認-幼-2-3-1 依據生活物件的特性與功能歸類	認-小-2-3-1 ↑ 認-小-2-3-2 比較生活物件特徵間的異同	認-中-2-2-3 與他人討論動植物與生活的關係 認-中-2-3-1 依據特徵為生活物件分類並命名 認-中-2-3-2 與他人討論生活物件特徵間的關係	認-大-2-2-3 與他人討論自然現象的變化與生活的關係 認-大-2-3-1 ↑ 認-大-2-3-2 ↑ 認-大-2-3-3 與他人討論生活物件與生活的關係
認-3-1 與他人合作解決生活環境中的問題		認-小-3-1-1 探索解決問題的可能方法	認-中-3-1-1 參與並討論解決問題的可能方法並實際執行	認-大-3-1-1 與同伴討論解決問題的方法，並與他人合作實際執行 認-大-3-1-2 與他人共同檢視問題解決的過程

第四節　新課綱與《幼稚園課程標準》的差異

　　1987 年版的《幼稚園課程標準》並沒有認知領域，但其中有常識領域，其含括的範圍有自然、數量形的概念，與新課綱的認知領域相同。不過，過去的課程標準基本上以知識為學習領域，講究在知識層面上達到什麼水準，例如：知道星期日至星期六的正確說法、能說出人體主要部分的名稱及功能等。時代在變，知識激增，外在提供的訊息非常的多，學校老師給的東西可能已經遠遠少於幼兒日常生活所接觸到的，因此幼兒必須學會怎麼去處理。幼兒要學會蒐集、整理分析，更希望當面對問題時，幼兒會自己去解決。認知領域希望能給幼兒帶得走的問題解決能力，如果幼兒具備這種能力，碰到什麼問題時，他會主動解決。

　　過去撰寫教案時，認知、情意、技能教學目標中所提及的「認知」，是重視知識學習的「認知」；但在本「幼兒園教保活動課程大綱」中的認知，指的是處理訊息的解決問題思考歷程。認知領域教學的特色在於強調解決問題思考歷程中認知能力的培養，藉由探索生活環境的活動中，幼兒能樂於主動參與、探索問題，並且可以有系統的處理訊息，進而解決問題。

第五節　認知領域 Q & A

 ## 壹、認知領域學習指標是如何建構出來的？

　　研編小組最初係根據幼兒概念發展文獻，選出發展年齡不確定，但與生

活環境有關的數學和科學概念做為研究內容。以間隔半年蒐集二次資料的連續設計方式，調查臺灣北、中、南、東區 650 位 2～6 歲幼兒的蒐集訊息、整理訊息，以及解決問題等認知能力表現。依據研究結果中各年齡層幼兒的作業通過率，做為指標內容選取及年齡分層的依據。選取指標的標準為：經提示後，達七成同年齡幼兒可通過的能力項目，若未經提示，八成同年齡幼兒可以通過，則此能力項目移至低一個年齡層。並刪除對大多數幼兒是困難的內容，最後以生物、數／量／形、空間與時間做為主要內容。但由於其內容易讓人誤解為學科知識的教學，因此將學習面向的範圍擴展為「生活環境」。

接著，進入教學現場實際試驗認知學習指標於教學中，但現場教保服務人員反應指標描述過於籠統，不易運用於教學中。因此，在與專家學者的研議下，將學習面向由「生活環境」區分出「生活周遭的數學」、「常見動植物」，以及「自然環境與現象」等三個學習面向，並增列數字符號、數量排序及合成與分解的學習指標。

最後，藉由方案三的實施，許多現場教保服務人員仍認為，認知領域涵蓋的範圍過於狹隘，與幼兒生活環境有關的一些主題，例如：交通工具、服裝、廟宇等，都沒有相對應的內容。基於教學現場的回饋，認知領域的學習面向再次修正為「生活環境中的數學」、「自然現象」，以及「文化產物」等三個學習面向，並增列了形狀、位置、生活物件的學習指標。

貳、認知領域的特色是什麼？

認知領域中的「認知」，既不是指知識概念，也不是一個人的想法、看法，而是指思考歷程。因此，認知領域不著重幼兒能學會哪些知識，而重視幼兒思考歷程能力的培養，認知領域的主要特色如下。

一、以習得「解決問題的認知能力」為主

認知是指蒐集訊息、整理訊息及解決問題的歷程。在活動中，教保服務人員引導幼兒學會有系統的蒐集訊息、整理訊息及解決問題的能力。

二、選材

以生活環境中的數學、自然現象與文化產物為主要學習面向。認知領域不強調幼兒該學習的學科或知識內容，而是關心幼兒透過生活環境中以及幼兒有興趣之知識內容，學習蒐集訊息、整理訊息及解決問題的歷程。

三、教學方法

認知領域的教學方法係以引導幼兒有系統的蒐集訊息、整理訊息及解決問題為首要。

基於認知能力是主要的學習方向，教保服務人員需一步步引領，強調每個過程、每個步驟，有系統的引導幼兒。以蒐集訊息的「觀察」為例，教保服務人員鼓勵幼兒有系統性、有目的的觀察並記錄，以得到解決問題所需的訊息，例如當幼兒說：「這朵花比較大。」教保服務人員可追問：「你怎麼判斷它比較大？」、「你可以用什麼方法說明它是比較大的？」以此帶出使用工具測量。

四、評量

以幼兒習得認知能力為主要考慮。教保服務人員觀察幼兒的表現，但因認知能力的習得需要時間，且需要成人提醒、引導，甚至部分協助。因此建議教保服務人員可在平日活動進行中和結束時觀察及評量，並在學期初和學

期末定期評量。

　　平時的評量，除了讓教保服務人員了解幼兒認知能力的表現，也是教保服務人員用來修正教學內容的參考。若幼兒無法達成目標，可能表示幼兒的這項認知能力尚未成熟，教保服務人員可參考前一年齡層的學習指標。若幼兒表現得很好，亦可參考後一年齡層的學習指標。教保服務人員需同時考慮，學習內容是否影響幼兒認知能力的表現。一般來說，幼兒較不熟悉、難度較高的學習內容，可能超過了幼兒的理解能力，而影響其認知能力的表現。教保服務人員在進行幼兒學習評量時應一併考慮記錄下來，以做為檢視發展與學習成效的參考。

參、教保服務人員如何設計認知領域學習活動？

　　認知領域活動設計的主要重點，包括以舊經驗為根基進行訊息的蒐集，進而延伸至新經驗的訊息蒐集，然後進行新經驗訊息的整理及問題解決。在完成問題解決後，教保服務人員需協助幼兒統整並帶領他們檢查執行後的結果，以及回顧活動中所經歷的過程。以下說明設計活動時的步驟與原則：

　　1. **以幼兒的經驗為基礎**：幼兒的學習必須建立在他們已有的基礎上，因此，在活動開始時需充分了解幼兒的舊經驗。

　　2. **提供可廣泛蒐集的訊息**：善用周遭的各種資源供幼兒廣泛的蒐集訊息，包括學校有的圖書、生態環境、社區中的各項設備與資源，以及家長可提供的資源與經驗等。

　　3. **依據上述 1 和 2 形成課程主題。**

　　4. **聚焦蒐集、分析與主題有關的訊息：**

　　(1)先請幼兒廣泛的探索，引出他們對主題的注意與興趣。

(2)聚焦觀察，不論以感官或工具或閱讀蒐集訊息，逐漸將重點聚焦到
　　有關的訊息上。

(3)無論幼兒觀察到什麼，都引導他們以各種方式記錄下資料。

(4)記錄後，協助幼兒注意到訊息間的關係，包括比較訊息間的異同、
　　整理出不同訊息的類別、找出彼此間的關係。

5. **引導幼兒問題解決：**

(1)幼兒在蒐集及整理訊息的過程中會提出問題，但幼兒常提出一般事
　　實性問題，例如：「這是什麼？」教保服務人員協助幼兒將提問延
　　伸為需要蒐集和整理訊息才能解決的深究性問題，例如：「如果這
　　樣……，會發生什麼事或要怎麼做」。

(2)提醒幼兒透過討論、閱讀等找出可能的解決問題方法。以討論或請
　　教成人的方式，思考所提出方法的可行性。若是需要，以操作性的
　　實驗檢查解決問題的方法。

6. **回顧解題歷程**：在活動結束時，引導幼兒回顧先前蒐集到了什麼訊息？
如何分析整理這些訊息？並思考：問題解決了沒？為什麼解決了（或是還沒
解決）？還需要做什麼才可以解決？

 **肆、認知領域的課程大綱沒有規定知識內容，教保
　　　服務人員該如何準備教學？**

　　每一位教保服務人員對自己班上的幼兒能力表現是最了解的，認知領域
沒有將知識內容訂得太仔細，是為了讓教保服務人員能依據幼兒的表現、幼
兒園的資源、過去的教學，有更大的空間來決定選用什麼樣的知識內容。

教保服務人員可以自行在內容的深淺度上做調整，例如：幼兒對沙石很有興趣，或幼兒園附近有很好的地質景觀，就可以很自然的帶入適合幼兒學習的地球科學內容；又例如：教保服務人員曾帶幼兒做過花朵和果實的觀察，如果幼兒非常有興趣想進一步探索植物的世界，教保服務人員當然可以帶進更有難度的概念。

認知領域的課程重點不在知識內容，而在教保服務人員可幫忙幼兒習得認知能力——蒐集訊息、整理訊息、解決問題的能力，這些教保服務人員們在平常的教學中都會提到，只是要做得更確實。

伍、數學、科學會在認知領域裡教嗎？

認知領域強調學習歷程，不特別強調知識內容，由幼兒園以幼兒的生活經驗出發，決定學習的知識內容。在幼兒思考及解決問題的過程中，就可以獲得知識概念，例如：幼兒想飼養狗，他需要蒐集狗的特徵和習性、比較不同狗的需要、分析適合狗生活的環境、解決狗生病的問題等，然後思考自己是否適合養狗。在這個過程中，幼兒學到了生物與生活環境的概念。或是，幼兒發現書本散落各地，若要讓書都放在書櫃中，幼兒需要蒐集書籍數量與書櫃容量的訊息，數數共有幾本書，數數每格書櫃可以放入多少書，量量書本的長度和每格書櫃的高度，並且將蒐集到的數、量訊息記錄下來，然後比比哪本書較長，適合放在比較高的書櫃中，並且由大家一起討論怎麼放置書本，是否需要增添書櫃等。在這過程中，幼兒就在學習數與量的概念。

 陸、數學與自然現象、文化產物的關係

數學可以幫助我們描述和解釋自然現象或說明文化產物的特徵。數學訊息包括數量與數字符號指示的意義，例如：溫度 20 度或門牌 25 號，以及物體的形狀和位置。簡單來說，數學是我們認識自然現象及文化產物的工具，亦即透過點數、測量數量訊息，藉由數字符號的意義或對形狀和位置的辨識，了解自然現象及文化產物的特徵。此外，以數學找出序列、型式及進行合成與分解，也可了解自然現象間或文化產物間的關係，例如：覺知斑馬、瞪羚常出現在草原上的數量，了解牠們生活的狀況；測量烏龜、天竺鼠或狗在十秒內行走的距離長度，可以比較牠們行走速度的快慢；觀察月亮的變化，察覺月亮的形狀變化有一定的順序，而了解月亮隨著時間的變化型式。

第六節　結語

認知領域強調的是經由處理訊息的思考歷程，培養幼兒解決問題的認知能力，並能主動運用這些能力擴展知識。我們常說：給孩子魚吃，不如給他根釣竿，教他釣魚，更為有用。認知領域就是教導孩子如何釣魚——學習如何處理訊息、如何運用訊息解決問題。多年來，幼教現場的教保服務人員們熟悉的「認知」是強調知識概念的學習，就像是只給幼兒魚吃，例如：幼兒對蝴蝶有興趣，教保服務人員就教導幼兒認識蝴蝶的身體構造及成長變化、背誦各種蝴蝶的名稱等，但幼兒離開教室到郊外看到真實的蝴蝶時，也僅知道牠是蝴蝶，而不知道其他的知識。我們若希望幼兒能學會如何釣魚，就要培養幼兒處理訊息的思考能力，例如：幼兒可以在校園裡，實際觀察蝴蝶的

外型、生活情況，從照片、影片、書籍上蒐集與蝴蝶有關的訊息，然後依照外觀特徵分出種類、發現種類和居住地的關係、蝴蝶與我們生活的關係等。幼兒在這個過程中，不但在練習觀察、記錄、比較、分類、找關係等處理訊息的能力，對蝴蝶的認識也絕對比前者還要多且廣。

　　總結來說，認知領域研編小組希望培養幼兒可以帶著走的能力。當一個訊息來時，幼兒能充分的蒐集、整理、分析，當面對問題時，幼兒可以利用之前蒐集到以及整理過的訊息來解決問題。若是幼兒擁有這樣的能力，在碰到問題時，他就可以主動解決問題，而在解決問題的歷程中，新的知識也將不斷擴展。

認知領域研編小組成員

第一期（2006 年 2 月 1 日至 2008 年 1 月 31 日）

召集人：柯華葳

成　員：幸曼玲、馬祖琳、張麗芬、林意紅、曾慧蓮、丘嘉慧

第二期（2009 年 1 月 1 日至 2010 年 1 月 31 日）

召集人：柯華葳

副召集人：馬祖琳

成　員：丘嘉慧

參考文獻

中文部分

王幸雯（2000）。兒童速度概念發展之研究（未出版之碩士論文）。國立臺灣師範大學，臺北市。

王美芬（1996）。幼兒對於呼吸和消化作用的認知研究。科學教育研究與發展，**6**，4-18。

王嘉菁（2006）。探討兒童與成人對於疾病病因與預防之概念（未出版之碩士論文）。輔仁大學，新北市。

丘嘉慧（2008）。不同教學介入對幼兒知識表徵轉變的影響：以幼兒科學問題解決歷程為例（未出版之博士論文）。國立政治大學，臺北市。

丘嘉慧、柯華葳（2014）。幼兒科學及數概念發展研究回顧。應用心理研究，**61**，153-202。

林亮宜（1984）。學前兒童的數概念：數數字與比較數字。中華心理學刊，**26**（1），3-17。

姜忠信（1990）。學前兒童的數量概念（未出版之碩士論文）。國立臺灣大學，臺北市。

柯華葳（1993）。環境教育：問題解決模式之建立。中正學報，**4**（1），1-32。

柯華葳（1994）。問題解決教學模式及其在環境教育上的應用。科學教育學刊，**2**（1），1-37。

常孝貞、鍾志從（2009）。三、四、五歲幼兒的一對一對應、計數能力與基數概念探討。兒童與教育研究，**5**，185-218。

張建好（1985）。學前兒童的數能力（未出版之碩士論文）。國立臺灣大學，臺北市。

陳埩淑（2005）。教小一辨左右前空間概念教學之研究。**臺中教育大學學報**，**19**（2），53-68。

陳埩淑（2010）。幼兒時間概念教學之研究。**屏東教育大學學報**，**34**，35-66。

陳雪枝、鍾靜（2003）。兒童報讀時刻之現象與概念。**國立臺北師範學院學報**，**16**（2），71-96。

陳嘉慧、張麗芬（2008）。幼兒距離、時間與速率概念發展之研究。**教育研究學報**，**42**，33-56。

黃茂在、陳文典（2004）。「問題解決」的能力。**科學教育月刊**，**273**，21-41。

楊玉娥（1996）。學齡前兒童對成人慣用之時間概念研究。**國民教育**，**36**，49-58。

蔣文祁（2000）。嬰兒認知發展：以物體概念的研究為題。載於 **0～3 歲嬰幼兒發展研究彙編**（頁 81-151）。臺北市：信誼基金出版社。

鄭昭明（2010）。**認知心理學：理論與實踐**。臺北市：學富文化。

盧瑞青（2004）。**幼兒物質概念之研究**（未出版之碩士論文）。國立臺東大學，臺東縣。

鍾靜、鄧玉芬、鄭淑珍（2003）。學童生活中時間概念之初探研究。**國立臺北師範學院學報**，**16**，1-38。

英文部分

Acredolo, L. P. (1978). Development of spatial orientation in infancy. *Developmental Psychology, 14*, 224-234.

Antell, S. E., & Keating, D. P. (1983). Perception of numerical invariance in neonates. *Child Development, 54*, 695-701.

Baillargeon, R. (1986). Representing the existence and location of hidden objects:

Object permanence in 6- and 8-month-old infants. *Cognition, 23*, 21-42.

Baillargeon, R. (1987). Object permanence in 3.5- and 4.5-month-old infants. *Developmental Psychology, 23*, 655-664.

Baroody, A. J., & Price, J. (1983). The development of the number-word sequence in the counting of three-year-olds. *Journal for Research in Mathematics Education, 14*, 361-368.

Baroody, A. J., Li, X., & Lai, M.-L. (2008). Toddlers' spontaneous attention to number. *Mathematical Thinking and Learning, 10*, 240-270.

Bauer, P. J., & Mandler, J. M. (1989). One thing follows another: Effects of temporal structure on 1- to 2-year-olds' recall of events. *Developmental Psychology, 25*, 197-206.

Baxter, J. (1989). Children's understanding of familiar astronomical events. *International Journal of Science Education, 11*, 502-513.

Benoit, L., Lehalle, H., & Jouen, F. (2004). Do young children acquire number words through subitizing or counting? *Cognitive Development, 19*, 291-307.

Benton, A. (1959). *Right-left discrimination and finger localization.* New York, NY: Hoeber-Harper.

Blades, M., & Spencer, C. (1994). The development of children's ability to use spatial representations. In H. W. Reese (Ed.), *Advances in child development and behavior* (Vol. 25). San Diego, CA: Harcourt Publishers.

Bradford, J., & Stein, B. (1993). *The IDEAL problem solver* (2nd ed.). New York, NY: Freeman.

Braine, L. C., & Fisher, C. B. (1988). Context effects in left-right discrimination. *Developmental Psychology, 24*, 183-189.

Brown, A. L. (1990). Domain-specific principles affect learning and transfer in children. *Cognitive Science, 14*, 107-133.

Brown, A. L., & Kane, M. J. (1988). Preschool children can learn to transfer: Learning to learn and learning from examples. *Cognitive Psychology, 20*, 493-523.

Bryant, P. E., & Trabasso, T. (1971). Transitive inference and memory in young children. *Nature, 232*, 456-458.

Bushnell, I., McCutcheon, E., Sinclair, J., & Tweedie, M. E. (1984). Infants' delayed recognition memory for colour and form. *British Journal of Developmental Psychology, 2*, 11-17.

Campbell, J. D. (1975). Illness is a point of view: The development for children's concepts of illness. *Child Development, 46*, 92-100.

Carey, S., & Spelke, E. S. (1994). Domain specific knowledge and conceptual change. In L. A. Hirschfeld & S. A. Gelman (Eds.), *Mapping the mind: Domain specificity in cognition and culture*. New York, NY: Cambridge University Press.

Case, R., Sandieson, K., & Dennis, S. (1986). Two cognitive-developmental approaches to the design of remedial instruction. *Cognitive Development, 1*, 293-333.

Charlesworth, R., & Lind, K. K. (1998). *Math and science for young children* (3rd ed.). Albany, NY: Delmar.

Chen, Z., Campbell, T., & Polley, R. (1995). From beyond to within their grasp: The rudiments of analogical problem solving in 10- and 13-month-olds. *Developmental Psychology, 33*, 790-801.

Chouinard, M. M. (2007). Preschoolers' question. *Monographs of the Society for Research in Child Development, 72*, 1-111.

Clarkson, A. M., Clifton, R. K., & Morrongiello, B. A. (1985). The effects of sound duration on newborn's head orientation. *Journal of Experimental Child Psychology, 39*, 20-36.

Corballis, M. C., & Beale, I. L. (1976). *The psychology of left and right.* Hillsdale, NJ: Lawrence Erlbaum Associates.

DeCaspar, A. J., & Fifer, W. P. (1980). Of human bonding: Newborns prefer their mother's voices. *Science, 208*, 1174-1176.

Fabricius, W. (1988). The development of forward search planning in preschoolers. *Child Development, 59*, 1473-1488.

Fabricius, W., & Wellman, H. (1993). Two roads diverged: Young children's ability to judge distance. *Child Development, 64*, 399-414.

Freeman, K. E., (1996). *Analogical reasoning in 2-year-olds: A comparison of formal and problem-solving paradigms.* Unpublished PhD thesis, University of Minnesota, Saint Paul, MN.

Friedman, W. J. (1982). Conventional time concepts and children's structuring of time. In W. J. Friedman (Ed.), *The developmental psychology of time*. New York, NY: Academic Press.

Fuson, K. C. (1988). *Children's counting and concepts of number*. New York, NY: Springer-Verlag.

Fuson, K. C., Lyons, B. G., Pergament, G. G., Hall, J. W., & Youngshim, K. (1988). Effects of collection terms on class inclusion and on number tasks. *Cognitive Psychology, 20*, 96-120.

Fuson, K. C., Richards, J., & Briars, D. J. (1982). The acquisition and elaboration of the number word sequence. In C. J. Brainerd (Ed.), *Children's logical and mathematical cognition* (pp. 33-92). New York, NY: Springer-Verlag.

Gallistel, C. R., & Gelman, R. (1992). Preverbal and verbal counting and computation. *Cognition, 44*, 43-74.

Gauvain, M., & Rogoff, B. (1989). Collaborative problem solving and children's planning skills. *Developmental Psychology, 25*, 139-151.

Geary, D. C. (2005). *The origin of mind: Evolution of brain, cognition, and general intelligence.* Washington, DC: American Psychological Association.

Gelman, R., & Gallistel, C. (1978). *The child's understanding of number.* Cambridge, MA: Harvard University Press.

Gelman, R., Meck, E., & Merkin, S. (1986). Young children's numerical competence. *Cognitive Development, 1*, 1-29.

Gelman, R., Spelke, E. S., & Meck, E. (1983). What preschoolers know about animate and inanimate objects. In D. Rogers & J. Sloboda (Eds.), *The development of symbolic thought* (pp. 297-328). London, UK: Plenum.

Gelman, S. A., & Gottfried, G. M. (1996). Children's causal explanations of animate and inanimate motion. *Child Development, 67*, 1970-1987.

Gelman, S. A., & O'Reilly, A. (1988). Children's inductive inferences within superordinate categories: The role of language and category structure. *Child Development, 58*, 876-887.

Gelman, S. A., & Wellman, H. M. (1991). Insides and essences: Early understands of the non-obvious. *Cognition, 38*, 213-244.

Gilmore, R. O., & Johnson, M. H. (1995). Working memory in infancy: Six-month-olds' performance on two versions of the oculomotor delayed response task. *Journal of Experimental Child Psychology, 59*, 397-418.

Goswami, U. (1992). *Analogical reasoning in children.* Hillsdale, NJ: Lawrence Erlbaum Associates.

Goswami, U. (1998). *Cognition in children.* UK: Psychology Press.

Goswami, U. (2001). Analogical reasoning in children. In D. Gentner, K. J. Holyoak & B. N. Kokinov (Eds.), *The analogical mind: Perspectives from cognitive science* (pp. 437-470). Cambridge, MA: The MIT Press.

Gouteux, S., & Spelke, E. S. (2001). Children's use of geometry and landmarks to

reorient in an open space. *Cognition, 81*, 119-148.

Haith, M. M., Hazan, C., & Goodman, G. S. (1988). Expectation and anticipation of dynamic visual events by 3.5-month-old babies. *Child Development, 59*, 467-479.

Halford, G. S. (1993). *Children's understanding: The development of mental models*. Hillsdale, NJ: Lawrence Erlbaum Associates.

Hermer, L., & Spelke, E. S. (1994). A geometric process for spatial reorientation in young children. *Nature, 370*, 57-59.

Hermer, L., & Spelke, E. S. (1996). Modularity and development: The case of spatial reorientation. *Cognition, 61*, 195-232.

Hespos, S. J., & Baillargeon, R. (2001). Reasoning about containment events in every young infants. *Cognition, 78*, 207-245.

Hodges, R. M., & French, L. A. (1988). Visual working memory in young children. *Memory & Cognition, 16*, 120-132.

Huang, Y., Spelke, E., & Snedeker, J. (2010). When is "four" far more than "three"? Children's generalization of newly acquired number words. *Psychological Science, 21*, 600-606.

Inagaki, K., & Hatano, G. (1993). Young children's understanding of the mind-body distinction. *Child Development, 64*, 1534-1549.

Inagaki, K., & Hatano, G. (1996). Young children's recognition of commonalities between animals and plants. *Child Development, 67*, 2823-2840.

Ioannides, C., & Vosniadou, S. (2002). The changing meanings of force. *Cognitive Science Quarterly, 2*(1), 5-61.

Karmiloff-Smith, A. (1997). *Beyond modularity: A developmental perspective on cognitive science*. Cambridge, MA: The MIT Press.

Keil, F. (1989). *Concepts, kinds, and cognitive development*. Cambridge, MA: Bradford Books/The MIT Press.

Kister, M. C., & Patterson, C. J. (1980). Children's conceptions of the causes of illness: Understanding of contagion and use of immanent justice. *Child Development, 51*, 839-846.

Klahr, D., & Wallace, J. G. (1973). The role of quantification operators in the development of conservation of quantity. *Cognitive Psychology, 4*, 301-327.

Kotovsky, L., & Baillargeon, R. (1998). The development of calibration-based reasoning about collision events in young infants. *Cognition, 67*, 311-351.

Lewis, M., Alessandri, S. M., & Sullivan, M. W. (1990). Violation of expectancy, loss of control, and anger expressions in young infants. *Developmental Psychology, 26*, 745-751.

Liben, L. S., & Downs, R. M. (1993). Understanding person-space-map relations: Cartographic and developmental perspective. *Developmental Psychology, 29*(4), 739-752.

Mali, G. B., & Howe, A. (1979). Development of earth and gravity concepts among Nepali children. *Science Education, 63*, 685-691.

Mandler, J. M., & McDonough, L. (1995). Long-term recall of event sequences in infancy. *Journal of Experimental Child Psychology, 59*, 457-474.

Massey, C., & Gelman, R. (1988). Preschooler's ability to decide whether a photographed unfamiliar object can move itself. *Developmental Psychology, 24*, 307-317.

Mehler, J., & Bertoncini, J. (1979). Infant's perception of speech and other acoustic stimuli. In J. Morton & J. Marshall (Eds.), *Psycholinguistic series II*. London, UK: Elek Books.

Mervis, C. B., & Crisafi, M. A. (1982). Order of acquisition of subordinate-, basic-, and superordinate-level categories. *Child Development, 53*, 258-266.

Mervis, C. B., & Pani, J. R. (1980). Acquisition of basic object categories. *Cognitive Psychology, 12*, 496-522.

Miller, K. F., & Baillargeon, R. (1990). Length and distance: Do preschoolers think that occlusion brings things together? *Developmental Psychology, 26*, 103-114.

Mintzes, J. J. (1984). Naive theories in biology: Children's concepts of the human body. *School Science and Mathematics, 84*, 548-555.

Nussbaum, J. (1979). Children's conceptions of the earth as a cosmic body: A cross-age study. *Science Education, 63*, 83-93.

Nussbaum, J. (1985). The earth as a cosmic body. In R. Driver, E. Guesne & A. Tiberghein (Eds.), *Children's ideas in science* (pp. 170-191). Milton Keynes, UK: Open University Press.

Nussbaum, J., & Novak, J. D. (1976). An assessment of children's concepts of the earth utilizing structured interviews. *Science Education, 60*, 535-550.

Opfer, J. E. (2002). Identifying living and sentient kinds from dynamic information: The case of goal-directed versus aimless autonomous movement in conceptual change. *Cognition, 86*, 97-122.

Opfer, J. E., & Gelman, S. A. (2001). Children's and adults' models for predic-ting teleological action: The development of a biology-based model. *Child Development, 72*, 1367-1381.

Opfer, J. E., & Siegler, R. S. (2004). Revisiting preschoolers' living things concept: A microgenetic analysis of conceptual change in basic biology. *Cognitive Psychology, 49*, 301-322.

Osborne, R., & Freyberg, P. (1985). *Learning in science: The implications of children's science*. London, UK: Heineman.

Piaget, J. (1952). *The child's conception of number*. London, UK: Routledge & Kegan Paul.

Piaget, J. (1969). *The child's conception of time*. London, UK: Routledge & Kegan Paul.

Pick, H. L., & Lockman, J. J. (1981). From frames of reference to spatial representations. In L. S. Liben, A. H. Patterson & N. Newcombe (Eds.), *Spatial representation and behavior across the life span: Theory and application* (pp. 39-60). New York, NY: Academic Press.

Plumert, J. M., Pick, H. L., Marks, R. A., Kintsch, A. S., & Wegesin, D. (1994). Locating objects and communicating about locations: Organizational differences in children's searching and direction-giving. *Developmental Psychology, 30*, 443-453.

Plummer, J. D. (2009). A cross-age study of children's knowledge of apparent celestial motion. *International Journal of Science Education, 31*(12), 1571-1605.

Roberts, R. J., & Aman, C. J. (1993). Developmental differences in giving directions: Spatial frames of reference and mental rotation. *Child Development, 64*, 1258-1270.

Rosengren, K. S., Gelman, S. A., Kalish, C. W., & McCormick, M. (1991). As time goes by: Children's early understanding of growth in animals. *Child Development, 62*, 1302-1320.

Rovee-Collier, C. (1999). The development of infant development. *Current Directions in Psychological Science, 8*, 80-85.

Samarapungavan, A., Vosniadou, S., & Brewer, W. F. (1996). Mental models of the earth, sun, and moon: Indian children's cosmologies. *Cognitive Development, 11*, 491-521.

Sharp, J. (1995). Children's astronomy: Implications for curriculum developments at key stage 1 and the future of infant science in England and Wales. *International Journal of Early Years Education, 3*, 17-49.

Shepard, R. N., & Hurwitz, S. (1984). Upward direction, mental rotation, and discrimination of left and right turns in maps. *Cognition, 18*, 161-193.

Siegler, R. S. (1976). Three aspects of cognitive development. *Cognitive Psychology, 8*, 481-520.

Simon, T. J. (1997). Reconceptualizing the origins of number knowledge: A "nonnumerical" account. *Cognitive Development, 12*, 349-372.

Simons, D. J., & Keil, F. C. (1995). An abstract to concrete shift in the development of biological thought: The insides story. *Cognition, 56*, 129-163.

Smiley, S., & Brown, A. L. (1979). Conceptual preferences for thematic or taxonomic relations: A nonmonotonic age trend from preschool to old age. *Journal of Experimental Child Psychology, 28*, 249-257.

Sneider, C., & Pulos, S. (1983). Children's cosmologies: Understanding the earth's shape and gravity. *Science Education, 67*, 205-221.

Solomon, G. E. A., & Cassimatis, N. L. (1999). On facts and conceptual systems: Young children's integration of their understandings of germs and contagion. *Developmental Psychology, 35*, 113-126.

Solomon, G. E. A., Johnson, S. C., Zaitchik, D., & Carey, S. (1993). Like father, like son: Young children's understanding of how and why offspring resemble their parents. *Child Development, 67*, 151-171.

Soltész, F., Szücs, D., & Szücs, L. (2010). Relationships between magnitude representation, counting and memory in 4- to-7-year-old children: A developmental study. *Behavioral and Brain Functions, 6*, 13.

Springer, K., & Keil, F. C. (1989). On the development of biologically specific beliefs: The case of inheritance. *Child Development, 60*, 637-648.

Springer, K., & Ruckel, J. (1992). Early beliefs about the cause of illness: Evidence against immanent justice. *Cognitive Development, 7*, 429-443.

Starkey, P., & Cooper, R. (1995). The development of subitizing in young children. *British Journal of Developmental Psychology, 19*, 399-420.

Starkey, P., & Cooper, R. G. (1980). Perception of number by human. *Science, 210*, 179-181.

Starkey, P., Spelke, E. S., & Gelman, R. (1990). Numerical abstraction by human infants. *Cognition, 36*, 97-128.

Uttal, D. H., & Wellman, H. M. (1989). Young children's representation of spatial information acquired from maps. *Developmental Psychology, 25*, 128-138.

Uttal, D. H., Gregg, V., Chamberlin, M., & Sines, A. (2001). Connecting the dots: Children's use of a meaningful pattern to facilitate mapping and search. *Developmental Psychology, 37*, 338-350.

van Loosbroek, E., & Smitsman, A. W. (1990). Visual perception of numerosity in infancy. *Developmental Psychology, 26*, 916-922.

Vosniadou, S., & Brewer, W. F. (1992). Mental models of the earth: A study of conceptual change in childhood. *Cognitive Psychology, 24*, 535-586.

Vosniadou, S., & Brewer, W. F. (1994). Mental models of the day/night cycle. *Cognitive Psychology, 18*, 123-183.

Wang, S. H., Kaufman, L., & Baillargeon, R. (2003). Should all stationary objects move when hit? Developments in infants' causal and statistical expectations about collision events. *Infant Behavior and Development, 26*, 529-567.

Wikdening, F. (1982). Children's knowledge about time, distance and velocity interrelations. In W. J. Friedman (Ed.), *The developmental psychology of time* (pp. 87-112). New York, NY: Academic Press.

Willats, P. (1990). Development of problem solving strategies in infancy. In D. F. Bjorklund (Ed.), *Children's strategies*. Hillsdale, NJ: Lawrence Erlbaum Associates.

Willats, P., & Fabricius, W. (1993). *The origin of forward search planning in infancy*. Paper presented to the biennial meeting of the Society for Research in Child Development, New Orleans, LA.

Williams, J. M., & Binnie, L. M. (2002). Children's concepts of illness: An intervention to improve knowledge. *British Journal of Health Psychology, 7*, 129-147.

Wood, J. N., & Spelke, E. S. (2005). Chronometric studies of numerical cognition on five-month-old infants. *Cognition, 97*, 23-39.

Wynn, K. (1992). Children's acquisition of the number words and the counting system. *Cognitive Psychology, 24*, 220-251.

Xu, F., & Spelke, E. S. (2000). Large number discrimination in 6-month-old infants. *Cognition, 74*, B1-B11.

Younger, B. A., & Cohen, L. B. (1983). Infant perception of correlations among attributes. *Child Development, 57*, 143-152.

Zhou, Z. (1996). The development of American and Chinese children's understanding of distance, time, and speed interrelations. *Dissertation Abstracts International: Section B: The Sciences and Engineering, 57*(2-b), 1473.

第四章

語文領域

蔡敏玲

2012 年 10 月，教育部公布「幼兒園教保活動課程暫行大綱」（以下簡稱「暫綱」），約四年後的 2016 年 12 月 1 日，教育部正式公布「幼兒園教保活動課程大綱」（以下簡稱「新課綱」），課綱之建構終於完成。事實上，建構新課綱的研究從 2006 年 2 月就已經啟動，總計歷經三個階段、共約六年的期程，才暫時告一段落，產出十分接近目前正式課綱內涵的暫綱。2012 年暫綱發布後，課綱各領域之內涵仍進行程度不一的修整。由教育部委託，執行期間從 2014 年 10 月 1 日至 2016 年 5 月 31 日的研究案「幼兒園教保活動課程暫行大綱研修計畫」（幸曼玲、倪鳴香，2016），負責整理各領域自發或接受建議後的修訂，而完成新課綱目前的版本。

本章主要目的是呈現新課綱之語文領域目前的內容，並描述其發展歷程與脈絡。第一節呈現新課綱中的語文領域，其理念與內涵；第二節描述語文領域在三個研究階段中發展、成形的歷程；第三節說明第一期研究成果轉化成學習指標的歷程；第四節剖析 1987 年版《幼稚園課程標準》中的語文與新課綱之語文領域的差異；第五節針對幼兒教保服務人員對語文領域常提出的問題，提出簡要的回應。

以下首先呈現新課綱之語文領域的理念與內涵，再說明實徵研究歷程，以及研究成果轉化成課綱內容的情形。

第一節　語文領域的理念與內涵 [1]

 壹、領域理念

語文領域將語文看成**一種社會溝通系統**，孩子從在母腹中開始，就已經處於這個系統之內，一出生就進入了這個社會溝通系統。進入了之後呢？對幼兒來說，2～6歲這段時光也正是學習如何**有效**、**合宜與快樂地參與這個社會溝通系統**的歷程。

2～6歲的幼兒，最重要的語文學習要務就是**參與**生活情境中的各項**溝通**，靈活**運用**肢體、口語、圖像、符號與文字，在與人和與文本互動的歷程中，進行理解與表達。當然，依著幼兒年齡與發展情形的差異，「**參與**」和「**運用**」的方式十分多元，也有程度的差異。**整體而言**，我們期望幼兒在幼兒園階段能夠漸漸達到的語文發展與學習目標是：體認社會使用多種語言的實況，在處於對幼兒有意義的各種情境時，能夠運用在文化中習得的或自創的方式，參與互動，並能**樂於溝通**、**盡力理解**、**清楚表達**。

語文領域的目標即顯示語文領域認定的語文學習重點與方向，如下：

1. 體驗並覺知語文的趣味與功能。
2. 合宜參與日常社會互動情境。

---

1. 本節即是新課綱語文領域的內涵，筆者即為新課綱語文領域的執筆者，在此引用。

3. 慣於敘說經驗與編織故事。

4. 喜歡閱讀並展現個人觀點。

5. 認識並欣賞社會中使用多種語文的情形。

如果把語文看成一種社會溝通系統，把2～6歲幼兒的**語文發展與學習**看成參與這個社會溝通系統的歷程，那「**參與**」到底涉及哪些行動？而「**社會溝通系統**」又包含哪些面向呢？

依著幼兒的年齡、發展與個別情形，「**參與**」會有不同的意涵，但是都不脫**溝通的兩大要務**──**理解**與**表達**。依據發展的先後順序與任務的難度，**理解的歷程**可細分為覺察、區辨和詮釋；**表達的過程**可細分為回應、主動表達、合宜地回應與表達、樂於回應與表達，以及創作等層次。

「**社會溝通系統**」包含些什麼呢？**溝通的對象**不外乎是「**人**」和各種類型、性質的「**文本**」。在語文形式發展未臻成熟的幼兒時期，眼神、表情和肢體動作常常就是主要的溝通媒介。整體而言，幼兒最常使用與接觸的**溝通媒介**包括肢體、口語和圖像符號。我們期望幼兒學會使用這些媒介進行表達，在他人使用這些媒介或是環境中存在這些媒介時，幼兒也能有適度的覺察與理解。

貳、領域內涵（領域能力＋學習面向）

參與社會溝通系統，依著幼兒的年齡、發展與個別情形，會有不同的意涵，但是都不脫溝通的兩大要務──理解與表達，這也就是**語文領域的主要能力**。一般而言，理解能力的發展比表達能力早；不過，在實際使用語文的時候，兩種能力通常會統合使用、相輔相成。**理解**能力是指幼兒**覺察**、區辨與詮釋所接收的訊息能力；**表達**能力是指幼兒回應人或文本，運用肢體、口

語或自創符號呈現意義，以及創作的能力。

　　語文領域的學習面向包含肢體、口語、圖像符號和文字功能。這些面向就是前述溝通系統中的溝通對象──人與文本表達意義時所使用的媒介。簡單的**肢體動作**就能表達許多約定俗成的意義，而複雜的肢體動作則有構成藝術創作的潛力。事實上，人經常綜合運用肢體動作和**口說語言**來表達需求、感覺、感情和想法，在日常生活與戲劇扮演活動中均是如此。除了表情達義，口語的音韻特性以及社會中使用各種語言的情形，也是幼兒學習的重點。**圖像符號**充斥於生活環境之中，具有指示、提醒和說明等功能。圖畫中的圖像，則是充滿美感的符號，常和文字一起敘說故事。**文字**有記錄、備忘與將思考具象化的**功能**，幼兒學習認識這些功能，也學習以自創符號來表達。

　　將能力與學習面向一一交織，就可看出語文領域主要的學習內涵與方向，包括：理解肢體、理解口語、理解圖像符號、理解文字功能、以肢體語言表達、以口語表達，以及以圖像符號表達。語文領域研編小組依據這樣的架構與順序，擬定語文領域的**課程目標**如下：

　　語-1-1 理解互動對象的意圖（理解肢體、理解口語）

　　語-1-2 理解歌謠和口語的音韻特性（理解口語）

　　語-1-3 認識社會使用多種語言的情形（理解口語）

　　語-1-4 理解生活環境中的圖像符號（理解圖像符號）

　　語-1-5 理解圖畫書的內容與功能（理解圖像符號）

　　語-1-6 熟悉閱讀華文的方式（理解文字功能）

　　語-1-7 理解文字的功能（理解文字功能）

　　語-2-1 以肢體語言表達（以肢體表達）

　　語-2-2 以口語參與互動（以口語表達）

　　語-2-3 敘說生活經驗（以口語表達對生活的理解）

語-2-4 看圖敘說（以口語表達對圖像的理解）

語-2-5 運用圖像符號（以圖像符號表達）

語-2-6 回應敘事文本（以口語、肢體、圖像符號表達對敘事文本的理解）

語-2-7 編創與演出敘事文本（以口語、肢體、圖像符號編創敘事文本）

課程目標語-1-1 到語-1-7 都是關於「**理解**」的目標。在日常生活中，與幼兒互動的人極少單獨使用肢體動作或口語表達，而是綜合使用肢體動作和口語表達，因此，語-1-1「理解互動對象的意圖」，同時指出**理解口語和肢體動作**的重要。語-1-1 至語-1-3 都是關於**理解口語**的目標，理解的內涵除了互動對象所說的話，還包括口語的音韻特性，以及生活環境中使用多種語言的情形。語-1-4 和語-1-5 是關於**理解圖像符號**的目標，幼兒理解圖像有兩個方向：幼兒閱讀生活環境中的圖像與符號，理解符號的功能；幼兒也閱讀圖畫書中的圖像，欣賞圖像細節、不同的創作風格，以及圖畫書中的故事。語-1-6 和語-1-7 是關於**理解文字功能**的目標。**文字功能的理解**，對幼兒而言也有兩大學習重點：一是透過對環境與圖畫書的閱讀，產生對文字的探索興趣，認識華文一字一音的對應關係，熟悉華文的閱讀方向；二是理解文字具有標示、備忘、提醒，以及把想法具象化的功能。

課程目標語-2-1 到語-2-7 都是關於「**表達**」的目標。語-2-1 是以肢體動作表達，幼兒在生活中學習以肢體動作輔助口語表達，漸漸地學會於扮演活動中運用肢體動作參與演出。**語-2-2 至語-2-4 都是關於以口語表達的目標**，學習重點除了合宜說話，還有敘說生活經驗，以及看著圖片或圖畫書說出故事。**語-2-5** 的內涵是運用圖像符號表達，幼兒學習運用圖像表達想法與情感，也學習運用圖像符號標示、記錄與規劃行動。**語-2-6 和語-2-7** 的內涵是綜合運用**肢體、口語和圖像符號**等溝通媒介進行表達。幼兒閱讀敘事文本後，能以說、畫或演的方式表達回應，漸漸地也學會自己編創圖畫故事書，並將自己編創

的故事轉化成戲劇演出。

從上述 14 項課程目標可以看出，語文領域強調幼兒體驗與探索語文（語-1-2、語-1-4、語-1-5、語-1-6、語-1-7、語-2-5）、參與日常溝通情境（語-1-1、語-2-1、語-2-2）、閱讀、回應與編創敘事文本（語-2-3、語-2-4、語-2-6、語-2-7），以及體察社會語文使用情形（語-1-1、語-1-3），這些學習重點就是**語文領域之領域目標**的內涵。

第二節　語文領域的發展歷程

 ## 概要：建構語文領域的三個階段

語文領域經歷「幼兒園教保活動課程暫行大綱」共三期的研究而完成；其中，筆者主持第一、二期語文領域的研究；然第三期由倪鳴香教授所主持的「幼托整合後幼兒園教保活動與課程大綱（草案）及教師手冊修整計畫」，筆者並非研究團隊成員，僅參與幾次諮詢會議，負責回應倪教授所提出的意見，並與原語文領域研編小組共同修改語文領域之內涵。**實質上，語文領域內涵於第一、二期已經建構完成**，第三期僅進行字詞微幅的編輯與回應。從2012年暫綱發布到2016年新課綱正式發布期間，語文領域僅進行微幅修改，後文將簡要說明。

語文領域內涵的建構是一個團隊共同努力的成果，此團隊是由語文領域學術專長的教授群與幼兒園現場教師所組成。第一期與第二期研究時，團隊運作的主要機制為：由擔任召集人的筆者先擬定各種任務的草案，並於語文領域小組會議（每月舉行一到二次）中討論修改後，由召集人與研究助理執

行，並於每月舉行一次的聯席會議中報告研究進度。**第一期的研究**時程從2006年2月至2008年1月，除擬定語文領域目標、實施原則與評量原則外，主要重點在於進行實徵研究，以理解本國幼兒的語文發展現況，並據此發展語文領域的課程目標與學習指標。**第二期的研究**時程從2009年1月至2011年1月，研究主軸是在三個實驗幼兒園試用第一期所擬定的語文領域內涵，並不斷依據現場實作情形、幼兒園教師回饋的意見，以及課綱研究總團隊的建議修改學習指標。**第三期的研究**為前述由倪教授主持之「修整計畫」，期程為2010年12月至2012年3月。以下先分別說明**第一期與第二期研究的重要內涵**，即語文領域的發展情形；最後說明第三期研究語文領域的修改，以及2016年新課綱正式發布前的微幅修改。

壹、第一期研究（2006年2月至2008年1月）

　　第一期的研究重點在於確實了解本國幼兒的語文發展現況，以做為語文領域的實徵基礎。研究期程共兩年：**第一年的研究**，目標在於進行實徵研究以了解本國2～6歲幼兒的語文能力，工作重點在於編製三種語文測驗、訓練施測人員，以及到全國各地施測。**第二年的研究**，重點在於擬定測驗計分標準、對所蒐集的語料進行分析，並將研究結果轉化為分齡學習指標，以之做為參考梗概，再修改第一年草擬的領域目標、範疇與實施原則，並根據學習指標撰寫分齡教保活動示例，說明課程大綱的設計理念。**以下先簡要說明兩年研究的工作重點。**

　　第一年的研究目標是透過實徵研究，提出對本國2～6歲嬰幼兒語文能力的具體描述，共舉行了13次的小組會議，期間是從2006年1月19日至2007年12月21日。除第一次和第二次會議曾對語文領域的目標、內容與基本理

念稍做討論外，其餘的會議都集中在**語文測驗設計與資料蒐集方式**的討論。其中，對 2～3 歲幼兒語文能力的理解，由國立臺北教育大學幼教系碩士班的張馥麗同學進行「臺北縣二到三歲幼兒看圖說故事及個人生活經驗敘說能力之研究」，張同學同時也是本研究的兼任助理，不但參與本研究小組每一次的討論，接受資料分析的訓練，學習本研究的測驗編製方式，也在小組會議中諮詢委員關於 2～3 歲幼兒語料蒐集方式的問題。

關於**使用何種語文測驗來理解** 3～6 **歲幼兒的語文能力**，在第一次小組會議中，委員曾建議使用張欣戊編製的「學前兒童語言能力測驗」和陸莉等人修訂的「修訂畢保德圖畫詞彙測驗」。不過，「學前兒童語言能力測驗」因為沒有正式出版，考慮引用不易的問題，所以作罷。而廣受語文相關研究普遍使用的「修訂畢保德圖畫詞彙測驗」，雖有常模，但時日已久，確實有重做的必要。在小組討論之後，決定捨棄不用現成測驗，而**自行設計測驗**。接下來要考量的是，**到底要編製哪些測驗呢**？主要的考量面向在於**理解幼兒語文發展的關鍵面向**，以及本國現有相關研究尚未觸及的層面。第二次小組會議，即確定理解層面包括幼兒讀寫萌發發展概況、看圖說故事能力，以及經驗敘說能力，決定編製三項測驗，以理解上述的語文能力。

第二年（2007 年）共舉行了 22 次小組會議（從 2007 年 1 月 4 日至 2008 年 1 月 3 日），期間一面持續研擬三類資料的計分方式並進行分析，以此為基礎建構學習指標；一面修改第一年初擬的**領域目標**、**範疇**和**實施原則**，並撰寫領域設計說明和語文活動示例。

以下說明在第一期研究中，第一年語文測驗的設計與預試歷程、取樣方式，以及 2007 年 10 至 12 月的施測流程。

一、三種語文測驗的設計

以下分別說明三種語文測驗的發展與預試歷程。

（一）「讀寫萌發測驗」

「讀寫萌發測驗」的設計，主要在測試 3～6 歲幼兒於日常生活中重要的語文使用能力，例如：認出自己的名字、閱讀環境中的標示、對於書本的基本認識、運用圖像或自創方式協助自己記錄等。測驗的其他項目，例如：一字一音的配合能力、聲音的組合與拆解，則是小組委員認為對日後的閱讀具有相當預測能力的項目。這個測驗的設計，共經過八次預試，七次語文領域小組會議，修改五次才定稿。每一次的討論都依據預試時幼兒的反應與表現而做幅度或大或小的修改。另一項看圖說故事的測驗從 2006 年 5 月就開始進行預試，而「讀寫萌發測驗」則從同年 7 月上旬開始預試。也就是說，2006 年 7 月以後，兩項測驗即同時展開預試，每個孩子都進行「讀寫萌發測驗」與「看圖說故事測驗」兩項測驗。

（二）「看圖說故事測驗」

選擇讓孩子進行看圖說故事的活動，主要是考量在「讀寫萌發測驗」中，已經設計了檢視幼兒閱讀環境符號與文字的測驗項目，卻沒有閱讀、理解圖像的項目；而 2～6 歲的幼兒在日常生活中，最大量的互動或閱讀文本主要是由圖畫構成的文本，於是研編小組決定編製「看圖說故事測驗」。

設計看圖說故事的測驗，第一個問題就是要讓幼兒看什麼圖來說故事呢？

從 2006 年 5 月初一直到 2006 年 9 月底，我們一共試用了 11 組圖片，其中包括在第五次的小組會議中由小組成員楊綉琴老師建議使用的德國連環小

圖（二組）、一組由國立臺北教育大學幼兒教育學系畢業生設計的圖片，以及八組由筆者自編（委人繪圖）的圖片。這 11 組圖片在**四個月間**，共經過臺北市六個園所和花蓮縣五個國幼班共 98 位 3～6 歲幼兒的敘說預試。

每一組圖都包含四張情節連貫的小圖。每決定採用一組圖，筆者和助理就一起到鄰近或熟悉的國小附設幼稚園、私立幼稚園與托兒所進行測試，從孩子的敘說來檢視圖片是否合適。每一次測試後，先由筆者初步分析每一位幼兒看圖說的故事，繼而將筆者的發現與疑惑在小組會議中報告，透過討論，決定換圖或就圖片細節進行修改，之後再進入園所測試，一直到 9 月的最後一組圖測試後，選圖的工作才終於塵埃落定。

（三）幼兒的個人經驗敘說：受傷與出遊的經驗

我們原來的計畫是在星期一時，在各幼稚園或托兒所的生活分享時段蒐集此種語料。然而，助理規劃施測流程時，我們發現這樣的構想不太可能落實。即便預先透過電話詢問並確認有哪些園所在星期一有固定進行假日生活分享活動，若以一週一園所的速度，從 10 月至 12 月最多也只能蒐集 12 個班級的假日生活分享，遠遠不及原來預設的 600 人；況且，園所的互動或分享文化不一，恐怕造成更多、更複雜的情境變數。經過這樣的考量，於是決定改成在幼兒單獨面對資料蒐集者的情境下，蒐集幼兒的個人經驗敘說。

由於上述的變更，雖然「**看圖說故事測驗**」和「**讀寫萌發測驗**」的預試 5 月即開始，但幼兒的個人經驗敘說卻遲至 8 月才開始嘗試蒐集。由蒐集班級性的假日生活敘說改為蒐集個別幼兒的生活經驗敘說時，筆者決定以**受傷經驗**為主要的蒐集內容，一方面是因為筆者在過去幾年和幼兒的相處經驗中注意到，大部分的幼兒對自己身體相當關注，例如：筆者到幼稚園教室進行觀察時，常有小孩跑來告訴筆者：「你看我這裡受傷了。」另一方面，也由於文獻的提醒，因此決定採用此內容。

　　不過，從 8 月 24 日、25 日筆者和助理在花蓮縣開始試著蒐集此種資料，一直到 10 月第一個星期的正式資料蒐集，卻發現許多孩子堅稱自己沒有受過傷，連家人也沒有。因此，筆者再給助理另一個主題，請他們問問孩子：「你的爸爸媽媽有沒有帶你出去玩過？」根據筆者在幼稚園教室裡聆聽幼兒敘述假日生活的經驗，大部分的經驗都是和家人出遊的經驗。當幼兒提供正面回應時，再邀請幼兒：「那你說一次最好玩的給我聽。」在 10 月第二個星期到 12 月的資料蒐集歷程中，**兩種話題都問**[2]的情況下，確實幫助筆者和助理聽到了更多孩子的經驗。

　　2～3 歲幼兒的經驗敘說，張馥麗同學即參照本研究的考量，蒐集幼兒的「受傷經驗」、「出遊經驗」，以及筆者所建議的「看醫生經驗」。

二、取樣與施測

（一）取樣

1.3～6 歲幼兒部分

　　此部分主要是依據總綱組於 2006 年 6 月 11 日完成之抽樣名單來進行施測。抽樣方式說明如下，抽樣園所的數量請見表 4-1，以下是總綱組的抽樣方式說明：

　　抽樣方式說明：

　　1. 準備抽樣用的名冊

　　　(1)抽樣用的名冊資料來源有二：

---

2. 有一組助理誤以為兩種語料只需要其中一種，她們在幼兒表示沒有受傷經驗時才邀請幼兒敘說出遊經驗，以致於從參與研究的 624 位 3～6 歲幼兒中，只蒐集到 424 份出遊經驗的敘說語料。

(A)95 年 5 月，教育部統計處網站——全國公私立幼稚園名冊。

(B)95 年 5 月，內政部兒童局網站——全國公私立托兒所名冊。

(2) 將上列兩項資料整理為「全國公私立幼稚園及托兒所名冊」，並重新編號。

2.計算各領域所需施測園所數

(1) 依至 95 年 6 月 8 日為止各領域所提供的實徵研究工具說明表，確定各領域各年齡層所需施測人數；依該年齡層人口數在全國縣市中的比例，計算各縣市所需施測人數；再以十人為一所的原則將人數轉換為園所數。

(2) 以施測所需園所數的六倍計算備用園所數（例外：雲林縣以五倍、澎湖縣以三倍計算備用園所數。因該縣市園所數相對於其人口數的比例較低，若以六倍計算備用園所數其總和超過該縣市園所數）。

3. 以隨機方式抽出各領域施測園所名單及備用園所名單。

（2006.06.11 總綱組之抽樣方式說明）

由總綱組所提供之抽樣園所名單中，逐一電話詢問園所接受施測員到園所施測之意願，再傳真「家長同意書」給願意接受施測之園所，以徵求家長之同意。然而，由於部分園所 3～4 歲幼兒人數較少，再加上願意接受施測的家長比例亦不高，因此造成某些縣市 3～4 歲幼兒施測人數不足之情況。因此，部分園所 3～4 歲幼兒若人數較多，也願意配合施測，則會多施測一到二名，以彌補其他縣市 3～4 歲幼兒人數不足的情況。**抽樣數量**與**實際**進行之人數分配，如表 4-2 所示。

表 4-1　第一期實徵研究抽樣園所數計算

〔園所數計算〕－「語文」領域實徵研究－總綱組－950609

區域性（行政區）	3～4歲幼兒人數（人）	占全國比例	以樣本數200人計算之抽樣人數（人）	4～5歲幼兒人數（人）	占全國比例	以樣本數200人計算之抽樣人數（人）	5～6歲幼兒人數（人）	占全國比例	以樣本數200人計算之抽樣人數（人）	3～6歲應抽人數合計	應抽所數
基隆市	3,610	1.491%	2.98	3,771	1.510%	3.02	4,741	1.602%	3.20	9.21	1
臺北市	25,964	10.726%	21.45	25,988	10.405%	20.81	31,019	10.479%	20.96	63.22	6
臺北縣	36,944	15.263%	30.53	38,921	15.583%	31.17	47,248	15.961%	31.92	93.61	9
桃園縣	23,249	9.605%	19.21	24,518	9.816%	19.63	28,983	9.791%	19.58	58.42	6
新竹市	5,048	2.085%	4.17	5,155	2.064%	4.13	6,096	2.059%	4.12	12.42	1
新竹縣	6,579	2.718%	5.44	6,576	2.633%	5.27	7,516	2.539%	5.08	15.78	2
苗栗縣	6,529	2.697%	5.39	6,494	2.600%	5.20	7,128	2.408%	4.82	15.41	2
金門縣連江縣	873	0.361%	0.72	842	0.337%	0.67	974	0.329%	0.66	2.05	1
北區總計			89.89			89.89			90.34	270.12	28
臺中市	11,385	4.703%	9.41	12,282	4.917%	9.83	15,512	5.240%	10.48	29.72	3
臺中縣	17,585	7.265%	14.53	18,341	7.343%	14.69	21,436	7.242%	14.48	43.70	4
彰化縣	15,041	6.214%	12.43	15,428	6.177%	12.35	17,643	5.960%	11.92	36.70	4
南投縣	5,805	2.398%	4.80	5,993	2.399%	4.80	6,542	2.210%	4.42	14.02	1
中區總計			41.16			41.67			41.30	124.14	12

表 4-1 第一期實徵研究抽樣園所數計算（續）

區域性（行政區）	3～4歲幼兒人數（人）	占全國比例	以樣本數200計算樣之抽樣人數（人）	4～5歲幼兒人數（人）	占全國比例	以樣本數200計算人之抽樣人數（人）	5～6歲幼兒人數（人）	占全國比例	以樣本數200計算樣之抽樣人數（人）	3～6歲應抽樣人數合計	應抽所數
雲林縣	8,327	3.440%	6.88	8,248	3.302%	6.60	9,280	3.135%	6.27	19.75	2
嘉義市	2,683	1.108%	2.22	3,003	1.202%	2.40	3,883	1.312%	2.62	7.24	1
嘉義縣	6,283	2.596%	5.19	6,302	2.523%	5.05	6,924	2.339%	4.68	14.92	1
臺南市	7,203	2.976%	5.95	7,656	3.065%	6.13	9,402	3.176%	6.35	18.43	2
臺南縣	10,719	4.428%	8.86	10,829	4.336%	8.67	13,014	4.396%	8.79	26.32	3
高雄市	14,350	5.928%	11.86	14,968	5.993%	11.99	18,983	6.413%	12.83	36.67	4
高雄縣	12,701	5.247%	10.49	12,829	5.136%	10.27	15,064	5.089%	10.18	30.94	3
澎湖縣	970	0.401%	0.80	1,000	0.400%	0.80	1,130	0.382%	0.76	2.37	1
南區總計			52.25			51.92			52.48	156.65	16
屏東縣	9,241	3.818%	7.64	9,405	3.765%	7.53	10,834	3.660%	7.32	22.49	2
臺東縣	2,657	1.098%	2.20	2,670	1.069%	2.14	2,968	1.003%	2.01	6.34	1
花蓮縣	3,576	1.477%	2.95	3,692	1.478%	2.96	4,080	1.378%	2.76	8.67	1
宜蘭縣	4,734	1.956%	3.91	4,859	1.945%	3.89	5,614	1.897%	3.79	11.60	1
東區總計			16.70			16.52			15.87	49.09	5
合計	242,056	100.00	200.00	249,770	100.000%	200.00	296,014	100.000%	200.00	600.00	62

註：人口數資料來源：內政部戶政司，2006 年 4 月底。

表 4-2　全國公私立幼稚園抽樣數量分配表

區域性	3～4 歲抽樣人數	3～4 歲實際施測人數	4～5 歲抽樣人數	4～5 歲實際施測人數	5～6 歲抽樣人數	5～6 歲實際施測人數
基隆市	2.98	3	3.02	3	3.20	3
臺北市	21.45	24	20.81	21	20.96	20
臺北縣	30.53	31	31.17	32	31.92	32
桃園縣	19.21	16	19.63	20	19.58	20
新竹市	4.17	0	4.13	5	4.12	5
新竹縣	5.44	10	5.27	5	5.08	5
苗栗縣	5.39	9	5.20	5	4.82	5
金門縣連江縣	0.72	2	0.67	2	0.66	2
北區總計	89.89	95	89.89	93	90.34	92
臺中市	9.41	10	9.83	10	10.48	11
臺中縣	14.53	14	14.69	15	14.48	14
彰化縣	12.43	12	12.35	12	11.92	13
南投縣	4.80	5	4.80	5	4.42	4
中區總計	41.16	41	41.67	42	41.30	42
雲林縣	6.88	7	6.60	7	6.27	6
嘉義市	2.22	3	2.40	3	2.62	4
嘉義縣	5.19	5	5.05	5	4.68	5
臺南市	5.95	6	6.13	6	6.35	6
臺南縣	8.86	9	8.67	9	8.79	9
高雄市	11.86	12	11.99	12	12.83	13
高雄縣	10.49	11	10.27	10	10.18	10
澎湖縣	0.80	1	0.80	2	0.76	2
南區總計	52.25	54	51.92	54	52.48	55
屏東縣	7.64	8	7.53	8	7.32	7
臺東縣	2.20	2	2.14	2	2.01	2
花蓮縣	2.95	3	2.96	3	2.76	3
宜蘭縣	3.91	4	3.89	4	3.79	4
東區總計	16.70	17	16.52	17	15.87	16
合計	200.00	207	200.00	206	200.00	205

2. 2～3 歲幼兒部分

張馥麗同學進行的 2～3 歲幼兒部分，由她依據總綱組提供給本研究的施測園所數和備用園所數共 43 間托兒所，逐一以電話詢問。施測人數則依據臺北縣社會局兒童少年福利課於 2006 年 9 月底公布的縣內已立案之 1,121 所公私立托兒所中，年齡為 24～36 個月幼兒就讀托兒所母群總數 1,877 人，抽取 91 人。並設定信賴水準（confidence level）為 95%，而信賴區間（confidence interval）為 .1。

由於托兒所內 2～3 歲幼兒數過少的緣故，以及資料可能無法使用的問題，在 43 間托兒所中，只要是園所內符合 2～3 歲年齡的幼兒均加以施測，確保最後的可用樣本數達到 91 人，最後願意參與並完成施測的園所為 24 間，完成施測的對象為 118 人（張馥麗，2007，頁 35）。

（二）正式施測

2006 年 10 月至 12 月是正式施測的時程。在 2006 年 6 月時，依據總綱組的建議，語文領域研編小組決定取樣 600 位 3～6 歲的幼兒，每個年齡層 200 位；2～3 歲幼兒部分，如前述由張馥麗同學負責施測（可參見張馥麗，2007，頁 41-44）。以下僅說明 3～6 歲幼兒的施測歷程。

助理在考量人力可運用的情形與地理位置後，先擬定施測大致行程，再透過電話依序（正取與備取順序）詢問抽樣園所參與研究的意願，並傳真由筆者草擬的同意書，然後到各地施測。

三、擬定計分方式

計分方式與標準的擬定，則是從 2006 年 9 月底開始進行討論，一直持續到 2007 年 12 月，歷時 16 個月。大致的步驟包括閱讀資料、初步分析、和助

理練習計分、發現問題、小組討論、修改計分方式,以及訓練計分人員,和助理不斷練習計分一直到計分人員間的一致性達到理想的程度。

「**讀寫萌發測驗**」的計分方式,相較於其他兩項測驗,比較容易確定。除了評分,我們也記錄得到某個分數的各種情形。

「**看圖說故事**測驗」共有四大評分向度,包括:「詞彙使用」、「語句使用」、「對話使用」,以及「敘事連貫/主題建構」。「詞彙使用」這個向度所檢視的面向包括詞彙量(總詞彙量、相異詞彙量和相異詞出現率)與詞彙複雜度。「語句使用」檢視的面向包括語句量(總句數和平均語句長)和語句複雜度。

在**看圖說故事**和**經驗敘說**兩種語料中,**詞彙使用與語句使用**兩者量的統計,都依據 CLAN(Child Language Analysis)兒童語料分析軟體(MacWhinney, 2000)規定的格式處理轉譯稿,再運用該程式得到總詞彙量、相異詞彙量、相異詞出現率、總句數,以及平均語句長的數值。

運用 CLAN 之前,首先要將轉譯稿做「**斷詞**」與「**斷句**」的處理。斷詞的原則,根據研究團隊成員曹峰銘老師的說法:「是最小的有意義單位。也就是雙(或以上)音節詞分割之後,獨立的音節其意義不等於組合音節之後的意義,例如:『蛋糕』。」根據這樣的定義,筆者和助理即嘗試斷詞,在練習的過程中摸索出一些原則;遇到不知道如何切割的字串,再帶到小組進行討論。

斷句則是依據已有多年使用 CLAN 軟體來分析兒童語料經驗之張鑑如老師的建議(2007 年 4 月 10 日),遇到「停頓、語調下降、完整語意,以及被打斷」這四種情形的時候,就斷為一句。同樣地,筆者和助理練習、試做之後,遇到問題帶到小組會議討論後再繼續練習,直到評分者內部一致性達到理想程度,才開始由助理分工評分。

四、測驗計分後的資料分析

三種測驗資料在完成計分後，就以 SPSS 13.0 版套裝軟體進行統計分析，統計方法如下所述：

1. 以平均數和標準差了解 3～6 歲幼兒在讀寫萌發、看圖說故事和幼兒個人生活經驗敘說等三種語文測驗的表現。

2. 以單因子變異數（ANOVA）分析 3～4 歲、4～5 歲和 5～6 歲等三個年齡層幼兒在讀寫萌發、看圖說故事和幼兒個人生活經驗敘說等三個測驗上的差異。

3. 以皮爾森積差相關（Pearson correlation）分析讀寫萌發、看圖說故事和幼兒個人生活經驗敘說等三種語文測驗裡，每一測驗中各題項的相關程度，以考驗各測驗的信度。

4. 以皮爾森積差相關分析讀寫萌發、看圖說故事和幼兒個人生活經驗敘說等三種語文測驗在同一語文向度的相關程度，以考驗測驗的效度。

五、研究結果簡述

（一）「讀寫萌發測驗」的結果

3～4 歲幼兒對於某些聲韻的組合（如ㄨㄢ和ㄅㄨ）、「指出環境中的文字」，以及環境中文字的唸讀方向等，有半數以上可以達成，其他的題項則都僅只有少於三分之一或更少數的幼兒能夠正確回應。比較令筆者驚訝的是，僅有 41%的受試幼兒認得自己的名字。而「書的名字在哪裡」這個問題，對 3～4 歲幼兒而言，似乎也不是個容易的概念——只有 43.1%可以正確指出書名的位置，有 45.9%指了封面的圖片。

　　4～5 歲幼兒也只有 53.9%能夠認得自己的名字，但是有 63.5%的幼兒能指出圖畫書的名字，此極可能是上學所帶來的影響。對於環境中的文字，已有極高比例的幼兒能指出來，但是對摩托車上文字位置的指認，有 40.9%的幼兒指的地方是「字母」和「數字」，僅有 28.1%正確指出文字的位置，這似乎表示 4～5 歲幼兒雖然已有文字的概念，但是還不太能區分文字、字母與數字的不同屬性。只有約半數的幼兒具備一字對應一音的概念；但相較於 3～4 歲幼兒，對於辨識華語和英語，則有相當不同的表現進展（13.4%到 44.1%）。

　　5～6 歲幼兒在各題項皆有接近 70～80%能夠正確回應。也有幾個不到 70%的幼兒能正確回應的項目，包括：聲韻的拆解，兩個題項都僅有 63.4%的幼兒能正確回應。而閱讀告示牌（圖像符號）的表現，僅有 63%的幼兒能考量環境線索說出告示牌「禁止飲食」的意義。

　　在三個年齡幼兒的測驗表現比較之下，有 23 個項目達到顯著差異，只有 2 個題項沒有達到顯著差異。這兩個題項是：請幼兒從 3 本圖畫書中拿出 1 本施測者唸出書名之圖畫書，以了解幼兒是否具備一字一音的概念，這 2 個子題的結果很有可能受到猜測的因素所影響。

　　另一個可能也受到猜答影響的題項是聲韻「ㄌ」的拆解（指聽到ㄌㄠ後，在施測者說「有一個音是ㄠ，另一個是什麼」的回應），3～4 歲幼兒有 68.9%回應正確，4～5 歲幼兒只有 55.4%回應正確，5～6 歲幼兒也僅有 63.4%回應正確。但如果對照聲韻組合與拆解其他 5 個題項均顯示年齡差異的表現，這一題項年齡與表現間的不尋常結果，極有可能是受到猜測的影響。

（二）「看圖說故事測驗」的結果

　　施測時，2～3 歲和 3～6 歲幼兒使用兩組不同的圖片，但採用類似的施測方式與計分方式，分別討論如下。

整體而言，四個年齡層幼兒在第二次看圖說故事的各項表現都比第一次好，足見提示能很有效地提升幼兒對圖組的理解。

以下僅針對第一次未經提示的表現加以說明。

2～3 歲幼兒看圖說故事，在詞彙量、詞彙複雜度、總句數、平均語句長，以及語句複雜度的表現都在預期之內，敘事連貫的部分則只有 1.7%能說出四張圖片的關係，24.1%的幼兒能至少說出兩張圖片的關係。

3～6 歲共三個年齡層的幼兒，在詞彙量、詞彙複雜度、平均語句長、語句複雜度、對話使用（即對角色互動行為的覺知與表達），以及敘事連貫等這些面向的表現都達到顯著差異。不令人意外的是，**總句數並沒有達到顯著差異**，事實上說出語句量的多寡，確實不能顯示語文能力的差異。

比較值得關注的是，不同年齡層幼兒在語句複雜度、對話使用和敘事連貫這三個面向的表現，說明如下。

就**語句複雜度**這個面向而言，3～4 歲幼兒有 20.2%使用非句、66.7%使用簡單句、13.2%使用比較複雜的語句；4～5 歲幼兒有 11.5%使用非句、48%使用簡單句、40.5%使用比較複雜的語句；5～6 歲幼兒則僅有 3.3%使用非句、33.3%使用簡單句、63.3%使用比較複雜的語句（其中包含 25.3%的幼兒使用相當複雜的語法），足見幼兒對華語語法已有相當程度的掌握。

就**對話使用**這個面向來看，3～4 歲的幼兒僅有 4.6%提到一個角色的說話內容、1.6%提到兩個角色的對話與內容；4～5 歲幼兒有 18.9%提到一個角色的說話內容、10.9%提到兩個角色的對話與內容；5～6 歲幼兒有 30.6%提到一個角色的說話內容、14%提到兩個角色的對話與內容。4～5 歲幼兒與 5～6 歲幼兒對圖組角色的覺知，以及引述方式的能力大幅提升，極為可能是受到接觸書寫表達方式的影響。

敘事連貫的表現，則不如預期：3～4 歲幼兒只有 5.5%說出至少兩張圖片

的關係，4～5 歲幼兒只有 23.7%、5～6 歲幼兒則有 53.3%能做到。這樣的結果或許意味著，幼兒對圖畫書或圖卡組的整體思考還有相當的提升空間。

（三）生活經驗敘說語料的分析結果

2～3 歲組蒐集了受傷經驗、出遊經驗和看醫生經驗等三種敘說，詞彙量、總句數和平均語句長都以出遊經驗最多。

3～6 歲組只蒐集了受傷經驗（施測者提供示範敘說）以及出遊經驗（無示範敘說）兩種敘說。有趣的是，3～4 歲幼兒在總詞彙量、相異詞彙量、總句數和平均語句長，也均以出遊經驗較好；4～5 歲幼兒的出遊經驗敘說則在總詞彙量、相異詞彙量、總句數這三個面向，多於受傷經驗；5～6 歲幼兒的出遊經驗敘說則在總詞彙量、相異詞彙量、總句數和平均語句長等四個面向，多於受傷經驗。語句複雜度，則三個年齡層均以受傷經驗敘說表現較好。或許因為敘說出遊經驗時，幼兒在沒有示範敘說參照、也沒有圖像提示的情形下，一面說一面想，因而說出比較多的簡單句。

3～6 歲幼兒在受傷與出遊經驗敘說各面向的表現，三個年齡層並沒有顯著差異，此顯示在非自然的研究情境中單單蒐集一次個人經驗敘說，確實不能有效地理解幼兒的敘說能力。上述的研究結果如何轉化成語文領域的內涵，將在後續第四節加以說明。

貳、第二期研究（2009 年 1 月至 2011 年 1 月）

第一期研究完成一年之後，才啟動第二期研究。第二期研究的主要目標為對第一期發展的語文領域內涵進行縝密的檢視與修改。本期研究共分兩個階段，採用不同的研究方式：**第一階段**從 2009 年 1 月至 2009 年 8 月，以修

改領域內涵為主要目的，六個領域各自修改，每個月在聯席會議時共同討論；**第二階段**的研究期程是 2009 年 8 月至 2010 年 9 月，各領域的計畫主持人與協同主持人都輔導三個園所實驗新課綱的運用，依據新課綱提示的實施原則發展幼兒園課程，並持續依據園所教師的建議與回饋修改領域內涵與學習指標。

以下說明語文領域各部分於第二期的修改情形。

一、範圍與內容的修改

依據 2009 年 2 月初聯席會議的決議，各領域目標、範圍與內涵均使用了一些近似的詞彙，各領域應對這些用語的指涉詳細說明，以便加以整合。依據這項決議，語文領域研編小組在 2009 年 2 月 19 日召開的小組會議中，即針對原來的用語有如下的討論與修改：

1. **仔細定義「覺察」，澄清「覺察」和「察覺」的指涉。**

2. **增加對回應一詞的說明：**「幼兒以肢體動作、表情、口語、圖像與自創符號，對於他人的肢體動作、表情、口語、圖像和各類文本有所反應，反應的自覺與複雜程度隨著幼兒的發展與互動情境而有層次上的差異。」

3. **將「區辨、覺察、詮釋」改成「察覺、區辨、詮釋」：**「察覺」的意義如同「聽覺」、「視覺」，指稱一種依靠所知覺訊息而有的「感覺」，因此層次上的安排應該先於「區辨」，最後才是「詮釋」。「詮釋」的涵意層次較高，包含了「覺知」、「覺察」等概念。

二、領域目標與教學原則的修改

領域目標與教學原則的修改，除了小組討論與直接諮詢實驗園所老師的意見外，筆者也在各地研習活動時，仔細聆聽臺下老師們所給予的建議，思

考可修改之處，例如：2009 年 12 月 5 日在臺北市新課綱研習中，一位幼稚園現場老師提出目標一「體驗與覺知日常生活與環境中語言和文字的趣味與功能」的連接詞太多，經小組會議後改寫為「體驗覺知生活中語言文字的趣味與功能」[3]。

此外，2010 年 6 月，筆者在檢視最後定案的指標版本時，發現領域目標四「喜歡閱讀並能做出具有個人觀點的回應」，在字義表達上尚有修改空間，於是發信通知小組成員，進行討論。經過幾天討論，將目標四修改為「喜歡閱讀並能展現具有個人觀點的回應」[4]。

三、學習指標的修改

研編小組期望學習指標在幼教現場發揮實質的功能，<u>修改的發想源頭與根基也就要從幼教現場而來</u>。以第一期所完成之學習指標向幼教老師諮詢時，老師們全面性地表達希望 3～5 歲的指標能拆成 3～4 歲與 4～5 歲的指標，因為與幼兒長期相處的經驗告訴他們：3 歲幼兒、4 歲幼兒與 5 歲幼兒的語文能力有極大的差異，若寫成 3～5 歲的指標將使三個年齡層幼兒的語文能力差異變得模糊，而各個年齡層的語文表現也無法描述得具體明確。這樣的聲音在總綱組召開的第一次聯席會議中發揮了作用，會議決定將 3～5 歲的指標修改成 3～4 歲和 4～5 歲的指標。

圖 4-1 呈現學習指標的修改機制：依據在多元管道進行的不同質地之研究工作所得，經過小組討論、辯論而至達成共識，逐條考量學習指標的適切程度並進行必要的修改。在多元管道進行的研究工作，包括：在托兒所觀察 2～3 歲和 3～4 歲幼兒的語用行為、考量九年一貫分段能力指標與幼兒園學習指標

---

3. 目標一之後又經修改，目前的版本是「體驗並覺知語文的趣味與功能」。

4. 目標四目前的版本是「喜歡閱讀並展現個人觀點」。

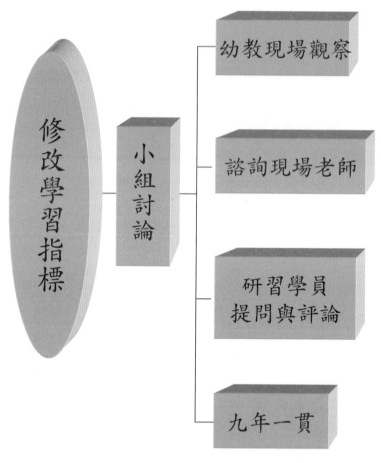

圖 4-1　語文領域學習指標的修改機制

的銜接情形、諮詢幼教現場老師，以及在研習場合裡仔細聆聽學員的提問與評論。

　　以下簡要說明學習指標在第二期研究中共三個階段的修改情形。

　　第一階段（2009 年 1 月至 2009 年 6 月），係由四種管道來思考與修改學習指標，說明如下。

（一）將 3～5 歲的指標「回復」成 3～4 歲與 4～5 歲的指標

標題使用「回復」一詞，是因為在 2006 至 2008 年的實徵研究中之語料蒐集，本來就以 3～4 歲、4～5 歲和 5～6 歲的幼兒為對象，將成果轉化成學習指標時也分成三個年齡層。當時因為配合其他領域的資料蒐集與指標建構情形，而將 3～4 歲、4～5 歲兩個年齡層的指標合併為 3～5 歲的指標。所以，把 3～5 歲的學習指標再細分為兩個年齡層的指標，對語文領域來說是一種「回復」。

在 2009 年 2 月 19 日的小組會議中，研編小組逐條討論學習指標，並決議將其拆成 3～4 歲與 4～5 歲的學習指標。

（二）透過幼教現場觀察，調整或增加學習指標

3～5 歲的指標回復成兩個年齡層後，即開始針對指標建立當時的限制與不足之處，力圖改善。如前所述，學習指標的建構，最重要的依據是兩年期的實徵研究。實徵研究所設計的三種語文測驗是以本國 3～6 歲的 624 位幼兒為語料蒐集的對象；2～3 歲的部分則是由張馥麗（2007）另外進行「臺北縣二到三歲幼兒看圖說故事及個人生活經驗敘說能力之研究」。採用這樣的研究設計，主要的考量是全國性的語料蒐集很難關照到全國的 2～3 歲幼兒，因為未必所有的 2～3 歲幼兒皆會進入幼托機構，所以抽樣不易。因此，當研編小組有了修改指標的機會，首先就針對這項限制進行補強的工作。

研編小組選擇了一所位於臺北市的績優托兒所，由助理於 2009 年 3 月至 5 月每週兩個上午（8 點至 12 點）的時間進入 2～3 歲和 3～4 歲的班級進行廣泛的觀察。**觀察的重點是幼兒的語用行為**，記錄的方式則是以一個完整的語用事件為單位。這些語用行為的紀錄**整理、轉譯**完成後，首先由筆者和助理針對

每一項語用行為進行註記。註記的方式有以下三種。

1. 標示出已有的、可對應的指標[5]

如例 1、例 2、例 3 所示。

例 1

日期	情境描述	觀察內容	摘要與註記
200/3/12 幼幼班 （2〜3 歲）	安安敘說經驗	安：媽媽有帶我去看一個好 　　大好大的鯨魚喔！ 好：對，有啊。 安：還有尖尖的牙齒，你們 　　把牠殺死掉。 好：對，而且我們糊里糊塗 　　給牠殺死了。就不能看。 安：我要看耶！ 　　我小時候小 Baby，更小 　　的小 Baby 啊， 　　看到一隻鯊魚哦！ 　　牠是很小都不會吃人。 　　可是牠是一直最大， 　　很〜大的一隻鯊魚。	指標：語-2-2-2 在一對一的互動情 境中能開啟話題 指標：語-2-3-1 能建構一個事件的 經驗敘說

（2009.03.12 觀察紀錄 No.53）

例 2

日期	情境描述	觀察內容	摘要與註記
2009/4/21 小班 （3〜4 歲）	常中靠過來， 看到筆記本上 有他的名字	中：常中，王常中。 　　（指著自己的名字）	指標：語-1-8-1 能認出自己的名字

（2009.04.21 觀察紀錄 No. 6）

---

5. 此處的學習指標為 2010 年 9 月之版本。

例3

日期	情境描述	觀察內容	摘要與註記
2009/4/21 幼幼班 （2～3歲）	晏文讀《小鴨鴨長大了》	晏文：雞跑出來了。 我的雞都跑出來了。 然後呢，然後呢， 然後牠們就在裡面。 牠就在水裡面。 然後……就去抓牠。 牠就在游泳， 然後呢，牠住在水草裡面。 然後牠們就，然後呢， 公雞呢就說，公雞就說， 「你怎麼跑到水裡面了啊？」 然後呢，牠就跑出來了， 沒了啊！	<u>指標：語-1-6-1</u> 喜歡翻閱圖畫書 <u>指標：語-1-6-2</u> 知道翻閱圖畫書的方向 <u>指標：語-2-5-1</u> 能說出一張圖片主要的人或物

（2009.04.21 觀察紀錄 No.20）

2.標示出已有的指標，但是指出年齡層有待商榷的部分

如例4，學習指標語-中 1-7-2（4～5歲）的內容為「理解文字和語音一字一音的對應關係」，然而在托兒所觀察時，卻發現3～4歲的幼兒已有「一字一音」的概念。

例 4

日期	情境描述	觀察內容	摘要與註記
200/5/21 小班 （3～4 歲）	四個孩子一起唸童謠	四個孩子突然看起牆上的童謠，樂樂帶頭，一字一音指著字唸，其他人跟著唸。	回應指標：語 -1-7-2（4～5 歲）理解文字和語音一字一音的對應關係

（2009.05.21 觀察紀錄 No.16）

3. 沒有與該語用行為對應的指標

由筆者或助理先寫下一個足以描述該語用行為的指標，如例 5、例 6、例 7 所示。

例 5

日期	情境描述	觀察內容	摘要與註記
200/5/26 幼幼班 （2～3 歲）	連廷玩積木	連廷：妳看我做的飛行號。妳看它有紅紅的就不痛。它要加油。因為它要加滿油，它就可以飛了。	運用口語建構想像情境

（2009.05.26 觀察紀錄 No.10）

例 6

日期	情境描述	觀察內容	摘要與註記
2009/5/12 幼幼班 （2～3 歲）	托兒所的入園時間。大多數幼兒還沒到，只有五位幼兒	心心：只有五個小朋友很少。 怡樺：只有五個小朋友喔，然後呢？ 心心：因為很多小朋友還沒來。 可是呢，可是，可是，有五個小朋友，很少。 有好多小朋友就來了。	描述自己的觀察

（2009.05.12 觀察紀錄 No.2）

例 7

日期	情境描述	觀察內容	摘要與註記
2009/4/30 小班 （3～4 歲）	戶外活動的時間，孩子們自由遊戲	偉偉＞琳純：妳兩次犯規囉！妳再犯規我就不要玩了！我就跟巫聲佑比賽。 （再玩一次，琳純果然還是犯規了） 妳三次犯規了！我要跟巫聲佑比賽。	以口語協商遊戲規則和結果

（2009.04.30 觀察紀錄 No.5）

　　所有的觀察紀錄完成後，都會在小組會議中逐項討論，由小組委員共同決定是否依據觀察到的語用行為而增加指標，如例 8 所示。

例 8

日期	情境描述	觀察內容	摘要與註記
2009/4/2 小班 （3～4 歲）	偉偉主動提及家裡的事	偉偉：我哥哥跟我的一樣是陳喔，我是陳澤偉，哥哥是陳□□，我爸叫陳◎◎，呵呵，怎麼會有三個陳呀！	無指標：能覺察重複聽到的字詞

（2009.04.02 觀察紀錄 No.3）

　　在 2009 年 6 月 22 日的小組會議中，研編小組認為這的確是經常發生且重要的語用行為，於是增加 3～4 歲的指標「語-1-2-2 能覺察重複聽到的字詞」。

　　有時，雖然觀察到某些語用行為，但是經過討論後仍然覺得原來的指標較能描述幼兒的學習潛力，該次觀察到的現象可能僅是少數幼兒的能力展現，因此就維持原來的指標，如例 7。雖然觀察資料顯示，3～4 歲幼兒似乎具備 4～5 歲年齡層的指標語-1-7-2 所描述的能力，小組委員在 2009 年 6 月 4 日的小組會議中表示，仍然應該參照 2006 年至 2008 年兩年期研究之實徵資料為依據。實徵資料顯示，在「知道聲音與國字的對應關係（三字、五字、七字）」中，其中 4～5 歲幼兒超過 50%能夠達成此項目，而 3～4 歲幼兒則徘徊在 30 至 40%中間，於是最後決定仍然將此指標放在 4～5 歲年齡層中。

　　2009 年 6 月中，依據觀察與小組討論，在 2～3 歲的指標方面，共加入三項指標，包括：

語-1-7-1 喜歡探索環境中的文字

語-2-2-2 在一對一的互動情境中能開啟話題

語-2-2-3 能合宜的使用「請」、「謝謝」、「對不起」等禮貌用語

在 3～4 歲的指標方面，共加入五項指標，包括：

語-1-2-2 能察覺重複聽到的字詞

語-2-2-1 能以口語建構想像的情境

語-2-2-3 在一對一的互動情境中能延續同一話題的對話

語-2-3-2 能說出觀察現象簡單的因果關係

語-2-4-2 在圖畫書輔助下重述熟悉的故事

整體看來，除了增加新指標，為期三個月的托兒所現場觀察，其實還有另外一項功能——**檢驗現有的指標是否確切掌握與精準描述 2～3 歲幼兒與 3～4 歲幼兒的語用情形**。結論是，大部分觀察到的語用行為都已經有相對應的學習指標，顯示所建構的指標已經頗為適切地描述了 2～6 歲幼兒的語文發展狀況與學習潛力。

（三）考量學習指標與九年一貫分段能力指標的銜接情形

除了直接針對指標討論與修改，研編小組也依據聯席會議的決議，檢視九年一貫分段能力指標與幼兒園學習指標的銜接情形。同樣地，在小組會議逐條討論過後，再由筆者寫出整體評論。

兩種指標之間的主要差異有二：

1. 九年一貫語文領域課綱將能力指標分成「聽」、「說」、「讀」、「寫」、「注音符號」、「寫作」等項目；幼兒園課綱則是以「理解」和「表達」兩大項目為基本架構。

2. 九年一貫的能力指標，從前述架構和指標內涵來看，**以個人的語言表現能力為主**；幼兒園課綱則是**看重社會互動情境中幼兒使用語言的能力**。

事實上，在日常生活與學習活動中，幼兒很少只使用「聽」、「說」、「讀」、「寫」等單一面向的能力進行溝通，例如：幼兒在教室的團體互動

情境（如團討）中，必須先仔細「聆聽」，再回應他人話語或提出看法，也就是說，人要怎麼「說話」，關乎人怎麼「聆聽」。呼應這樣的前提，對於幼兒園學習指標與九年一貫分段能力指標的對照與檢視也可看出：與九年一貫的能力指標對應的幼兒園學習指標，常會同時涉及「理解」與「表達」兩大面向。

於是，筆者將九年一貫語文領域（一～二年級）共分成六個面向的能力指標，與幼兒園語文領域學習指標（2009 年 6 月版本），逐條對照後寫出評論，並以表格清楚標示兩項指標間的關係[6]。將兩種指標逐條比對、分析後可以看出以下幾種情形：

1. 幼兒園語文領域 5～6 歲的指標共有 39 項，其中 28 項指標，在九年一貫的分齡能力指標中可以找到對應與銜接的指標。兩種指標涉及的面向與能力，初步看來沒有銜接的問題[7]。

2. 九年一貫分段能力指標（一～二年級）有**整體低估兒童的傾向**。比對中可以清楚看出，在一～二年級的能力指標中，有相當數量對應的是幼兒園 3～4 歲，甚至是 2～3 歲的指標。九年一貫能力指標似乎小看兒童了，例如：指標 3-1-1-1「能清楚明白的口述一件事情」，這是 3 歲幼兒就可以做到的事情；3-1-1-11「能用完整的語句，說出想要完成的事」，這是 2～3 歲的幼兒就可以展現的能力。

3. 有些九年一貫指標在幼兒園學習指標中找不到對應的項目，這些項目可幫助我們仔細思考：這樣的情形是學習指標的缺漏，或是某些面向的能力從小學一年級開始學習就可以。

---

6. 對照表格長達 21 頁，篇幅所限，不在此呈現。有興趣的讀者可參考《「幼兒園教保活動與課程大綱：語文領域後續研訂計畫」期末報告》（蔡敏玲等人，2010）。

7. 實例可參見《「幼兒園教保活動與課程大綱：語文領域後續研訂計畫」期末報告》（蔡敏玲等人，2010，頁 64-74）。

（四）諮詢現場老師

　　除了上述工作外，為了了解現場教師對於語文領域學習指標的意見反應，研編小組得到臺北市一間公辦民營托兒所的應允，於 2009 年 5 月 19 日進行現場教師的諮詢會議；在記錄下現場教師對於語文領域學習指標的意見與想法之後，研編小組在 2009 年 6 月 4 日的小組會議中針對諮詢會議內容進行討論，小組委員逐條考量指標的適切性，並做適度的增加與修改。

　　第二階段（2009 年 8 月至 2010 年 2 月），研究主力放在字詞的修改與概念的整理。藉由戴芳煒老師的具體建議，研編小組在兩次的小組會議中，逐一討論課程目標和學習指標字詞的修改，並逐一討論學習指標裡「能」字的適切性，並以清楚的原則進行整體修改。

　　第三階段（2010 年 3 月至 2010 年 7 月），研編小組一方面希望降低指標數量，減輕幼兒園教保服務人員的心理壓力，另一方面也繼續徵詢幼教現場老師，使課程目標與學習指標更容易理解與運用。修改原則如下：

課程目標修改原則：課程目標敘寫層次一致
學習指標修改原則：

- 學習指標具備提醒幼兒園教師教學工作的功能，刪減在幼教現場已被廣泛使用的課程目標或學習指標
- 確定各項學習指標內容無重疊之處
- 學習指標用詞一致，語句合乎邏輯，用詞精準、易理解
- 學習指標依幼兒發展現況由易至難排序

　　依據上述原則，並參考新課綱實驗歷程、研編小組網站蒐集的問題、期中報告審查會議建議、現場老師的意見，再透過小組會議持續提升學習指標

的精練程度，將前階段 109 項學習指標，整併與刪減成 89 項。

參、第三期研究（2010 年 12 月至 2012 年 3 月）以及之後的修改

如前所述，建構「幼兒園教保活動課程暫行大綱」之第三期研究進行時，語文領域研編小組成員均非研究人員。依據該期研究人員的建議，由筆者透過小組會議、徵詢幼兒園老師與不斷思考，微幅調整學習指標內涵（例如：配合其他領域，將「察覺」一詞改為「覺察」），並刪減較有爭議的項目（例如：刪去「語-大-1-2-2 能將一個字的聲音拆解成兩個語音」）。

此外，筆者也將語文領域架構稍做調整，修改原課程目標「語-2-4 能編創和表演故事」、「語-2-5 能看圖敘說」、「語-2-6 能運用圖像符號」、「語-2-7 能回應和創作圖畫書」的順序與內涵為：「語-2-4 看圖敘說」、「語-2-5 運用圖像符號」、「語-2-6 回應敘事文本」、「語-2-7 編創與演出敘事文本」。如此一來，語-2-6 與語-2-7 指涉綜合運用肢體、口語和圖像媒介進行表達的課程目標，而相對應的學習指標內涵也隨之調整。

2016 年新課綱正式發布前，語文領域的修改主要有以下幾個項目：一是學習指標年齡層的調整，將「語-大-1-1-3 懂得簡單的比喻」調整為「語-小-1-1-3 懂得簡單的比喻」，並延續至 5～6 歲；將「語-大-2-2-4 使用簡單的比喻」（5～6 歲）調整為「語-中-2-2-4 使用簡單的比喻」（4～5 歲）。二是將「訊息類文本」分為兩個次類：「知識類圖畫書」與「書面訊息」，再配合這樣的分類，修改「語-中-1-5-1 知道各種訊息類文本的功能」為「語-中-1-5-1 知道知識類圖畫書的功能」，並新增學習指標「語-中-1-7-3 知道各種書面訊息的功能」。最後，課程目標「1-4 理解生活環境中的圖像與符號」被

修改為「1-4 理解生活環境中的圖像符號」。

第三節　語文領域的轉化歷程：從實徵研究成果到學習指標

　　語文領域的領域目標與內涵均由筆者草擬後，經研編小組討論後底定，然如前述發展歷程所述，各部分仍於為期長達六年共三期的研究歷程中，不斷接受各方檢視與修改。最涉及研究成果之轉化的研究成果，應屬學習指標。以下說明**第一期研究（2006 年 2 月至 2008 年 1 月）實徵研究成果轉化為學習指標的歷程**。

　　第一期研究開始階段（2006 年 2 月），語文領域研編小組在內部討論時，將各年齡層幼兒語文各面向表現能力稱為「能力指標」，直到該期研究最後一次聯席會議（2007 年 12 月 28 日）後才改稱「學習指標」。這項用詞的改變，確實精準地點出指標的主要意義——這些從實徵研究結果轉化的能力指標，其實應該是幼兒在<u>學習</u>中可以達到的能力。以下簡要說明學習指標透過實徵研究產生的歷程。

 壹、初步擬定架構與項目

　　如「發展歷程」一節所述，指標的產生首先是在小組會議中依「理解」與「表達」兩大面向，以及肢體、口語、圖像符號和文字功能等四個溝通媒介所交織出的架構為思考起點，並討論八個面向各該包含哪些項目，以及這些項目中有哪些可從實徵研究結果而來。一次研究或三項測驗絕不可能對理解與表達涉及的所有面向都進行理解，所以這個時期的討論與項目的擬定，

相當倚賴小組委員各自於專長領域的理論閱讀與研究經驗。這個時期的討論當然也影響了本研究語文測驗的內容。

 ## 貳、依據實徵研究結果，衡量加入的項目

2007 年 4 月間，研究結果漸漸整理出來後，即先從 5～6 歲的語文指標著手，圖 4-2 是 5～6 歲語文學習指標初期的風貌。

分齡基本能力指標 <5-6歲>

一、理解
1. 肢體語言
- 能詮釋日常生活中各種手勢與表情的意義
- 能理解戲劇活動中肢體動作的意義
2. 口語
【覺得覺察】
- ⊙請問老師和會老師協助
- 理解華語、英語、閩南語、客語和其他本土語言是不同的語言
【日常溝通】
- ⊙討論要著重哪些次面向
【敘說/故事】
- 喜歡聆聽他人分享個人生活經驗
- 針對他人分享內容，提出關於行動理由與方式的問題
- 欣賞表現類型的故事（performed narratives），如兒童戲劇中各種角色的演出
- 分辨經驗故事與虛擬故事的不同之處
3. 圖象和符號
【環境標示與符號】
- 理解環境中不同符號代表不同意義（3-4）
- 以環境提供的線索詮釋環境中各種符號的意義
  如，襪上例子
- 以生活經驗與脈絡詮釋環境中各種符號的意義
  如，襪上例子
- 知道圖象可用來紀錄
【閱讀圖畫書】
- 從不同的圖畫書辨認出同一位創作者的圖象風格
- 辨認與欣賞不同圖畫創作者的風格與創作細節
- 理解故事的角色、情節與主題
- 解決問題時會從資訊性圖畫書查詢需要的資訊
4. 文字
【辨認自己的名字】
- 認出自己的名字（4-5）
【辨認華文】
- 從文本中認出直式與橫式的華文
- 知道環境與圖畫書中文字的閱讀順序
【理解文字的功能】
- 理解各種文化有不同的書寫文字
- 知道文字有記錄經驗的功能

【閱讀】
- 喜歡自己閱讀或和同儕、成人一起閱讀圖畫書（2-6）
- 喜歡接觸各種類型的故事，如漫畫、圖畫書、資訊類圖書
- 喜歡接觸各種文氣，如故事、童話和漫畫
- 知道書名、創作者姓名、翻譯者姓名和出版社在圖畫書中的位置

二、表達
1. 肢體語言
- 能以肢體語言表達意義
2. 口語
【覺得組合與拆解】
- ⊙請問老師和會老師協助

【日常溝通】
- 針對團體討論的內容，表達疑問與看法
【經驗敘說】
- 敘說至少含有 4 個事件的個人生活經驗
- 發展包含開端、焦點事件、個人觀點與結局的經驗敘說
- 以形容詞和副詞表示個人對某項經驗的觀點
- 使用時間副詞（如，考慮提供例子）、連接詞和因果連接詞進行經驗敘說
【說故事】
- 喜歡看圖編故事
- 依據圖象線索和聽故事的經驗自行看圖畫書說故事
- 編創不倚賴文本的虛擬故事

3. 圖象和符號
- 對 4 張以上的圖片，編出有主題、前後連貫的故事
- 喜歡閱讀圖畫書，並能依據圖象來說故事
- 以簡單的圖象或符號簡要紀錄生活
- 以圖象表達情緒與對感覺
- 自創圖象或符號標示領域或物件擁有權

4. 文字
- 能寫出自己的名字
- 以仿寫或自創符號的方式進行簡要紀錄

圖 4-2　5～6 歲幼兒語文學習指標初期的風貌（2007 年 4 月 6 日）

資料來源：蔡敏玲等人（2008，頁 183）

　　研編小組一邊分析資料，一邊衡量轉化原則。在每一次的小組會議之前，由筆者和助理整理出已經處理與分析完成的測驗結果，並在會議上標示回應正確的比例，提供小組成員討論。圖4-3就是一個小組會議討論版本的部分內容。

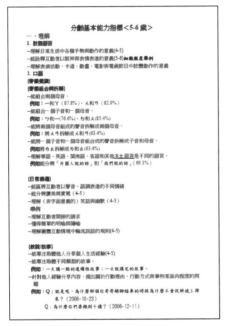

圖4-3　小組會議討論指標版本示例（2007年4月26日）

資料來源：蔡敏玲等人（2008，頁183）

 參、綜合考量文化期望、相關理論與研究結果，修改指標

　　原則上，幼兒在某一測驗題項表現有50至70%的正確率，才會列入指標。不過，除了這項原則，小組成員還依據各自的專長領域理論、文化期望，

以及與幼兒相處的經驗，來衡量指標內容，以及該放在哪一個年齡層，例如：在「讀寫萌發測驗」的「認名字」這個題項上，3～4 歲幼兒只有 40.5%回應正確，4～5 歲幼兒只有 53.9%回應正確，由於小組成員都認為，認識自己的名字是件值得學習的事，所以在當時的版本裡，3～5 歲的指標就有「語-1-8-1 能辨認自己與他人名字的不同」這樣的項目。

 ## 肆、回復兩個年齡層的指標與加入 2～3 歲指標

如前所述，由於聯席會議決議將指標僅分成 2～3 歲、3～5 歲和 5～6 歲等三個層次，所以在第一期研究時，研編小組曾將原來分成兩個層次的 3～4 歲和 4～5 歲指標整合成一個層次，第二期時才又回復成兩個年齡層的指標。另外，研編小組也仔細參酌張馥麗（2007）的研究成果，並將其所涉及的相關項目加入指標。

以上就是第一期實徵研究成果轉化為學習指標的歷程。其後，如前節「發展歷程」所述，語文領域各部分（含學習指標）在之後第二期研究與第三期研究中，仍然持續衡量多元管道提供的建議進行修改，修改歷程一直持續到 2012 年 4 月 20 日才告一段落。

第四節　新課綱與《幼稚園課程標準》的差異

新課綱的語文領域和 1987 年版《幼稚園課程標準》中的「語文」有何不同？兩個版本在目標、範疇、選材原則、教學原則，以及評量原則等面向都有重大的差異，以下一一說明。

 壹、目標

　　新課綱語文領域的目標與 1987 年版《幼稚園課程標準》中的「語文」之目標，在寫法和內涵兩方面都非常不同，表 4-3 可以清楚看出 1987 年版的語文與新課綱語文領域目標的對照。

表 4-3　1987 年版與新課綱語文領域目標的對照

1987 年版語文目標	新課綱語文領域目標
1. 啟發幼兒語言的潛能，增進幼兒語言的能力。	1. 體驗並覺知語文的趣味與功能。
2. 培養幼兒良好說話與聽話的態度與習慣。	2. 合宜參與日常互動情境。
3. 發展幼兒欣賞、思考和想像的能力。	3. 慣於敘說經驗與編織故事。
4. 培養幼兒閱讀、問答和發表的興趣。	4. 喜歡閱讀並展現個人觀點的回應。
5. 陶冶幼兒優美的情操及健全的品格。	5. 認識並欣賞社會中使用多種語文的情形。

資料來源：教育部國民教育司（1987，頁 63）

　　不同的目標顯示之第一個差異是對語文的界定。1987 年版的第 1 項目標提到「語言」二字，但課程標準他處並沒有對語言之界定或說明，新課綱則界定語文為「社會溝通系統」。其次，不同的目標也顯示兩個版本對幼兒語文學習的不同期待。1987 年版沒有明白指陳語文的內涵，目標 1「增進幼兒語言的能力」，其中的語言能力或許指的就是目標 2～4 所提及的「說話、聽話、欣賞、思考、想像、閱讀、問答、發表」等能力。1987 年版對於這些能

力的期待，從各個目標使用的動詞（「啟發」、「增進」、「培養」、「發展」）來看，似乎較為抽象、廣泛；而新課綱的期待則較為明確。兩個版本的目標 2，內容看似相近，但新課綱「參與互動」所需的知能不只是個別幼兒的「說話」和「聽話」而已。關於閱讀，1987 年版僅說培養興趣，但新課綱強調除了喜愛閱讀，還要能「展現個人觀點」。第三，1987 年版語文的目標，全然以老師或學校為每一項目標之主詞來撰寫；新課綱的目標則是以幼兒為每一項目標的主詞，此顯示兩個版本的課程典範、學習觀點與兒童圖像均有很大的差異。另外，新課綱的目標 1、3 和 5 是 1987 年版沒有觸及的面向。1987 年版的課程標準提醒老師培養學生「用國語思想」（教育部國民教育司，1987，頁 67）；新課綱則已經呼應國內多語多文化的現況，且將「認識並欣賞社會中使用多種語文的情形」列為目標之一。相對地，1987 年版目標 5 顯示，目標撰寫者認定語文使用和品格養成之重要關聯；新課綱則沒有強調這樣的認定。

 ## 貳、範疇

1987 年版語文的範圍包括：(1)故事和歌謠；(2)說話；(3)閱讀，似乎認定語文學習是以教室中的生活為限。新課綱語文領域的範疇，以理解和表達為溝通的主要面向，涉及的語文使用範疇較為廣泛。具體而言，1987 年版的故事，新課綱擴大範疇為敘事文本；1987 年版的說話，新課綱擴大範疇為社會互動；而閱讀則是兩個版本的課程都認為十分重要的語文課程重點。

 ## 參、選材原則

　　1987 年版課程標準之語文選材原則，雖然也強調應衡量幼兒需求、興趣、經驗，引起「幼兒新奇的想像」（教育部國民教育司，1987，頁 65），但**故事與歌謠的選擇標準**則與新課綱的選材原則有極大的差異。1987 年版強調故事歌謠「應以含有民族精神教育意義，且合於時代者為佳」（頁 64），並注意「人格的培養」（頁 64）；說話教材「以富有愛國觀念者為佳」（頁 67）；閱讀教材除了強調「主題正確」，還需富有「民族精神、倫理道德意義」、「科學新知探討性質」，以及「文學藝術靈性」（頁 69）。新課綱之選材建議使用「能引發美感、情感經驗與豐富語感的幼兒文學作品」，鼓勵體驗各種媒材與各種類型的敘事文本。1987 年版建議教師將「常識、時事、生活習慣等材料，編為故事」（頁 65）；新課綱則強調，可使用**幼兒與教保服務人員的生活經驗紀錄**，以及幼兒與教保服務人員**共同建構**的文本。

 ## 肆、教學原則

　　1987 年版課程標準建議教師可「配合大單元設計教學活動」，或在「幼兒注意力不集中時，工作過久時，或等待點心分配的時間」，「實施故事或歌謠教學」（教育部國民教育司，1987，頁 65）。這樣的作法，似將故事與歌謠當成班級經營或轉銜時段補充活動空白的工具。新課綱語文領域認定，**體驗、分享與創作故事本身**就是有價值的活動，故事不是教導常規或者快速集中幼兒注意力的工具。

　　1987 年版課程的「實施方法」下有「教學方法」這樣的次標題；新課綱

則只有教學原則。1987 年版的教學方法強調教師應當如何「教」，例如：「用『直接法』教學國語」（教育部國民教育司，1987，頁67）、「隨機指導圖與文的認知與了解」（頁70）。新課綱語文領域則強調「喜歡和習慣使用語文的人」、「吸引人不斷體驗與探索的文本」，以及「可以放膽嘗試的自在語用空間」，為語文教學的必要前提與整體原則。

 ## 伍、評量原則

1987 年版的語文，在「教學評量」的標題下又依幼兒方面、教師方面，分別加以說明。「（一）幼兒方面」的評量說明，其實只是簡要而略顯籠統地列出幼兒的 10 項能力，例如：「1.能注意聽人說話，並能了解語意，聽不懂時會發問」（教育部國民教育司，1987，頁70）、「2.會說完整的句子，口齒清楚，並表現良好的語言態度和習慣」（頁71），卻沒有說明評量方式。新課綱則對評量幼兒語文學習的面向、實施方法，以及教學省思的面向與實施方式，都提出具體建議。

第五節　語文領域 Q & A

 ## 壹、語文領域主要的特色是什麼？

新課綱語文領域課程主張，各類敘事文本在幼兒生活中有常設而難忘的位置。強調大量、多元的體驗、探索與編創各類敘事文本，即是語文領域的主要特色。個人經驗敘說或圖像表達、圖畫書的閱讀、討論與回應、故事的

重述與編創，以及圖畫書的嘗試創作，都可以是學校生活裡經常的活動。幼兒喜歡各類敘事文本，習慣生活中有自己的故事和許多不同類型的故事，就能從中體驗與欣賞語文的美妙，對生活中既存的文本生發活潑的思考與想像，並學習有活力的表達方式。語文領域強調使用敘事文本的另一個理由是：敘事文本的使用涉及各個語言面向的綜合能力，孩子經常敘說，也就經常有整合語文各面向知能的機會。

 貳、語文學習指標的主要功能是什麼？

　　語文學習指標主要有以下兩個功能：(1)提供教保服務人員幼兒語文發展的梗概，以便提供幼兒即時與貼切的協助；(2)協助教保服務人員認識幼兒的語文能力或學習潛力，以設計合宜的課程，開發合適的學習方向，例如：語-大 1-5-3「辨認與欣賞創作者的圖像細節與風格」。若是從來不曾和孩子一起體驗同一位創作者其一本以上之圖畫書的老師，可能就沒有機會看見或鼓勵幼兒此種能力的展現，這項指標提醒老師創造機會，使幼兒辨認創作者圖像細節與風格的能力得以展現或更進一步發展。

 參、音韻特性是什麼？什麼要在課程大綱中加入對音韻特性的覺識[8]？

　　在日常活動中，幼兒會接收到大量的口語訊息（例如：唸童謠、聽故事、團體討論等），這些口語訊息是由各種語音組合而成的，包含了多種音韻特

8. 第五節之參是由國立臺灣師範大學特殊教育學系劉惠美教授所撰寫。

性（例如：青蛙呱呱呱，包含聲母/ㄍ/、/ㄍ/、韻母/ㄧㄥ/、/ㄨㄚ/，以及聲調），幼兒對不同的語音結構及語音組成規則的內在覺知能力，就是對**音韻特性**的覺識。**音韻特性**的覺識能力涵蓋之範圍很廣，所以活動的設計也可以很多元，例如：朗讀有押韻的、各種語言的兒歌或童謠後，邀請幼兒留心聽每句話的最後一個聲音，以協助幼兒覺知韻腳的存在。或是，在幼兒平時的學習活動中，設計組合聲音或語音的遊戲，把兩個聲音組合起來（例如：把/b/和/o/的聲音合起來說，就像是打開汽水瓶蓋的聲音），或是把兩個語音組合起來（例如：/ㄅ/和/ㄚ/變成八、巴、叭）等，都可以使得音韻的學習更有趣味。透過各種與音韻特性有關的學習活動或遊戲，可以增進幼兒對音韻訊息的敏感度，包括處理速度與正確程度。音韻特性的覺識能力是促進幼兒讀寫萌發的一項重要能力，將有助於語言與閱讀理解的發展。

肆、要不要教注音符號？

　　幼兒對環境中語音的敏銳覺察力，會隨著年齡和語言經驗的接觸而增加，是語言發展的一項重要基礎能力。真正有助於幼兒語言發展的，是對音韻特性的體驗與理解，而不是學或不學注音符號。要有效協助幼兒掌握音韻特性，首先必須提供幼兒大量而有趣的聲音體驗經驗，例如：選擇多種語言的童謠或兒歌，並經常和幼兒一起讀、唱多種語言的歌謠。在這些有趣的聲音體驗經驗中，漸漸提示幼兒覺察歌謠中重複出現的或最後一個聲音（一般稱為韻腳）。在朗讀或唱讀各種語言的兒歌時，幼兒可以有許多機會發現，同一個聲音會出現在不同語言的歌謠裡，例如：「阿」這個聲音，可能出現在華語、閩南語、客家語的兒歌裡。接著，便可以提示幼兒注意不同歌謠裡重複出現的或最後一個聲音，有的一樣，有的不同。覺察同或不同就是能夠辨識了。

上述經驗如果十分豐沛、紮實，家長或老師便可以帶著孩子一起玩「把兩個聲音變成一個聲音」的遊戲，提升幼兒對音韻的處理能力。任何一種本土語言都可以讓孩子體會兩個聲音可以組合成一個聲音的特性，並且不單單侷限於華語。透過遊戲或活動設計，幫助幼兒逐漸地掌握這些重要的音韻特性，這才是教保服務人員應該關注的重點；注音符號的教學方法若有偏差，不僅會帶來負面的學習效果，也易形成幼兒日後語文學習的障礙。

 ## 伍、為什麼要關注幼兒的敘說與敘說風格？

幼兒的敘說關乎自我建構與對世界的認識，幼兒園一定要提供幼兒敘說生活經驗的時間與空間。此外，幼兒和成人一樣，有著不同的敘說風格；教保服務人員認識多種敘事風格，才能從容欣賞幼兒的敘說。如果教保服務人員只熟悉一種敘述經驗或說故事的方式（通常是教師或保育員自己的敘事方式），很有可能因為無法欣賞幼兒的經驗或故事敘說，而在非刻意的情形下給予較為冷漠的回應，挫敗幼兒敘說的熱情。

第六節　結語

在第一期研究的結案報告之「前言」裡，筆者曾寫下下列的文字：

接下這項編寫「幼兒園教保活動與課程大綱之語文領域」的研究，對我來說是一項很大的挑戰，也意味著很重的責任。

我從小就對語文與人間互動現象有著濃厚的興趣，長大後也是一樣。比較靠近現在的過去幾年，研究主題都環繞在教育現場的社

會互動、幼兒敘說與文化的關係；大學部常開設的課程則有「語文教材教法」和「幼兒文學」。這項研究的**主要目標**在探索、規劃與建構幼兒園語文課程與學習指標，這是我認為應該做、喜歡做，也與教學、研究工作契合的研究，所以我覺得很幸運，很感謝這樣的機會。

沒有想到從 2005 年年底參與初步討論，一路走到 2017 年的現在，似乎還在這條路上。所幸，語文領域研編小組成員和筆者所認識的幼兒園教師，對於這個長程的研究提供高度支持，總是提出許多超越筆者的視野與角度的優質建議。因此，在前兩期的研究歷程中參與小組會議總是充滿歡喜，每一次都有嶄新的學習。其後雖有許多難以敘明的艱苦，筆者也靠著前兩期研究所獲得的力量，繼續前進。

故事不斷地告訴人們：所有的人物被安放的位置都是暫時的，都有變動的可能。雖然如此，筆者相信：經歷上述語文領域的建構歷程之種種乃是上帝的美意。筆者對語文依然充滿濃厚的興趣，且將繼續探索，不斷地從朋友、幼兒園教師和幼兒的經驗中細心學習。

語文領域研編小組成員

第一期（2006 年 2 月 1 日至 2008 年 1 月 31 日）

召集人：蔡敏玲

成　　員：王珮玲、劉惠美、曹峰銘、林文韵、戴芳煒、歐姿秀、楊綉琴、盧明

第二期（2009 年 1 月 1 日至 2010 年 9 月 30 日）

召集人：蔡敏玲

成　員：王珮玲、劉惠美、曹峰銘、戴芳煒、方芯琦、林文韵

參考文獻

中文部分

幸曼玲、倪鳴香（2016）。幼兒園教保活動課程暫行大綱研修計畫結案報告。教育部委託之專題研究成果報告，未出版。

張馥麗（2007）。臺北縣二到三歲幼兒看圖說故事及個人生活經驗敘說能力之研究（未出版之碩士論文）。國立臺北教育大學，臺北市。

教育部國民教育司（1987）。幼稚園課程標準。臺北市：正中書局。

蔡敏玲、王珮玲、方芯琦、林文韵、曹峰銘、劉惠美（2010 年 9 月）。「幼兒園教保活動與課程大綱：語文領域後續研訂計畫」期末報告。臺北市：教育部國民教育司。

蔡敏玲、王珮玲、林文韵、曹峰銘、楊綉琴、劉惠美、歐姿秀、盧明（2008 年 1 月）。「幼托整合後幼兒園教保活動與課程大綱：語文領域」期末報告。臺北市：教育部國民教育司。

英文部分

MacWhinney, B. (2000). *The CHILDES project (3rd ed.). Volume 1: Tools for analyzing task: Transcription format and programs*. Mahwah, NJ: Lawrence Erlbaum Associates.

社會領域

金瑞芝

序曲——未盡之言

　　2012 年 10 月 5 日「幼兒園教保活動課程暫行大綱」（簡稱「新課綱」）終於公布，代表臺灣幼兒教育邁向新的里程碑。公告之新課綱以簡短精要的文字闡述各領域的理念、領域內涵，以及實施原則等。然整個領域課程目標的理念架構、工具編製、實徵研究轉化為課程目標之歷程，是新課綱文本的未盡之言。此篇文章的緣起，在於補足拼圖主體圖像背後之襯底，願新課綱的拼圖因此而更形完整。

第一節　聚焦於社會能力

 ## 壹、百花爭鳴中匯聚社會能力的視角

　　社會能力向來是幼兒期最重要的發展領域，也是幼兒教育的主要目標之一。由於社會能力之內涵包羅萬象，各家理論觀點不同，包括從適應行為（adaptive behavior）、人際技巧（interpersonal skills）、社會認知（social cognition），以及文化觀點等來檢視社會能力。

一、適應行為

　　從適應角度出發，是將重點放在個體適應環境需要和勝任社會責任的能力（鍾鳳嬌，1999；Gresham, 1988），包含獨立生活、人際交往、負責盡職等層面，例如：自主性、自我導引的個人責任、經濟職業活動、學科技巧，以及人際面向之合作行為，如社會主動性、肯定行為、溝通技巧、問題解決技巧等，強調社會責任和角色實踐，以培養適應社會及環境需要的能力。

二、人際技巧

　　從社會技巧的論點出發，將社會能力視為人際互動效能，該效能的展現在於能顧及自身的需求，且和他人維持良好的關係（Green, Cillessen, Rechis, Patterson, & Hughes, 2008; Rose-Krasnor, 1997）。對幼兒期的個體而言，能幫助幼兒正向地參與同儕互動，增進自我調節的能力，展現具彈性、情緒成熟、利他等具社會適應性的行為（Fantuzzo, Manz, & McDermott, 1998; LaFreniere

& Dumas, 1996）。遵循此觀點之研究，呈現兩種取向：一是著重行為層面，其主要探討社會能力相關指標（如社會地位）與社會行為間的關聯，或以價值層面來找出適當的社會行為表現；另一則是將社會行為放在情境脈絡中檢視，以社會課題（social task）的角度來探究社會行為的意義（Guralnick, 1992），例如：當個體想加入遊戲團體時，即需要建立和遊戲者相同的參照架構（如了解遊戲內容、結構及互動規則），並運用提問和傾聽的溝通技巧，才能被團體所接受，進而成功地加入團體；而有效的問題解決，是需要能協商、妥協、提出可能方案、接受他人意見等行為。因此，社會技巧是一連串行為所組成，因應個體互動情境的需要，其組織方式也會有所不同。

三、社會認知

從社會認知的角度出發，顧名思義其強調認知在社會能力發展的重要性，強調社會訊息處理歷程（Crick & Dodge, 1994），包括：讀取情境線索、適當解讀線索意義、釐清與選擇社會目標、擇取適當策略，以及執行和評估策略等。對社會能力之評估，通常是在比較有行為問題的孩子和一般幼兒在對自我知覺、對他人行為歸因、問題解決技能之差異（Webster-Stratton & Lindsay, 1999）。認知角度著重社會技巧的前提要素，並從先備認知和執行層面來剖析社會能力。

四、文化觀點

從文化觀點的角度出發，是將發展視為一個文化歷程（幸曼玲、李昭明、陳欣希譯，2008）。不同文化族群的個體，在何種時間可以執行何種任務，會隨著個體參與及投入活動的時間不同，而衍生不同的發展指標。個體在生活中所參與的事物、參與的方法和過程，反映出該文化中存在的制度、規範、

價值，而個體就在經歷這些具組織、關聯性的事物時，發展出該社群所期待的文化踐行能力，包含對情境目標的理解、情境事物內容的理解，以及實踐與情境目標符合的行為能力。以社會能力而言，文化觀點強調的是幼兒在參與社會互動情境中，對人事物意義的理解，以及實踐與意義相符應的行為能力。

綜觀上述，社會適應和人際技巧論點，兩者是從不同角度來檢視社會技巧的特性：前者強調能適應環境需求、勝任社會責任的行為能力；後者著重人際互動情境中社會行為的效能，能兼顧自我和維繫他人關係。社會認知取向則看重行為背後蘊含的認知能力，亦即社會技巧的前提要素，是從執行層面來剖析社會能力。文化觀點則重視參與日常文化活動的歷程，藉由參與而習得意義和行為的能力。

從上述觀點中，可更進一步剖析社會能力的構成要素，包括：環境要求、個體自身需求、人際關係、與他人共享的參考架構、互動情境的需要、社會訊息的處理，以及生活情境中事物的意義和價值等。這些社會能力要素，有的是屬於社會能力的結果，例如：具環境適應、人際效能的社會行為；有的是社會能力的執行層面，例如：理解人我差異；更有的是在反映社會能力的習得歷程，例如：日常生活社會情境之參與過程。而我們要思考的是，在幼兒園生活中，我們希望孩子學習的社會能力是什麼？是結果還是過程？

研編小組認為，幼兒的社會能力重在參與社會生活的過程，當然參與的歷程和方式也會決定習得的內涵。而且，我們需要更進一步地剖析，幼兒需要參與什麼？參與的本質為何？

貳、社會能力是參與人際脈絡、建構有意義互動的能力

一、幼兒有與生俱來的社會傾向

　　根據嬰兒發展的研究，支持生命初期嬰兒就有關注社會刺激的傾向，例如：嬰兒喜歡聽人所發出的聲音、喜歡注視對稱的圖形（如人的臉）。生命早期與主要照顧者發展親密的依附關係，在遇到陌生或焦慮情境時，嬰兒會尋求主要照顧者的安慰和庇護，展現依附行為。這些嬰兒期的研究，促使嬰兒關注周遭生活與人有關的刺激和事物，並奠定參與社會生活的基礎。

二、「社會」是人際互動交織而成的脈絡，蘊含豐富的文化意義

　　幼兒的經驗世界，是在生活中和周遭人事物互動所組成，而這些日常生活中的社會互動，包含：自己、互動對象、彼此關係和角色活動、情境目標、與活動相關的事物，以及背後蘊含的文化信念、規範、價值等，這些內涵構成的人際互動脈絡，含有深厚的文化意義。舉一個日常生活的實例如下：

　　許多父母會在家中有訪客時，會要求孩子表現有禮貌的待客行為，例如：在面對父母的朋友來訪時，父母可能會耳提面命，要求孩子要表現出有禮貌的行為舉止，如打招呼叫人、回答客人寒暄性的問題（如幾歲、在哪裡上學）等，之後孩子就可以離開客廳，做自己喜歡的事情。孩子可藉由參與的過程，開始習得合宜的禮貌。然而，下次當年長的親戚來訪時，孩子若如實地表現了上述待客之道，再回房間玩起自己的玩具時，卻聽到客廳中傳來父母的責怪（如「這個孩子就是這樣不懂事，都沒記著上次您來家裡還陪著他玩，也

不會陪著聊聊天，問候一下您，就只顧著自己玩，您不要見怪」）。孩子是在家庭日常生活中，藉由參與家庭待客情境的行動中，習得所謂待客之道；而待客之道的內涵，會隨著情境脈絡的不同，待客行為也反映出不同的意義。對於不熟悉的客人要有基本的打招呼和應答、展現小主人禮儀外，在面對熟悉的親戚長輩，還需要陪伴，有更多一層的關懷；這種待客行為的表現，奠基於主客關係的理解、對彼此關係親密度的感受，以及對長輩的關懷之意，反映出至少三種關係層次的意涵。

在日常生活情境中，人與人互動行為背後蘊含著豐富的文化意義，而構成幼兒社會生活的本質。因此，我們可以將「社會」視為日常生活中的人際互動脈絡，幼兒就是在參與人際脈絡過程中，體驗和實踐有意義的文化生活。

三、「社會能力」是建構有意義互動的能力

社會能力即為參與人際脈絡過程中，建構有意義互動的能力。建構的歷程是透過人際互動和生活經驗的探索，幼兒覺察到自己、他人和環境事物的狀況，思考自身行為與他人需求、環境需要之間的關係，以理解互動行為的意義，進而願意調整自己、展現兼顧人我需要及情境目標的行動，並發展尊重自己、關懷他人、愛惜環境事物的態度和情懷。

讓我們進一步從生活實例中加以闡述，援引上例：若幼兒參與接待家庭訪客的目標，只表現被期待的行為，幼兒只能理解環境的要求為何、何種行為能適應或滿足環境要求而已，幼兒並無法體會行為背後的意義和價值。待客能力的建構，幼兒需要去覺察不同待客經驗之差異（例如：「打招呼和回答問題，我都做了，為何爸媽還說我不乖？」），會想進一步了解為何父母的反應截然不同？透過詢問父母及聆聽父母解釋，孩子才有機會連結情境差異（例如：客人身分、過去共享經驗反映之關係親密度、長幼輩分）與待客

行為之間的關係，了解情境需要，此時幼兒方能理解行為背後的意義，並願意在下次親戚來訪時，調整自己的待客方式。在家庭及幼兒園生活中，幼兒在不同時間、地點，面對不同訪客身分及來訪目的，於這些豐富多元的待客經驗中，透過與成人及訪客的應對過程，逐漸領會待客禮儀的意義和價值，體驗主客相互尊重的情意，而發展出對主人尊重、對客人愛護的態度。

依據上述，在幼兒參與人際脈絡中，建構互動意義的過程，需具備三種關鍵的過程能力，分別為「探索與覺察」、「協商與調整」，以及「愛護與尊重」，說明如下：

1. 「探索與覺察」的能力：幼兒對自己、他人及生活環境中的人事物感到好奇、有感覺，會主動探索、願意更仔細地觀察細節，並想去了解其中的特質。

2. 「協商與調整」的能力：幼兒在人際互動歷程中，學習表達與聆聽，透過與他人溝通協商、觀察他人反應，以及環境事物的回饋歷程，去體會自己的行動帶給環境人事物的影響。幼兒在理解行動意義及周遭人事物之意涵，願意調整自己的行動，嘗試以兼顧自我及他人需要的方式與人共處，並遵循具有文化價值的目標和規範來行動。

3. 「愛護與尊重」的能力：關心自己、他人和自然生命的需要，願意分享和提供協助，發展彼此關心、和諧慈愛的人際關係及與自然共處的情懷。

此三項能力是社會領域研編小組對社會能力理念的起點，其強調過程取向、著重互動情境脈絡及其文化意義，並反映個體組織和調節的能力。

參、社會能力的學習面向

社會能力定調於三種關鍵能力後，研編小組透過分析國內外的社會能力

量表，以及我國幼兒園社會領域課程綱要與能力指標之研究，以確認社會領域的學習面向。

量表包括廣義的「社會能力量表」及以同儕互動為脈絡的「社會技巧評量表」（林聖曦、林慶仁，2006；陳若琳，2001；鍾鳳嬌，1999；簡淑真，1989；Anderson & Messick, 1974; Fantuzzo, Coolahan, Mendez, McDermott, & Sutton-Smith, 1998; Fantuzzo et al., 1998; Kohn & Rosman, 1972; LaFreniere & Dumas, 1996），並整理出如下向度，如表 5-1 所示。

表 5-1　「社會能力量表」之內涵

向度	構念
自我照顧	自我照顧和維持
自我概念的發展	自我的認識、自我主體性的了解、自我價值
工作能力	好奇和探索行為、主動性、獨立
	工作取向（積極投入活動、嘗試與挑戰）
	知覺動作技能、感官知覺能力、專注力控制、問題解決
與他人相處	對社會關係的敏覺、對反社會行為的控制與調整、正向人際關係、表達能力、和他人互動的主動性、情緒開放性
團體生活的覺知和規則的遵守	對角色的覺知和體察、道德意識、利社會傾向、禮貌、責任感、依賴性、遵守常規和規則、接受遊戲指引、彈性轉換活動、收拾物品

接著，整理我國幼兒園社會領域課程綱要與能力指標之研究（幸曼玲、簡淑真，2005；張孝筠、張明麗，2004；黃富順，2000；盧明、廖鳳瑞，2005；盧美貴，2003），有關社會領域的內涵，除了上述向度外，還包含：(1)社會環境與文化學習：認識家庭、社區及社區機構的功能，對外界事物及

現象感興趣，及欣賞家庭、同儕、校園、社區、族群等文化，並具有多元文化觀；(2)時間與變遷：從時間與變遷概念，了解生活經驗的規律與變化，對歷史故事產生興趣；(3)經濟：對周遭經濟環境的體驗（如體驗生活中的商業行為、認識和體驗日常用品的製造過程、覺察工作和休閒的意義）；(4)溝通與互動：除了人際溝通外，還包括媒體素養、關心各種資訊傳播，以及交通運輸在生活中的角色。

根據上述的文獻回顧，可以窺知「社會能力量表」涵蓋自己和人際關係領域，而課程綱要中的社會領域，則把自己、人我關係置身在社會文化環境中，看見人與環境互動的面向。社會領域研編小組基於上節社會能力的理念，傾向以社會文化鉅觀脈絡，將學習面向定位在三大向度：自己、人與人、人與環境。此外，我國課程綱要修訂中提到的商業活動及媒體素養等內涵，係屬幼兒日常和社區人事物互動經驗之一環；而歷史故事則與慶典、風俗典故等有關，亦屬於人與環境的範疇。

因此，「自己」面向意旨幼兒發展自信和自處能力，包含：自我照顧、自我概念，以及工作能力；「人與人」面向則著重人際互動和群己關係，包括：社會技巧、道德意識與遵守團體規則；「人與環境」則強調人與環境的依存關係，包括：社區生活與文化的關注和理解、對自然環境事物及生命的關懷和照顧。茲說明如下。

一、自己

1. **自我照顧**：理解生活需求、學習自我照顧的行為與態度。

2. **學習活動**：即工作能力，在幼兒園以積極參與學習活動，建立良好的學習方式和態度為主。

3. **自我概念**：建立正向自我概念。

二、人與人

1. **社會技巧**：了解尊重人我異同、學習溝通與協調、關懷別人、建立友誼。

2. **道德意識與遵守規範**：了解規則的重要性與遵守團體規範。

三、人與環境

1. **人文環境**：探究、關懷與尊重生活周遭人文環境的人事物。

2. **自然環境**：探索與愛護生活周遭的自然環境與資源。

在確認上述七項子向度後，過程能力和學習面向的初步架構方稱完整。

第二節　社會領域的發展歷程

課程目標的發展歷程是一段始料未及、為時十年的長途旅行，歷經實徵研究、由研究結果轉化學習指標，以及從暫綱邁向正綱的研修過程。本節主要說明建構在實徵研究基礎上的領域發展歷程，分為實徵研究的啟航及實徵研究結果兩個部分。

 壹、實徵研究的啟航

社會領域的實徵研究是以問卷調查和幼兒社會行為觀察為主。以下先回溯調查資料的蒐集歷程，再談觀察資料的蒐集方法。

一、依據雙向細目表設計教師問卷

　　由於社會能力內涵的複雜度，難以個別施測幼兒的方式蒐集資料，因此研編小組以編製教師填寫的幼兒社會能力問卷為主。在編製時，以社會能力的三個過程能力為經，社會領域學習面向的三大向度為緯，建構雙向細目表，如表 5-2 所示。依此架構，研編小組發展各年齡層的社會能力問卷。

表 5-2　社會領域雙向細目表

能力／向度	自己			人與人		人與環境	
	自我 照顧	學習 活動	自我 概念	社會 技巧	道德 常規	人文 環境	自然 環境
探索與覺察							
協商與調整							
愛護與尊重							

二、問卷設計的原則

　　在編製 2～6 歲幼兒的「社會能力量表」時，需考量問卷題目要能反映各年齡層的發展差異，以及問卷題項形式和評量尺度之設計，之後研編小組即深入討論問卷原則，如下所述。

（一）反映年齡差異之設計原則

　　在第一期研究時，總綱建議各領域以 2～3、3～5、5～6 歲等三個年齡層來發展課程目標和學習指標，研編小組針對三個年齡層之發展差異，設計原則如下：

1. **簡單到複雜**：從學習基本行為到複雜行為的表現。

2. **行為到態度**：從學習行為表現到態度的養成。

3. **從學習遵守規範到探索規範意義。**

問卷初稿擬定後，邀集幼稚園和托兒所現場教師、幼兒教育及幼兒保育專家學者等，針對問卷題項做進一步的修訂。根據專家的建議，將 3～5 歲兩個年齡層拉開，問卷調查仍以 2～3、3～4、4～5、5～6 歲等四個年齡層實施；此外，問卷題項以漸層式安排去反映出年齡差異，亦即將某些題目在下一個年齡層重複出現，並漸層式地加深幼兒行為表現的層次，來確認幼兒行為表現是否有提升，例如：以「道德常規」面向在「協商與調整」能力層次為例，2～6 歲各年齡層之指標如表 5-3 所示。

表 5-3　「道德常規」面向在「協商與調整」能力層次之分齡指標

道德常規	2～3 歲	3～4 歲	4～5 歲	5～6 歲
協商與調整	1.學習等待 2.聽從大人指示 3.和大家一起活動，遵守作息規律	1.學習等待 2.聽從老師指示做事情 3.遵守團體活動的作息	1.學習該做和不該做的事 2.遵守班級活動程序及團體規範	1.遵守團體規範 2.能與他人協商活動規則，並遵守共同的決議 3.能依團體或遊戲需要調整規則

（二）問卷題項形式和評量尺度

1. 問卷題目以 40 題為原則，以避免問題過多。

2. 問卷題目的書寫方式為題目之下加上例子，藉由例子的使用讓部分略微抽象的題目更具體化，易於教師填寫。

3. 起初，評量方式僅採「總是能做到」、「經常能做到」、「偶爾能做到」、「不能做到」的四點量表形式。但考量幼兒社會能力展現的機會，有時並非幼兒做不到，而是在幼兒園生活中沒有機會表現，因此增加「未曾觀察到此能力」，以避免因環境限制而低估幼兒能力的表現。

三、問卷調查的歷程

問卷預試以立意取樣，選取北、中、南、東四區，共計發出大班 222 份、中班 222 份、小班 221 份，以及幼幼班 146 份問卷，問卷回收率達七成。接著以因素分析來建立問卷效度。問卷因素解釋量介於 61% 至 67%，整體信度介於 .90～.94 之間。最後，研編小組再根據專家及預試分析的結果，增刪題項及修訂文字，確認正式施測問卷；除基本資料題項外，2～3 歲問卷有 23 題、3～4 歲有 36 題、4～5 歲有 40 題、5～6 歲有 38 題。

正式問卷的發放，由總綱組以亂數表隨機抽樣出北、中、南、東及離島之園所名單，問卷抽樣園所型態如表 5-4 所示。

表 5-4　問卷抽樣園所型態一覽表　　　　　　　　　　（單位：間）

	公立		私立		總計
	幼稚園	托兒所	幼稚園	托兒所	園所數（百分比）
北區	14	3	51	107	175（46.17%）
中區	9	10	16	52	87（22.96%）
南區	13	2	28	51	94（24.80%）
東區	4	3	7	6	20（5.28%）
離島地區	1	1	1	0	3（0.79%）
總計（百分比）	41（10.82%）	19（5.01%）	103（27.18%）	216（56.99%）	379（100%）

接著，以每個園所十位幼兒為原則，依照名單順序聯繫抽樣園所，確認填答意願；獲取園所同意後先進行問卷說明會，以幫助園所教師了解問卷填答方式，再進行問卷發放。共計發出大、中、小班問卷各 650 份，幼幼班問卷 260 份。問卷回收率達七成。各年齡層有效問卷之園所型態分布情形如表5-5 所示。

表 5-5　各年齡層有效問卷之園所型態分布情形　　　　　　（單位：份）

	公立		私立		總計
	幼稚園	托兒所	幼稚園	托兒所	
2～3 歲	0	10	42	126	178
3～4 歲	3	36	106	251	396
4～5 歲	76	36	130	232	474
5～6 歲	88	35	121	241	485
總計	167	117	399	850	1,533
（百分比）	（10.89%）	（7.63%）	（26.03%）	（55.45%）	（100%）

四、幼兒社會行為觀察

幼兒社會行為觀察的目的，在於蒐集各年齡層幼兒在自然情境下展現的社會能力，以檢核各年齡層社會能力的差異內涵。研編小組以立意取樣的方式，選取新北市一間幼稚園和二間托兒所、臺北市兩間托兒所、臺南市一間幼稚園和兩間托兒所，以及臺東縣兩間幼稚園，共計十間進行現場觀察之園所。每間園所以隨機方式選取大、中、小班及幼幼班幼兒，全部共計 77 位幼兒。

觀察資料的蒐集，以軼事記錄觀察幼兒在課室活動的情形，主要的觀察焦點在幼兒參與學習活動的歷程、同儕互動行為、道德意識和遵守規範，以

及師生互動為主。觀察員針對每個焦點幼兒進行二十分鐘的觀察，觀察十週共計兩百分鐘。大班、中班幼兒因社會互動頻繁且互動事件較長，因此每次均觀察二十分鐘；而小班及幼幼班幼兒則因互動事件持續時間較短，故分成兩次觀察，每次觀察十分鐘。

本研究於北、南、東區共派遣十位觀察員，分別進入十間園所展開為期四個月的現場觀察。於正式觀察之前，先進行兩次觀察員之訓練，第一次的訓練目標為增進觀察員對觀察內容和記錄方式的理解，以播放幼兒自由遊戲的錄影帶，做實際的練習；第二次的訓練目標，為觀察者間一致性的檢核：首先以二次錄影帶幫助十位觀察員熟悉觀察及記錄之模式後，接著根據五段錄影帶（包括大班、中班、小班幼兒的自由遊戲活動），針對影片內容進行記錄與詮釋。而觀察員一致性的指標有二：其一為觀察者是否觀察到同一行為，而所求得之十位觀察員觀察到同一事件的百分比為 85.79%；其二為觀察者對該行為詮釋觀點的一致性，其所獲得之一致性為 94.48%。

在資料分析方面，先找出事件所反映的社會能力及共通主題，再將主題與社會領域課程目標相對應，依照對應的課程目標來組織，並整理出各年齡層幼兒的行為表現特質，再依據此資料看出能力的差異。

貳、實徵研究結果

幼兒社會能力問卷的每一題項皆依據幼兒表現此能力之頻率，區分為五個層次，並依程度分別給予 0～4 分（0：未曾觀察到此能力、1：不能做到、2：偶爾能做到、3：經常能做到、4：總是能做到），將各年齡層幼兒在各題項之人數分布百分比進行百分比統計。各年齡層社會能力問卷調查結果如下。

一、2～3 歲

圖5-1為2～3歲幼兒之社會能力表現情形，由此可以發現在許多題項中，幼兒的行為表現相當穩定，「總是能做到」和「經常能做到」的百分比總和可以達到85%以上，甚至是90%，包括：學習自我照顧的第1題（88.7%）、第2題（89.3%）和第4題（95.5%）、積極參與學習活動的第8題「能享受活動或遊戲的樂趣」（90.9%）、建立正向自我概念的第9題「能覺察自己並喜歡自己」（90.3%）、社會技巧的第 11 題「能學習與其他幼兒互動」（88.2%）、遵守規範的第16題「能聽從老師的指示做事情」（87.6%），以及探究人文環境的第 19 題（93.8%）、第 20 題（96.6%）和第 21 題（96.7%），這些題項都能有90%以上的幼兒可以表現出此行為。

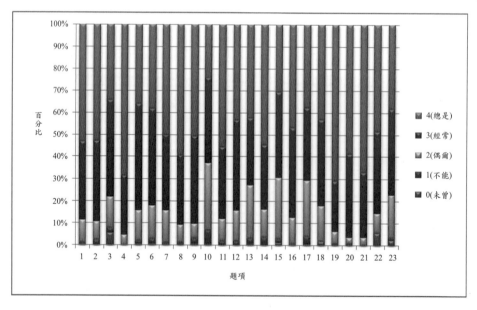

圖 5-1　2～3 歲幼兒社會能力表現情形

　　而根據圖 5-1 所示，唯有第 10 題「能學習並願意自己做事情」（63%）和第 15 題「能學習與其他幼兒共用材料和玩具」（69.5%），幼兒「總是能做到」和「經常能做到」的百分比總和低於 70%。

　　另一方面，教保服務人員也反應出有些能力較難觀察到，例如：第 3 題「能學習與表現基本的安全行為」（5.6%）和第 22 題「對生活周遭的自然事物感到好奇」（5.6%），皆有 5% 以上的教保服務人員表示未曾觀察到幼兒出現此能力。

二、3～4 歲

　　從圖 5-2 可以看出幼兒的許多行為表現都相當穩定，「總是能做到」和「經常能做到」的百分比總和能達到 85% 以上者，包括：學習自我照顧之第 1、2、4、5、6 題、積極參與學習活動之第 7、8、9、11 題、建立正向自我概念之第 12、15 題、社會技巧之第 16、17、18、19、20、22 題、遵守規範之第 23、25 題，以及探究人文環境之第 28、32 題。

　　反觀 3～4 歲幼兒的表現較不穩定，「總是能做到」和「經常能做到」的百分比總和低於 70% 者，只有探究人文環境的第 31 題「學習珍惜使用日常物品」（63.6%）、探索與愛護自然環境的第 33 題「能覺察生活周遭的自然現象與變化」（67.4%）、第 34 題「能關懷並協助照顧動植物」（56.4%），以及第 35 題「學習資源回收及垃圾分類」（63.0%）。上述四題雖然幼兒常做到的比例偏低，但值得注意的是並非全然因為幼兒未能做到，而是有相當比例是教師未曾觀察到此能力（依序為 2.4%、4.3%、15.7%、7.6%），亦即幼兒未能穩定表現，有部分原因是在學校裡缺乏被老師觀察或幼兒有表現的機會。

　　綜合 3～4 歲之幼兒社會能力表現，以學習自我照顧、積極參與學習活

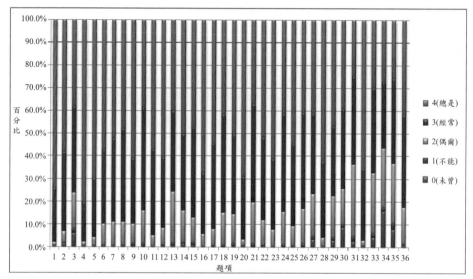

圖 5-2　3～4 歲幼兒社會能力表現情形

動、社會技巧等方面的表現較為穩定，而幼兒探索與愛護自然環境的能力較為缺乏。若檢視教保服務人員未曾觀察到的幼兒能力，百分比總和在 5% 以上的有第 3 題「能正確地使用生活物品」（6.1%）、第 30 題「能參與節日慶典的相關活動」（8.6%）、第 34 題「能關懷並協助照顧動植物」（15.7%），以及第 35 題「學習資源回收及垃圾分類」（7.6%）。

三、4～5 歲

從圖 5-3 可以看出 4～5 歲幼兒在社會能力的表現情形，僅有七個題項的「經常能做到」和「總是能做到」的百分比總和達到 85% 以上，分別是：學習自我照顧的第 1 題「能表現出自我照顧的行為」（93.8%）和第 6 題「願意和同儕一起收拾、共同維護環境的整潔」（89.9%）、積極參與學習活動的第 8 題「能覺察自己的興趣，並選擇和參與自己喜歡的活動或遊戲」（92.8%）

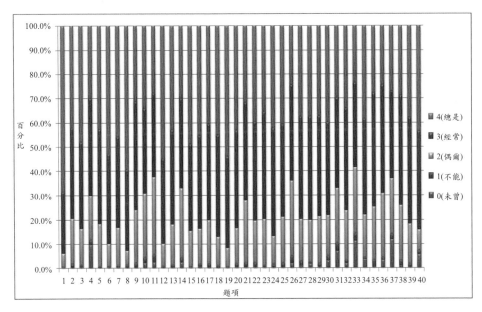

圖 5-3　4～5 歲幼兒社會能力表現情形

和第 12 題「活動中，有需要時能尋求協助」（89.9%）、建立正向自我概念的第 18 題「樂意與同儕分享自己完成的工作」（87.1%），以及社會技巧的第 19 題「喜歡和別人相處、互動」（91.5%）和第 24 題「能與別人建立友誼」（86.9%）。由此可看出，4～5 歲題項所反映之能力加深程度，對 4～5 歲幼兒而言，「總是能做到」和「經常能做到」之百分比總和跟前兩個年齡層比較，相對減少許多。

　　同樣地，「經常能做到」和「總是能做到」兩項的百分比總和低於 70% 者，包括：積極參與學習活動的第 10 題「在老師的引導下，能將活動與舊經驗連結，並做簡單的回應」（69.3%）和第 11 題「在老師的協助下，能歸納整理活動經驗，提出自己的看法」（62.4%）、建立自我概念的第 14 題「能發現自己的長處和特質」（66.9%），以及探究人文環境的第 31 題「能表現

自己對母語的興趣」（67.1%）和第 33 題「願意參與探訪社區生活相關的場所和人物」（58.4%）。其中，前三者未曾觀察到此能力的比例皆在 2%，而在探索環境兩題的比例則分別有 7% 和 11%；由此可見，園所課程對幼兒有無機會探索環境人事物能力方面，還是具有相當的影響力。在自主學習兩題和發現自己特質等，則顯得對 4～5 歲幼兒而言較為困難。

除了上述第 31 和 33 題外，第 4 題「能覺察環境的安全和自我保護」（9.6%）、第 37 題「能關懷並協助照顧動植物」（11.9%），以及第 40 題「喜歡親近大自然，並欣賞自然事物」（5.7%），皆有超過 5% 以上的老師們表示，未曾觀察到幼兒此能力之展現。

四、5～6 歲

由圖 5-4 可以看出，5～6 歲幼兒在「總是能做到」和「經常能做到」的百分比總和達到 85% 以上者，包括：自我照顧的第 1 題「能覺察自己的身體狀況」（88.0%）、積極參與學習活動的第 11 題「能享受與團體共同活動或遊戲的樂趣」（90.7%）、建立正向自我概念的第 13 題「會肯定自己有能力做事，並從自己做的事當中獲得成就感」（87.6%）和第 14 題「會選擇與判斷自己能做的事」（87.8%）、社會技巧的第 19 題「與別人分工合作，以完成共同的目標」（85.1%）和第 21 題「與朋友維持良好的友誼關係」（88.2%），以及探索與愛護自然環境的第 38 題「喜歡親近大自然，並欣賞自然景物」（87.5%）。兩項的百分比總和大多數都落在 60% 至 80% 之間。

5～6 歲幼兒在「總是能做到」和「經常能做到」的百分比總和低於 70% 者，包括：積極參與學習活動的第 7 題「能針對自己有興趣的活動，做簡單的計畫」（66.1%）、第 8 題「能整理歸納活動經驗，提出自己的看法」（68.2%）、第 9 題「在學習活動中碰到困難，願意嘗試不同的問題解決方

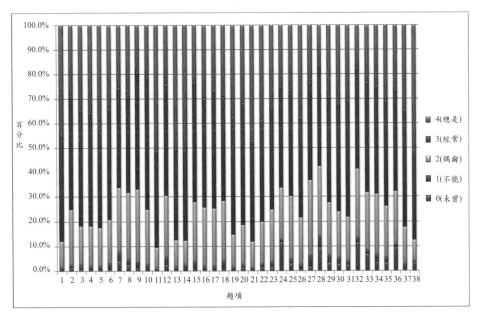

圖 5-4　5～6 歲社會能力表現情形

法」（66.7%）、建立正向自我概念的第 12 題「能知道自己的優缺點和不同
於別人的特質」（69.5%）、社會技巧的第 24 題「能接納並尊重不同族群、
性別、年齡、身心狀態的人」（66.1%）、遵守團體規範的第 25 題「能主動
探索規則的理由」（69.9%）、第 27 題「了解自己行為對他人和環境的影響，
並學習對自己的行為負責」（63.3%）和第 28 題「能因應情境需要而調整活
動規則」（57.4%）、探索周遭人事物方面的第 32 題「能開始學習注意到媒
體內容的虛實好壞」（58.5%）、第 33 題「能欣賞並比較不同於自己的語言、
生活習俗、慶典活動」（68.1%），以及探索與愛護自然環境的第 34 題「能
探索自然環境的現象與變化」（68.8%）和第 36 題「能進行種植或飼養的活
動，愛惜與尊重自然生命」（67.5%）。在上述題項中，教師未曾觀察到此能
力的比例超過 5%者，包括：第 24 題（11.6%）、第 28 題（9.3%）、第 32 題

（11.3%）、第 33 題（6.8%），以及第 36 題（9.5%）。

若從漸層角度來檢視四個年齡層能力的增進程度，茲以七個學習面向各舉一核心概念為例，闡述分齡漸層的研究結果。

一、在自我照顧方面

2～3 歲幼兒「總是能做到」和「經常能做到」的百分比總和為 89.3%，3～4 歲增加為 97.9%，到了 4～5 歲「能表現自我照顧行為」，而不再侷限於簡單層次，4～5 歲的百分比總和是 93.8%。對身體需求的自我覺察方面，「能覺察自己的身體狀況」在 4～5 歲幼兒的表現總和為 79.7%，5～6 歲則增加為 88%，但在「養成良好的健康習慣」的總和則為 75%。簡而言之，在自我照顧行為表現方面，隨著年齡增加愈趨穩定，但要擴及到健康習慣，5～6 歲的表現相對比例較少。

二、在積極參與學習活動方面

2～3 歲幼兒在「會嘗試並學習參與各種活動」的「總是能做到」和「經常能做到」的百分比總和為 82%，3～4 歲則增加為 88.9%，4～5 歲提升為「願意參與不同類型的活動或遊戲」，百分比略降為 83.5%，5～6 歲也持平在 82.5%。4～5 歲幼兒「在老師的協助下，能歸納整理活動經驗，提出自己的看法」的比例為 62.4%，5～6 歲幼兒「能整理歸納活動經驗，提出自己的看法」的比例為 68.2%。由上述結果得知，年紀較小的幼兒在探索活動的意願方面，會隨著年齡漸增；而在探索不同型態活動的意願上，4～6 歲則相差不多。在自主學習的能力方面，只有在 4～6 歲做測量，此調查發現幼兒能自主表現（不需教師協助）的能力是隨年齡增加而略微提升的。

三、在建立正向自我概念方面

　　2～3 歲幼兒「總是能做到」和「經常能做到」「能學習並願意自己做事情」的百分比總和是 63%，3～4 歲提升為 75.8%；4～5 歲幼兒在「能完成自己選擇或別人交付的工作，對自己表現感到滿意」為 83.8%；5～6 歲幼兒則在「會肯定自己有能力做事，並從自己做的事當中獲得成就感」為 87.6%。由上述題項反映出幼兒在願意自己做事情的動機上，2～4 歲階段是隨年齡而略增；到了 4～6 歲階段，就不再侷限於自己的事情，而擴大到別人交付的事項，且在正向自我感受方面亦是隨年齡漸增的。

四、在社會技巧方面

　　2～3 歲幼兒「總是能做到」和「經常能做到」「碰到人際互動的問題時，能嘗試用語言表達或尋求大人協助」的百分比總和為 72.9%，3～4 歲則增加為 85.5%；到了 4～6 歲階段，人際互動問題的處理則以口語溝通能力為主，4～5 歲幼兒在「面對人際衝突時，能使用口語溝通」的百分比總和為 72.2%，5～6 歲幼兒在「面對人際衝突時，能運用口語溝通與平和的方式解決」的百分比總和則為 71.8%。易言之，在人際衝突方面，2～4 歲強調尋求協助的能力和運用口語溝通的意願，是隨著年齡漸增；然 4～6 歲則強調以口語溝通去解決衝突的能力，兩個年齡層的能力並無明顯差異。

五、在遵守規範方面

　　2～3 歲幼兒「總是能做到」和「經常能做到」「能聽從老師的指示做事情」的百分比總和為 87.6%，3～4 歲則增加為 92.4%；4～5 歲則提升至幼兒對規範理由的理解，幼兒在「能理解訂定團體規範的意義和理由」的百分比

總和為 79.7%；5～6 歲則在於理解理由後能與他人協商規則，在「能與他人共同協商活動規則，並遵守共同決議」的百分比總和為 78.5%。整體而言，在團體規範的發展方面，2～4 歲強調能聽從老師的指示，此能力會隨年齡漸增；到了中班以後，則著重在規則理由的領會，以及基於對規則理由的理解，運用於協商規則方面的能力；測量結果呈現，4～6 歲幼兒在此兩方面是尚須增強的。

六、在探究人文環境方面

2～3 歲幼兒「總是能做到」和「經常能做到」「能認得自己的家人、老師和生活中常接觸的人」的百分比總和為 93.8%；3～5 歲則從認得人物，提升到覺察角色及活動，3～4 歲幼兒在「能覺察家人、親友在生活中的角色和從事的活動」為 76.6%，4～5 歲則為 78.3%；5～6 歲則將範圍更擴大到社區，幼兒在「能探究社區各行各業人物的活動」的百分比總和為 76%。由此可知，2～3 歲幼兒辨識親近人物的能力是相當好的，但在覺察周遭人物的活動方面，3～5 歲的能力還需要提升，5～6 歲幼兒對社區的探索和覺察也需加強。

七、在探索與愛護自然環境方面

2～3 歲幼兒「總是能做到」和「經常能做到」「對生活周遭的自然事物感到好奇」的百分比總和為 85.4%；3～6 歲提升到覺察自然現象，3～4 歲在「能覺察生活周遭的自然現象與變化」的百分比總和為 67.4%，4～5 歲略微增加為 69.4%，5～6 歲則為 68.8%。由此可見，2～3 歲幼兒在探索自然的意願方面，表現還不錯；然若著重在覺察自然景物的能力方面，3～6 歲幼兒則無明顯差異。

　　整體而言，2～3歲問卷著重在幼兒願意學習、願意探索，以及正向情意的表現，幼兒在「總是能做到」和「經常能做到」的比例普遍而言相當好；3～4歲幼兒在意願及動機表現（與2～3歲相同題目）上的確是進步的。然隨著年齡漸增，能力表現在複雜的加深、範圍的加廣後，發現4～5、5～6歲幼兒在「總是能做到」和「經常能做到」的比例，是差不多的。上述結果提醒研編小組，這些加深、加廣的層次，在轉化為分齡學習指標時要更縝密，文字斟酌要更精確。在問卷調查結果出爐後，研編小組即正式進入將結果轉化為社會領域課程目標和學習指標的歷程。

第三節　社會領域的轉化歷程

　　轉化歷程是一段段來回檢視和修訂的歷程，茲簡化為三階段敘述：第一階段是以實徵研究結果為基礎，轉化社會領域的學習目標，並依據全國專家諮詢會議的建議做修訂，其要務包括：轉化問卷分析結果、觀察資料的對應、全國專家諮詢總體檢；第二階段則以幼兒園實際運用新課綱的經驗為依據，進一步修訂領域內涵及學習指標，此階段的要務為增訂家庭指標；第三階段著重在六大領域的縱向及橫向連結、領域內涵概念的精緻化等歷程，其要務為社會領域由六大面向匯聚為三大面向。最後則為邁向正綱的研修歷程。

 ## 壹、轉化問卷分析結果

　　本研究以「總是能做到」及「經常能做到」兩項的百分比總和60%，做為檢視全國幼兒是否能具備此能力之標準，並依此做為各年齡層學習指標的編定原則。訂定理由有三：第一，社會領域之測量方式是透過教保服務人員

評量幼兒平日之行為表現，但有些項目的能力是幼兒在平日沒有機會表現出來的，故教保服務人員無法判斷幼兒是否具備此能力；第二，幼兒社會能力的展現，會受到課程規劃和教保服務人員重視程度而有所不同，例如：是否給予幼兒充分的時間與機會去實際操作或體驗，幼兒園是否有充分時間讓幼兒自由遊戲和互動等，都會影響幼兒社會能力的展現；此外，城鄉及社經差異等因素皆須納入考量，不宜用太高標的水準去設定；第三，因應社會變遷，對於幼兒的社會能力會有新增的需求，例如：媒體真假好壞的判斷、多元族群的接納尊重等。基於上述理由，若將標準訂得太嚴格，將會導致許多幼兒應該具備的社會能力因而被忽略，故以 60%做為判斷幼兒是否具備此項能力之依據，而依此標準，四個年齡層共計四個題項達不到 60%的標準。

研編小組係根據下列步驟，進行修訂工作：

1. **轉化問卷題項為指標**：將超過 60%的題項，逐一轉化為學習指標，並再次修訂文字，以期指標敘述更完整具體、反映能力層次。

2. **依年齡層檢視**：將修訂好的學習指標，再次嵌入雙向細目表，進一步檢視各年齡層內的完整性。

3. **跨年齡層的檢核**：雖然社會能力調查和觀察資料蒐集，皆以四個年齡層去執行，然在第一期研究過程中，2～6 歲新課綱的年齡切割方式是 2～3、3～5、5～6 歲等三層。因此，研編小組到此階段，再次將 3～4 和 4～5 歲的指標，彙整為 3～5 歲。接著以橫向檢視，亦即依照雙向細目表，並列檢視每個格子內的跨年齡指標（如探索與覺察在自我照顧面向），並再次修訂文字，期使年齡層差異更明確。

4. **未滿 60%的題項檢視和修訂**：逐一檢核其百分比分布，小組發現有些題項是因為園所環境或課程限制，而導致教保服務人員「未曾觀察到此能力」的評量偏高，但這並不代表幼兒缺乏此能力（例如：4～5 歲「願意參與探訪

社區生活及相關場所和人物」），因此仍列入學習目標。另有題項可能因題目敘述過於抽象，例如：5～6 歲「能因應情境需要而調整活動規則」，擬以更具體的文字進行修正。

　　5. **匯聚課程目標**：研編小組以過程能力為軸，敘寫能力在各學習面向的課程目標。

 ## 貳、觀察資料的對應

　　透過現場觀察之軼事紀錄了解幼兒與同儕、成人之間的互動情形，從中找出社會能力發展之脈絡。研編小組即藉由這些觀察之軼事紀錄，將相似的行為事件加以彙整，初步整理出各年齡層在相似情境中的行為表現，進而歸納出「規則與行為規範」、「問題解決策略」、「遊戲」、「從事活動的方式」，以及「人際溝通」等五大詮釋類目，並再依據情境脈絡和行為線索之不同，進行更為細緻的區分。

　　研編小組依據這些資料，統合出幼兒社會能力發展上的差異，更透過詮釋類目與課程目標的對應檢視分齡差異，以做為學習指標修正的主要參考依據。質性分析結果的呈現方式，係將上述五大詮釋類目中，與社會領域課程目標相關的子類目，依據課程目標整理而成，例如：建立學習行為有關的兩個課程目標（2-2 為協商與調整層次、3-2 為愛護與尊重層次）和觀察資料相符應的詮釋類目之對應表，如表 5-6 所示。接著，將相同詮釋類目之跨年齡層行為表現列表，再檢視課程目標在各年齡層的差異，是否反映在學習指標。

表 5-6 「課程目標」與「詮釋類目」的對應表

面向	課程目標	觀察紀錄詮釋類目
學習行為	2-2 能於活動中展現自己的能力與特質，嘗試新的問題解決技巧，發展合宜的學習行為	1. 主導活動的行為 2. 活動的規劃（含材料的選擇、工作程序的安排） 3. 展示優勢 4. 工作想法的堅持 5. 問題解決的方法
	3-2 在活動歷程中，肯定自己，享受學習的樂趣和成就感	1. 尋求同儕的認同 2. 尋求成人的認同

 ## 參、全國專家諮詢總體檢

　　研編小組於全國北、中、南、東四區，以辦理實務教保服務人員諮詢會議及書面諮詢等方式，來徵詢社會領域課程目標和學習指標的修訂建議。修訂和增刪文字的歷程在此省略，最重要的一項是社會領域結構性的修正，將「自我概念」學習面向，整併入「學習行為」和「社會技巧」。其修訂理由為：自我概念的形成，主要是透過幼兒於學習活動中，覺察自己的興趣、喜好、專長，進而對自己完成的事物有成就感，並增加自信心等；這些過程能力是在學習活動中經歷的。此外，對自己的認識多發生於人際互動中覺察人我異同的過程。值此之故，將原先「自我概念」此向度，融入在「學習行為」和「社會技巧」的課程目標中。另外，由於道德意識與遵守規範面向，涵蓋了品格的行為和團體生活常規兩部分，研編小組即以「行為規範」來統稱。

　　因此，社會領域學習面向修正為六向度，分別為「自我照顧」、「學習行為」、「社會技巧」、「行為規範」、「人文環境」，以及「自然環境」。

新課綱第一期研究就此落幕，社會領域以 3×6 共十八項課程目標（如表 5-7 所示），邁向第二期研編階段。

表 5-7 第一期社會領域 3×6 課程目標內涵

能力	課程目標
探索與覺察	1-1 於生活經驗中，能覺察自我的需要和狀況，及環境的安全性。
	1-2 透過活動參與，探索自己的喜好和特質。
	1-3 與他人互動經驗中，探索與覺察人際關係或人我異同。
	1-4 能覺察團體活動的規則與行為規範。
	1-5 能探索生活周遭事物，覺察他人活動的內涵。
	1-6 能探索生活環境中的自然事物及其改變。
協商與調整	2-1 在與人和環境互動中，學習與調整合宜的自我照顧行為與態度。
	2-2 能於活動中展現自己的能力與特質，嘗試新的問題解決技巧，發展合宜的學習行為。
	2-3 與他人互動經驗中，了解自己與他人的想法與感受，學習兼顧自己與他人的需求，與人共處。
	2-4 學習行為規範的意義和合宜的行為表現。
	2-5 觀察與比較周遭事物與自我、他人生活的關聯性，從而學習合宜的文化參與行為。
	2-6 基於對自然環境事物和生命的理解，參與照顧環境和自然生命的活動。
愛護與尊重	3-1 在與人、環境的互動中，養成自我照顧、自我負責的習慣與態度。
	3-2 在活動歷程中，肯定自己，享受學習的樂趣和成就感。
	3-3 體會人我共通的需求和感受，展現關懷、尊重與接納他人的態度。
	3-4 主動遵守行為規範。
	3-5 尊重周遭事物及活動，並心存感謝與珍惜。
	3-6 主動親近及欣賞自然事物，進而養成關懷生命、保護自然環境的態度。

註：1.自我照顧；2.學習行為；3.社會技巧；4.行為規範；5.人文環境；6.自然環境。

肆、社會領域增訂家庭指標

社會領域第二期研編計畫，其目標是依據現場操作的實戰經驗，來整體檢視和修訂各領域的課程目標和學習指標。修訂過程相當繁複，除了修整課程目標文字以反映三項過程能力的動詞外，結構性的修訂有二：首先將三個年齡層改為四個年齡層，其次則為增訂家庭指標。

一、由三到四的曲折

在新課綱實驗階段，實驗園所教保服務人員反應 3～5 歲的年齡層涵蓋範圍太廣，且 4 歲是幼兒發展的一個重要里程碑，若未將 4 歲能力區隔出來，即無法指引更適合此年齡層的課程指引。因此，研編小組再次透過重新整理問卷調查及觀察資料，將 3～4 歲及 4～5 歲區隔出來，並逐一檢視指標內涵是否能呈現四個層次，以及對該年齡層幼兒是否過高或過低，並蒐集實驗園所的修正建議。

二、家庭指標的增訂

此次新課綱中幼兒教育的定位，將幼兒園置身在社會文化的脈絡中，透過教保服務人員的引導，幼兒不但要學習與人相處，同時也願意關懷周遭環境，且幼兒教育的範圍，還包括幼兒園與家庭、社區的互動和配合，才能體現六大領域的學習。與家庭和社區的互動關係，屬於社會領域「人與環境」向度之「人文環境」面向。

然而，研編小組在增訂家庭指標時，面對的挑戰是得從教保服務人員的角度思考，要如何去帶出有關幼兒家庭生活內涵的課程？但家庭生活內涵又

很廣，在幼兒期孩子要關注哪些層面呢？研編小組再次回到社會領域理念和著重的過程能力（亦即透過參與人際互動脈絡，建構有意義互動的能力），循此思維，幼兒和家人在日常生活參與，在互動中體會我國文化中父母慈愛、兄友弟恭等孝悌的價值，應是家庭指標的精髓。值此之故，研編小組將家庭視為幼兒生活環境中最核心的單位，並在人文環境中加入「家人關係」指標，其著重在幼兒於日常生活中能覺察和體會家人對自己的照顧，並進而覺察自己也能關心和照顧家人、彼此關係的親密和照顧關係本質，以及展現親愛家人的情懷和態度。

伍、社會領域的浴火重生

　　自 99 學年度開始，新課綱的全國研習即如火如荼地展開，各地區的幼教現場教師和保育員也積極參與，對社會領域有非常多元的建議。研編小組透過第三期研究的三種機制及五項理由，於第三期研究中再次重整社會領域。

　　三種機制包括：(1)經由總綱組倪鳴香教授統整六領域的動詞內涵層次，研編小組依此架構修訂課綱目標和學習指標之動詞；(2)透過與新課綱總目標、總綱理論基礎和理念脈絡的來回檢視，強化新課綱總目標與社會領域目標、社會領域目標與課程目標、課程目標和分齡學習指標間銜接和扣合程度；(3)教育部新課綱相關的審查委員會，所提供性別平等相關指標的建議。

　　五項重整理由如下：(1)社會領域結構雖完整，然 3×6 顯得結構複雜，實務現場教師感受繁複與沉重，結構可再精練；(2)自我概念為幼兒期重要的發展任務，雖然自我概念的歷程是反映在人我異同的覺察和對自我興趣能力的探索，但在課程目標中缺席，會讓教保服務人員缺乏明確的課程指引，是以，自我概念應要在課程目標中有明確的敘述；(3)學習行為面向是反映新課綱對

幼兒學習的基本看法，應是貫穿六個領域，且與認知領域會有重複之虞，宜聚焦於自我認識的歷程；(4)自然環境面向涵蓋許多關於對自然事物的探索，與認知領域重複，社會領域中的自然面向宜定位在對自然環境的關懷、對自然生命的尊重，亦即情意態度層次即可；(5)體驗在地文化與尊重多元文化為此次新課綱的精髓，因此多元文化宜放入課程目標中。

社會領域結構性的修訂如下：

1. 將六大面向先匯聚為三個向度，即為「自己」、「人與人」，以及「人與環境」。

2. 以精練明確文字，清楚指出課程的目的性：如原1-5「探索生活周遭事物、覺察他人活動的內涵」，其涵蓋家人和周遭人事物，反而無法清楚呈現家庭和社區關係是幼兒學習經驗的兩個面向和其間差異，因此課程目標即將兩者分開敘述，改為1-4「覺察家的重要」及1-5「探索自己與生活環境中人事物的關係」。

3. 自我照顧的定位：自我照顧在社會領域中視為是發展自我概念的一環，幼兒在生活中能學會了解自己的身體需要，增進對自我的了解，並透過照顧自己，幼兒會對自己有信心，且能肯定自己。因此，自我照顧是發展自我概念的過程，是一段協商調整的歷程，因此統整在「協商與調整」及「自己」中，課程目標為2-1「發展自我概念」。

4. 課程目標的空白：「協商與調整」在「人與環境」面向沒有課程目標，空白的理由在於社會領域之協商與調整能力，著重在思考自身行為與他人需求、環境需要之間的關係，進而願意調整自己參與互動的方式和行為。以此能力內涵，嵌入「人與環境」中與家人關係、社區人事物的互動，若在此置入課程目標，亦即是期望教保服務人員能設計引導孩子改變自己、調整自己與家人、社區的互動行為，研編小組認為這樣的目標對幼兒而言太過沉重與

過度要求。幼兒在「人與環境」面向,只期許教保服務人員藉由課程經驗的規劃,讓幼兒有機會探索和覺察自己和家人的關係、社區人事物和活動與自己生活的關聯,並發展尊重多元文化、愛惜生命和關懷環境的情懷即可。值此之故,社會領域在「協商與調整」及「人與環境」面向是沒有課程目標的。修訂後重生的社會領域課程目標,即為 2012 年 10 月公布的暫行大綱目標,如表 5-8 所示。

表 5-8 「幼兒園教保活動課程暫行大綱」之社會領域課程目標

能力	學習面向	課程目標
探索與覺察	自己	社-1-1 認識自己
	人與人	社-1-2 覺察自己與他人內在想法的不同
		社-1-3 覺察生活規範與活動規則
	人與環境	社-1-4 覺察家的重要
		社-1-5 探索自己與生活環境中人事物的關係
		社-1-6 認識生活環境中文化的多元現象
協商與調整	自己	社-2-1 發展自我概念
	人與人	社-2-2 同理他人,並與他人互動
		社-2-3 調整自己的行動,遵守生活規範與活動規則
	人與環境	
愛護與尊重	自己	社-3-1 愛護自己,肯定自己
	人與人	社-3-2 關懷與尊重生活環境中的他人
	人與環境	社-3-3 尊重多元文化
		社-3-4 關懷生活環境,尊重生命

陸、邁向正綱的研修歷程

暫綱公布後，修訂課綱的腳步並未停歇，教育部於 2014 年推動為時兩年的「幼兒園教保活動課程暫行大綱研修計畫」（幸曼玲、倪鳴香，2016）。本次社會領域研編小組依據「幼兒園性別平等教育學習指標及學習內涵建構計畫」（以下簡稱性平計畫）研究報告（莊明貞、黃瑞琴、林碧雲，2015），包含雙向細目表、課程目標與學習指標之內容，確認與社會領域內涵之關聯性，並透過課綱六領域聯席會議、性平專家諮詢會議、性平計畫主持人研討等方式，參酌學者專家針對修訂方向的建議後，做出以下三向度的修正。

一、強化性別平等相關之課程目標與學習指標

強化性別平等學習指標有融入和增訂兩種方式，說明如下。

（一）融入現有的社會領域

1. 修改原有的學習指標，以納入性別平等指標所欲含括之內涵：由於性別平等計畫中有關性別的自我了解，包含對自己身體部位、功能及特徵的理解，比原社會領域「社-幼小-1-1-1 覺察自己的身體特徵」更完整，且此能力為尊重他人身體自主權的基礎，因此修訂社會領域指標，改為「社-幼小-1-1-1 覺察自己身體的部位、功能及其特徵」。

2. 以加註方式說明性平內涵：針對性別平等學習指標中提出，面對人、事、物及資源等強調「不受相同或不同性別的限制」之學習指標，例如：「性-小-2-1-1 樂於與相同或不同性別的友伴一起遊戲」或「性-小-2-1-3 學習與相同或不同性別的人互動」等，融入原社會領域指標「社-幼小-3-3-1 樂於

與友伴一起遊戲和活動」，並加註指標的意義，以附註說明的方式，例如：「幼兒表達自己的想法及其互動的對象，應不受性別、年齡、社經背景、種族、身心狀態等限制」，以強化性別平等的概念內涵。

（二）增訂課程目標和指標

性別平等學習指標所提供之內容，是原社會領域所缺乏或隱含而未明定者，則增加課程目標和學習指標，例如：根據性別平等課程目標「性-中大-3-2-2 尊重自己與他人身體的隱私部位」，是隱含在原社會領域「社-3-1 愛護自己、肯定自己」的內涵裡，此次增訂「社-3-2 保護自己」及「社-3-4 尊重他人的身體自主權」，以明定課程目標及分齡學習指標。

二、界定「生活環境中文化的多元現象」之概念，取代原先「多元文化」之目標

此次研編小組進一步釐清「生活環境中文化的多元現象」和「多元文化」之意涵，界定「生活環境中文化的多元現象」為生活環境中因著存在不同性別、年齡、社經背景、種族、身心狀態的人，而形成各類文化；確認「多元文化」為因種族差異而有的文化差別，如語言、生活方式與慶典活動。由於原社會領域目標「社-3-3 尊重多元文化」較為侷限，因此改為「社-3-5 尊重生活環境中文化的多元現象」，使其範圍更廣且完整。此外，在「社-1-6 認識生活環境中文化的多元現象」之課程目標下，增訂「社-小中-1-6-1 嘗試參與各種活動」及「社-大-1-6-1 樂於參與各種活動」，不論在參與過程或使用物品都不受性別、年齡等各種因素所侷限，以呼應生活環境中文化多元現象的意涵。

三、強化社會能力與心理健康的關係

透過持續討論與專家回饋，研編小組在開宗明義的領域內涵，強化社會能力與心理健康的關係，指出幼兒透過和環境中人、事、物的互動，進而認識自己與關懷他人，發展團體歸屬感與認同。這種能和環境建構有意義互動的能力，正是個體心理健康的基石。

上述三項主要議題，在領域內涵、課程目標、學習指標、實施原則、評量原則等，都做了系列相關修訂，使得社會領域更趨於完整。

第四節　新課綱與《幼稚園課程標準》的差異

新課綱社會領域與 1987 年版《幼稚園課程標準》之差異，主要在於領域劃分及領域特色兩方面。

 壹、領域劃分

1987 年版《幼稚園課程標準》並沒有社會領域，與新課綱社會領域相關者為健康及常識領域。其中，健康領域包含「健康的身體」、「健康的心理」、「健康的生活」等三部分內涵，與社會領域之「自己」、「人與人」，以及「人與環境」之安全意識有關。新課綱中「自己」和「人與人」學習面向，重在幼兒發展自我概念、人我異同的覺察、同理互動等能力，自信和正向互動能力是「健康心理」的基礎。在日常生活中，透過生活自理、覺察與表達自己身心需求，進而學習照顧自己，這種自我照顧能力也是肯定自己、

發展自信的重要過程，與「健康的身體」之衛生保健、生活習慣相關。而在「人與環境」面向，幼兒需要覺察自身安全、避開生活中的危險事物，此種安全意識的發展，與「健康的生活」中安全的知識和意外的預防及處理有關。

1987 年版的常識領域包括社會、自然及數量形等，與新課綱社會領域相關者為「社會」、「自然」之尊重生命。1987 年版的「社會」包含認識家庭、社區的生活及社會機構，培養幼兒對外界事物及現象的關注與興趣，以及個人、社會生活習慣和態度；這些內涵重視的是學習的內容和態度養成。新課綱的社會領域「人與環境」面向，強調家庭和社區機構的互動關係，重在幼兒參與家庭和社區生活中，與相關人事物互動過程建構意義的能力，例如：覺察和家人關係、社區人事物與自己生活的關係等，看重過程而非內容。

新課綱社會領域與自然相關的部分，著重在幼兒親近自然與愛護生命的態度，在日常生活與大自然的互動中，感受到自然生命、環境和自己一樣有被照顧的需求，進而發展親近自然、珍惜資源、愛護生命的情懷。與 1987 年版常識領域之「自然」，強調自然科學正確概念、態度與方法之學習，重點完全不同。

新課綱社會領域視遊戲為幼兒學習與發展的重要媒介，幼兒透過遊戲能學習到認識自己、發展自我概念、探索人我異同、同理他人等社會技巧，覺察和體驗社會規範的意義和重要性，並於遊戲中發展友誼關係。遊戲是社會領域非常重要的學習媒介。

貳、領域特色

新課綱社會領域由於對社會、社會能力的定義不同，在領域目標、領域內涵、課程目標和學習指標，乃至於實施原則等，與 1987 年版《幼稚園課程

標準》也會截然不同。若逐項比較，易流於冗長的文字敘述，難以凸顯領域整體之特色。以下以綜觀角度切入，以領域內涵和實施原則兩向度，呈現新課綱的領域特色。

一、領域內涵

新課綱社會領域有下列特色。

（一）以幼兒為主，強調參與、和生活環境人事物互動的歷程

新課綱是以幼兒為主，強調幼兒參與生活經驗的互動歷程，因此互動經驗的實際參與及參與程度，是教保服務人員的經營和規劃的任務，而非內容，例如：當幼兒去戶外參觀，教保服務人員和幼兒做參訪前後的討論，希望幼兒能注意參訪禮儀。新課綱課程目標的指引，是期許教保服務人員能讓幼兒發現和體會參訪情境、互動對象及禮儀行為之間的關聯性，例如：討論表現有禮貌行為的需要和理由，協助幼兒在實際表現行為時能覺察周遭對禮貌行為的反應，進一步體會禮貌行為的必要性，而不是與幼兒討論時，幼兒知道要說「謝謝」就好。

此外，參與就是以實際親身的經驗為基礎，而不是以看圖片或影片、在討論時說出、在學習單畫出等，確認幼兒是否「知道」層次。而是實際參與互動，透過親身地參與，去實際體驗、發現、領會周遭人事物的意義。

（二）看重環境人事物及行為的意義和文化意涵

所謂生活環境人事物的意義，除了人在進行之角色活動（誰在做什麼、用什麼做）外，更重要的是人在角色活動中的動機、想法和情感，發現「為何要這麼做」的意義，其反映著所處社會文化的信念和價值。幼兒對事物意

義的探索和理解，才能進一步體會和反思自己日常生活所言所行的合宜性，也才有調整與修正自己行動的動機和目的。所以，新課綱重視幼兒透過參與、對環境人事物意義的建構，而不只是了解「誰做什麼、用什麼做」等知識內容層面的學習。

（三）關注自身需求、他人與自然生物需求等人類和自然生命之共通需求

社會生活是一種自立自處、和他人及環境和諧共處的本質。社會領域強調幼兒對自身需求的覺察，在人際互動過程中對他人需要的覺察和同理能力，進而能推己及人，例如：在學習照顧自己需求的同時，基於人我共通需求的理解，當他人在相似處境時，也能展現關懷照顧的行動。因此，對人我及環境需求的覺察、同理、接納的過程，是社會領域的核心。

（四）重視道德品格、健康安全意識、多元文化觀之學習歷程

新課綱社會領域和1987年版一樣，重視幼兒遵守規範、品格養成、能保護自己身體和安全、拓展生活經驗，以及接納不同文化等學習；不同之處主要在於新課綱強調習得歷程。易言之，不僅止於行為表現或習慣養成，幼兒也要感知這些行為的重要性、和人我環境需求的關係，以及與人際互動脈絡的關聯。因此，探索社會規範、品格行為、保護身體和安全等行動背後的理由，知其言行的意義和重要性，產生自發遵守、主動表現的動機，培養內化的情意態度，是新課綱重視的歷程。

上述新課綱社會領域的特色，與1987年版《幼稚園課程標準》以教師為

主、強調經驗和知識的提供，是截然不同的取向。茲以社會領域的一句話來傳達社會領域的精神：「在幼兒園生活中時時體會人、我、環境間相互的關係和共存的喜悅。」

二、實施原則

新課綱社會領域的實施原則包含教學和評量原則，其中教學原則與 1987 年版的實施方法可相對比較。新課綱的教學原則重視兩個部分：幼兒生活及學習經驗的特質、這種經驗可培養之過程能力。

（一）重視生活及學習經驗之歷程

由於社會能力是幼兒建構有意義互動的能力，因此取材的範圍將擴及所有與幼兒生活有直接互動經驗的人事物，包括：家庭、幼兒園、社區，以及媒體，不僅止於教保服務人員規劃的學習經驗，還包括日常生活經驗等。此外，新課綱非常強調這些經驗的歷程性質，例如：作息的規律性、學習活動有練習和重複經歷、有計畫和實踐想法的機會、人際互動有表達和聆聽、角色轉換、理解團體生活和他人需求等歷程。強調生活和學習經驗的歷程，這些歷程正是催化幼兒社會能力的關鍵因素。

（二）教學原則以培養過程能力為目的

承上所述，經驗歷程特性與過程能力有直接的關聯。新課綱所欲培養的能力，會涵蓋幼兒獨立自主（自己）、人我覺察、同理合作、調整修正（人與人）、親近自然、探索生活（人與環境）。這樣的教學原則能幫助教保服務人員連結經驗和能力的關聯性，對幼兒生活和學習經驗的規劃及規劃的意義或理由，有更清楚的架構和掌握。

新課綱教學原則的重點，與 1987 年版《幼稚園課程標準》強調教材編選、教學方法、實施要點等，將經驗歷程、方法和規劃等分開陳述是完全不同的。

第五節　社會領域Q & A

 壹、社會領域的特色是什麼？

社會領域重視幼兒過程能力的發展，所謂過程能力包括「探索與覺察」、「協商與調整」，以及「愛護與尊重」。幼兒在社會互動的過程中，要能夠先探索與覺察自己、他人及生活環境中所傳遞出來的訊息，透過他人或環境的回饋，理解自己行為的意義及其對於周遭的影響，並經由改變與調整，展現合宜的行為。最後，幼兒能夠主動關注自己、他人和自然生命的需要，進而發展出彼此關心、和諧慈愛的人際關係，以及與自然共處的情懷。社會領域課程即是培養幼兒此三項過程能力，與自己、他人、環境做有意義的互動。

簡而言之，社會領域著重的是培養幼兒探索與覺察社會情境，能於情境中協商與調整自己的行為，進而養成愛護自己與環境人事物的態度。

 貳、所謂「從過程能力角度來看社會領域學習內涵的實踐」之意涵為何？

所謂「由過程能力來看」是指，能從「幼兒的學習歷程」來看幼兒學習，而不是指教保服務人員該教什麼。尤其是社會領域，幼兒的日常生活內容皆

可視為是學習社會領域內涵的素材，而幼兒生活中的想法和感受，則是其表現社會行為的基礎。教保服務人員宜在日常生活中時時幫助幼兒覺察與了解社會行為的意義，並與自己產生有意義的連結。經由意義的體會，以協助幼兒因此產生適當的行為反應，例如：除了知道戶外教學安全規則以外，幼兒還能覺察安全規則訂定的理由，引導幼兒去思考遵守與不遵守安全規則會帶給他人和環境的影響，使幼兒產生主動遵守的動機。上述說明的這些內在歷程，是實踐社會領域學習內涵的要點，教保服務人員宜避免採灌輸或直接教導知識的角度來實踐社會領域的內涵。

參、社會領域與情緒領域有什麼不同？

情緒的發展是難以由幼兒社會行為表現中切割的。如果幼兒不能忍受別人弄壞他的作品，不會嘗試自己解決人際問題，只會用「告狀」的方式，希望藉由成人的協助來解決眼前的問題，或是一直無法調整自己的負向情緒，不停的鬧脾氣，此即顯示出該幼兒在社會與情緒發展皆尚未成熟。就幼兒的發展表現來看，社會與情緒兩者是互相影響的，但是教保服務人員若仔細分析幼兒的行為，不難發現幼兒在這兩方面需要學習的能力是可以區分的。社會領域強調能使用不同的方法，解決與他人互動所產生問題的能力；而情緒領域則培養在遭逢不開心的情境中，學習調整自己情緒的能力。

肆、提供幼兒社會互動的機會，就可以讓幼兒獲得社會能力嗎？

讓幼兒與他人互動，的確能增加幼兒練習運用社會技巧之機會。然而，

並非所有幼兒皆能在團體中主動且自在地與他人互動，例如：害羞內向的幼兒在互動的情境中，往往是屬於被動的一方，或是根本不知道如何與他人互動。此外，有些幼兒看起來跟他人有持續的互動，但是這種互動關係卻是不對等的互動關係，例如：強勢的發號施令者與弱勢的被指揮者。幼兒園中的這些人際互動方式和品質是需要成人的引導，以幫助幼兒去發現和體會自己行為和他人回饋間的相互關聯和意義。幼兒要學習與他人互動，不只是要練習聽和說的行為，更重要的是進一步認識互動行為背後想要傳遞給他人的訊息，以及學習自己對他人和環境的影響，這些皆需要仰賴成人的引導。所以在幼兒園內，除了提供幼兒豐富的自由互動機會之外，也需要教保服務人員從中引導幼兒學習社會行為背後的社會訊息和文化意義。

伍、社會領域學習指標分齡的區隔標準為何？

社會領域學習指標區隔四個年齡層，各年齡層的學習重點在於：2～3 歲幼兒在展現對外界事物的好奇與關注的意願；3～4 歲幼兒則是持續前一階段的目標，更著重主動性的展現，教保服務人員無需要求幼兒有正確的行為表現；4～5 歲幼兒則重在行為的建立，除展現主動性與自主性外，還需培養幼兒對社會行為的敏感與社會技巧的展現；5～6 歲幼兒更強調行動理由的理解、行為的熟練與精確度、社會技巧的適當性，以及因應情境調整行為的能力等。整體而言，是由簡單到複雜、由行為遵守到探索意義、由意願展現到主動積極。

第六節　結語

 ## 壹、又見社會領域──在實驗園所、輔導過程，社會領域的再現

新課綱的研編歷程已走過實驗階段，從第一期全國有 22 間實驗園所參與，到第二期 99～100 學年度幼稚園輔導計畫方案三，各有近 60 間園所參與，三年以上的推動歷程，全國各地已經有許多園所已接受新課綱的實驗和輔導。教保服務人員也透過研習、輔導、網站等媒介，接觸到新課綱。在實驗及輔導現場，乃至於課堂學生課程發展的報告，筆者在各個角落皆看到社會領域的再現。本節擬藉由教保服務人員對社會領域持有的一些迷思，來闡述實踐新課綱社會領域精神的關鍵思維。

迷思一：社會領域無所不在？

一般而言，教保服務人員習慣將課程活動依照內容來區分領域，因此很容易快速地將一些活動形式歸類為社會領域，例如：只要有團體討論，就一定有社會領域「同理他人，並與人互動」的目標；只要有小組活動形式（如合作畫、小組成品、競賽活動），就是合作的歷程；有完成作品，就代表幼兒能依據活動程序與他人共同進行活動。只要教學歷程有這些活動，就可引用社會領域課程目標。

關鍵思維：互動不等於在一起活動，互動的精義在於同理的歷程

形式並不代表歷程。如果脫下活動形式的外衣，從社會領域理念進一步去思考團體討論、共同活動與合作的文化意義，就會有不同的領悟。但為何要和互動對象討論、一起活動與合作？其本質是對人內在（自己及他人）想法感受的尊重，在討論中能聆聽及表達，對彼此想法能正向回應、相互尊重的表現；和同伴活動，重在能同理彼此為相同目標所付出的努力，體會相互陪伴和共享經驗的歷程；而合作則是要考量彼此的興趣和能力，共同為目標而分工的歷程。這些經驗蘊含對人我意志的相互尊重、考量彼此的相互感受、體會共享經驗的樂趣。因此，討論不只是在團體中說話、共同活動不只是一起活動、合作不只是有完成團體的作品而已，而在於同理與共享的歷程。

迷思二：社區探訪就是知道各行各業在做什麼？

每個幼兒園通常都會有各行各業或社區的主題，這些主題自然會呼應社會領域中「人與環境」學習面向。教保服務人員很自然地會帶著孩子到社區裡的商店或機構做戶外教學，在參與探訪的過程中，幼兒看見及聽聞各行各業的角色活動，只要有探訪社區，就等於「社-1-5 探索自己與生活環境中人事物的關係」課程目標的實踐。換言之，我們常可以在探索前後的團討過程，看見師生對話的問題，包含：你們有看見什麼人？他們在做什麼？用什麼東西做？幼兒能回答即達成社區探訪以及社-1-5 的課程目標。

關鍵思維：探索意義、方見關係

然而，在社-1-5「**探索**自己與生活環境中人事物的**關係**」的目標中，幼兒知道「什麼人、用什麼東西、做什麼事」，並未反映「與自己關係」的探索。讓我們回到社會能力理念：幼兒參與生活環境人事物的互動、建構有意義互

動的能力，其中建構意義是其中的關鍵。生活環境中人事物的意義什麼呢？例如：郵差的工作是送信，會以騎腳踏車或摩托車送信，知道這些內容就等於是郵差送信的意義？若僅只於如此，與幼兒自己生活的關係又在哪裡？

　　於此分享一個幼兒園的開店課程片段：有一個混齡班的幼兒正在討論要開咖啡店，教師在聯絡本上請家長帶幼兒去逛逛社區裡的商店，但有些家長甚至帶孩子去喝下午茶。回到教室裡的經驗分享，孩子有提到商店有招牌、DM、菜單、名片等，接著討論咖啡店要有什麼招牌，教師會再次帶著孩子探訪社區，去觀察商店的招牌名稱和圖案，並訪問老闆為何取此名稱、招牌圖案的想法等。孩子透過訪問，發現招牌名稱與販賣東西的性質、代表老闆的本人（名字）、招攬吸引消費者的想法，乃至於展現老闆開業精神等方面有關。透過觀察、訪談和討論，幼兒就有機會體驗和發現，招牌不僅只是告訴顧客在賣什麼而已，其中可能含有豐富的人文意義，也可能反映著開店者的生活經驗、開店者對顧客需求的考量、開店者的開業精神、對產品製作的理念等。這些開店者的思考，才轉化為老闆的角色活動，即「老闆在做什麼、用什麼做」等背後所隱含的文化意義。幼兒置身在社區生活中，當有了這層文化意義的覺察後，身為小小的消費者，可能更能體會商店老闆製作東西的努力、感受老闆的用心，與自己生活的關聯性，也才有體驗和感受的機會。

　　社區中的各行各業，反映人的生活本質，扮演著某些家庭及社會角色，在適當的時空脈絡中，執行該有的角色活動。然每個角色活動，代表著該角色所承載的社會文化期待，包含：該做的事項、使用的器物、處事的方式等，富含豐富的文化意義和個人經驗情感，例如：幼兒園教師的教學和言行，都是從幼兒角度思考，以有益幼兒身心成長為行動的出發點進行；圖書館館員則是以閱讀者的需求為主，考量閱讀者的便利和習慣性來建立圖書館的服務等；其實，華人社會裡各種角色的踐行，往往是以互動或服務對象的需求，

有時甚至以利他角度出發，來執行角色任務。讓幼兒有機會探索、發現，若能進一步親身體驗（例如：在教室中成立小型圖書館，讓幼兒從圖書擺放、借還書登記和歸位的歷程中，去體驗書籍擺放和閱讀者閱讀行為的關係），這些各行各業的角色活動與自己生活的關聯，也才有體悟的機會。

　　對年齡較小的幼兒而言，以拓展幼兒對生活環境周遭人事物的覺察、擴大生活經驗為主。不過，隨著年齡增長與經驗的累積，探索意義進而體會與自己生活的關係，方能達成這項課程目標。

迷思三：社會策略就等於社會技巧？

　　在幼兒園的課程中，常藉由團體討論來發展課程，時而看到幼兒意見不同時，教保服務人員很快地提議用表決的方式，來決定團體的意向，並且在計算票數後，很自然地以「少數服從多數」的口訣，讓多數決的意見順理成章地成為大家的「共識」。但上述現象，值得我們省思，是否所謂社會策略（如少數服從多數、輪流等）就是社會技巧？展現這些行為就在學習社會技巧？

關鍵思維：策略並不等同於技巧——看向人際互動脈絡的細微處

　　筆者藉由深思表決背後的意涵，來反映適用表決的人際互動情境脈絡。表決的重點，並不在於計算票數、更不在於要求少數只能服從多數。為什麼要表決？表決通常發生在團體意見相左且不想妥協的情況時，表決是解決的策略之一。然而，表決的前提，是意見已經充分地表達、說明、補充後，彼此雙方（或多方）都已經了解對方的觀點立場、無法兼容並蓄、無法取得共識時的作為。當然，若在這種充分溝通、互相尊重的基礎上，進行的表決及服從多數決，參與表決歷程的人通常較能接受結果，因為自己的意見有充分

表述、被同等看待。這就是表決背後所反映的價值，也是少數之所以能服從多數決的基礎。

因此，若在團體討論時，教保服務人員在幼兒發表自己想法後，立即讓幼兒表決，就會讓幼兒失去很多的學習機會，包括：讓幼兒充分表述想法和解釋由來、了解他人觀點或出發點、思考自己和他人意見的異同及與目標契合程度、補充與強化自己意見，以及協商和妥協的可能性。此外，即使表決也不一定就要走向少數服從多數的結果，還可以讓幼兒發現意見的共享程度（如有多少人想法相似、有多少人持有和其他人不同想法），讓孩子嘗試協商，共謀兼顧雙方、整合彼此觀點的方法等，這些都是表決後的可行方式。

當孩子走過充分表述與聆聽、理解與協商後，感受到彼此尊重的態度，再進行表決，相信幼兒體會與覺察到的，不再只是要做到「少數服從多數」，而是彼此溝通協商及相互尊重的能力和態度。所以，表決是一種策略，在合宜的人際互動脈絡中才適用。表決背後的文化意義，是需要教保服務人員去引導，有了充分的歷程，表決才能在適合的人際互動脈絡中習得其意義和價值。

貳、社會領域的前景——看見文化生活的豐厚度

隨著社會領域的催生，筆者與研編小組成員共同走過這段修訂歷史，分享彼此的成長與角色轉變（小組成員一覽表如本章末所示）。有成員已經退休，也有以實務教師角色加入研究，後來轉換角色成為博士學生，到新課綱公告時已成為大學助理教授。可見新課綱研編和推動走過的物換星移，是屬何等浩大的工程！筆者有幸參與這項工程，一路走來，最大的成長在於對社會領域的領會，看見幼兒文化生活的豐富度。

　　於此，再以一個教學歷程為例，分享社會領域取之不盡、用之不竭的選材向度。很多幼兒園都會走社區主題，例如：探訪郵局，以郵差、送信、寫信、付郵、遞送不同對象等，發展出郵局主題的活動。當然，這樣的課程是以社會領域「人與環境」面向、探訪社區人事物為主軸的出發點。不過，環境中的人事物只能從社區機構（如郵局）或人物角色（如郵差）出發嗎？如果從物（信件）的角度出發，會有截然不同的課程嗎？一定又會回到郵差身上嗎？

　　若從信件切入，信件的意義是人與人的聯繫，而聯繫又分為很多種，有通知（要告知某個特定訊息）、廣告（有產品服務的訊息需要傳播）、確認（繳費收據），以及情感維繫；而信件又有單據、信件、明信片、廣告、卡片等各種形式；收信者和寄信者在傳送之間的想法、期待，接收者的期待和情感等。信件目的和信件內容之關係，也是幼兒可以探索的面向，從寫信者、接受者的多元角度，去思考和嘗試信息的傳送。而遞送過程又有些元素（如郵票、郵資），郵票有圖案，圖案通常表達的是該國或各地區的特色文物、與風土民情有關；郵票也可延伸到集郵現象，透過探訪集郵者、所蒐集的郵票，延伸到收藏者的喜好、想法、與同好者交流和分享的樂趣。幼兒從一封信的探索，可以延展到不同人際互動的情境脈絡，包含訊息傳遞目的（通知或維繫感情）、信件形式與信息內容關係、發信者和接收者的期待等，也可連結到郵票和國家、在地風土民情等多元文化的探索，乃至於集郵及收藏者的想法、信念、期待及樂趣等。

　　社會領域是這麼寬廣與多元，層次這麼豐富，課程是幼兒生活的內涵，幼兒在參與過程中，探索人於活動中的行動、情感、想法期待等，覺察人事物所蘊含豐富的文化意義。社會生活是多麼有趣的學習素材。

　　文末，桌前攤開三期研究報告於案頭，回顧研編小組這六年來的足跡，

除了再次見證繁複耗時的研編和修訂歷程，也赫然發現文字的力量。雖然筆者是親歷研編和書寫過程，然隨著時日，記憶似乎只剩骨架，本以為書寫這段歷史，需要捕捉褪去的回憶和投入重組脈絡的工夫。沒想到在書寫過程中，研編小組走訪各地、開會諮詢、面對質疑、研商統整等所有的回憶，皆帶著骨肉、血汗、情義在腦海中重複播放。原來，這段補足拼圖背景的文字，不僅為歷史的紀錄，更是一種匯聚的情感和必須完成的使命。

社會領域研編小組成員

第一期（2006 年 2 月 1 日至 2008 年 1 月 31 日）

召集人：金瑞芝

成　員：黃瑞琴、鍾鳳嬌、李駱遜、呂翠夏、柯秋桂、歐姿秀、林婉莉、
　　　　鄭雅丰、何怡寬

第二期（2009 年 1 月 1 日至 2010 年 9 月 30 日）

召集人：金瑞芝

成　員：黃瑞琴、李駱遜、鍾鳳嬌、歐姿秀、柯秋桂、鄭雅丰

參考文獻

中文部分

幸曼玲、李昭明、陳欣希（譯）（2008）。**人類發展的文化本質**（原作者：B. Rogoff）。臺北市：心理。

幸曼玲、倪鳴香（2016）。**幼兒園教保活動課程暫行大綱研修計畫結案報告**。教育部委託之專題研究成果報告，未出版。

幸曼玲、簡淑真（2005）。**國民教育幼兒班課程綱要之能力指標專案研究**。教育部委託專案報告。臺北市：臺北市立師範學院幼兒教育學系。

林聖曦、林慶仁（2006）。幼兒「同儕遊戲互動評定量表」編製與相關因素研究。**兒童與教育研究**，**2**，17-42。

張孝筠、張明麗（2004）。**幼兒園零至五歲幼兒適性發展與學習活動綱要研究**。內政部兒童局委託專案報告。花蓮縣：國立花蓮師範學院幼兒教育學系。

莊明貞、黃瑞琴、林碧雲（2015）。**幼兒園性別平等教育學習指標及學習內涵建構計畫結案報告**。教育部委託之專題研究成果報告，未出版。

陳若琳（2001）。父母親的教養目標及行為對幼兒社會能力的影響。**中華家政學刊**，**30**，31-48。

黃富順（2000）。**「幼稚園課程綱要」研訂報告**。教育部委託研究案。臺北市：國立臺灣師範大學社會教育學系。

盧明、廖鳳瑞（2005）。**國民教育幼兒班課程綱要研究**。教育部國民教育司委託專案報告。臺北市：國立臺北師範學院幼兒教育學系。

盧美貴（2003）。**我國五歲幼兒基本能力與學力指標建構研究**。教育部委託專案報告。臺北市：臺北市立師範學院幼兒教育學系。

鍾鳳嬌（1999）。幼兒社會化歷程中社會能力之探討。**國家科學委員會研究**

集刊：人文及社會科學，**9**（3），398-422。

簡淑真（1989）。學前兒童社會能力與其同儕團體社會地位之研究。**臺東師院學報，2，**209-277。

英文部分

Anderson, S., & Messick, S. (1974). Social competency in young children. *Developmental Psychology, 10*, 282-293.

Crick, N., & Dodge, K. A. (1994). A review and reformulation of social-information-processing mechanisms in children's social adjustment. *Psychological Bulletin, 115*, 74-101.

Fantuzzo, J., Coolahan, K., Mendez, J., McDermott, P., & Sutton-Smith, B. (1998). Contextually-relevant validation of peer play constructs with African American head start children: Penn interactive peer play scale. *Early Childhood Research Quarterly, 13*(3), 411-431.

Fantuzzo, J., Manz, P. H., & McDermott, P. (1998). Preschool version of the social skills rating system: An empirical analysis of its use with low-income children. *Journal of School Psychology, 36*(2), 199-214.

Green, V. A., Cillessen, A., Rechis, R., Patterson, M. M., & Hughes, J. M. (2008). Social problem solving and strategy use in young children. *The Journal of Genetic Psychology, 169*(1), 92-112.

Gresham, F. M. (1988). Social skills conceptual and applied aspects of assessment, training, and social validation. In J. C. Witt, S. N. Elliott, & F. M. Gresham (Eds.), *Handbook of behavior therapy in education* (pp. 523-546). New York, NY: Plenum Press.

Guralnick, M. J. (1992). A hierarchical model for understanding children's peer-related social competence. In S. L. Odom, S. R. McConnell, & M. A. McEvoy

(Eds.), *Social competence of young children with disabilities: Issues and strategies for intervention* (pp. 37-64). Baltimore, MD: Paul H. Brookes.

Kohn, M., & Rosman, B. (1972). A social competence scale and symptom checklist for the preschool child: Factor dimensions, their cross-instrument generality, and longitudinal persistence. *Developmental Psychology, 6*(3), 430-444.

LaFreniere, P. J., & Dumas, J. E. (1996). Social Competence and Behavior Evaluation in Children age 3 to 6 years: The short form (SCBE-30). *Psychological Assessment, 8*(4), 369-377.

Rose-Krasnor, L. (1997). The nature of social competence: A theoretical review. *Social Development, 6*, 111-135.

Webster-Stratton, C., & Lindsay, D. W. (1999). Social competence and conduct problems in young children: Issues in assessment. *Journal of Clinical Child Psychology, 28*(1), 25-43.

第 六 章

情緒領域[1]

郭李宗文、簡淑真

在社會大環境快速變遷、腦神經科學研究的積極發展下，發現情緒對於個體的成長有相當大的影響，是非常需要多加關注的面向。因此，促使情緒領域成為「幼兒園教保活動課程大綱」（簡稱「新課綱」）中的新領域，希望我國的幼兒從小就有學習處理情緒相關問題的能力，而有良好的情緒能力發展，促進幼兒心理健康。

---

1. 情緒領域之召集人簡淑真教授，於 2012 年 11 月因病過世，然而，本章所整理出來的相關資料，均有簡教授之心力投入，對於簡教授在情緒領域的付出，是需要在此彰顯且讓讀者們了解，所以將簡教授列為第二作者。故特於本章一開始，以此謝誌感謝簡教授在本領域的帶領，並留下珍貴的研究及實務資料，與讀者們共享。本章之版稅全數捐給國立臺東大學簡淑真獎學金，以感念簡教授的付出，並實踐其理念——教育是生命的分享。

第一節　情緒領域的理念與內涵

壹、領域理念

一、情緒能力

「情緒」是個大家都很熟悉的名詞，每個人都有切身的經驗。即使如此，「情緒」到底是什麼呢？學者間也很難有一致性的定義，故在此先針對情緒一詞與易混淆的名詞「心情」及「性情」進行釐清：「情緒」是一種短暫的狀態，強調情緒主體內在的心靈感受，其必定涉及某特定對象，且多半有伴隨的行為表現出現（陳伊琳，2004；Kenny, 1989）；「心情」則是一種較長時間的狀態，缺乏明確的特定對象與特定行為表達，甚至形成一種氣質性的行為傾向，在特定的環境下，容易產生此心情（張美惠譯，1996；陳伊琳，2004；Calhoun & Solomon, 1984）；「性情」乃指人的稟性、性格和氣質，亦指個人在生活上對人、對事、對己，至對環境適應時，行為上所出現的特徵；具特殊氣質的人（例如：憂鬱、害羞、樂天），較易引發特定的情緒與心情（張春興，2002；張美惠譯，1996；教育部，1998）。

（一）情緒與情緒能力

從心理學的角度來看，早期認為強烈的情感是受到某種情境的激動，而引起內在或外顯的反應，這就是情緒，例如：Harris、Olthof 與 Terwogt（1981）。持此種信念的學者通常也認為，負向情緒可能會造成不利的人際

關係、阻斷工作等狀況，須改變情境以改變情緒。但相反的，有些學者認為，並不是外在環境直接引發情緒，而是個體對該環境的認識及詮釋才相隨產生情緒，例如：Ellis（1979）的「理性情緒治療法」；Diener 與 Seligman（2002）亦認為，從認知決定情緒的角度來看，人的不快樂是因人的非理性想法而引起的，因此要有正向情緒就要改變不當的想法。另外，也有一些學者是以進化的觀點來看待人類的情緒（如 Ekman, Friesen, & Ellsworth, 1972; Izard, 1991; Plutchik, 1991），他們認為情緒是全人類共有的經驗，它和其他行為一樣具有進化的特質。所以，不管是正向或負向情緒，都具有激發及組織人類行為的功能，有助於人類的生存。

Goleman 則在《情緒智商》（EQ）一書中，將情緒定義為「是個體的感覺及其特有的思想、生理與心理狀態及其相關的行為傾向」，其具有下列特質：(1)快速但不精確的反應：情緒反應比理性反應快，但因快速，易有倉促論斷、誤導誤判的狀況；(2)先感後思：理性反應所需的時間比情緒反應略長，故碰到較富意涵的情境時，常是先感後思，但對於較複雜的情緒，則會變成先思後感；(3)象徵與真實：情緒運作的邏輯是聯想式的，常誤將象徵或喚起記憶的事實當做真實；(4)因狀態而定的真實：情緒的機轉會隨著當時不同的感覺想法而反應。至於情緒的內容，Goleman則將情緒先區分出憤怒、悲傷、恐懼、快樂、愛、羞恥等基本核心情緒大類，再據此引申出繁複的情緒世界（張美惠譯，1996）。

Lewis 與 Michalson（1983）則從情緒的結構方面分析，認為情緒是由以下五個主要成分所組成：

1. **情緒的引發物**（emotional elicitors）：引發情緒的狀態屬性不是一種情境、就是一種刺激事物，不是內在的、就是外在的。

2. **情緒的接收（感覺器官）**（emotional receptors）：在身體的中樞神經

系統內，有些特定的路徑中介我們的刺激事件（elicitor）及特殊的情緒狀態，而某些引發物能觸發這些接收器，以產生情緒。

3. **情緒狀態**（emotional states）：情緒狀態會伴隨著情緒接收器的觸發，因身體及神經生理上產生的改變而生，但個體有時並未知覺到這樣的改變；除此之外，認知上的評價也會產生特定的情緒狀態。

4. **情緒表達**（emotional expressions）：伴隨著情緒狀態在臉部、身體、聲音、動作上產生的一些可見到的改變，有些人是天生的反應，有些人則是學習來的。

5. **情緒的經驗**（emotional experiences）：個人有意識或無意識的知覺或評鑑自己的情緒狀態或情緒表達（包括語言的表達及非語言的臉部表情、生理或動作上的變化）。不同的「情緒引發刺激」及「適切與否的情緒表達」之經歷，會形塑個人不同的先前經驗，而情緒經驗的認知過程與內容則會受個人先前經驗的影響而有所不同。

在 Lewis 與 Michalson（1983）定義之情緒的五個成分中，情緒表達是伴隨著情緒狀態在臉部、身體、聲音、動作上產生的一些可見到的改變，使我們最容易覺察到他人的情緒狀況。

綜合上述各種說法，筆者認為「情緒」是指個體對內外在刺激而產生的生理與心理整體之主觀反應，它是行為（包括：表情、身體動作及工具行為）、生理變化（包括：情緒的生物化學、內分泌、腦機能等），以及情緒經驗（包括：情緒的解釋、外在事件的評估及心理主觀的情緒感覺）的統合。這樣的情緒具有反應快速、可作為行為的動力、不易以言語形容，以及必須寄身於情境等特質。除了直接來自生理變化所引發的情緒外，大部分的「情緒」都發源於個人主觀的詮釋。

依文獻探討結果，以下從心理學與生態學的觀點，整理出影響情緒能力

的因素。

1. 心理學觀點

　　以心理學的角度來看情緒，主要可由「生理學理論」（physiological theories）、「行為理論」（behavioral theory），以及「認知理論」（cognitive theories）等三種情緒理論進行說明，詳細說明如下。

(1)生理學理論

　　生理學理論著重在情緒生理變化的知覺。美國學者 W. James 在 1884 年提出情緒系統的歷程解釋：①先有引起個體反應的刺激；②該刺激引起生理反應；③由生理反應產生情緒（張春興，2002）。也就是說，情緒經驗（諸如恐懼、憤怒）並非起源自對外界情境的知覺，而是對刺激性情境進行反應後所產生的生理變化之反應（游恆山譯，2002）。1885 年，丹麥學者 K. G. Lange 也提出同樣的情緒理論，後來學界將上述二個理論合稱為「詹朗二氏情緒論」。

　　Descartes 則採身、心二元論的觀點，主張心靈與身體是兩個各自獨立且分離的實體，各司其職。其對情緒的運作描述如下：外界訊息通過感覺器官及神經通道，在松果體（pineal gland）上產生一種印象，這會引起靈魂思考，然後再透過松果體將行為反應的訊息送回身體。Descartes 把情緒定義為「激情」的種類之一，而激情被定義為「知覺、感受或靈魂的情緒，它們是由血氣的運動所引發、維持與增強的」（游恆山譯，2002）。換句話說，我們所感覺到身體內所發生的一切變化就是一種情緒（陳伊琳，2004）。

　　但是值得探究的是，如果情緒等同於情緒主體個人內在的、私密的感受，那麼我們要如何得知他人的情緒狀態呢？若按照情緒等同於私人感受的推論，

結果將會是：我們永遠不可能了解他人的情緒（Calhoun & Solomon, 1984）。

此外，情緒詞彙、語言的使用必須要有客觀、可以檢證、可以參酌的標準，才可以分辨出語言的使用是否合適或正確，也才可以達到溝通的效果（陳伊琳，2004）。而語言的使用與理解深受生理的成熟與否所影響，故年齡的增長也會影響情緒的表達與理解。

(2)行為理論

Darwin 從生物求生存的角度出發，解釋情緒性行為產生的原因。避開情緒是主觀、內在、私密的感受，他主張以行為或行為的氣質傾向來定義情緒。在行為理論的「行為」大傘下，著實包含了自發性及非自發性的行為在內（陳伊琳，2004）。

Darwin 對情緒性行為的說明只是情緒概念的一個面向而已，也就是說，情緒並不完全等同於情緒性行為（Calhoun & Solomon, 1984）。情緒本身與情緒表達、情緒行為之間可能只有偶然性的因果連結，但在概念上並非同一；同一種情緒的行為表現可能因文化而異；如果承認生活中確實存在著假裝、模仿等行為，那麼似乎無法將情緒性行為、情緒性表達完全等同於情緒本身（林建福，2001）。Dewey 認為，情緒共有三個主要成分：①智性的成分或有關情緒對象的觀念；②一種感受；③行動的氣質傾向，或是行動的方式（Calhoun & Solomon, 1984）。他認為情緒包含情緒的感受、對情緒性對象的認知，以及情緒性行為等，亦即外在所能觀察到的看法、信念及行為，故凸顯出情緒的行為理論只能夠解釋情緒性行為或行為傾向，但無法對情緒概念進行整體、全面性的把握，這是行為理論的侷限處（陳伊琳，2004）。

(3)認知理論

認知理論認為，情緒與主體有意向地指涉到對象，並對之進行詮釋，而產生某種信念關聯（陳伊琳，2004）。情緒的認知理論將思想、信念置於情緒概念的核心位置（Lyons, 1980）。

認知理論的優點在於可為情緒所具有的理性特質，提供一個分析的機會；只要確認認知無誤，便可以確保情緒的適當性（Peters, 1972）。我們可透過認知的途徑來改變情緒（林建福，2001），透過檢視所抱持的信念是否為真，以判定情緒的適當性。而在進行思考信念之前，認知的複雜成為重要的關鍵之一。

2. 生態學觀點

Bronfenbrenner（1989）認為，每個人在一生中都不斷的與環境相依互動，且不斷的調適來維持其平衡狀態，因此認為人與環境是不可分割的一體。其中，微系統（microsystem）是最核心的一層，是指個體與最具有直接關係之環境和人、事、物進行密切之互動，而個體的特質與個性也參與其中，例如：家庭環境、學校環境對兒童的影響。

隨著社會變遷，雙薪家庭漸多，父母無法兼顧工作與照顧幼兒的雙重角色，因此照顧幼兒的方式從以母親為主的教養方式，逐漸轉為多樣化的托育方式。幼兒主要的互動對象也由家庭成員，擴展至學校（幼兒園）的老師和同儕，故對此階段的孩子而言，家庭與學校成為幼兒最重要的學習場所。以下針對此家庭與學校的影響進行說明。

(1)家庭

幼兒在未上幼兒園時，主要的學習是透過模仿照顧者的行為而來。Bowlby

曾指出，幼兒對提供照顧的人會產生依戀的心理，而模仿照顧者的行為舉止、習慣，甚至是性格（引自黃維明，1999）。Denham（1998）認為，照顧者對幼兒的正向情緒若表現出讚美，容易增強幼兒正向情緒的表達；若對幼兒的負向情緒表現出不喜歡的態度，則可減少負向情緒的表達。所以情緒發展之初，照顧者的角色相當重要（王怡又，2000）。

(2)學校

在幼兒進入社會團體後，其互動對象擴展至老師與同儕，形成另一個微系統。幼兒會接觸到不同背景與個性的老師和孩子，在彼此互動中，必須有效的表達自己、正確解讀他人的情緒，才可與老師及其他幼兒有良好的互動（林彥君，2003）。游福生（1997）也指出，真正管理自我情緒、了解對方情緒，將能獲得圓融的人際互動關係。而人際交往的關係，會影響個體情緒，人際關係愈密切，情緒就愈正向愉快（涂秀文，1999）。此外，幼兒園的功能主要在彌補家長在照顧與教育上的不足，故老師也同時具有照顧者之身分，提供幼兒模仿學習的角色。因此幼兒情緒能力也受學校環境之影響。

除了從上述不同學派觀點切入影響幼兒情緒能力之因素外，亦可從發展的角度來看。嬰兒於出生時，即可透過臉部的表情來表達興趣、苦惱、厭惡及滿足。到了 2～7 個月大之間，會開始出現其他原始情緒（primary emotion），例如：生氣、悲傷、喜悅、驚訝與害怕等（Izard et al., 1995）。嬰兒於 2～8 個月大時，會因發現自己能控制物體和事件，因而引發驚訝與喜悅。但是，當某人或某事妨礙其施展控制時，嬰兒則會覺得生氣與悲傷（Lewis, Alessandri, & Sullivan, 1990; Sullivan, Lewis, & Alessandri, 1992）。故嬰兒先以個體內在對生活周遭的人、事、物進行覺察與理解，接著對外界進行監控與

評估，來決定情緒如何進行調節，其產生的情緒有可能是正向或負向，最後再以語言和非語言行為表達出內心的想法。但是，情緒表達的適當與否，受文化差異的影響而有所不同（林建福，2001）。

另外，外在環境的因素也會影響孩子情緒表現的行為。Alessandri 與 Lewis（1996）在研究中發現，兒童在成功時會有驕傲的表情，而失敗時會有羞愧的表現。而兒童所表現之驕傲與羞愧的程度，深受母親對結果反應的影響。對成功較有正面反應的母親，其子女對自己的成就會比較驕傲，無法達到目標時也比較不會那麼羞愧。故成人的反應有可能影響孩子的經驗與自我評價的情緒表現。而此種自我評價的規則與準則會漸漸內化至心中，約至學齡階段，即使外在監督已不存在，其仍會對自己的行為感到特別驕傲、羞愧或內疚（Bussey, 1992; Harter & Whitesell, 1989）。

（二）情緒能力的內涵

學者 Salovey 與 Mayer（1990）認為，情緒能力是一種覺察自己與別人的感覺與情緒，且能區辨情緒間的不同，進而能夠處理情緒並運用情緒訊息來引導個體思考、行動之能力。他們認為，情緒能力架構包含：情緒評估與表達、情緒調解，以及情緒應用等三層次，其中第一、二層次又分為自己和他人情緒的處理能力（Salovey & Mayer, 1990; Salovey, Hsee & Mayer, 1993）。但 Mayer 與 Salovey（1997）針對遺漏感覺思考的部分，再次對情緒能力提出新的定義，他們認為情緒能力包含：(1)覺察、評估與表達情緒的能力；(2)激發並產生情緒以促進思考的能力；(3)具備了解、分析及運用情緒知識的能力；(4)反省、調節及提升情緒的能力。

Goleman（1995）歸納 Salovey 與 Mayer 以及 Gardner 的見解後，認為情緒能力應包含：認識自己的情緒、妥善管理自己的情緒、自我激勵、認知他

人情緒，以及人際關係的管理等五個層面（引自李瑞玲、黃慧真、張美惠譯，1998）。此外，Goleman 在《情緒智商2》（*EQ II*）一書裡指出，「情緒能力是以情緒智力為基礎，經學習而來的一種能力，可帶來傑出的工作表現」。同時，也決定了我們學習自我覺察、動機、自律、同理心與社交技巧等實用技巧的潛力。

Halberstadt、Denham與Dunsmore（2001）認為，情緒能力是指了解他人的情緒、對別人情緒做出反應，以及調整自己情緒表達的能力，因此包含：情緒表達、情緒辨識，以及情緒調節等三方面能力。

Weisinger 認為，情緒能力是情緒智慧的使用，藉由使用情緒來幫助指引自己的行為與提升思考結果。其基本要素包含：(1)準確知覺、評估和表達情緒的能力；(2)當自己或他人生氣時，能隨時產生感覺的能力；(3)了解情緒及產生情緒知識的能力；(4)調節情緒以提升情緒與知性成長的能力。另外，Weisinger 更提出四項可提升自己與人際運用的情緒能力，包括：發展高自我覺察、管理自己情緒、發展有效溝通技巧，以及發展人際專長和助人自助（Bushell, 1998）。

綜合以上專家學者的見解，研編小組認為「情緒能力」是個人對情緒訊息的處理，使個體對自己與他人的情緒產生覺察、辨識、理解、判斷、反省、調節，以及表達等，進而引發個體認知情緒的感受、行為反應、與他人的互動方式，以及建立良好人際關係的能力。因此本研究將「情緒能力」定義為「情緒的覺察與辨識」、「情緒的表達」、「情緒的理解」，以及「情緒的調節」等四大項。

二、幼兒情緒與情緒能力發展

（一）幼兒情緒及其發展

　　人從一出生就以擁有的人類生理結構為基礎，隨著時間的流逝，此生理結構會自然產生變化；同時也基於這套生理結構，人與社會、自然互動，經過個體的認知系統，形成此個體的「心理系統」，再影響人的生理與其和外界的互動。

　　許多研究指出，情緒的出現是有發展性的，例如：剛出生的小嬰兒就有像是快樂、難過、不高興、生氣、吃驚的反射性表情；到了第 3 個星期左右，開始有「真正」的社會性微笑；4 個月大時會出現生氣、驚訝的樣子；滿週歲左右時會清楚的看到害怕和害羞的表情（Camras, 1988; Izard & Malatesta, 1987; Malatesta, 1988）；9～14 個月時，生氣的次數變多。敵意、忌妒等情緒大多在第二年會出現；而驕傲、羞愧、尷尬、鄙視、罪惡感等情緒表情則要到 2～4 歲以後才會有（Klinnert, Sorce, Emde, Stenberg, & Gaensbauer, 1984）。

　　上幼兒園以後，大部分情緒都已出現，但無論是在形式或功能都漸趨複雜、精細，例如：微笑可能有緊抿嘴唇、微翹上唇，或張嘴等形式，而對同學出現的情緒頻率也會增加（Cheyne, 1976）。Ekman、Roper 與 Hager（1980）要 5、9、13 歲兒童模仿影帶中男模特兒的表情，發現愉快、吃驚、厭惡等情緒較容易出現；害怕、傷心和生氣是較少出現的情緒，其中除了「傷心」外，大部分情緒的表達會隨著年齡及練習的增加而進步。

（二）幼兒情緒能力發展

　　1993 年，Hyson 針對 Greenspan、Fischer、Saarni 等學者對情緒發展階段

或敘述做一全面性的描述，分述如下（魏惠貞譯，2006）。

1. 學者 Greenspan

(1)0～3 個月：自我調適以及對外在世界感興趣。

(2)2～7 個月：墜入愛河。

(3)3～10 個月：發展有意圖的溝通。

(4)9～18 個月：對自我的感覺萌生。

(5)18～36 個月：創造情緒的點子。

(6)30～48 個月：情緒的思考、想像、現實和自尊的基礎。

2. 學者 Fischer

(1)出生～6 個月：層次一：反射：基本情緒反應的要素。

(2)6～18 個月：層次二：基本情緒的感覺動作發展類型。

(3)18 個月以上：透過扮演遊戲和自然語言，表現出情緒處境。

3. 學者 Saarni 學者

(1)1～12 個月：自我安慰；注意與情緒調適；在緊張時仰望照顧者；提供情緒適當的鷹架；增進情緒表達的協調能力；社會參照；能使用情緒符號達到目的，例如：「偽裝哭泣」。

(2)12 個月～2 歲半：自我覺察的出現；當成長需求的探索被阻止時，易怒；從自我評估和自我意識中看見羞愧、驕傲、羞怯的舉止表現；理解更多和使用情緒的語言；增加理解另一個感覺的意義；形成早期的同理心和利社會行為。

(3)2 歲半～5 歲：增加符號的使用來表達情緒；在戲劇性遊戲中假裝情緒

並且開玩笑；知道用虛假的表情來欺騙其他人的能力；透過與其他人的溝通，更詳細的了解如何在社會處境裡表達情緒；對其他幼兒表示同情；幫助行為；增加對另一種情緒的了解。

(4)5～7 歲：試著調適自我知覺到的情緒（如羞恥、驕傲、困窘）；仍然需要成人的幫助，更信賴自己能面對和解決問題；能以平靜的情緒面對同儕；社會技巧與自己和其他人的感覺更加協調；開始與其他人協調「情緒表現方式的規範」。

Greenspan、Fischer、Saarni 等學者所強調的觀點有些許的不同，但他們和其他人都同意一個大的方向：從嬰兒發展到學步幼兒和學前期幼兒，他們將會朝著下列方向進行（魏惠貞譯，2006）：

1. 更廣泛、複雜的情緒關係。
2. 對情緒及情感關係技能上有更好的協調和控制。
3. 更有能力去仔細考慮自己和別人的情緒感受。
4. 透過語言、遊戲，以及想像來表達情緒。
5. 個人的情緒表現符合社會文化的價值和標準。
6. 統整、積極、自主的情緒，培養積極的自我概念。

幼兒在情緒的覺察力部分也具有發展性，例如：Lane、Quinlan、Schwartz、Walker 與 Zeitlin（1990）在他們發展的「情緒覺察層次量表」（Levels of Emotional Awareness Scale, LEAS）裡即指出，幼兒的情緒覺察和認知發展有關。他們發現在各期的覺察重點如下：

1. 感覺動作的反射性反應期：主要為身體感覺或臉部表情。
2. 感覺動作的行動期：有身體感覺及採取行動的衝動。
3. 前運思期：對情緒的了解，除了身體上也有心理上（認知上）的了解，

不過對情緒的了解只是簡單、單向度的了解。

4. 具體運思期：可以覺察到多種情緒，並且可以描述主觀經驗中複雜的情緒及不同的情緒狀態。

5. 形式運思期：可以覺察到更多不同的情緒，而且有能力區辨不同情緒程度的細微差異，也可以了解他人複雜的情緒。

幼兒情緒表達的發展，源於自我、認知歷程與社會化經驗的中介。情緒表達與情緒控制能力的習得，需要認知能力與肢體運用的成熟，以及對己身掌握的自主性，並經由社會學習、認知學習、嘗試錯誤，再加上師長、父母、同儕的影響，甚至大眾傳播媒體的示範與教導等影響，從而逐漸學習如何正確的表達自己的情緒。透過種種學習，個體逐漸懂得運用各種語文訊息、肢體語言和臉部表情等方式，展露自己的情緒（江文慈，1999）。

情緒表達是在社會脈絡中發生的，當兒童了解到內心的感受並不一定和外在表達一致時，他們就擁有愈多與社會互動的策略。兒童愈能控制情緒表達的行為，就愈能以符合文化的適當方式來溝通其情緒（Saarni, 1979）。

而 Ekman（1972）認為，個體能覺察或表達情緒，是他們對文化中「表達規則」（display rules）的理解，當這樣的理解愈精細，個體也就愈能覺察或表達複雜的情緒，甚至能覺察或表現出以虛假代替真實情緒的方式。Saarni（1979）發現，學前幼兒也能相當清楚該文化的表達規則，而使得表情與內心感受不一定一致。Saarni（1979）以及 Taylor 與 Harris（1980）指出，對文化表達規則的理解，在學前階段其實已有相當複雜的發展，他們分別要求 6、8、10 歲兒童及 7、8、10、11 歲男童，選擇遇到有關社會表達規則的簡單故事（例如：收到不滿意的禮物）時的表情圖片，結果是很一致的：隨著年齡增長，兒童愈會使用複雜的表達規則，而且也愈知道情緒是可隱藏、不表現出來的。

Saarni（1984）指出，情緒表達規則的發展，受到動機、認知、觀點取替能力，以及自我覺察等因素的影響，換句話說，隨著年齡增長，個體在直接與間接的社會互動中，學得了該文化系統的表達規則，並將情緒表達盡可能控制在能被接受的範圍內，必須隱藏時則要隱藏，必須增減，甚至假裝時，也要盡量如是做到，因此會有內外不一致或多重考慮因素的現象。

後來，Bloom 與 Beckwith（1989）以及 Bretherton、Fritz、Zahn-Waxler 與 Ridgeway（1986）則發現，隨著語言的發展，幼兒的情緒覺察與標定行為會有所不同。幼兒會先用簡單名詞來標定情緒，而後會用較複雜的陳述句來陳述情緒。2 歲以後的孩子甚至會陳述其間的因果關係；6 歲的孩子可以相當清楚的描述相當複雜之情緒狀況及因果。

（三）國內幼兒情緒能力之相關研究

在國內，金瑞芝（2002）從親子和同儕這兩種情境脈絡中，觀察一所幼兒園剛入園的 6 位新生，並從自然情境發生之情緒對話，來了解孩子的負向情緒的知識，結果發現：

1. 幼兒對負向情緒的強度及向度是有所區別的（例如：厭煩是孩子受到外在干擾，只單純對此干擾本身不悅而已；生氣是孩子認為他人干擾已經侵犯到自己的權益、權益被忽視，或是將干擾的責任歸咎於他人時所引發的情緒；難過的情緒，往往反映在慾望受阻但自知理虧時）。

2. 幼兒對事件的感受會因事件後果的可修復性與否而有所不同（若可以替代，其情緒強度就會減弱；若不知其他替代方法，則傾向以強烈的情緒行為表現之）。

3. 事件本質也會影響幼兒的情緒（意志受阻事件多半會引發生氣或厭煩等反應；期待落空容易導致難過或混合情緒）。

4. 情緒事件的解釋會因對象而有所不同（對同儕的情緒表現比較直接；對家人包括大人與手足，其容忍度較高，情緒較收斂）。

簡淑真（2001）為了解幼兒辨識和表達情緒的狀況，請 101 個 4～6 歲幼兒，描述 11 個情緒臉譜的情緒，並說明其在 15 個幼兒常有的情境中之情緒及身體反應。主要發現如下：

1. 幼兒對情緒的覺察及表達，會隨著年齡增長漸趨豐富與精緻。

2. 幼兒對情緒臉譜的辨識與描述，在中班即已呈現類似於成人的基本認識，即以喜、怒、哀、樂來區別。若將之放置在情境中，有相當多的大班幼兒能細分 11 個臉譜的差異（而非四種情緒而已）。

3. 幼兒在各情境中的情緒辨識和表達，在中、大班即能做相當清楚的描述。且無論是言語或身體的描述，大班幼兒幾乎都能完成任務，但小班幼兒則有一半以上不回答。

4. 正向（如得到禮物、得到獎品）情境，清楚的「生氣」或「害怕」情境，情緒感受及表達都較一致；在有競爭的情境下（如媽媽只照顧弟弟、別人過生日、想幫忙卻被罵），多出現多重情緒，但大部分大班幼兒即能描述這些情緒，小班幼兒則有困難。

5. 情緒表達，常用「快樂、高興、開心、愉快、得意」等表示正向情緒；用「生氣、難過、委曲、傷心、嚇一跳」表示負向情緒。身體動作則有「笑、跳、叫、走上去」等表示正向情緒，「哭、握拳、跳腳、踢、發抖、躲」等表示負向情緒。

6. 幼兒對情緒的覺察及表達，會隨著年齡增長漸趨豐富與精緻。柯華葳、李昭玲（1988）探討幼稚園及國小三、五年級兒童情緒認知之發展，發現問幼兒「情緒是否可以隱藏」，結果幼稚園兒童不是回答不知道就是說不可以隱藏。對心裡所感受的，是「非 A 即 B」的，只取正負對應情緒中之一項。

綜合上述國內的幼兒情緒研究得知：(1)幼兒對情緒的覺察與表達的能力會隨著年齡的增長而精緻、複雜化；(2)情緒表達的精緻程度，受到語言發展很大的影響；(3)情緒的覺察與辨識、理解和調節會受到認知的影響。所以，本章將針對不同年齡層的發展狀況進行探討。此外，在上述文獻中還發現：(1)周遭事件的發生與幼兒對事件的解釋，皆會影響其情緒；(2)幼兒對於一事件的反應會因人而異；(3)幼兒能使用正負向或不同強度的情緒來表達自己。故在新課綱的情緒領域研究中，所使用的「幼兒情緒能力量表」亦於每大項中（情緒的覺察與辨識、情緒的理解、情緒的表達、情緒的調節），分別加入對自己、對他人，以及對環境等三個面向，以了解幼兒於此三個面向之表現。

三、情緒評量與學習指標

國內目前與幼兒情緒領域有關的的正式量表只有以下三種：楊宗仁（2001）、鄭麗月（2001）與簡淑真[2]（2005）分別編製的「行為與情緒評量表」（BERS）、「情緒障礙量表」（SAED）與「六歲幼兒情緒領域發展量表」，其方法皆是由熟悉的師長，以兒童過去三個月的表現，選出最適當的選項，但在主要功能與內容上，則有其差異性。

以下針對上述三種量表的主要功能與內容進行說明（如表 6-1 所示）：

1. 「行為與情緒評量表」的主要功能為評量、診斷和了解 6～18 歲兒童行為和情緒的優勢能力及資源，以及鑑定與診斷情緒障礙學生，內容共 52題，分為「優勢人際關係」、「優勢家庭參與」、「優勢內在能力」、「優勢學校表現」及「優勢情感」等五個分量表（楊宗仁，2001）。

---

2. 簡淑真於 2005 年所發展的「六歲幼兒情緒領域發展量表」，是一個未正式發表之量表，主要記載於幸曼玲、簡淑真（2005）的專案研究成果報告中。

表 6-1　國內幼兒情緒領域相關量表

測驗名稱	作者年代	主要功能	內容	方法
「行為與情緒評量表」	楊宗仁（2001）	評量、診斷和了解兒童與青少年行為和情緒的優勢能力及資源（6～18歲）。	共52題，分為「優勢人際關係」、「優勢家庭參與」、「優勢內在能力」、「優勢學校表現」及「優勢情感」等五個分量表。	熟悉的師長，以兒童過去三個月的表現，圈出最適當的選項，另有八題開放題。
「情緒障礙量表」	鄭麗月（2001）	評量、篩選、和了解兒童是否有情緒困擾（6～18歲）。	共52題，有七個分量表，和一個整體能力表現，包含：無能力學習、人際關係問題、不當的行為、不快樂或沮喪、生理症狀或害怕、社會失調、整體能力，以及不利影響等。	熟悉的師長，以兒童過去三個月的表現，圈出最適當的選項，另有八題開放題。
「六歲幼兒情緒領域發展量表」	簡淑真（2005）	了解5～6歲幼兒情緒領域的發展狀態	共22題，有「情緒的覺察與辨識」、「情緒理解」、「情緒調節」、「情緒表達」等四個分量表。	熟悉的師長，以兒童過去三個月的表現，勾選出最適當的選項。

2.「情緒障礙量表」的主要功能為評量、篩選與了解6～18歲兒童是否有情緒困擾，內容共52題，有七個分量表，和一個整體能力的表現，包含：無能力學習、人際關係問題、不當的行為、不快樂或沮喪、生理症狀或害怕、社會失調、整體能力，以及不利影響等（鄭麗月，2001）。

3.「六歲幼兒情緒領域發展量表」的主要功能為了解5～6歲幼兒情緒領域的發展狀態，內容共22題，有「情緒的覺察與辨識」、「情緒理解」、

「情緒調節」、「情緒表達」等四個分量表（簡淑真，2005）。

　　前兩者量表屬於診斷篩選之用，適用對象皆為 6 歲以上之兒童；而第三者是針對 5～6 歲幼兒情緒領域發展所編製的評量表。但在 5 歲以下的部分，目前並未有正式的評量工具。

　　另外，本章也搜尋有關在研究內用的評量工具，例如：梁靜珊（1997）將情緒智力分為覺察、分辨、處理自身的和他人的情緒（12 歲）；王春展（1999）更將「處理」細分為了解、推理、判斷、表達、調節、激勵、反省（7～12 歲）。也有研究將情緒分成認識自己的情緒、妥善管理情緒、自我激勵、認知他人情緒、人際關係的管理（12 歲）（如陳騏龍，2001）。或是覺察自我情緒、管理自我情緒、認知他人情緒、自我激勵能力、積極的增加正向的情緒表達或紓解（8～12 歲）（如林淑華，2002）。

（一）我國幼兒情緒領域能力指標相關研究

　　在我國，情緒能力指標似乎都是「隱身」在各學習領域或學科裡，就算是在大力推行的「九年一貫課程綱要」裡，或「我國五歲幼兒基本能力與學力指標建構研究」也是這樣，說明如下。

1.「我國五歲幼兒基本能力與學力指標建構研究」（盧美貴、陳伯璋、江麗莉，2003）

　　在該研究中，幼兒的基本能力有「生活自理」、「認識自己」、「溝通表達」、「主動探索」、「關懷與尊重」，以及「表現與創新」等六大項。但該研究並未緊接著提出「能力指標」，而是配合各學習領域提出「學力指標」（如表 6-2 所示）。

表 6-2 「我國五歲幼兒基本能力與學力指標建構研究」的學力指標中所隱含的情緒能力

學力指標分項	學力指標	情緒能力
語言學力指標	1.會有表情動作或語言反應	情緒覺察
	2.會以語言表達感受	情緒表達
健康學力指標	1.能區分喜怒哀樂	情緒覺察
	2.會適時表達情緒	情緒表達
	3.會面帶笑容	
社會學力指標	1.會表達自己的心情感受	情緒表達
	2.能覺察他人的情緒	情緒覺察
	3.會說出自己的興趣喜好	
藝術學力指標	1.會表達自己在藝術創作過程中的感受	情緒覺察
	2.能快樂地欣賞藝術活動	情緒表達
	3.會專注欣賞藝術作品	情緒理解
	4.能感受不同材料的不同趣味	
	5.會感受發現的樂趣	
	6.對生活中各種圖案充滿興趣	

資料來源：盧美貴等人（2003）

2. 「國民教育幼兒班課程綱要之能力指標專案研究」（幸曼玲、簡淑真，2005）

此研究針對 5～6 歲幼兒的身體動作、認知、語言、美感、情緒，以及社會等六大領域，進行發展調查與能力指標之建立。其情緒領域能力指標，乃根據四所不同教學模式的幼稚園（如方案教學、蒙特梭利教學各一所、單元活動教學二所）之中班幼兒，進行現場觀察及文獻探討，而產生 49 題題項，之後再經專家學者的建議與現場老師的意見，進行刪題、修改、預試、再增題、再測與去除無法歸類之題目，最後剩餘 22 題為 85%以上 5～6 歲幼兒所

能達到的題項。

（二）國外與幼兒情緒領域能力指標相關之書籍

1.《幼教綠皮書》一書的主張

　　根據《幼教綠皮書：符合孩子身心發展的專業幼教》（*Developmentally Appropriate Practice in Early Programs*，以下簡稱 DAP）一書作者 Bredekamp 與 Copple 的說法，學齡前幼兒在社會、情緒及道德上面都有重大的改變。學齡前兒童的情緒發展，可以從遊戲、同儕互動、侵略性、自制力，以及感情表達上都可以明顯看出（洪毓瑛譯，2000）（如表 6-3 所示）。

表 6-3　DAP 一書中的情緒發展

年齡層	觀察向度	情緒發展	情緒能力
18 個月 ～3 歲	感情表達	◎知道自己的感受，也會覺察他人的感情。	情緒覺察與辨識
		◎經常有侵略性的感情反應與行為。	情緒表達
		◎對於自己所創造及製作的東西感到驕傲。	
		◎比較會用語言表達自己的感情。	
		◎會在遊戲中用象徵的方式表達自己的感情。	
		◎經常會害怕（如怕黑、怕怪物等）。	情緒理解
		◎會同情並關懷他人。	
		◎逐漸懂得控制自己的情緒。	情緒調節
		◎常有兩極化的行為或情緒轉換（如固執與隨和）。	
3 歲	遊戲	◎會表達強烈的感覺，如恐懼或喜歡。	情緒表達

表 6-3　DAP 一書中的情緒發展（續）

年齡層	觀察向度	情 緒 發 展	情緒能力
4 歲	同儕互動	◎不順他的意的話會暴跳如雷。大部分的時間都喜歡和別人玩。雖然還不能以口語的方式解決所有的爭端，但是遇到不愉快的事件時，還是會尋找解決途徑的辦法。	情緒表達 情緒調節
	侵略性	◎有時會突然生氣，但是已經知道做錯事會受到處罰。	情緒表達 情緒覺察與辨識
	自制力	◎已經比較能夠控制自己強烈的情緒，如恐懼、憤怒。	情緒調節
		◎在自我表達及情緒控制方面，有時還是需要大人協助。	情緒表達
5 歲	感情表達	◎喜歡與人相處，會對別人很好，也會很有同情心。	情緒覺察與辨識
		◎很容易氣餒，受到鼓舞也很容易振奮。	情緒調節

資料來源：洪毓瑛譯（2000）

　　DAP 一書所討論的情緒發展，基本上包含了「情緒覺察」、「情緒理解」、「情緒表達」，以及「情緒調整」等四個部分。

2.《兒童發展指標》一書的主張

　　《兒童發展指標：4 到 14 歲學童的成長型態與合適課程》（*Yardsticks: Children in the Classroom, Ages 4-14: A Resource for Parents and Teachers*）一書的作者 Chip Wood，將孩子的發展分成「身體的」、「語言的」、「認知的」，以及「社會的」等四方面；在談及教室中的幼兒時，類別又細分為「視覺與精細動作的能力」、「大肌肉動作的能力」、「認知發展」，以及「社

會行為」等四方面。雖然在書中沒有明確指出情緒的發展，但是隱約可以發現「情緒」是隱藏在「社會的」發展與「社會行為」中（林合懋譯，2004）（如表 6-4 所示）。

表 6-4 《兒童發展指標》一書中隱藏的情緒發展

年齡層	隱藏處	情緒發展
4 歲幼兒	社會的成長型態	◎可以根據興趣做決定；不會全部依賴大人，但明顯的還是需要大人輔導。 ◎接近 5 歲的兒童有時會感到害怕、焦慮、做惡夢。
	教室中的社會行為	◎不適當的行為很容易改正過來；老師的語言可以幫助學生使用語言（非身體動作）表達：「告訴他你要什麼」、「他講完時問他問題」等。 ◎在遊戲場上打鬧需要老師指正，並提供適當的行為示範。
5 歲幼兒	社會的成長型態	◎需要被認可。 ◎依賴權威；希望被告知要做什麼，但從別人的觀點看事情仍然很困難。
	教室中的社會行為	◎雖然能在工作中調整自己的步調，但經常還是需要老師的允許才會去做下一個工作。 ◎一致性的指導方針及仔細規劃的時段，能夠幫助學生產生安全感的扮演遊戲（家事角落或戲劇遊戲角落），對兒童語言發展很重要，兒童能夠透過行動來表示思想。

表 6-4 《兒童發展指標》一書中隱藏的情緒發展（續）

年齡層	隱藏處	情緒發展
6 歲幼兒	社會的成長型態	◎競爭的；熱情的。 ◎任何失敗都不好過；鼓勵會做得更好。 ◎非常喜歡做快樂的事情；喜歡驚奇和找樂子。 ◎可能會跋扈、嘲笑或批評別人。 ◎受傷害時很容易生氣。
	教室中的社會行為	◎極端的行為需要被理解，但不能過度的包容；發脾氣、嘲笑別人、跋扈、抱怨與說閒話，都是 6 歲兒童與權威間的關係試探。 ◎非常的敏感，一分的鼓勵可能就是兒童克服困境情境所最需要的；嚴屬的批評可能真的會造成傷害。

資料來源：林合懋譯（2004）

3. 依據 DAP 概念所設計的 3～8 歲兒童適性課程

在美國學者 Kostelnik、Soderman 與 Whiren（2004）所著的《幼兒適性發展課程》（*Developmentally Appropriate Curriculum: Best Practice in Early Childhood Education*）一書中，對幼兒情緒領域所設計的課程目標（如表 6-5 所示），可以提供我們另一種認識。

表 6-5 《幼兒適性發展課程》一書中之情緒領域目標

情緒領域目標
1. 能夠熟稔足以影響他們個人情緒的情境狀態。
2. 經驗的成功。
3. 界定自己的情緒。
4. 不需外在的提醒，控制自己的行為。

表 6-5　《幼兒適性發展課程》一書中之情緒領域目標（續）

情緒領域目標

5. 經歷工作的快樂。

6. 學習滿足和有效的策略，以展現和應對個人的情緒與緊張。

7. 學習有效地表達並且澄清關於在情緒上充滿感情的情形，問題與危機的想法和感覺。

8. 評價和描述自己是有能力與有價值的。

9. 對班級內的人和物表現出關懷的態度。

10. 學習建設性地給予批評。

11. 學習以謹慎的行為穩定自己的情緒。

12. 學習接受正面和負面的情緒，就當做是生活的一部分。

13. 理解占有和擁有的概念。

14. 拓展與他人間的相似與相異性，進而獲得他人的理解。

15. 在使用合於年齡的材料和工具上，能得到經驗和展現其獨特性。

16. 對「批評」有一些覺知，那是對事、不對人。

17. 認知對工作品質有益的因素（例如：時間、照料、努力、責任）。

18. 對教室的維護有貢獻。

19. 學習如何從挫折中恢復。

20. 漸漸展現出評鑑自己成果的能力和意識，而不只是設定新的目標和標準。

21. 思考一些合理的構想，來掌控對他們感到困難的情境。

資料來源：Kostelnik 等人（2004）

　　「在適性課程裡，情緒領域的最終目標是：讓兒童認為他們自己是有價值的、有能力的個體。在兒童達成這個目標的過程中，他們必須感受到教室是一個讓心理安全、支援性的環境，以及讓他們有各種不同的經驗，來促進情緒健康和正向自尊的成長。」（Kostelnik et al., 2004）

4. 美國各州政府所定的幼兒情緒能力指標（魏惠貞譯，2006）

(1)加州

①幼兒具備好的人格特質與能幹的社會能力。

②幼兒是具有效率的學習者。

③幼兒具有競爭力的體適能。

④幼兒能夠感到安全與健康。

⑤家庭能夠支持並幫助幼兒的學習與發展。

⑥家庭能夠幫助幼兒往自己的目標邁進。

(2)康乃迪克州

①好奇心、創造力、自我引導、對學習的堅持度。

②了解自己和他人的感覺。

③個人在團體中，自我控制的能力。

④能夠使用適當的、符合該年齡層所使用的策略來解決衝突。

(3)伊利諾州

①發展積極的自我概念。

②能夠有效的管理自己。

③能夠融入團體中，成為團體的一份子。

④對於學習的渴望、熱切與好奇心。

⑤對他人能夠產生同理心與關心別人。

⑥能夠和同儕或成人建立良好的人際關係。

(4)馬里蘭州

① 有主動嘗試新事物的能力，並從中獲得新經驗，例如：作為一個學習者，需具備強烈的企圖心、渴望與好奇心。

② 能夠獨立處理事情的能力，例如：當遇到衝突需要解決的時候，能

夠尋求成人的協助。

③ 對於活動的進行能夠持續堅持下去,例如:在活動進行的時候,能夠承受壓力或挫折且繼續活動,即使遇到困難,仍然堅持下去,不隨意退出活動。

在這群目標裡,皆是從「生態的角度」關懷兒童在各個生活場域的情緒行為,也涵蓋了情緒內容的相關層面,例如:幼兒對情緒的了解、監控與應用等。範圍寬廣而貼近幼兒生活各層面,值得參考。但其所列的各目標,和臺灣 3～6 歲幼兒的發展是否符合,值得進一步探討。

在上述文獻中,不論是國內外幼兒情緒能力指標,皆不斷提及「情緒的覺察與辨識」、「情緒的表達」、「情緒的理解」,以及「情緒的調節」等四項能力,並且情緒所涉及的對象也包含「對自己」、「對他人」,以及「對環境」等三者,故在本量表的編製上,分為「情緒的覺察與辨識」、「情緒的理解」、「情緒的表達」,以及「情緒的調節」等四大項,並在每大項中,包含「對自己」、「對他人」,以及「對環境」等三中項。另外,在統整的部分及應用的部分,還有負面情緒呈現時,老師的輔導都是需要與課程做結合。

貳、領域內涵

一、情緒的定義

「情緒」是指,個體解讀內外刺激而產生的生理與心理之整體反應。所以情緒是自主且主觀的,無法直接與他人分享的。情緒的出現,須要先有內

在或外在的刺激、有事件的發生，而且有個人覺察這件事的感受及想法，才會出現情緒。有時即便有事件發生，但個體若是沒有覺察到，就不會有情緒的產生；或是覺察到卻辨識為無關緊要的事件，其情緒的產生也可能相當小而無感，例如：大人夜間開車壓過一個異物，若是沒有覺察到或是覺察到但辨識為小石頭，則不太會有情緒產生。幼兒在團體活動中，不免有推擠的情形，有些幼兒並不覺得有人推擠到他，也不就太會有情緒的產生。

　　圖 6-1 是情緒能力出現的相關圖，呈現出情緒能力間出現的順序關係。首先，必須要有引發情緒的內在或外在刺激，且要有情緒的「覺察與辨識」之後，有些幼兒就會直接有「情緒的表達」；也有些幼兒經過情緒的理解後才表達；或者經過「情緒的理解」與「情緒的調節」後，才進行「情緒的表達」，例如：有其他幼兒踩到小明的腳，小明可能就會以「推」踩到他的腳之幼兒一把的方式，來表達他不舒服的情緒；小明也可能會先「理解」別人為何會踩到自己的腳，也許其他幼兒不是故意的，是因為太擁擠的關係，所以只是說：「你踩到我的腳了！」來做為「表達」；小明也有可能在「理解」別人為何會踩到他的腳，並「調節」好自己的情緒後，說了聲：「好擠。」所以情緒能力的出現順序，要先覺察與辨識到內在或外在的刺激，才開啟後

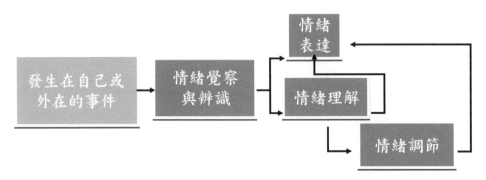

圖 6-1　情緒能力出現之相關圖

端情緒能力的出現。

　　此情緒能力的相關圖，正好也可以說明，幼兒情緒能力的研究之結果，「情緒的覺察與辨識」能力先於「情緒的表達」能力，之後才是「情緒的理解」能力，最後是「情緒的調節」能力。各種能力的發展時間有重疊處，快慢也有各自的速度。

二、領域能力及學習面向

　　情緒領域的四種能力之定義，茲說明如下。

（一）情緒覺察與辨識能力

　　情緒覺察與辨識能力是指，個體覺察到內外在刺激，且有情緒出現時，能辨識當時是什麼情緒的狀態和種類。

　　所謂的情緒狀態是一種比較概略性的分法，例如：高亢的或低落的、正向的或負向的、積極的或消極的。情緒的種類則是可以區辨出個體的情緒內涵及類型，例如：在「幼兒園教保活動課程暫行大綱」中有正向情緒的名詞解釋，所謂正向情緒是指，具有愉悅、幸福感或能產生激勵等特質的情緒，如開心、高興、快樂、喜歡、歡喜、欣賞、崇拜及幸福等；負向情緒是指，具有令人不舒服感覺、對人身心有負面影響的情緒，如生氣、憤怒、害怕、恐懼、傷心、寂寞、無聊、嫉妒及委屈等；中性情緒是指，身心無激動狀況時的情緒，如平和、安靜及穩定等。其中的「正向情緒」、「負向情緒」、「中性情緒」為「情緒的狀態」；而開心、喜歡、害怕、傷心、平和等，則是情緒的種類。隨著幼兒的發展，幼兒對於情緒種類的區辨也會愈來愈多元。

　　在教學情境中，教師可以協助幼兒覺察自己或他人及環境中的情緒反應，進而判斷情緒的狀態或種類，此即是教師可以促進幼兒的情緒覺察與辨識能

力，例如：可以在搶玩具的事件發生時，詢問幼兒他的感受為何？被他搶了玩具的小朋友又有何感受？

（二）情緒表達能力

情緒表達能力是指，個體學習運用符合所處文化的規則，適時、適情境、適角色來表達情緒。

幼兒的情緒表達，從很小的時候就開始藉由非口語和口語的方式來進行，就如同在圖 6-1 中所看到的，當幼兒感受到情緒的產生時，就會去表達，只是一開始的表達是非常個別化的、隨意的、立即的，並沒有經過理解或調節的過程之直接表達。慢慢地，因為情緒理解及調節能力的增加，幼兒會慢慢地將情緒以較符合文化期待的方式來表達，並且會因為人、事、時、地、物的不同，而有不同的表達方式。但在其表達的時間上，當感受到情緒發生時，就會立即表達其情緒，而不會等待適當的時機才去表達。

教保服務人員要先接納幼兒個別化的情緒表達方式，先讓幼兒敢於表達其情緒，而非壓抑其情緒。再慢慢地，藉由互動、活動或分享表達方式的作法，讓幼兒在觀察、模仿、學習中，將其情緒表達的方式符合社會文化的規範。

（三）情緒理解能力

情緒理解能力是指，個體了解情緒產生的原因，也就是去釐清發生什麼事及個體對這事的想法。

情緒的理解包括了，對於情緒產生的原因及可能產生的結果之理解；但是對於幼兒階段，我們只針對情緒產生的原因之理解。不過在情緒理解的過程中，需要更強調個體主觀的情緒理解，對於情緒的表達會有非常不一樣的

表現方式。讓幼兒學習對客觀的事件發生狀況，會因為自己主觀解讀事件產生的原因之不同，而有不同的表達呈現；也就是說，幼兒會從只注意到事件本身，慢慢地注意自己對於事件的想法或解讀，才是造成情緒產生的原因。幼兒情緒理解能力的發展會受到認知能力及同理心的發展，以及個人在情緒經驗上的累積而改變。

　　教保服務人員可以藉由許多的活動或經驗，讓幼兒發現同一個事件，不同的人可以由不同的面向來解讀，也就是理解事件產生的原因可能不同。所以，當幼兒有情緒產生時，不僅要問幼兒發生了什麼事？也要問幼兒的感受，並讓他說說為何會有這樣的感受。教保服務人員也可以從不同的面向來說出自己對這個事件的理解。

（四）情緒調節能力

　　情緒調節能力是指，個體學習運用各種策略來改變負向情緒或過度激動的情緒。

　　情緒的調節能力，是幼兒情緒能力中較晚發展出來的能力。幼兒通常需要很長的時間才能調節自己的情緒，且是慢慢進展到盡快地改變自己的想法，進而調節了情緒。需要調節的情緒，當然包括正向與負向的情緒在內，但對幼兒階段而言，應先著重於負向情緒的調節。情緒調節的重點還是在想法的改變，幼兒要學習改變自己原有的想法，才能真正的改變自己的情緒。所以在情緒調節能力的培養上，要讓幼兒學習運用各種策略來改變想法，進而改變自己負向或過度激動的情緒。對幼兒而言，改變情緒的策略可以運用「等一下」的方式，讓自己激動的情緒緩和下來，也學習調整自己太過於偏執的想法或放棄自己的堅持；並了解團體生活中，不可能即刻就可以滿足自己的所有需求，所以應該為自己想要的事物學習等待。另外，也可以讓幼兒找到

事情的另一個面向，進而改變自己的想法及調節自己的情緒，例如：當小明認為小華是故意踩他的腳，他當然會表現出不滿的情緒；但若經過溝通發現，其實小華不是故意的，而是人太多太擁擠，才不小心踩到小明的腳，且小華沒有覺察到他踩到小明的腳，所以才沒有向他表示歉意。如果小明願意接納這樣的事實，就可以調節自己生氣的情緒，因為自己有時也會不小心；但是，如果小明還是堅持並繼續認定小華是故意的，只是因為老師出面協調而停止其不滿，他可能只是壓抑自己負面的情緒，並沒有真的調節自己的情緒。

此外，一般教保服務人員可能會以轉移注意力的方式，希望幼兒就此遺忘或是忽略其所關注的事物；但是轉移注意力通常是短暫的，幼兒之後還是會回到自己所關心的事物上，且幼兒並沒有改變其個人主觀的想法，這與我們所定義的情緒調節是不同的。如果教保服務人員是以轉移注意力的方式，增加幼兒等待的耐心，之後與幼兒的說明方式，可著重於當不能做自己最想要進行的活動時，可以先做另一個比較喜歡的活動，等待機會做自己最想要進行的活動，這也可以當作是一種改變想法的情緒調節策略。就如之前所提到的，這也是一種等待的方式，學習延緩滿足還是可以達成自己想要的目的。

（五）學習面向

學習面向分為「自己」和「他人與環境」兩個學習面向。

情緒領域從情緒的來源，也就是內外在刺激的部分，分出兩個學習面向。就發展上來看，幼兒會先針對「自己」的面向來加以學習，慢慢地再擴展到「他人與環境」的部分，此符合一般發展上由內而外的發展方向。所以教保服務人員在引導幼兒情緒領域的活動或互動時，可以先就「自己」的面向談起，再請幼兒擴大思考「他人與環境」中所出現的情緒。再者，因環境不會自己產生情緒，而是藉由幼兒自身情緒的轉移或以擬人化的方式所投射出來

的情緒；而他人的情緒，也是幼兒以自身經驗所猜測或投射出來的情緒。所以，在課程目標及學習指標上，對於他人及環境中的情緒，多以「擬人化物件」的方式加以著墨，同時也加強此情緒產生的個別化及主觀性。

三、領域課程目標

情緒領域的課程目標是由領域能力與學習面向的雙向細目表交叉而訂定的，如表 6-6 所示。縱軸是指，處理情緒狀況的四個分項能力，包括：情緒覺察與辨識、情緒表達、情緒理解、情緒調節；橫軸是指，處理誰的情緒狀況，分為自己或他人與環境兩部分。其中，「自己」是指，覺察與辨識、理解、調節，以及表達自己的情緒；「他人與環境」是指覺察與辨識、理解、協助調節，以及表達他人與生活環境中動物和擬人化物件的情緒，因而發展出仁人愛物的生活態度。情緒領域的課程目標分別說明如下。

表 6-6　情緒領域雙向細目表

	自己	他人與環境
覺察與辨識	情-1-1 覺察與辨識自己的情緒	情-1-2 覺察與辨識生活環境中他人和擬人化物件的情緒
表達	情-2-1 合宜地表達自己的情緒	情-2-2 適當地表達生活環境中他人和擬人化物件的情緒
理解	情-3-1 理解自己情緒出現的原因	情-3-2 理解生活環境中他人和擬人化物件情緒產生的原因
調節	情-4-1 運用策略調節自己的情緒	

（一）情-1-1 覺察與辨識自己的情緒

情-1-1 是指，在事件發生當時或之後，能覺察與辨識自己有什麼情緒。

在發展上，情緒的覺察與辨識會由基本的情緒（例如：喜、怒、哀、樂等）到較複雜的情緒（例如：嫉妒、寂寞、欣賞、珍惜等）。在情緒程度上，會從覺察與辨識「有沒有」到「同一情緒有程度上的差異」，最後能覺察與辨識「同一情緒會因人、事、時、地有不同的程度變化」。以下舉二個例子來說明此目標。

例一：情-幼（小）-1-1-1 知道自己常出現的正負向情緒

小亮剛堆好的積木，被大雄不小心推倒了。

小亮握著拳頭，瞪著大雄說：「喔！你怎麼這樣！」

老師看見後，對小亮說：「小亮你為什麼手握拳頭又瞪大眼睛？你覺得怎麼樣？」

小亮：「我很生氣。」

老師：「你很生氣就會握緊你的拳頭，但你知道可以用說的方式讓別人知道你在生氣，對嗎？」

小亮：「對，我沒有要打人。」

例二：情-中（大）-1-1-3 辨識自己在同一事件中存在著多種情緒

在團體討論中，老師拿著蠶寶寶的觀察箱，讓小朋友觀察蠶寶寶……

老師：「大家可以排隊輪流來摸摸看蠶寶寶，記得要輕輕地摸摸看喔！」

（大家排好隊來體驗，輪到小貞時，她手一伸一縮的，就是不敢摸。）

老師：「小貞，妳怎麼了呢？」

小貞：「我想要摸蠶寶寶，但是我會害怕。」

老師：「小貞討厭蠶寶寶嗎？」

小貞：「不會啊！我喜歡蠶寶寶。」

老師：「小貞喜歡蠶寶寶，那為什麼會害怕摸蠶寶寶呢？」

小貞：「因為我怕蠶寶寶會咬我。」

老師：「小貞，蠶寶寶牠不會咬人，你可以先用一根手指頭觸摸牠
　　　　的身體，先不要摸頭部試試看。」

小貞：「嗯，好。」

（小貞伸了食指點了蠶寶寶身體一下，又迅速地縮了回來）

老師：「感覺怎樣？可怕嗎？」

小貞：「還好，牠軟軟的。我還要再摸一次……」

（二）情-1-2 覺察與辨識生活環境中他人和擬人化物件的情緒

情-1-2 是指，從環境中的人與動物在情境裡的反應，來覺察與辨識他人
或擬人化物件的情緒。這表示幼兒會關心環境中的人、事、物的變化，是同
理心的開始。以下舉二個例子來說明此目標。

例一：情-幼（小）-1-2-1 覺察與辨識常接觸的人和擬人化物件的情緒

小貞進教室後，不小心跌倒，就坐在地板上哭。

小琪看見後便馬上拿衛生紙給她，並對她說：「是不是很痛？」

小貞邊擦眼淚邊搖搖頭，小琪就扶小貞起來。

老師：「小貞跌倒了喔！有沒有怎樣呢？」

小貞啜泣著說：「沒有。」

老師：「來，老師看一下，你跌倒了很痛，所以哭了。你看小琪也
　　　感覺到你的難過。動一動覺得還可以嗎？」

小貞：「嗯。」

老師：「可以去玩了嗎？」

（小琪牽著小貞的手，往娃娃角走去）

例二：情-中（大）-1-2-1 從事件脈絡中辨識他人和擬人化物件的情緒

　　收假後的第一天上學，在菜園巡視時，發現蘿蔔葉垂下來了。引起幼兒
討論……

小笙：「蘿蔔葉難過得垂下來了啦！」

小民看了難過的說：「嗚，蘿蔔死掉了。」

小吟：「才不是啦，它的葉子還是綠綠的，它只是難過，還沒有死
　　　掉。」

老師：「小朋友，你們覺得蘿蔔葉為什麼會難過呢？」

小吟：「因為我們放假很多天，沒有人給它們澆水，它太口渴了才
　　　會這樣的。」

老師：「小吟說的很好，那我們要怎麼做，蘿蔔葉才不會再難過
　　　呢？」

小貞：「只要我們再來都給它澆水，就好了。」

小笙：「這樣蘿蔔葉就會活過來了嗎？」

老師：「那麼我們這幾天就先試著澆水，看看蘿蔔葉會不會再難過
　　　了。」

幼生：「嗯，好！那我們要每天來澆水。這樣蘿蔔葉就不會再難過
　　　了。」

（三）情-2-1 合宜地表達自己的情緒

　　情-2-1 是指，個體在情緒狀態時，在生理上、心理上及外顯行為上的表現，包含：表達自我的情緒，最後是學習運用符合所處文化的規則，適時、適情境、適角色來表達情緒。在情緒表達能力上，能從較個人化，進展到符合文化、社會的規則；在表達時間上，會從「立刻」逐漸發展到「稍待」，甚至到「需表達才表達」。但須注意的是，要避免以社會既成的刻板印象，例如：性別，來限制男孩和女孩不同的情緒表達方式。以下舉一個例子來說明此目標。

例如：情-中（大）-2-1-3 以符合社會文化的方式來表達自己的情緒

　　凡凡帶了新玩具去幼兒園，琳琳看到了非常想要玩，就走到凡凡的身邊。

　琳琳：「凡凡，可以借我那個玩具嗎？」

　凡凡：「你是我的好朋友，當然可以啊！」

　琳琳：「謝謝你！我真的好開心喔！」

　（琳琳說完後，就抱了凡凡一下。）

　老師：「琳琳很棒喔！能先經過凡凡的同意，再跟人家拿玩具來玩，
　　　　　是很好的行為；但是你為什麼要抱凡凡呢？」

　琳琳：「因為我很開心，也要謝謝凡凡啊！」

　老師：「喔！所以抱凡凡是因為開心和謝謝凡凡。」

　琳琳：「對啊！」

（四）情-2-2 適當地表達生活環境中他人和擬人化物件的情緒

　　情-2-2 是指，幼兒能於生活環境中將自己覺察到或將自己的情緒投射於

他人或物體的情緒，也就是說，個體主動以自己感知到他人或環境中物體的情緒，並以主觀的方式加以表達。有些物體是無生命狀態的，所以稱之為擬人化物件的情緒。所以擬人化物件是指，幼兒對於動物、植物及其他沒有生命的物品，賦予牠／它情緒、想法或知覺感受等現象。以下舉一個例子來說明此目標。

例如：情-中（大）-2-2-1 適時地使用語言或非語言的形式表達生活環境中他人或擬人化物件的情緒

　　茹茹看見呈呈將金龜子踩死了，就說：「你怎麼這樣！」

　　老師：「茹茹，你說呈呈怎樣了？」

　　茹茹：「我是說呈呈怎麼可以踩死金龜子！」

　　老師：「金龜子被呈呈踩死了，你有什麼想法？」

　　茹茹：「呈呈把金龜子踩死了，牠的家人就找不到牠了，牠們會很難過！」

　　老師：「所以茹茹，你是感受到金龜子家人的難過，才認為呈呈這樣的行為不好嗎？你要怎麼讓呈呈知道呢？」

　　茹茹：「呈呈！金龜子和我們一樣會傷心難過，你不要傷害牠們。」

（五）情 -3-1 理解自己情緒出現的原因

　　情-3-1 是指，幼兒了解自己或環境中產生情緒的原因（包括事件及想法），包含了解自己情緒出現的可能原因，也就是去釐清發生什麼事及自己對這事的想法。在情緒理解上，會隨著認知能力及同理心的成長，而能從了解常見情緒的產生原因，到對複雜情緒產生的原因，甚至能理解會因各種人、事、時、地及自己想法上的微妙變化，而造成情緒多元的變化。

　　當有事件發生，且引發幼兒的情緒表現時，可協助幼兒釐清事件的過程中，哪一個環節是引發其情緒的原因，這個環節引發其什麼想法，而使其有此情緒產生。同一事件中產生多種情緒原因是指，幼兒在一件事情發生時，自我的情緒會出現兩種以上的情緒狀態，並能了解自己情緒產生的原因為何。以下舉一個例子來說明此目標。

例如：情-中（大）-3-1-2 知道自己在同一事件中產生多種情緒的原因

　　老師在進入今天的主要活動前，說了一本繪本：《鱷魚怕怕，醫生怕怕》。

　　老師說著繪本內容：「鱷魚手掩著嘴巴，一邊說著『我真的不想看到他，
　　　　　　　　　　　但是我非看到不可……』。」

　　老師：「小朋友有誰知道鱷魚不想看到誰？」

　　小貞：「醫生。」

　　老師：「為什麼是醫生呢？那又是什麼醫生啊？」

　　小笙：「因為鱷魚摸著臉，可能是牠的牙齒在痛啊！」

　　小明：「老師，圖片上有牙齒圖案啊！所以是牙醫啦！」

　　老師：「那麼有誰知道現在鱷魚的心情是如何？」

　　小吟：「牠是害怕的。」

　　老師：「那牠為什麼要害怕？」

　　小貞：「因為牠要去看牙醫。」

　　老師：「那為什麼牠看牙醫會害怕啊？」

　　小全：「因為看牙醫要拔牙齒啊！」

　　小佩：「不是啦！是牙醫手上的機器會ㄙㄙ的叫，很可怕！」

　　老師：「哇！牙醫那裡有這麼多可怕的事情喔！那小朋友你們會害怕看

牙醫嗎？」

小朋友：「會啊！」「不會啊！」

老師：「有些小朋友會害怕，有些不會；那麼我們繼續看看鱷魚怎麼解
　　　　決牠的害怕。」

小朋友：「好啊！」

（六）情-3-2 理解生活環境中他人和擬人化物件情緒產生的原因

情-3-2 是指，當理解的對象是他人或擬人化物件時，幼兒是以自己的想法來猜測或投射在他者的身上。各類文本是指，使用有系統的、表達意義的符號（如肢體、口語、圖像符號、文字、劇場語言、電影語言等）所創造出來的各類作品。幼兒能從各種不同的文本中，探討文本主角情緒產生的原因。有些文本較難者，老師可能需要多從旁提示文本中主角及其所經歷的事情脈絡，讓幼兒能從中理解主角情緒產生的原因。以下舉一個例子來說明此目標。

例如：情-中（大）-3-2-2 探究各類文本中主要角色情緒產生的原因

老師在進入今天主要活動前，說了一本繪本：《鱷魚怕怕，醫生怕怕》。

老師說著繪本內容：「鱷魚手掩著嘴巴，一邊說著『我真的不想看
　　　　到他，但是我非看到不可……』。」

老師：「小朋友有誰知道鱷魚不想看到誰？」

小貞：「醫生。」

老師：「為什麼是醫生呢？那又是什麼醫生啊？」

小笙：「因為鱷魚摸著臉，可能是牠的牙齒在痛啊！」

小明：「老師，圖片上有牙齒圖案啊！所以是牙醫啦！」

老師：「那麼有誰知道現在鱷魚的心情是如何？」

小吟：「牠是害怕的。」

老師：「那牠為什麼要害怕？」

小貞：「因為牠要去看牙醫。」

老師：「那為什麼牠看牙醫會害怕啊？」

小全：「因為看牙醫要拔牙齒啊！」

小佩：「不是啦！是牙醫手上的機器會ㄥㄥ的叫，很可怕！」

老師：「哇！牙醫那裡有這麼多可怕的事情喔！那小朋友你們會害
　　　　怕看牙醫嗎？」

小朋友：「會啊！」「不會啊！」

老師：「有些小朋友會害怕，有些不會；那麼我們繼續看看鱷魚怎
　　　　麼解決牠的害怕。」

小朋友：「好啊！」

（七）情-4-1 運用策略調節自己的情緒

　　情-4-1 是指，個體能藉著內外各種策略，以試圖轉變自己情緒的一種能力，也就是說，能學習運用各種策略來改變負向情緒或過度激動的情緒。在情緒調節能力上，會從「較依賴他人或外在環境」到「嘗試自己改變自己的想法」、「自己想辦法解決問題」。而情緒調節的所需時間，則會從「花很長的時間才願意改變」，發展到「能盡快改變」。

　　等待的策略是指，幼兒在事情發生的過程中，運用「等一下」的方式讓自己的正負向情緒緩和後再表達，而轉移注意力通常會是教師協助幼兒調節情緒的策略。但轉移注意力若為短暫的轉移之後，還是會回到幼兒所關注的事物，則與情緒領域所指的調節策略不相符。情緒的調節最終希望幼兒能改

變自己的想法，若能改變想法，才顯現出幼兒能主動的調節情緒。教保服務人員可以詢問幼兒，專注於這一點的負向情緒，是否會讓自己失去更多獲得的機會？解決問題就能讓自己的負向情緒轉好嗎？這些都可以藉由教保服務人員的協助，來達到改變自身想法而調節情緒。以下舉一個例子來說明此目標。

例如：情-中（大）-4-1-1 運用等待或改變想法的策略調節自己的情緒

　　戶外活動時間，小明常為了和小朋友爭玩三輪車而生氣，而且因為生氣就沒有排隊，只是在一旁雙手抱胸瞪著其他小朋友輪流騎。

　　老師：「小明，你怎麼了？」

　　小明：「我想要騎三輪車，可是被別人先騎了，我就在這裡生氣。」

　　老師：「那你在這裡騎得到三輪車嗎？」

　　小明搖搖頭。

　　老師追問：「你知道為什麼在這裡你騎不到三輪車嗎？」

　　小明：「這裡不是排隊的地方，要去那裡排隊，等別人騎一圈，才換下一個人騎。」

　　老師：「那你覺得生氣比較好？還是排隊等騎三輪車比較好？」

　　小明想了想說：「可是我在生氣。」

　　老師：「如果你騎到三輪車，還會生氣嗎？」

　　小明搖搖頭。

　　老師：「小明你覺得現在要怎麼樣才能騎到三輪車呢？」

　　小明：「那我先不要生氣，先去排隊騎三輪車。」

　　老師：「稍微等待是不是比生氣更好？」

　　小明笑了笑就去排隊了。

　　情緒領域的教學重點在於，教保服務人員需注意及提供給幼兒適當的情緒教保活動，協助幼兒擁有良好的情緒能力。教保服務人員要先熟悉本領域的四項能力，即情緒的覺察與辨識、情緒的表達、情緒的理解，以及情緒的調節，與情緒領域的兩個學習面向。當與幼兒互動時，發現有引起幼兒情緒的事件時，就可以思考，該名幼兒在此事件中，所需要學習的情緒能力是什麼？是哪個面向？其所交織出來的是哪個情緒領域的課程目標？這樣就可以做出適當的活動引導。所以情緒領域的學習活動，常常是突發的、隨機的，也相當個別化的（因每位幼兒的情緒能力發展不同），且經常是簡短的活動或互動。對教保服務人員來說可能是一項挑戰，但只要熟悉情緒領域的內涵，且經常地以此為與幼兒互動的活動目標，相信一段時間後，就可以將情緒領域的內涵，內化成為自己的專業知能。

第二節　幼兒情緒能力指標的研究發展歷程

　　為了了解 2～6 歲各年齡層幼兒情緒能力的發展狀況，以及擬定 2～6 歲幼兒情緒領域發展指標，並做為情緒領域課程指引之依據，研編小組依文獻探討結果，建立研究架構，並擬以調查研究法與觀察法，期能達成目的。

壹、研究架構

　　依上一節文獻探討結果，從心理學與生態學的觀點，整理出本研究的情緒能力因素而呈現的研究架構（如圖 6-2 所示）。

　　圖 6-2 是指，個體對內在心理狀態及外在情緒刺激的回應歷程，個體可經由監控、評估與調整正、負向的情緒，使其對情緒情境有適當的反應，以達

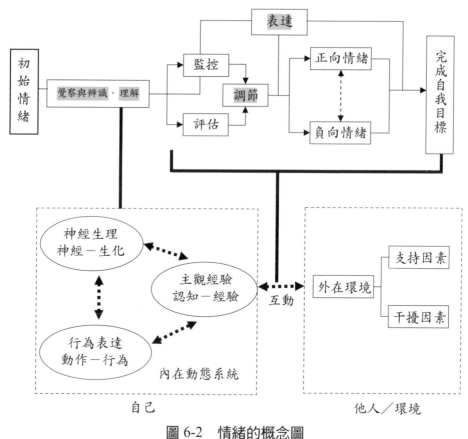

圖 6-2　情緒的概念圖

到自我情緒表達的目的或完成自我的目標。

 貳、研究對象

　　本研究對象為 2～6 歲幼兒，進行的方式共分為兩個部分：(1)3～6 歲採問卷方式進行調查；(2)2～3 歲採訪談與問卷等兩種方式取得資料。

一、3～6 歲正式樣本的分配

本研究以內政部戶政司 2006 年 4 月底的 3～6 歲幼兒於全國各縣市分布人數為主要資料，並依分層隨機抽樣方式，於 2006 年 12 月 15 日至 2007 年 1 月 31 日進行各縣市抽樣（不包含金門縣與連江縣），抽樣人數共 1,500 人。

二、2～3 歲參與者之分配

2～3 歲的觀察部分，分為兩個階段：第一階段為質的觀察；第二階段為量的觀察。第一階段於 2007 年 1 月 22 日至 1 月 26 日，於臺灣的北、中、南、東各一園所，每一園所 4 位幼兒，分為 2～2 歲半及 2 歲半～3 歲等兩組，每組男女各一位幼兒，共 16 位幼兒進行現場觀察。第二階段於寒假期間，針對此 16 位幼兒做進一步的量化觀察。因考慮量化資料的樣本數過低，於是在此四個園所，總共蒐集了 43 位 2～3 歲幼兒的量化資料。

 ## 參、研究工具

本研究將幼兒分為 2～3 歲、3～5 歲及 5～6 歲等三組。3～6 歲部分所使用的工具，乃修改「六歲幼兒情緒領域發展量表」（幸曼玲、簡淑真，2005）為「三到六歲幼兒情緒能力發展量表」，包含：基本資料與「幼兒情緒能力發展量表」，用以調查 3～6 歲幼兒情緒能力發展之情況。2～3 歲部分分為兩個階段：第一階段由 8 名觀察員與 4 臺攝影機進入現場進行記錄，與事後的內容分析；第二階段將以檢核表進行次數統計與分析，取得 2～3 歲幼兒情緒能力發展之情形。茲將本研究工具的編製過程分述如下。

一、量表編製過程

（一）量表編製依據

1. 「國民教育幼兒班課程綱要之能力指標專案研究」的「六歲幼兒情緒領域發展量表」之編製過程（簡淑真，2005）

(1)根據文獻與觀察四所不同教學模式下（方案教學、蒙特梭利教學各一所；單元活動教學二所）中班兒童的情緒表現，並做現場記錄，以便詢問現場老師們對特殊狀況的詮釋。同時，進行整天的錄影，最後由研究者與 6 名研究助理觀看錄影帶，以歸類、區辨出「情緒覺察與辨識」、「情緒表達」、「情緒理解」，以及「情緒調節」等四大項內容，並擬出 49 個量表題目。

(2)量表題目的擬定及修改

①針對 49 個量表題目，請 17 位專家學者（大學老師），進行題目修正及刪改，再以焦點團體的方式（10 位幼稚園園長、21 位公立幼稚園老師），主觀評量選出前 25%的題目，最後得到 16 題。

②將這 16 題的量表，委請 21 名老師做第一次預測。其結果在同一班級內，2 位老師之評量者間信效度為 $r = .64$，表示評量者間具一致性。

③選題、加題：再請 5 位專家修改題目，並根據專家意見增加 10 題，總題數成為 26 題。

④再測信度與α係數：這 26 題的量表對臺東縣 114 名大班幼兒施測兩次，分別於 2004 年 12 月和 2005 年元月進行兩次評量。獲得再測信度為$r = .70\sim.92$（$p < .000$）。

四個分測驗的α係數則在 .78$\sim$.91 之間，顯示各分測驗的內部一致性也相當不錯。

2.「三到六歲幼兒情緒能力發展量表」題目的擬訂與修改

(1)與現場資深老師針對「六歲幼兒情緒領域發展量表」進行討論，了解這些題項是否適合中、小班幼兒，並針對實例說明進行修正。同時，將量表中一題兩問的題目分為兩題，故題數增為 23 題。

(2)於量表的每大項中分別加上三個中項（對自己、對他人、對環境），由於將 23 題分別再放入三中項後，題數嫌少，故又從「國民教育幼兒班課程綱要之能力指標專案研究」情緒領域的原始題（49 題），修改成適合中班和小班幼兒的題目，並由文獻中挑選出適合的題項，將量表題項增為 37 題。此外，又考慮孩子的發展順序後，將「情緒調節」與「情緒表達」對調。

（二）量表編製架構

1.量表編製

本量表的第一部分為基本資料，所列出的變項包括個人背景變項與家庭背景變項，而第二部分為「情緒能力發展量表」。本量表共分四大項：「情緒的覺察與辨識」、「情緒的理解」、「情緒的表達」，以及「情緒的調節」；每大項中又分為三中項：「對自己」、「對他人」，以及「對環境」。為增加教師對於各題項的了解程度，每一題都給與一個簡短的實例，以為作答時的參考。

2.填答與計分

本研究工具由老師依照幼兒實際情形進行個別填答，每題項有四個程度：「未出現」1 分、「需提醒與協助才能做到」2 分、「有時做到，有時稍加提醒即可做到」3 分、「可以自己完成」4 分。得分愈高表示情緒能力愈佳；反之則愈低。

因為情緒領域是以往課程中沒有出現過的領域，研編小組特別製作了各情緒的領域能力（情緒的覺察與辨識、情緒的表達、情緒的理解，以及情緒的調節）及各面向（對自己、對他人，以及對環境）的影片，並於填答前，先播放給填答者觀看，以促進其對於情緒領域的了解。

二、預試的實施與分析

本量表經由本研究之諮詢委員會（國立臺東大學幼兒教育學系郭李宗文教授[3]、國立臺北護理學院嬰幼兒保育系段慧瑩教授、國立臺灣師範大學人類發展與家庭學系鍾志從教授、長榮幼稚園李岳青園長、鹿野鄉立托兒所胡淑美老師、鹿野國小附幼何映虹園長），參考 30 位現場老師與 11 位專家學者之意見，對量表內容進行討論，並從 37 個題項中進行刪題、簡化題項或補入題項，最後剩下 31 題，即完成預試量表之編製。

為進一步確定量表之可行性，再請臺東市二所幼稚園、臺北市一所幼稚園與二所托兒所的老師進行預試。經過項目分析（遺漏值檢驗、描述統計檢測、極端值比較、同質性檢定）及信度分析，仍保留此 31 題作為正式量表，其中，「情緒的覺察與辨識」1～8 題、「情緒的理解」9～17 題、「情緒的表達」18～25 題、「情緒的調節」26～31 題。

三、資料處理

（一）問卷調查法

問卷調查法部分，在收回正式問卷後，剔除無效問卷，以有效樣本經過

---

3. 簡淑真教授當時在美國休假研究一年，由郭李宗文教授（為該研究計畫案之共同主持人）實際執行量表編製、施測、分析之計畫內容。

編碼及登錄，再以社會科學套裝軟體程式（Statistical Package for the Science, SPSS）10.0 版作為統計分析的工具。本研究使用「描述性統計分析」處理「三到六歲幼兒情緒能力發展量表」的正式問卷施測結果，並進行次數分配、百分比、平均數、標準差，來了解各年齡層幼兒的情緒能力表現及問卷各層面得分情形。

（二）觀察法

在 2～3 歲幼兒的觀察法部分，暫訂為兩個階段：第一階段為質的觀察；第二階段為量的觀察。以下針對此兩階段，進行說明。

第一階段於 2007 年 1 月 22 日至 1 月 26 日，由 8 名觀察員以每天一個小時針對 4 位幼兒（2～2 歲半及 2 歲半～3 歲等兩組，每組男女各一位幼兒）進行 15 分鐘的觀察與攝影，再以內容分析法針對 2～3 歲幼兒的觀察影片，依分析項目（原始情緒、衍生情緒與量表的 31 個題項）進行勾選，並針對分析項目外的狀態進行討論、命名與定義。再經專家諮詢會議，確定量化勾選題項。

第二階段是採時間取樣的紀錄方式，每位幼兒觀察 5 分鐘，每次觀察時間為 30 秒（觀察 15 秒、記錄 10 秒、休息 5 秒），共計每輪觀察次數為 10 次。每輪觀察採隨機輪流方式，4 位幼兒共需觀察 20 分鐘，且每天有 3 輪（第一天 9:00～9:20、12:00～12:20、16:00～16:20；第二天 10:00～10:20、13:00～13:20、17:00～17:20），2 天共計 6 輪，所以每位幼兒的觀察次數為 10 次×3 輪×2 天=60 次。最後，再以次數統計分析了解 2～3 歲幼兒觀察項目之發生頻率，以取得 2～3 歲幼兒情緒能力的發展情形。

四、實施程序

為了解 2～6 歲幼兒情緒發展狀況，以做為擬定 2～6 歲幼兒教保課程指引之基礎。在本研究的實施程序方面，可分為蒐集並閱讀相關文獻、建立研究架構、編製研究工具、正式問卷實徵研究、統計分析、觀察、撰寫報告，以及編擬課程指引及老師手冊等步驟，整體時程如圖 6-3 所示。

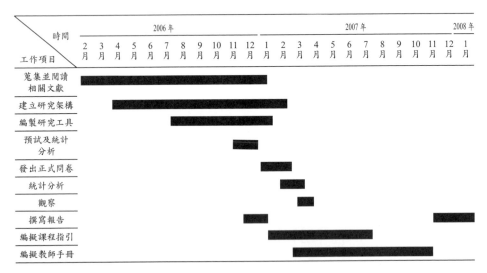

圖 6-3　研究時程計畫圖

 肆、研究結果

因情緒領域是新的領域，所以將各題選項中「可以自己完成」的通過率以 50%為切截點，選出幼兒情緒發展能力調查研究中的題項，以做為能力指標。以下將各年齡層各項的指標之題號及百分比以長條圖的方式呈現。

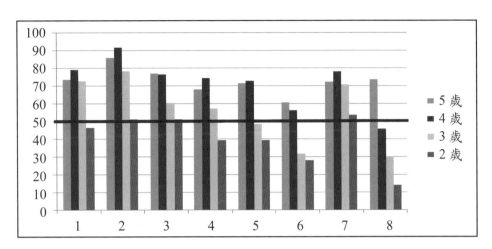

圖 6-4　「情緒的覺察與辨識」各題中各年齡幼兒表現百分比

　　從圖 6-4 中可以看出，「情緒的覺察與辨識」能力達到 50%通過率的題項，大班組為 1～8 題、中班組為 1～7 題、小班組為 1、2、3、4、7 題、幼班組為 2、3、7 題。達成通過率的各題內容為：(1)能察覺自己的情緒；(2)能比較不同的情緒；(3)能辨識同一事件中自己兩種以上的情緒；(4)能注意到別人的情緒線索；(5)能比較他人和自己不同的感受或喜好；(6)能從情境去猜測他人的情緒；(7)能在事件脈絡中辨識他人的情緒；(8)能透過覺察與辨識將自己的情緒反應到環境的事物中。

　　後來，將其中 1～3 題組成「情-1-1 覺察與辨識自己的情緒」之課程目標、4～8 題組成「情-1-2 覺察與辨識生活環境中他人和擬人化物件的情緒」之課程目標。各題原以能力指標的寫法，也經由聯席會議討論及文獻探討修改成學習指標的寫法，並區分出各個年齡層，例如：第 1 題「能察覺自己的情緒」，修改為「情-幼（小）1-1-1 知道自己常出現的正負向情緒」及「情-中（大）1-1-1 辨認自己常出現的複雜情緒」。

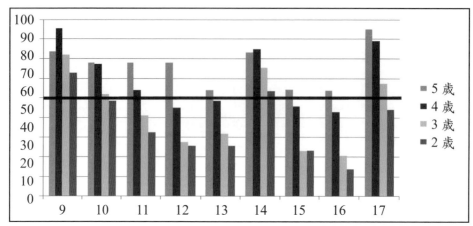

圖 6-5　「情緒的理解」各題中各年齡幼兒表現百分比

　　從圖 6-5 中可以看出，「情緒的理解」能力達到 50%通過率的題項，大班組為 9～17 題、中班組為 9、10、11、14、17 題、小班組為 9、10、14、17 題、幼班組為 9、14 題。達成通過率的各題內容為：(9)能了解自己在不同的狀況下會有不同的情緒；(10)能連結自己的情緒感受及其成因；(11)能從情緒結果推測原因；(12)能了解他人在不同的情況下，會有不同的情緒；(13)能理解自己的情緒表達會影響他人的反應；(14)能關懷他人產生情緒的原因；(15)能同理他人的情緒；(16)能理解他人和自己對同一件事情，未必有相同的感受；(17)能知道故事中或影片中主要角色的情緒。

　　後來，將其中 9、10 題組成「情-3-1 理解自己情緒出現的原因」之課程目標、11～17 題組成「情-3-2 理解生活環境中他人和擬人化物件情緒產生的原因」。由能力指標轉化成為學習指標的例子，例如：第 10 題「能連結自己的情緒感受及其成因」，修改為「情-幼（小）3-1-1 知道自己情緒出現的原因」及「情-中（大）3-1-1 知道自己複雜情緒出現的原因」。

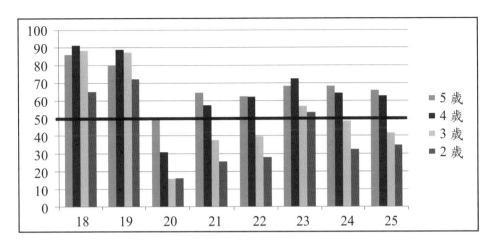

圖 6-6　「情緒的表達」各題中各年齡幼兒表現百分比

從圖 6-6 中可以看出,「情緒的表達」能力達到 50%通過率的題項,大班組為 18、19、21～25 題、中班組為題 18、19、21～25 題、小班組為 18、19、23 題、幼班組為 18、19、23 題。達成通過率的各題內容為:(18)能表現出自己正面的情緒;(19)能表達出自己負面的情緒;(21)能由他人所表現的外顯行為,說出他人的情緒;(22)對同一事件,能因對象的不同,而有不同的情緒表達方式;(23)能以不同形式來表達自己對家人、朋友或寵物的情感;(24)能使用語言／非語言方式(如自言自語、遊戲、符號),來表達與回應生活事件所引發的情緒;(25)能對環境中的事物,表達自己的同理情緒。

後來,將其中 18、19 題組成「情-2-1 合宜地表達自己的情緒」之課程目標、21～25 題組成「情-2-2 適當地表達生活環境中他人和擬人化物件的情緒」。由能力指標轉化成為學習指標的例子,例如:將第 18 及 19 題,整合並修改為「情-幼-2-1-1 運用動作或表情表達自己的情緒」及「情-小(中、大)-2-1-1 運用動作、表情、語言表達自己的情緒」。

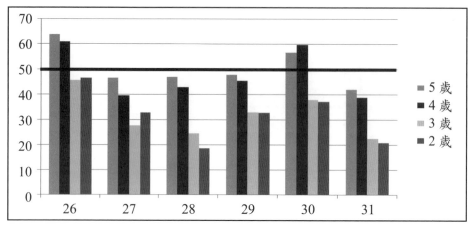

圖 6-7 「情緒的調節」各題中各年齡幼兒表現百分比

　　從圖 6-7 中可以看出，「情緒的調節」能力達到 50%通過率的題項，大班組為 26、30 題、中班組為 26、30 題、小班組及幼班組沒有任何一題通過。達成通過率的各題內容：(26)能適切因應自己的情緒；(30)碰到出乎意料的狀況，能表現出適當的情緒並尋求解決的方法。

　　後來，將這兩題組成「情-4-1 運用策略調節自己的情緒」之課程目標。由能力指標轉化成為學習指標的例子，例如：將第 26 及 30 題，修改為「情-幼（小）-4-1-1 處理自己常出現的負向情緒」及「情-中（大）-4-1-1 運用等待或改變想法的策略調節自己的情緒」。

第三節　情緒領域的轉化歷程

 壹、情緒領域目標的轉化

　　進入資訊世紀後，人類生活大量依賴高科技產品，分工愈趨精細，更需要有良好的團隊合作；個人除了獨立思考、運用硬體設備取得訊息的能力之外，擁有可以控制自己情緒以專注於工作、了解他人情緒，進而與他人協調合作的情緒能力更顯重要。

　　許多研究指出，情緒能力和有效調節壓力與心理健康有密切關係，情緒能力愈高者，就愈能正面、積極的面對壓力情境；反之，情緒能力愈低者，愈容易受壓力的影響，進而會產生負面的想法與行為。優質的情緒能力不但是個人健康與適應的指標，也和個人的學業、事業成就、人際關係和家庭生活有密切關係。概括來看，心理健康是指一個人的行為和情緒是在良好的調節和適應中起作用，可見心理健康與幼兒的情緒能力是密不可分的。

　　嬰兒自出生起，即能對來自內部與外在的各種訊息產生苦惱、厭惡、滿足、有興趣等反應，並能藉著肢體動作、臉部表情、聲音等方式來表達這些基礎情緒。隨著年齡的增長，幼兒在與他人、環境的互動中，會接觸自己及環境中的各種訊息，並以此為根據來認識新的訊息。換句話說，情緒能力的培養從出生即開始，隨著個人對周圍環境的認識、與周圍親密人士的互動，以及各方面的發展而逐漸精良。

　　幼兒期是情緒能力的奠基期。然而長久以來，情緒教學多隱身在各學習領域裡而易被忽略，或是知道它很重要但不知如何進行教學，因此，有必要

提出「情緒」領域以凸顯其重要性，以引導幼兒教保服務人員注意並提供幼兒適當的情緒教保活動，以協助幼兒達成本領域目標，且擁有良好的情緒能力。

在幼兒學習上，本領域的目標經歷過三次的大幅修改。第一個時期是情緒能力研究階段，以發展幼兒情緒能力為主要的目標，內容如下：

1. 培養對自我及他人的情緒覺察：學習覺察與辨識自己和周遭人事物的情緒，理解環境的氛圍，將有助於幼兒更了解環境中的狀況，決定該如何應對事件。

2. 提升合宜的情緒表達能力：面對事件的發生，每個人的情緒表達與因應皆不同，故如何適切的表達內心想法，與他人達到有效的溝通，已成為重要的學習項目。

3. 促進情緒的理解與思考：讓幼兒學習從不同的角度來了解事實，將有助於幼兒對自身、他人與環境的理解，並以此來調節自己的情緒。

4. 發展自我情緒調節能力：經由他人（老師／同儕）的正面支持和情緒調節策略之引導，將能協助幼兒情緒調節發展的成熟。

第二階段之領域目標訂定是從情緒能力指標轉換成學習指標時，於全省各地進行新課程實驗園所之行動研究階段，當時的領域目標為：

1. 覺察與辨識自己與他人的情緒，以學習面對困難。

2. 理解情緒產生的原因，以接納自己與他人的情緒。

3. 運用多元策略調節情緒，以維持平穩情緒進行學習。

4. 使用符合文化規範的方式表達情緒，以增進人我的關係。

第三階段為各領域學習指標之書寫及表達統整階段，將各領域之目標以理想中的兒童圖像為依歸，再將情緒領域目標修改為最後之正式版本，如下：

1. 接納自己的情緒。

2. 以正向態度面對困境。

3. 擁有安定的情緒並自在地表達感受。

4. 關懷及理解他人的情緒。

　　在幼兒階段，讓幼兒能夠先接納自己的情緒，不論是正向或負向的情緒都需要被接納，也要慢慢學習這些情緒的出現都是有其原因的，從而探究覺識、理解或調節自己情緒的表現。情緒領域的目標與促進心理健康有相同的方向，在幼兒時期就開始學習處理及面對自己的情緒，也慢慢學習願意面對挫折，以符合文化行為的方式與他人互動、積極地參與社會，擁有穩定的情緒及處理自身情緒的能力，未來就易於發揮自身的專業而對社會有所貢獻。

 ## 貳、情緒領域指標的轉化

　　情緒領域的學習指標經過三期的研究歷程。第一期將新課綱中的幼兒學習定位在能力指標。從文獻回顧及上一節的研究描述中，將情緒領域訂出四種能力：「覺察與辨識」、「表達」、「理解」、「調節」，以及三個學習面向：「對自己」、「對他人」、「對環境」。經由研究並於聯席會中討論，以幼兒能「自行完成」且通過率以 50%為切截點，選出幼兒情緒發展能力調查研究中的題項，做為能力指標。依據調查結果、諮詢委員及聯席會議之建議，將學習面向縮減為兩個面向：「對自己」及「對他人或環境」，幼兒的年齡層分為「2～3 歲」、「3～5 歲」、「5～6 歲」。所有的能力指標有 48項，「覺察與辨識」17 項、「表達」14 項、「理解」15 項、「調節」2 項。其中需要注意的是「對他人」及「對環境」中的「情緒調節」能力，從文獻、現場教師及專家學者的討論中，都認為對幼兒而言，只能做到從他人及環境中給予的負向感受，來學習調整自我情緒的能力，而無法做到調節他人或環

境中的負向情緒。

　　第二期的情緒領域指標修改，是依據總綱組的要求將「能力指標」修改為「學習指標」。在公聽會及期中審查報告中，現場教師及專家學者也多數認為，「3～5 歲」幼兒的發展有很大的變化，應將年齡層切割開來，所以將2～6 歲共分為四個年齡層。因為區分為四個年齡層，研編小組又將原始的問卷資料予以分析出此四個年齡層的指標；因原始之情緒能力問卷的題項只有31 題，所以區分為四個年齡層時，會有些年齡層的指標為相似的。之後，再依據每月的聯席會議及文獻的資料，將各年齡層的各個指標做更清楚、更細緻的區分，尤其是情緒的調節能力，原來有50%通過率之項目僅有2 項過少，於是將問卷中「在成人協助下」及「稍加提醒即可做到」的題項也放入指標中。在學習面向上，將「對他人或環境」修改為「對環境」，因為環境的面向較為寬廣，且可有別於「對自己」的面向。於第二期末，情緒領域之學習指標共有48 項，其中「覺察與辨識」14 項、「表達」15 項、「理解」10 項、「調節」9 項。

　　第三期的情緒領域指標調整之重點，在於統整六大領域的指標書寫及表達方式、各指標內容的區分更清楚、更符合「學習指標」的撰寫方式，並刪減或合併過於相似的指標，以減少指標數量。經過與專案小組的反覆討論及修改，決定維持原有之四種情緒能力，並將學習面向調整為「自己」及「他人與環境」，因他人是有別於自己的個體，而環境中的情緒是一種經過個體投射出來的擬人化情緒，所以做此修改。其中，在「調節」能力項目方面，為維持整體一致的學習面向之定義，但又礙於幼兒在協助他人調節情緒能力上的限制，所以決議將「調解」能力中，僅保留「自己」的學習面向，而刪除「他人與環境」內的學習指標。

　　第四期的情緒領域指標增修，是因應新課綱從暫綱到正式課綱間，與性

平委員會及衛生委員會討論與修改的，主要是強調不論幼兒的性別、年齡、社經背景、種族、身心狀態為何，讓其有機會嘗試表達自己的情緒。另外，增強所謂符合社會文化的方式，是指以顧及他人感受的方式來表達自己的情緒，但不會因性別的刻板印象來限制男童和女童的情緒表達方式。

最後，情緒領域之學習指標共有 25 項，其中「覺察與辨識」10 項、「表達」6 項、「理解」6 項、「調節」3 項。

第四節　新課綱與《幼稚園課程標準》的差異

近年來，有學者提出了 EQ（情緒智商）的概念，讓研編小組注意到了情緒有其重要性與特殊性。檢視 1987 年版《幼兒園課程標準》的目標：

1. 維護兒童身心健康。
2. 養成兒童良好習慣。
3. 充實兒童生活經驗。
4. 增進兒童倫理觀念。
5. 培養兒童合群習性。

其中，並未具體提出「情緒」二字，但根據本領域的特色，研編小組得知良好的情緒能力能夠促進幼兒的身心健康，而合宜的表達情緒要建立在倫理觀念中，如果一個幼兒能夠有良好的情緒能力，自然就能有合群習性，而且情緒包含在認知、情意、技巧裡面，是無法分割的。由此可見，原本的《幼兒園課程標準》中，「情緒」二字是隱身在各學習領域裡，只是沒有特別區分出來。

不論是 1987 年出版的《幼稚園課程標準》或是本次的「幼兒園教保活動課程暫行大綱」，其中「維護兒童身心健康」一直為幼兒教保的總目標之一。

1989 年，聯合國世界衛生組織（WHO）對健康的定義，即「健康不僅是沒有疾病，而且包括軀體健康、心理健康、社會適應良好」，其中的心理健康即為個體廣泛範圍的活動功能皆健全，擁有許多良好特質而為他人樂於親近。

若要以直接相關性來看，1987 年版的《幼稚園課程標準》中有「健康」領域，其領域範圍包括：健康的身體、健康的心理及健康的生活，其中以健康的心理與新課綱的情緒領域較有相關。1987 年版的課程標準是以課程內容為重點，但新課綱是以能力培養為重點，所以在新課綱中的呈現內涵就有不同。1987 年版強調：(1)心理需求的內容，包含：安全感、好奇心和冒險、被愛與同情、自尊與自信、獨立和表現、成功和讚賞、公正和合理，以及其他；(2)社會行為與生活態度的內容，包括：互助合作、愛惜公物、守秩序、尊重他人、自立和自尊、和善有禮、自信心、公德心、領導和服從，以及其他。但新課綱強調的是處理情緒的能力，所以是以情緒的覺察與辨識能力、情緒的表達能力、情緒的理解能力，以及情緒的調節能力為主。

1987 年版中出現「情緒」字眼，是在健康領域的「健康的心理」之實施方法的教學方法中：「輔導幼兒行為時，應多用選擇、轉移及限制行為不限制願望的方式來引導，以免產生不良情緒」，以及實施要點中：「多提供良好的情緒環境，如美好的音樂、有趣的圖書和玩具……等，並需引導幼兒適當的發洩情緒」。在「健康的生活」之實施方法的實施要點中：「對於幼兒的人際關係，情緒的發展與變化，應多加注意與輔導」。還有在遊戲領域的「感覺動作遊戲」之實施方法的實施要點中：「教師需細心觀察幼兒對運動器材的使用方法、安全問題、幼兒的行為、人際關係、興趣、情緒的變化以及有無特殊問題等，以為行為輔導參考」可以看出。1987 年版中有避免幼兒產生不良情緒、以多元活動讓幼兒發洩情緒，以及輔導幼兒情緒的發展與變化，這與新課綱情緒領域的實施原則：「提供可被幼兒接納的安全環境」、

「鼓勵幼兒表現正向情緒，並接納負向情緒的流露」、「掌握幼兒在情緒能力上的個別差異，針對情緒能力較弱的幼兒設計課程活動或提供學習機會」、「覺知自身的情緒，並以正向情緒的流露展現身教」、「了解與尊重不同文化或經濟背景家庭對情緒表達的差異，並幫助幼兒理解社會規範」、「隨時注意引發情緒的相關事件，運用實際事件作為學習的契機」，以及「建構促進幼兒情緒能力發展的教學，不刻意激發情緒的出現」是有很大的差異性。新課綱不會壓抑或刻意避免幼兒不良情緒的產生，而是接納幼兒負向情緒的流露，新課綱希望教師能了解個別幼兒情緒能力的發展，並設計適當的活動或提供情緒能力學習的機會，而不是以活動來做為幼兒發洩情緒的管道。最後，輔導幼兒情緒的發展與變化是兩版課綱都有提出的，新課綱希望教師能隨時注意引發幼兒情緒的刺激為何，並運用實例來進行隨機教學。

第五節　情緒領域Q & A

壹、什麼是情緒能力？

在本領域裡，「情緒」是指「個體解讀內外在刺激而產生的生理與心理的整體反應」，它是一種行為、生理變化和情緒經驗統合而成的一種短暫狀態，它具有受到個體對訊息解讀的影響、快速轉變、不易以言語形容、必須寄身於情境，以及可作為行為動力等特色。而「情緒能力」是指，一個人處理情緒狀況有關的能力，包含：「覺察與辨識情緒」、「表達情緒」、「了解情緒產生的原因」，以及「調節情緒」等四大項能力。由於「情緒」起於「幼兒解讀內外在刺激」，因此每項情緒能力又分為「自己」和「他人或環

境」兩個部分。

 貳、情緒能力重要嗎？

當然重要！

因為進入資訊世紀後，在個人的生活中，除了要能獨立思考、運用硬體設備取得訊息的能力之外，更需要能控制自己情緒以專注於工作、了解他人，進而能與他人有良好合作。從心理健康的層面來看，許多研究指出，情緒智能和有效調節壓力有密切關係，情緒能力高者，較能正面、積極的面對壓力情境；反之，情緒能力低者，較易產生負面的想法與情緒，易受壓力的影響。不只如此，情緒能力也和個人學業表現、事業成就、人際關係和家庭生活有密切關係。

 參、情緒能力可以被教嗎？

情緒能力是可以被教的。嬰兒自出生起即能對來自內部與外在的各種訊息，產生苦惱、厭惡、滿足、有興趣等反應，並能藉著肢體動作、臉部表情、聲音等方式來表達這些基礎情緒。隨著年齡的增長，幼兒在與他人、環境的互動中，能建立對自己及環境中各種訊息的認識，並以此為根據來認識新的訊息。當幼兒接受到來自內在心理狀態及外在環境的訊息時，隨即對這訊息進行解讀，而後產生生理、心理整體性的反應，此稱為初始的情緒。此時，幼兒若能對此產生覺察與辨識，進而去了解產生情緒的原因，則能進一步在內部的認知系統中進行評估，而後調整情緒，使其能配合情境的要求，而後以符合社會規範的條件做適當的表達，以完成追求的目標。在這樣的情緒歷

程裡，包含了「情緒的覺察與辨識」、「情緒的表達」、「情緒的理解」，以及「情緒的調節」等情緒能力。這些情緒能力的發展，是隨著幼兒本身的生理、認知、語言、社會、美感的發展而逐漸成熟的。

 ## 肆、新課綱情緒領域的主要特色？

1. 由於情緒的出現是個體面對內外在訊息時，就會自然產生的整體性反應，因此在本領域的教保活動內容，並不是在促進各種情緒（例如：喜、怒、哀、樂、害怕等）的出現，而是在協助幼兒覺察與辨識自己或他人的情緒狀態、了解自己與他人情緒產生的原因（此原因主要來自個人對該訊息的解讀，因此會受到人、事、時、地等影響，而會有複雜的變化），並能以各種社會能接受的方式來調節與表達情緒，好讓自己的學習更有效率，生活能更幸福快樂。

2. 提供幼兒安全的環境、穩定的人際關係、豐富多元的學習環境，透過隨機教學、與其他領域整合，或特別為提升某項情緒能力而設計的各種教保活動，來培養與提升「情緒的覺察與辨識」、「情緒的表達」、「情緒的理解」，以及「情緒的調節」等四項情緒能力，此才是本領域教保活動的重點。

3. 隨著幼兒的成長，情緒能力發展會有質與量上的改變：在情緒的覺察與辨識上，對情緒類別會由基本的情緒，逐漸分化而變多；在情緒深度的覺察與辨識上，會有由淺層常見的（例如：喜、怒、哀、樂等）到較深層的（例如：忌妒、寂寞、欣賞、珍惜等）；在情緒程度上，會從「有沒有」進到「同一情緒兩極端程度」，再進到「同一情緒會因人、事、時、地而有不同的程度變化」；在情緒理解上，會隨著認知能力及同理心的成長，而能從了解常見情緒的產生原因，到對深層情緒的產生原因，甚而能理解會因各種人、事、

時、地及自己的想法上之微妙變化，而造成情緒多元的變化；在情緒表達能力上，能從較個人化，進展到符合社會的規則；在表達時間上，會從「立刻」逐漸進到「稍待」，甚至到「需表達才表達」；但相反的，在情緒調節所需的時間，則會從「花很長的時間才願意改變」，進到「能盡快改變」；在情緒調節策略上，會從「較依賴他人或外在環境」到「嘗試自己改變自己的想法」、「自己想辦法解決問題」等。

4. 情緒能力的發展具有很大的個別差異性，在同樣的年齡上，每位幼兒的情緒能力可能會有不同；就每項能力來看，也不是在一樣的時間，就會有等量的發展，所以教保服務人員應從「個人的成長」及「各能力個別的變化」來看幼兒情緒能力的發展。

5. 評量時要特別注意幼兒的情緒是隨時進行的，需特別注意幼兒平日的評量，並強調評量也是一種教學工具，教保服務人員在評量中可以省思及調整自己的教學。

伍、教保服務人員如何看待分齡目標？

希望幼兒「有良好的情緒能力」，但情緒能力到底是什麼？在「情緒領域學習指標」中有清楚、具體的描述，以下大略介紹此學習指標內容。

（情-1-1）覺察與辨識自己的情緒：包含(1)覺察與辨識自己在生活中的情緒類別；(2)同種情緒有「比較……」、「最……」等不同程度；(3)對同一事件可能出現「……也……」、「……但……」等多種情緒。

（情-1-2）覺察與辨識生活環境中他人和擬人化物件的情緒：包含(1)從常接觸的人、事、物的語言、非語言中，發展到從事件脈絡中的觀察，就可以覺察與辨識外在的情緒；(2)從文本的非實體具象脈絡中，覺察與辨識他人或

環境的情緒。

（情-2-1）合宜地表達自己的情緒：包含(1)從運用動作或表情等肢體，到運用抽象的語言；(2)以符合社會文化的方式，來表達自己的情緒。

（情-2-2）適當地表達生活環境中他人和擬人化物件的情緒：是從以表情或肢體動作，到以適時地使用語言或非語言，並表達生活環境中他人或擬人化物件的情緒。

（情-3-1）理解自己情緒出現的原因：包含知道自己(1)從常出現的，到複雜情緒，從注意到是「事情外在現象」，到是「自己的想法」會引起情緒的原因；(2)了解自己在不同情況，甚至是不同情況的重要性不同，而有不同的情緒。

（情-3-2）理解生活環境中他人和擬人化物件情緒產生的原因：能因同理心或對情境脈絡的認識，而了解他人或故事、書本、影片中主要人物產生情緒的原因。

（情-4-1）運用策略調節自己的情緒：能隨著年紀漸長或經驗累積，而能(1)從嘗試處理，到自己運用各種可能策略（例如：等待、改變自己想法等策略）來調節情緒；(2)嘗試處理自己害怕的情緒。

教保服務人員在使用分齡學習指標時，要注意下列三點：

1. **分齡學習指標的概念是適性的**：教保服務人員的教學要奠基在幼兒的發展上面，也就是「以幼兒為中心」的教學。尊重每個幼兒的個別差異，讓幼兒站在他們原本發展出的能力點，使其發展出更進一步的能力，而不是齊頭式地要求所有的幼兒在同一時間要達到同樣的情緒能力。因此，強調教學應以幼兒的發展為基礎。

2. **分齡目標適用於各種教學模式**：依據幼兒的能力發展，幼兒在該年齡層會具備什麼樣的能力，不管是哪種教學活動、課程模式皆可適用。

3. **分齡學習指標不是要求幼兒一定要達到，而是提醒教保服務人員要提供統整的學習活動來協助幼兒達到學習指標**：幼兒園教保服務人員應先清楚各年齡幼兒的學習指標，才能有效的安排適宜的學習經驗。

陸、教保服務人員如何使用分齡目標？

分齡目標是根據幼兒的發展狀況而寫成，因此區分為 2～3 歲、3～4 歲、4～5 歲、5～6 歲等四個年齡層。不同的年齡層，其情緒能力可能在表現層次與次數上有所不同，教保服務人員可以透過下列幾點使用分齡學習指標：

1. **覺察與辨識情緒**：因為年紀的不同，覺察與辨識要觀察從「一般」到「複雜」的情緒、從「一種程度」到「多種程度」的情緒、從事件中的「單一情緒」到「多元情緒」的情緒。

2. **表達情緒**：表達方式會從「粗淺的表達」到「符合社會可接受的表達」。

3. **理解情緒**：幼兒是否都能夠了解自己或是他人情緒的形成原因，教保服務人員可以透過與幼兒的對話中去了解，年紀比較小的幼兒若因為語言能力的限制，無法用口語表達時，就需要透過觀察其非語言的方式（如表情）進行了解。

4. **調節情緒**：運用各種策略縮短幼兒停留在不適當的情緒狀態之時間。

柒、情緒領域的學習指標怎麼來的？

回顧情緒領域能力指標的建構過程，首先，研編小組經過幾個月的討論，終於決定以「歷程能力」的方向著手。從文獻回顧中，看到情緒有四個能力：

「覺察辨識」、「表達」、「理解」,以及「調節」,但是一直都沒有基礎的研究告訴我們我國幼兒情緒發展的狀況。以情緒評量為例,教保服務人員到底要評量什麼?要看怎麼樣的情緒能力?情緒能力是透過怎麼樣的行為被看見?然而國內過去並沒有幼兒情緒量表,以致於進行幼兒情緒評量時會遇到阻礙。因此本研究透過文獻探討的方式將情緒能力定位後,請不同教學模式的園所協助,讓研究人員拍攝記錄下其教學過程,並分析影片,整理出與情緒有關的行為。之後,透過專家與 40 位現場教保服務人員,彙整所有的情緒行為,並以此發展出「情緒能力發展量表」。此量表的前、後測,共有兩百多位幼兒、20 多個園所參與,並顧及評量者的效度和信度。有了此量表後,再從全國各縣市 3～6 歲幼兒中,以分層隨機抽樣方式,針對本國 1,500 名幼兒進行情緒能力實際發展的調查。透過全國大量的本地調查研究,以了解我國幼兒在這段期間的情緒能力發展狀況。根據調查後的結果,透過情緒領域專家學者諮商會議多次討論,並於聯席會議通過以 50%為切截點,選出幼兒情緒發展能力調查研究中的題項列為學習指標。之後,再藉由小型諮詢會議,由現場幼兒園教保服務人員檢視後給予的建議,與文獻反覆比對後進行增補,形成為新綱領的「情緒領域學習指標」。

捌、情緒能力可以經由後天學習嗎?

　　幼兒會表現出脾氣很大、很任性、愛哭、嫉妒、生氣等負向情緒,也會表現出得意、開心、愉悅等正向情緒。只要有情緒出現都是一個最好的教育機會,千萬不要以為幼兒年紀還小,當幼兒出現大吵大鬧等負向情緒時,認為「反正幼兒還小,到長大了就會好」就放任不處理或是用責罵來制止;當幼兒很開心愉快時,卻忽略了幼兒有這樣良好的情緒經驗,錯過了讓這樣正

向美好經驗延續的好時機。情緒能力是可以靠後天學習的，以下就新課綱中所提出的情緒能力進行說明，例如：在生活經驗中協助幼兒覺察與辨識情緒，與幼兒討論自己與環境的情緒狀態為何；探討情緒產生的原因，協助幼兒理解情緒進而產生同理心；學習情緒調節的可能策略，以面對挫折或挑戰；給幼兒表達自己情緒的機會，練習怎麼樣的表達才能符合社會文化規範。幼兒期是很重要的時期，首先應給予幼兒一個健康的環境，包含家長與教保服務人員的身教與言教，讓幼兒在生活情境中不斷地練習，就能協助幼兒提升情緒能力。

玖、情緒領域主要的目標是什麼？

讓幼兒擁有「面對自己的情緒、處理自己的情緒」這樣帶得走的能力，就是情緒領域最主要的目標。幼兒園要能培養幼兒良好的情緒能力，也就是希望在幼兒園中可以透過教保活動，讓幼兒能夠覺察與辨識自己與他人的情緒，敏覺地知道「原來情緒是什麼」。理解情緒產生的原因，每個人或許會有相同與不同之處。若能夠運用多元策略調節情緒，並且使用符合社會期待的方式表達情緒，當幼兒擁有良好的情緒能力，自然就能夠且懂得接納自己與他人不同的情緒，學習面對處理生活中困難的事情，進而能維持平穩情緒進行學習，且擁有良好的人我關係。

 拾、管理自己的情緒對家長來說都會是某種程度的
　　　挑戰，怎麼樣才能讓幼兒可以擁有良好的情緒
　　　能力？

　　情緒會因為年齡的增長而產生不同的差異，情緒的複雜度與深度會因為加上生活經驗不斷的累積而更加剪不斷、理還亂。所以，若成人覺得自己的生活並不怎麼愉快，並不表示此時幼兒的情緒能力是與成人一樣的。每個生命階段會遭遇到的課題不盡相同，在這個終身學習的時代中，情緒管理本來就是一輩子的功課。而幼兒時期可說是情緒能力的奠基期，幼兒情緒的發展從自我到他人，會比成人單純。家長若能配合幼兒園的教保活動，透過自省提升自身的情緒能力，就能以身教示範。也就是說，要透過日常生活中與幼兒的互動經驗，一起練習如何提升情緒能力。因為透過自身情緒能力的提升，重視每次的情緒經驗，檢視「是否有覺察與辨識情緒？」、「是否有理解情緒產生的原因？」、「是否有好好的調節情緒？」、「是否有合宜的情緒表達？」相信在這樣的過程中，幼兒的情緒能力就會不斷地精進。

第六節　結語

　　新課綱從 2005 年的國幼班能力指標之研究開始至今，除了質化與量化情緒能力資料的蒐集分析外，也經過行動研究及輔導方案的教學現場實際運用之歷程與修訂。在此期間，經常被現場教師提出的問題就是「情緒領域的學習指標很難被用在教學中」、「情緒領域的內容在課程中不容易被看到」，或者說「需要特別設計活動才能看到情緒領域的四種能力」，而這可能就要

回歸到新課綱所定義的「課程」與「教學」是什麼？新課綱中所謂的課程，是從幼兒入園開始到離園，甚至還可以延伸到家庭和社區中。所以從幼兒入園起，其與家長分離時的情緒，依循團體規範時與個人意志間的拉扯，在學習過程中的歡喜與悲傷，在在都有情緒的表現，這端看教師的心中是否有新課綱中的四項情緒能力，在適當的時間、適當的地點以適當的方式，讓幼兒對自己和他人或環境中的情緒有所「覺察與辨識」、「理解」、「調節」，再適當地進行情緒的「表達」。在幼兒的生活中，情緒幾乎是隨處可見的，也許和主題、單元，或目前正在進行的正式課程與教學有關；但是更多的時候，幼兒情緒的學習和正式課程是無關的，需要教師用心體察幼兒的發展，在何時、何種情境下，給予哪些情緒能力的隨機教學。

教保服務人員需要理解情緒能力的教與學，是以幼兒為主體的、相當個別化的，且隨時都可能發生的，也因此，教師需要理解情緒能力且將它們放在自己的心中，隨時因應情境中的變化而回應幼兒，並協助其發展情緒能力。期待成人與幼兒互動時，不僅是處理事物，更要注意幼兒的情緒面向。

情緒領域研編小組成員

第一期（2006 年 2 月 1 日至 2008 年 1 月 31 日）

召集人：簡淑真（國立臺東大學）

成　員：郭李宗文、鍾志從、郭靜晃、鄭瑞菁、段慧瑩、胡淑美、
　　　　李岳青、何映紅、黃美惠

第二期（2009 年 1 月 1 日至 2010 年 9 月 30 日）

召集人：簡淑真（國立臺東大學）

成　員：郭李宗文

參考文獻

中文部分

王怡又（2000）。祖父母照顧的幼兒如何表達情緒（未出版之碩士論文）。靜宜大學，臺中市。

王春展（1999）。幼兒情緒智力發展之研究（未出版之博士論文）。國立政治大學，臺北市。

江文慈（1999）。情緒調整的發展軌跡與模式建構之研究（未出版之博士論文）。國立臺灣師範大學，臺北市。

李瑞玲、黃慧真、張美惠（譯）（1998）。**EQ II**（原作者：D. Goleman）。臺北市：時報文化。

幸曼玲、簡淑真（2005）。**國民教育幼兒班課程綱要之能力指標專案研究**。教育部委託專案報告。臺北市：臺北市立師範學院。

林合懋（譯）（2004）。**兒童發展指標：4 到 14 歲學童的成長型態與合適課程**（原作者：C. Wood）。臺北市：遠流。

林建福（2001）。**教育哲學情緒層面的特殊關照**。臺北市：五南。

林彥君（2003）。照顧者情緒智力、幼兒情緒調節能力及其人際關係之討論（未出版之碩士論文）。國立臺北護理學院，臺北市。

林淑華（2002）。國小學童情緒管理與人際關係之研究（未出版之碩士論文）。國立屏東師範學院，屏東市。

金瑞芝（2002）。從情緒對話看幼兒之情緒發展。行政院國家科學委員會九十一年度專題計畫成果報告（NSC89-2413-H-133-019）。

柯華葳、李昭玲（1988）。兒童情緒認知研究。**國教學報，1**，173-187。

洪毓瑛（譯）（2000）。**幼教綠皮書：符合孩子身心發展的專業幼教**（原作者：S. Bredekamp & C. Copple）。新竹市：和英。

涂秀文（1999）。國民中學學生人格特質、人際關係與快樂之相關研究（未出版之碩士論文）。國立高雄師範大學，高雄市。

張春興（2002）。現代心理學：現代人研究自身的科學。臺北市：東華。

張美惠（譯）（1996）。EQ（原作者：D. Goleman）。臺北市：時報文化。

教育部（1998）。國語辭典。臺北市：教育部國語推行委員會。

梁靜珊（1997）。情緒教育課程對國小資優生情緒適應行為之效果研究（未出版之碩士論文）。臺北市立師範學院，臺北市。

陳伊琳（2004）。情緒是什麼？哲學觀點的探討。教育研究資訊，12（5），143-166。

陳騏龍（2001）。屏東國小學童情緒智力與幸福感、人際關係及人格特質之相關研究（未出版之碩士論文）。國立屏東師範學院，屏東市。

游恆山（譯）（2002）。情緒心理學：情緒理論的透視（原作者：K. T. Strongman）。臺北市：五南。

游福生（1997）。圓融的人際互動。訓育研究，36（2），23-29。

黃維明（1999）。21世紀從0開始：誰在照顧你的孩子。天下雜誌，1999教育特刊，114-118。

楊宗仁（2001）。行為與情緒評量表。臺北市：心理。

鄭麗月（2001）。情緒障礙評量表。臺北市：心理。

盧美貴、陳伯璋、江麗莉（2003）。我國五歲幼兒基本能力與學力指標建構研究（編號：PG9105-0088）。臺北市：教育部國民教育司。

簡淑真（2001）。幼兒情緒知多少？百位幼兒情緒報告書。臺東師院學報，12（1），45-67。

簡淑真（2005）。六歲幼兒情緒領域發展量表。（未出版）

魏惠貞（譯）（2006）。幼兒情緒發展（原作者：M. C. Hyson）。臺北市：華騰。

英文部分

Alessandri, S. M., & Lewis, M. (1996). Differences in pride and shame in maltreated and normal treated toddlers. *Child Development, 67*, 1857-1869.

Bloom, L., & Beckwith, R. (1989). Talking with feeling: Integrating affective and linguistic expression in early language development. *Cognition and Emotion, 3*, 313-342.

Bretherton, I., Fritz, J., Zahn-Waxler, C., & Ridgeway, D. (1986). Learning to talk about emotions: A functionalist perspective. *Child Development, 57*, 529-548.

Bronfenbrenner, U. (1989). Ecological systems theory. In R. Vasts (Ed.), *Annals of child development* (Vol. 6, pp. 187-251). Greenwich, CT: Jai Press.

Bushell, S. (1998). Putting your emotions to work. *Quality & Participation, 21*(5), 49-53.

Bussey, K. (1992). Lying and truthfulness: Children's definition, standards, and evaluative reaction. *Child Development, 63*, 129-137.

Calhoun, C., & Solomon, R. C. (1984). *What is an emotion? Classical readings in philosophical psychology.* New York, NY: Oxford University Press.

Camras, L. A. (1988). Darwin revisited: An infant's first emotional facial expressions. In H. Oster (Chair), *Emotional expressions in infants: New perspectives on an old controversy.* Paper presented at the International Conference on Infant Studies, Washington, DC.

Cheyne, J. A. (1976). Development of forms and functions of smiling in preschoolers. *Child Development, 47*, 820-823.

Denham, S. A. (1998). *Emotional development in young children.* New York, NY: Guilford Press.

Diener, E., & Seligman, M. E. P. (2002). Very happy people. *Psychological Science, 13*(1), 81-84.

Ekman, P. (1972). Universals and cultural differences in facial expressions of emo-
tion. In J. K. Cole (Ed.), *Nebraska symposium on motivation* (Vol. 19, pp.
207-283). Lincoln, NE: University of Nebraska Press.

Ekman, P., Friesen, W. V., & Ellsworth, P. (1972). *Emotion in the human face: Guid-
eline for research and an integration of findings*. New York, NY: Pergamon
Press.

Ekman, P., Roper, G., & Hager, J. C. (1980). Deliberate facial movement. *Child De-
velopment, 51*, 886-891.

Ellis, A. (1979). *Reason and emotion in psychotherapy* (2nd ed.). Secaucus, NJ:
Citadel.

Halberstadt, A. G., Denham, S. A., & Dunsmore, J. (2001). Affective social compet-
ence. *Social Development, 10*, 79-119.

Harris, P. L., Olthof, T., & Terwogt, M. M. (1981). Children's knowledge of emo-
tion. *Child Psychology & Psychiatry & Allied Disciplines, 22*(3), 247-261.

Harter, S., & Whitesell, N. (1989). Developmental changes in children's understan-
ding of simple, multiple, and blended emotion concepts. In C. Saarni & P. Har-
ris (Eds.), *Children's understanding of emotion*. Cambridge, UK: Cambridge
University Press.

Izard, C. E. (1991). *The psychology of emotion*. New York, NY: Plenum.

Izard, C. E., & Malatesta, C. (1987). Perspectives on emotional development I: Dif-
ferential emotions theory of early emotional development. In J. D. Osofsky
(Ed.), *Handbook of infant development* (2nd ed.) (pp. 494-554). New York, NY:
John Wiley & Sons.

Izard, C. E., Fantauzzo, C. A., Castle, J. M., Haynes, O. M., Rayias, M. F., & Put-
nam, P. H. (1995). The ontogeny and significance of infants' facial expressions
in the first 9 months of life. *Development Psychology, 31*, 997-1013.

Kenny, A. (1989). *The metaphysics of mind*. New York, NY: Oxford University Press.

Klinnert, M. D., Sorce, J., Emde, R. N., Stenberg, C., & Gaensbauer, T. J. (1984). Continuities and changes in early affective life: Maternal perceptions of surprise, fear, and anger. In R. N. Emde & R. J. Harmon (Eds.), *Continuities and discontinuities in development* (pp. 339-354). New York, NY: Plenum.

Kostelnik, M. J., Soderman, A. K., & Whiren, A. P. (2004). *Developmentally appropriate curriculum: Best practice in early childhood education* (3rd ed.). NJ: Prentice-Hall.

Lane, R. D., Quinlan, D. M., Schwartz, G. E., Walker, P. A., & Zeitlin, S. B. (1990). The Levels of Emotional Awareness Scale: A cognitive-developmental measure of emotion. *Journal of Personality Assessment, 55*(1/2), 124-134.

Lewis, M., & Michalson, L. (1983). *Children's emotions and moods*. New York, NY: Plenum.

Lewis, M., Alessandri, S. M., & Sullivan, M. W. (1990). Violation of expectancy, loss of control and anger expressions in young in infants. *Development Psychology, 26*, 645-751.

Lyons, W. E. (1980). *Emotion*. New York, NY: Cambridge University Press.

Malatesta, C. Z. (1988). The role of emotions in the development and organization of personality. In R. A. Thompson (Ed.), *Social emotional development* (pp. 1-56). Lincoln, NE: University of Nebraska Press.

Mayer, J. D., & Salovey, P. (1997). What is emotional intelligence? In P. Salovey & D. J. Sluyter (Eds.), *Emotional development and emotional intelligence: Educational implications* (pp. 3-31). New York, NY: Basic Books.

Peters, R. S. (1972). The education of the emotions. In R. Dearden, P. Hirst & R. S. Peters (Eds.), *Education and the development of reason* (pp. 466-483). London,

UK: Routledge.

Plutchik, R. (1991). *The emotions* (Rev. ed.). Lanham, MD: University Press of America.

Saarni, C. (1979). Children's understanding of display rules for expressive behavior. *Developmental Psychology, 15*(4), 424-429.

Saarni, C. (1984). An observational study of children's attempts to monitor their expressive behavior. *Child Development, 55*(4), 1504-1513.

Salovey, P., & Mayer, J. D. (1990). Emotional intelligence. *Imagination, Cognition, and Personality, 9*, 185-211.

Salovey, P., Hsee, C. K., & Mayer, J. D. (1993). Emotional intelligence and self-regulation of affect. In D. M. Wegner & J. W. Pennebaker (Eds.), *Handbook of mental control* (pp. 259-277). Englewood Cliffs, NJ: Prentice-Hall.

Sullivan, M. W., Lewis, M., & Alessandri, S. M. (1992). Cross-age stability in emotional expressions during learning and extinction. *Development Psychology, 28*, 58-63.

Taylor, D., & Harris, P. L. (1980). *Knowledge of control strategies for emotion among normal and emotionally-maladjusted boys' internal report*. London, UK: Department of Social Psychology, London School of Economics.

第 七 章

美感領域

林玫君

第一節　美感領域的理念與內涵

 ## 壹、領域理念

一、美感的定義

　　「美感」的字源來自希臘，原文 *aisthetikos* 是指「透過感官去覺察感受的能力」。依據 Jalongo 與 Stamp（1997）的說法，「美感」是個體受到外界刺激，經由各種感官知覺接收到此一訊息，並與思維或想像產生連結，繼而引發內在心靈的感動，所湧現的一種「幸福、歡欣、愉悅的感覺」。這種由個體內心深處所「主動建構」的一種「感知」外在美好事物存在的能力，是每個人與生具有的潛能，只要有機會經歷類似的經驗，並連結個人的正面情感，就會成為一種生活習慣與體會事物的方式。

Dewey（1980）對於美感也有類似的看法，並提出「美感經驗」的重要性。在其著作《藝術即經驗》（*Art as Experience*）中，建議美感可以從日常生活中提煉，而其歷程應該是一種具備美感性質的「完整（圓滿）經驗」（consummatory experience）。所謂的「完整（圓滿）經驗」意指，當經驗的主體沉浸於一個事件之中，他們真誠而專注的參與其中，使自己的理性與感性相融合，成就一種具統一性質的經驗，並於經歷過後，具有滿足、淋漓盡致的感受，這樣就能稱為一種「完整（圓滿）的經驗」（Lim, 2004）。一個「完整的經驗」包含四個要素：「情感的融入」（emotional），以及「統一性」（unity, a single coherent experience）、「做（doing）與受（undergoing）之間平衡的交互作用（continuous interaction）」，以及「愉悅、完滿自足的感受」（enjoyment, inclusive and fulfilling perception）（陳伯璋、張盈堃，2007；陳錦惠，2005；Dewey, 1980）。「情感的融入」是指全程情感的參與，如此才能使整個經驗得以持續和轉變，讓活動中的事件朝向自我完成，形成一個完整的經驗。「愉悅、完滿自足的感受」是指，當人能真誠專注的參與某件事，它能帶給人鮮明的印象以及結束後淋漓盡致的完滿感受。Dewey認為，人類日常生活中的各種經驗是雜亂而沒有美感的，所以必須要經由某種完整的經驗，才能「突出」於一般的生活，而得到「完滿自足的感受」，這也就連結到「統一性」的部分。Dewey認為，每個經驗的組成都是連續不可分割的，它是有機持續的併合，具有內在的同質性，得以自由的流動，並交融於整體之中。最後，「做與受之間平衡的交互作用」是指，完整經驗包含「做與受」兩種形式，而理想上，這二者之間必須加以平衡。

從Dewey的觀點分析，美感教育應該是一種美感的完整經驗，而在此經驗中，必須與「正面」的情意結合，讓參與者不斷地得到心靈的感動與愉悅的感受。范瓊方（2003）認為，「感動」是美感教育的基礎，幼兒對生活的

周遭能多一份感動，就能多一份美感的態度和心靈。由此可知，要讓幼兒得到美感經驗，就必須給予幼兒更多機會去「體會」及「感受」。

二、美感和幼兒的關係

美感經驗是幼兒美感發展的重要基礎。從兒童發展理論分析，Steine 認為，出生至 7 歲的幼兒正處於美感經驗吸收與發展的關鍵時期，因為此時幼兒的知覺比起成人更具有想像力與活力（引自 Lim, 2004）。若是常常接觸幼兒，就可以發現在日常生活中，他們常透過視覺、聽覺、味覺、嗅覺等五官知覺和身體動作，主動地與周遭自然或社會環境互動，體驗箇中的微妙感受。同時，幼兒也嘗試運用視覺圖像、聲音節奏、身體律動，以及戲劇扮演等各種藝術媒介進行創作，以獨特的方式表現自我，並在過程中感受遊戲與創作的樂趣。隨著知覺經驗的發展，幼兒對於生活中各種藝術的展現，漸漸有能力去分辨並且發展自己的美感偏好。

Kostelnik、Soderman 與 Whiren（2004）指出，「美感經驗」與幼兒「自我」、「社會」、「發展」，以及「學習」都有相當密切的關係。在「自我」部分，可促進幼兒發覺自我圖像，與他人溝通想法與感受，並欣賞不同的觀點與文化。在「社會」部分，可提供幼兒對自然環境與各式藝術做出情感性的回應，這些早期的情感性連結可以形成對社會意識、關懷和認識的基礎。同時，透過共同歌唱、創作、跳舞等合作性的行為，幼兒團體間的社會關係能逐漸建立。早期的美感經驗也能促進幼兒各方面的發展，例如：手眼協調、工作習慣、創造力、情緒的抒發等（Alvino, 2000）。除了協助幼兒的發展，透過視覺、音樂、律動或戲劇扮演等各種非口語的學習形式，可以成為幼兒連結各學習領域的橋梁，例如：物理現象的探索、數學邏輯的推理、表徵符號的運用，以及社會文化的認識。在美感經驗的實作中，幼兒不僅對上述的

知識層面有所接觸，他們也必須進一步思索「為什麼」與「如何做」的過程，這對幼兒「後設認知」的能力也有幫助。

三、美感經驗的形式與領域目標

幼兒時期的美感經驗（Kostelnik et al., 2004）可以分為「回應式」（responsive）和「生產式」（productive）等兩種形式。「回應式」的美感經驗包含探索、欣賞、評估等三類的活動，透過這些活動，幼兒能持續探索並學習欣賞周遭生活中的自然美與人造美；「生產式」的美感經驗則和幼兒自發性的創作活動有關，幼兒能主動運用自己身體聲音及各類自然或人造的工具與素材，進行即興哼唱、韻律舞動、美勞創作，以及戲劇扮演等表達性的活動。美感經驗的形式就彷如 Dewey 所提的「做」與「受」的體驗，其中「做」相當於「生產式」的「表現與創作」經驗，而「受」就是屬於「回應式」的「回應與賞析」經驗，兩者之間必須互相交融、連續循環，如此才算是「完整的美感經驗」。美感領域的基本能力就是奠基在這兩種經驗的循環中，只是新課綱為了強調兩種經驗必須來自於幼兒對周遭環境的「好奇與覺察」能力，因此，又特別列出另成一項，以提醒教師們它的重要性。圖 7-1 就是不同美感經驗和美感能力的對照圖。

綜合而言，「美感」就是由個體內心深處所主動建構的一種感知外在美好事物存在的體驗。這種「感知美」的能力，是透過敏銳的感官覺察外在自然環境與人造環境中的事物，再連結個人的想像或經驗，而產生心靈的感動和愉悅的感覺。這種能主動感知外在事物的美及豐富愉悅的美感經驗，將會激發幼兒以正向的情意回應周遭美的事物，並和生活環境產生連結的情感，進而養成對自然的關懷及社會的認同。美感領域的教育目標，即在陶冶幼兒對生活周遭環境事物敏銳的美感能力，喚起其豐富的想像與創作潛能，以形

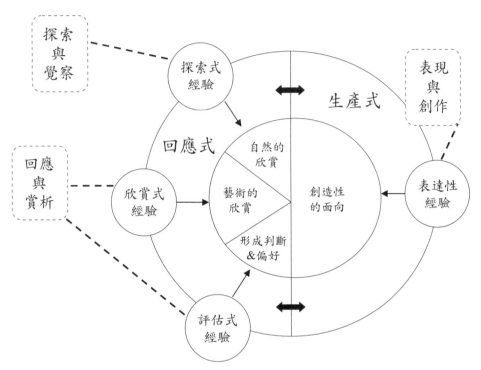

圖 7-1　美感經驗與核心能力對照圖

成個人的美感偏好與素養。

　　具體而言，美感領域的目標如下：

・喜歡探索事物的美。

・享受美感經驗與藝術創作。

・展現豐富的想像力。

・回應對藝術創作的感受與喜好。

貳、領域內涵：美感能力、學習面向、課程目標

一、美感能力

　　誠如上述分析，美感領域包括「探索與覺察」、「表現與創作」，以及「回應與賞析」等三項能力的培養。「探索與覺察」是指，幼兒以敏銳的五官和知覺探索，並覺察生活周遭事物的美。在日常生活中，幼兒常有機會探索自然中的花草蟲魚、動植物、下雨、彩虹等自然現象；同時，幼兒更是對每日生活中使用的器物用品、看到的裝置擺設，甚至人文環境中的建築雕塑，也有所接觸。透過探索與覺察的過程，幼兒所使用的視覺、聽覺、味覺、嗅覺及觸覺更為敏銳。「表現與創作」的意義是幼兒嘗試以各種形式的藝術媒介來發揮想像，進行獨特的表現與創作。幼兒以樹葉、沙子、寶特瓶等生活中隨手可得的素材，或以自己的聲音、肢體，或口語、行動，來表達內心的感受與想像。表現時可以個人或群體合作的方式進行，展現其獨特的創作能力。因此，「表現與創作」的意義是幼兒嘗試以各種形式的藝術媒介來發揮想像，進行獨特的表現與創作。「回應與賞析」則是指幼兒對生活環境中多元的藝術創作或表現，表達其感受與偏好。在日常生活或遊戲中，幼兒常有許多接觸各類藝術創作或表現的機會，通常年紀較小的幼兒會以肢體動作或聲音表情對這些創作給予直覺性的回應，例如：專注的觀看、拍手、微笑、身體前後搖擺等。但隨著年齡的增長，幼兒則會逐漸地以較為複雜的描述或解釋來表達自己的感受與看法。

　　因此，美感的發展主要是以「探索與覺察」做為基礎，逐漸導向「表現與創作」或「回應與賞析」的層面。換言之，在進行創作或賞析之前，幼兒

必須要有充分的機會對外在環境進行探索。同時，幼兒在進行「表現與創作」或「回應與賞析」的藝術創作時，他們對美的覺察力和敏銳度也逐漸加深加廣。另外，「表現與創作」和「回應與賞析」常常同時並存，因為幼兒一面創作的同時，一面也與同儕進行非正式的分享討論。此外，當教保服務人員透過創作作品進行賞析之時，一方面逐漸讓幼兒發展對美的偏好和藝術元素的學習，但另一方面也增進下次創作的靈感與動力。綜合上述，「探索與覺察」、「表現與創作」，以及「回應與賞析」三者之間彼此呈現交融循環的關係，如圖 7-2 所示。

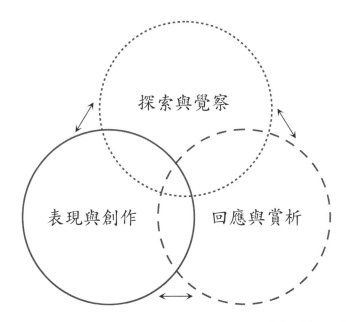

圖 7-2　「探索與覺察」、「表現與創作」、「回應與賞析」的循環關係

二、美感的學習面向

美感領域的學習分為「情意」和「藝術媒介」等兩個面向。在「情意」

的部分，是希望幼兒從接觸不同的美感經驗中，能連結正面的情意與產生愉悅的感受。其著重點在於幼兒要能樂於從事與美感有關的活動，並享受其中的樂趣。「藝術媒介」包括視覺藝術、音樂及戲劇扮演[1]。

「視覺藝術」是指，以美術或工藝造型來展現個人情感與想像創意的藝術表現，一般會使用美勞工具和素材進行創作，其中的「工具」包含：各類的筆、剪刀、膠水、膠臺、訂書機及打洞器等；使用的「素材」除了常見的顏料、紙張外，還包括自然素材、各種回收物品的人造素材和立體素材。賞析視覺藝術方面的來源，主要是以幼兒自己或同儕的美勞創作為主，也可以採用圖畫繪本、網路資料或鄰近的展覽內容，以作為擴展幼兒欣賞視覺藝術創作的資源。可鼓勵幼兒留意作品的內容、色彩、形狀、線條、材質等表現的形式，並依個人的感受或偏好表達看法。

「音樂」是指，透過想像和創作以聲音所組成的藝術表現，通常是由歌唱、樂器演奏及肢體動作等方式來傳達。幼兒可透過這些方式回應不同音樂的節奏與旋律。在聆賞音樂時，可引導幼兒表達對音樂的感受，進一步帶領孩子透過多元互動方式，回應音樂中的各種變化與特色。

「戲劇扮演」是指，以角色行動、口語對話和服裝道具來表現故事和情境。幼兒時期多半以角色扮演為主，包括家庭、社區及故事中所發生的事件。在戲劇扮演賞析方面，欣賞的來源主要是以幼兒在學習區中自發性的戲劇扮演為主，也可以運用影片或教保服務人員所安排的戲劇表演，鼓勵幼兒表達描述自己或他人戲劇扮演的內容與特色，包括：留意人物、故事情節、裝扮與聲音效果等。

---

1. 本內容為依據「幼兒園教保活動課程大綱」（2017年8月1日生效）修改之版本，其教材教法或實施原則，請參考最新公布之課綱。美感環境與生活的規劃、不同藝術媒介的發展與教學原則、美感課程實例等，可參考林玫君（2015）所著《幼兒園美感教育》一書。

三、美感的課程目標

綜合美感領域「探索與覺察」、「表現與創作」，以及「回應與賞析」等三項領域能力與「情意」、「藝術媒介」等兩項學習面向，其交織而成的課程目標如下：

- ・美-1-1 體驗生活環境中愉悅的美感經驗。
- ・美-1-2 運用五官感受生活環境中各種形式的美。
- ・美-2-1 發揮想像並進行個人獨特的創作。
- ・美-2-2 運用各種形式的藝術媒介進行創作。
- ・美-3-1 樂於接觸多元的藝術創作，回應個人的感受。
- ・美-3-2 欣賞藝術創作或展演活動，回應個人的看法。

課程目標美-1-1 及美-1-2 是「探索與覺察」能力。美-1-1 強調情意的面向，也就是幼兒要學習探索與覺察生活環境中事物的美，並對其產生好奇與感動；美-1-2 主要連結到藝術媒介的面向，尤其是以感官知覺的管道為主，希望幼兒能運用各種感官探索生活環境中的自然物、人造物、聲音或節奏等各種美感經驗，同時感受其中的變化。

課程目標美-2-1 與美-2-2 強調生產性的美感經驗，也就是「表現與創作」能力的培養。其中，美-2-1 仍舊連結情意的面向，希望幼兒在參與各種藝術活動中，能夠發揮想像並享受自我表現與創作的樂趣；美-2-2 則具體地指向各種藝術媒介的學習，包含：視覺藝術、音樂及戲劇扮演。

課程目標美-3-1 及美-3-2 重視回應性的美感經驗，也就是「回應與賞析」能力的培養。美-3-1 仍是以情意面向為主，希望幼兒樂於參與各種藝術創作欣賞與在地藝文活動，體驗參與的樂趣，累積愉悅的美感經驗；美-3-2 連結到各種藝術媒介的賞析面向，希望鼓勵幼兒表達自己對於各種藝術創作的感受，並逐步形成個人的美感偏好與判斷。

第二節　美感領域的發展歷程

壹、研究工具的設計

一、建立雙向細目表

在研究之初，美感領域是以「探索與表現」、「回應與賞析」兩個核心能力為雙向細目表的縱軸能力；而橫軸則包含「視覺藝術」、「聽覺藝術」[2] 和「戲劇扮演」等三個幼兒園常進行的活動，做為美感主要的學習面向。這三個面向是整合自舊課綱中已有的「音樂律動」及「工作」教材教法，另外加上幼兒遊戲中最常出現的「戲劇扮演」活動而成。表7-1 就是最原始的雙向細目表。

表 7-1　雙向細目表

	視覺藝術	聽覺藝術	戲劇扮演
探索與表現			
回應與賞析			

幾經研究過程中的轉化，雖然原來的兩項核心能力，最後在教育部公布的版本中，已經演化成「探索與覺察」、「表現與創作」，以及「回應與賞析」等三項能力；而在學習面向上，也從分科的敘寫方式，改為以「情意」和「藝術媒介」兩項的綜合描述，但其中所欲闡述的美感教育的理念及課程

---

2. 現今的「幼兒園教保活動課程大綱」稱為「音樂」。本節呈現之內容為初期的研究結果，故部分文字會與現今課綱有所出入，例如：從前的聽覺藝術演變成現今的音樂。有關美感領域之研究結果，請參考林玫君（2012）的《臺灣幼兒園課綱美感領域學習指標發展初探：以戲劇指標與量表之建構歷程為例》一文。

目標是一致的。

二、參考研究文獻，勾勒量表中個別學習面向的細節內容

　　在建立量表前，研編小組先分別針對視覺藝術、聽覺藝術，以及戲劇扮演遊戲之相關文獻做分析；再邀請各領域專家學者召開「美感領域專家」會議，勾勒出量表的初步內容，再經由反覆討論修訂，最後成為全國施測之觀察依據。以下分別簡述三大學習面向之文獻分析。

　　在「視覺藝術」中，主要採 Viktor Lowenfeld 的繪畫發展階段，以 2～7 歲的幼兒繪畫發展文獻為主要參考。從表 7-2 來看，幼兒發展特徵無論在動作或造型的表現上，會因年齡而有所不同。

表 7-2　Viktor Lowenfeld 的繪畫發展階段

階段		特徵
塗鴉期	2 歲 隨意塗鴉	1.用整隻手握筆，搖動手臂畫線，尚無法控制動作。 2.眼睛未必看著畫面，眼與手的動作無關。
	2.5 歲 有控制塗鴉	1.以重複的動作塗鴉，具有手眼協調的控制能力，常出現反覆的縱橫線。 2.已能控制手肘關節。 3.接著會有大圈圈的線條。
	3～4 歲 命名塗鴉	1.從單純塗鴉的動作轉為具有想像思考的塗鴉，會賦予塗鴉意義，但形象仍難以辨識。 2.會發現圖與背景的關係，但仍未能表現空間。 3.會為塗鴉命名及用不同色彩來區別不同意義的塗鴉。
前圖式期	4～7 歲	1.開始有意識的做具象表現，能發現現實、思想與繪畫之間的關係。 2.人物繪畫以蝌蚪人為主，出現眼睛、嘴巴。 3.無空間秩序表現，物件與物件間缺乏客觀邏輯關係，比例大小亦主觀。 4.色彩與畫面中形象的關係由兒童喜好自行決定。

資料來源：整理自黃壬來（2003）

在「聽覺藝術」中，主要是以 Gordon（2003）的聽音訓練理論為主，強調幼兒階段的預備音樂聽想發展（如表 7-3 所示）。在聽覺藝術中，幼兒可以運用歌聲、樂器、身體動作去探索，並表現音樂中的音長、力度、音高與音色等元素；同時，幼兒也可以直接以「聽覺」的方式接收體驗周遭聲音的美感經驗，從頻繁的接觸中覺察其間的奧妙，並體驗愉悅的美感經驗，進而感受並分析各種音樂元素的差異與微妙的變化。

表 7-3　幼兒階段「預備音樂聽想」的類型及其發展階段

類型		階段
同化型	出生至 2～4 歲對外在環境有一些自我意識。	1.吸收：以聽覺來蒐集環境中各種音樂的聲音。 2.隨意反應：隨意地動與喃喃發聲，但與外在音樂環境無關。 3.有目的反應：試著應和著音樂環境而有所動作或是喃喃發聲。
模仿型	2～4 歲至 3～5 歲有意識的參與，且專注於環境。	1.意識自我：意識到自己的律動與發音和外在的音樂不合。 2.離開自我：正確模仿外在的音樂，尤其是音高型與節奏型。
融合推衍型	3～5 歲至 4～6 歲有意識的參與，且專注於自我。	1.內省：發現自己的唱、唸、呼吸以及律動缺乏協調。 2.協調：將自己的唱、唸與呼吸、律動相互協調。

資料來源：引自莊惠君譯（2000）

在「戲劇扮演」中，主要是以幼兒「自發性的戲劇扮演」為主，不同於一般人對於戲劇為展演結果的印象，幼兒的戲劇扮演來自於生活經驗的累積，和遊戲的本質一樣，著重「主動自發」、「重過程不重結果」、「彈性」、「正面情意」，以及「不求實際」（林玫君，2005，2017）等特質。

　　從戲劇扮演的發展分析，3 歲以前的幼兒就已經擁有「物體取代」、「符號抽離實際情境」，以及「自我中心轉換」等能力（Bateson, 1976; Smilansky & Shefatya, 1990; Sutton-Smith, 1979; Wolf & Grollman, 1982），包含表 7-4 中的內容與說明。

表 7-4　3 歲前幼兒戲劇扮演能力之發展

戲劇扮演內容		說明
物體取代	將一件物體取代另一件物體之能力。（object substitution）	「物體或玩物」提供了嬰幼兒使用動作基模的機會，透過再製、類推、同化等方法，嬰幼兒的動作技能臻於成熟，也為下個階段實物之轉換與替代，奠定良好的基礎。
符號抽離實境	將抽象的象徵性符號與實體意義分離開來的能力。（decontextualization）	早在嬰兒 12 或 13 個月大時，就能將實際生活情境（context）抽離出來，利用「假裝」（象徵性）行動，來代表實際並不存在的意義，例如：在非睡眠時間假裝睡覺。
自我中心轉換	以自我為中心的活動轉移到以他人為中心的活動。（decentralization）	「角色取代」的趨勢仍由「指向自己」（self-directed）的活動開始，直到 15～21 個月之間，假裝的活動才開始由自己轉向他人（other-directed）。 在 3、4 歲時，常利用洋娃娃或想像中的夥伴來進行對話互動。

資料來源：引自莊惠君譯（2000）

　　到了 3 歲以後，前述的戲劇扮演／假裝遊戲會隨著幼兒社會的發展，從原有的三種表徵能力——「物體」、「行動情境」及「角色轉換」，擴大至社會的面向，在扮演「口語溝通」、「社會互動」與「持續性」等能力上，都有顯著的增進（Smilansky, 1968; Smilansky & Shefatya, 1990）。表 7-5 是 3 歲以後幼兒社會戲劇扮演能力發展的說明。

表 7-5　3 歲以後幼兒社會戲劇扮演能力之發展

社會戲劇遊戲內容		說明
物體轉換	利用任何玩具、材料或動作口語的描述來代替真實的物體。	4 歲左右的幼兒都已具備物體轉換的能力，而引起「物體」轉換的動機，常是因為行動與情節發展的需要。
行動情境	利用口語的描述來替代真實的行動與情境。	早期的轉換，幼兒需要透過實物與實境的提示，較容易進行轉換；到了後期，幼兒不需過度依賴實物與實境就能進行。 遊戲腳本的結構由簡而繁，分為「基模」、「事件」與「情節」等三個層次。
角色轉換	利用口語及模仿性的行動來表達一個假裝的角色。	角色轉換是由單一角色至同時扮演數種角色。內容從「與自己家庭」有關的角色，例如：母子、姊妹等，到「社區生活環境」的人物，例如：醫生、員警等；有時也包含「卡通、繪本中的幻想人物」。
口語溝通	與戲劇情境相關的交談或對話。	3 歲幼兒，同儕的交談機會增加。3 歲半左右，各種型態的語言結構都會出現在戲劇扮演中，包括：自發性的押韻和單字遊戲、幻想與胡言亂語，以及交談等。 會利用模仿性的聲音溝通，例如：假裝發出車子的聲音表示車子經過。
社會互動	至少兩個人在一段戲劇的情境中互動。	年紀較小的，能自行分配角色，而且角色中呈現互補的情況（如媽媽與孩子），但角色的演出各自獨立，沒有明顯的組織互動（媽媽煮飯，小孩玩遊戲）。 年紀較大的，對自己的社會戲劇遊戲有比較多的控制與整合，角色與角色間的互動默契較好，每一個角色的活動都能與其他角色產生關聯。
持續性	持續地扮演角色或進行戲劇主題，長達至少十分鐘。	年紀較小的幼兒，其能持續互動扮演的時間較短，而年紀較長的幼兒，其扮演的時間則能持續較久。

資料來源：整理自林玫君（2005，2017）

綜合而言，在幼兒的「社會戲劇遊戲」（sociodramatic play）中，包含：「物體」之轉換、「行動與情境」之轉換、「角色」之轉換、「口語溝通」、「社會互動」，以及「持續性」等，這些都是當初戲劇扮演量表建立之參考。

三、實徵研究歷程

實徵研究主要是依據量表建構的歷程來發展，先從美感理論基礎中發展雙向細目表做為量表架構，再依據文獻勾勒出量表初稿；接著，交錯進行專家效度與現場預試；最後進行全國性的施測，如圖 7-3 所示。

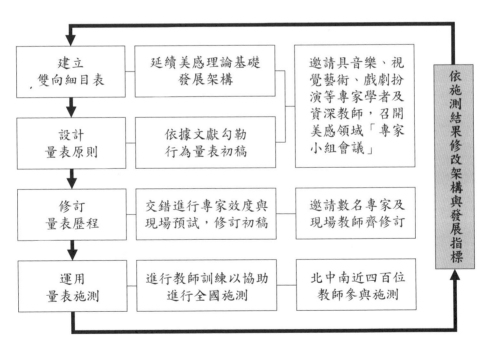

圖 7-3　實徵研究歷程及工作圖

　　在量表進行全國施測前，先邀請各藝術面向的教育專家以及現場幼兒園教師，召開「諮詢會議」，發展美感戲劇評量工具的內涵及形式；之後以座談會或書面資料審查的方式，進行兩階段的預試工作（如圖7-4所示），詳細的預試工作說明如下。

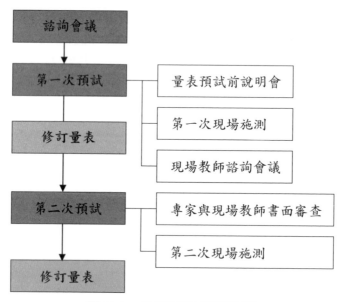

圖 7-4　量表初稿修訂流程

（一）第一次預試

　　第一次預試包含：「量表預試前說明會」、「第一次現場施測」，以及「現場教師諮詢會議」。

　　在「量表預試前說明會」中，邀請多位現場教師及公私立幼兒園園長出席，除了說明本量表的實施方式，也請參與者針對量表的內容、形式與填答說明、預試樣本的抽樣，以及開放式意見做討論，並加以修訂量表。會後的

修訂建議包含：「創作具獨特性的作品」表現建議挪至大班；量表的「勾選形式」，建議以幼兒的「主動性」和教保服務人員的「提醒或協助」處理，而非以行為出現的頻率為主；「填答說明」則增加學校課程型態，若有學習區者亦需填寫學習區的時段與開放時間；「樣本抽樣」可增加樣本的區域性等。

在「第一次現場施測」中，僅採便利抽樣，抽取臺南市公（私）立幼稚園（托兒所）108 位幼兒，每位幼兒觀察某兩個領域的行為表現，共發出 216 份量表（內含視覺藝術、聽覺藝術和戲劇扮演等三種量表），回收 216 份量表，回收率達 100%，去除無效量表後，有效量表為 186 份（大班 72 份、中班 78 份、小班 36 份）。

在「現場教師諮詢會議」中，則邀請進行第一次現場施測之教師，針對實際填寫量表時所遭遇到的情況進行討論，並依據所提供的意見與實例，修正量表。修訂的建議主要是：拆解量表題項概念，並分成數小題敘述，以免造成填答者在勾選上的混淆。

（二）第二次預試

量表歷經第一次預試後的修訂，再次進行第二次預試，其過程包含「專家與現場教師書面審查」及「第二次現場施測」。

在「專家與現場教師書面審查」中，邀請各藝術面向的學者專家及現場教保服務人員，共八名，針對幼兒的發展情形，調整字詞或年齡層的表現敘述等。書面審查的討論發現，若事先將行為表現做年齡上的區分，等於是直接決定幼兒在該年齡的行為表現，而非依據幼兒的表現行為來訂定指標，故經由討論後，決定大幅修訂量表，刪除單一勾選的程度，改於每個題項下呈現三種不同程度的敘述（此敘述本為大、中、小班的題項敘述），且大、中、

小班的行為量表皆為同一份，內容相同。

而在「第二次現場施測」中，仍以便利抽樣為主，但區域擴及臺南縣市及高雄市等園所，共 360 位幼兒參與（視覺藝術 120 份、聽覺藝術 120 份，以及戲劇扮演 120 份），取得視覺藝術有效量表 119 份、聽覺藝術有效量表 108 份，以及戲劇扮演有效量表 108 份。

最後，根據第二次現場施測的統計分析，以及專家、現場教保服務人員之建議，完成「美感行為」各量表的定稿後，進行全國施測，再以 SPSS 12.0 版軟體進行統計分析，將 70% 以上幼兒能夠做到的能力轉化為「美感指標」。

 貳、樣本

由於每一位教保服務人員需同時觀察同一位幼兒有關視覺藝術、聽覺藝術和戲劇扮演等三方面的行為表現，因此先舉辦「全國施測說明會」，以協助施測人員了解量表使用方式。說明會共分北、中、南五場，共 393 位教保服務人員出席。隨後，則以分層隨機抽樣抽出 1,330 位幼兒（小班 400 位、中班 415 位、大班 515 位），共計發出 3,990 份量表，施測為期二個月。

分層隨機抽樣是以 2006 年 4 月底內政部戶政司所公布的全國幼兒人口數為準，先計算全國二十五縣市（含離島）3～4 歲、4～5 歲及 5～6 歲幼兒人數，與其各占分齡幼兒總人口數之比例，再將各縣市分齡比例分別乘上 400 位抽樣人數，所得即為各年齡層在各縣市應抽樣的幼兒數（如表 7-6 所示）。

表 7-6　全國各年齡層在各縣市應抽樣人數一覽表

區域性 （行政 區）	3～4 歲 幼兒數 （人）	占全國 比例 （%）	應抽 幼兒數 (*400)	4～5 歲 幼兒數 （人）	占全國 比例 （%）	應抽 幼兒數 (*400)	5～6 歲 幼兒數 （人）	占全國 比例 （%）	應抽 幼兒數 (*400)
北區									
基隆市	3,610	1.491%	5.97	3,771	1.510%	6.04	4,741	1.602%	6.41
臺北市	25,964	10.726%	42.91	25,988	10.405%	41.62	31,019	10.479%	41.92
臺北縣	36,944	15.263%	61.05	38,291	15.583%	62.33	42,248	15.961%	63.85
桃園縣	23,249	9.605%	38.42	24,518	9.816%	39.26	28,983	9.791%	39.16
新竹市	5,048	2.085%	8.34	5,155	2.064%	8.26	6,096	2.059%	8.24
新竹縣	6,579	2.718%	10.87	6,576	2.633%	10.53	7,516	2.539%	10.16
苗栗縣	6,529	2.697%	10.79	6,494	2.600%	10.40	7,128	2.408%	9.63
金門縣 連江縣	873	0.361%	1.44	842	0.337%	1.35	974	0.329%	1.32
花蓮縣	3,576	1.477%	5.91	3,692	1.478%	5.91	4,080	1.378%	5.51
宜蘭縣	4,734	1.956%	7.82	4,859	1.945%	7.78	5,614	1.897%	7.59
中區									
臺中市	11,385	4.703%	18.81	12,282	4.917%	19.67	15,512	5.240%	20.96
臺中縣	17,585	7.265%	29.06	18,341	7.343%	29.37	21,436	7.242%	28.97
彰化縣	15,041	6.214%	24.86	15,428	6.177%	24.71	17,643	5.960%	23.84
南投縣	5,805	2.398%	9.59	5,993	2.399%	9.60	6,542	2.210%	8.84
雲林縣	8,327	3.440%	13.76	8,248	3.302%	13.21	9,280	3.135%	12.54
南區									
嘉義市	2,683	1.108%	4.43	3,003	1.202%	4.81	3,883	1.312%	5.25
嘉義縣	6,283	2.596%	10.38	6,302	2.523%	10.09	6,924	2.339%	9.36
臺南市	7,203	2.976%	11.90	7,656	3.065%	12.26	9,402	3.176%	12.70
臺南縣	10,719	4.428%	17.71	10,829	4.336%	17.34	13,014	4.396%	17.59
高雄市	14,350	5.928%	23.71	14,968	5.993%	23.97	18,983	6.413%	25.65
高雄縣	12,701	5.247%	20.99	12,829	5.136%	20.55	15,064	5.089%	20.36
澎湖縣	970	0.401%	1.60	1,000	0.400%	1.60	1,130	0.382%	1.53
屏東縣	9,241	3.818%	15.27	9,405	3.765%	15.06	10,834	3.660%	14.64
臺東縣	2,657	1.098%	4.39	2,670	1.069%	4.28	2,968	1.003%	4.01

　　抽樣名冊係將 2006 年 5 月教育部統計處網站所公布的全國公立幼稚園名冊，以及 2006 年 5 月內政部兒童局網站所公布的全國公私立托兒所名冊，整理為「全國公私立幼稚園及托兒所名冊」，並重新編號。接著，以每一園所需觀察 5 位幼兒數為單位，例如：基隆市 3～4 歲幼兒應抽取人數為 5.97 人，即以隨機方式抽出一園所作為正式施測園所，並抽取備用園所名單（正取園所數×6 倍）。各縣市實際參與研究的教師數，與各年齡層實際發出的量表數，如表 7-7 所示。

表 7-7　全國各年齡層在北、中、南三區實際發出的量表數

區域	年齡層	應抽教師數	參與教師數	實發量表數（參與教師數×5 位幼兒）
北區				
	小班	39	30	150
	中班	39	38	190
	大班	39	48	240
中區				
	小班	20	23	115
	中班	20	24	120
	大班	20	28	140
南區				
	小班	22	27	135
	中班	22	21	105
	大班	23	27	135
共計				
	小班		80	400
	中班		83	415
	大班		103	515
全國			266	1,330（×3 領域）

　　回收量表有 3,147 份，回收率達 79%，扣除無效樣本，有效樣本為 2,992 份。量表回收後，研編小組即進行研究資料的輸入，以 SPSS 12.0 版軟體進行統計分析，將70%以上幼兒能夠做到的能力轉化為「美感指標」。

 ## 參、研究結果

　　從前述「三到六歲幼兒美感行為量表」之全國性施測結果，分析 3～6 歲幼兒之「美感」發展情形，發現「視覺藝術」、「聽覺藝術」，以及「戲劇扮演」等三面向，其α係數依序為 .72、.89 及 .60。效度部分，主要是以各領域專家之構念作為專家效度；資料分析則以 70%為標準，若該年齡之累積百分比達 70%以上，則稱為該年齡幼兒之行為能力，並依此做為指標訂定之參考。以下分不同的面向來說明將數據轉換成指標的歷程。

一、視覺藝術量表「探索與表現」下的向度分析

　　這部分的量表初稿共有八個向度，分別是自然物、人造物、藝術作品、藝術工具、藝術材料、表現與創作、作品命名，以及造型發展，每個向度之下又有 2 至 3 個不同層次的觀察項目，整理如表 7-8 所示。

　　在「探索與表現」中，包含「探索」及「表現」等兩個能力。前者「探索」從向度 a 至 c 的分析可以發現，無論在「自然物」、「人造物」及「藝術作品」的探索，91%以上的小班階段幼兒都很喜歡進行。其中，中班階段幼兒對於「自然物」的探索能力表現與小班相當，而大班階段幼兒的表現還可以初步覺察到「自然物」的變化。至於「人造物」的部分，中、大班階段幼兒的能力較為接近，都可以從基本的探索進階到主動試探，並覺察「人造物」其間的變化。

表 7-8　視覺藝術量表「探索與表現」之觀察項目

向度	觀察項目
a 自然物	a1 探索環境中的自然物
	a2 探索環境中自然物的變化
	a3 探索環境中自然物的細微處
b 人造物	b1 探索環境中的人造物
	b2 探索環境中人造物的變化
	b3 探索環境中人造物的細微處
c 藝術作品	c1 探索環境中的藝術作品
	c2 探索環境中藝術作品的變化
	c3 探索環境中藝術作品的細微處
d 藝術工具	d1 操作簡單的視覺藝術工具
	d2 操作基本的視覺藝術工具
	d3 操作多種的視覺藝術工具
e 藝術材料	e1 操作簡單的視覺藝術材料
	e2 操作基本的視覺藝術材料
	e3 操作多種的視覺藝術材料
f 表現與創作	f1 嘗試進行創作
	f2 透過創作媒材表現常見事物
	f3 透過豐富的創作內容，表達個人生活經驗
g 作品命名	g1 不會命名
	g2 會命名
h 造型發展	h1 作品中表現出可辨識的點、線、形狀等
	h2 作品表現出有意義的線條、色彩、形狀等
	h3 作品表現出各種線條、明暗的色彩、形狀的大小等

　　後者「表現」的能力中，主要是針對向度 d 至 h。通常幼兒在進行創作時，會組合不同的線條、色彩、形狀或造型等基本的元素，表現具個人獨特風格的創作。但隨著幼兒年齡的不同，就會因為對各種「工具和素材」的應

用程度及「作品的表現」而有不同的創作。在「**工具和材料的使用程度**」上，98%以上<u>小班階段幼兒</u>在工具的操作上不甚成熟，媒材的選擇也比較簡單；待年紀稍長，到了**中、大班階段**，幼兒對一些基礎的媒材或工具會比較熟悉，在掌握上也會更精準。從數據上分析，近 76%以上的幼兒已經可以從操作簡單的工具及材料，進一步以較複雜的「基本」操作方式進行創作，例如：大班幼兒在使用水彩時，因為幼兒已經有了舊經驗，所以知道水分的拿捏、水彩筆的握法、筆刷在紙上揮舞的方法等。

　　同理，在「**作品的表現**」上，97%以上<u>小班階段幼兒</u>由於受限於小肌肉的發展，會重複手臂的動作，表現出可辨識的點、線、形狀的創作，只是內容難以辨識，但若加以詢問，還是會為之命名。待年紀稍長，**中、大班階段幼兒**在線條、形狀或色彩的運用上就更為熟練，創作的內容也反映生活中熟悉的人、事、物，甚至能以主題或具故事性的作品來表現個人的喜好。視覺藝術量表「探索與表現」的分析圖，如圖 7-5 所示。

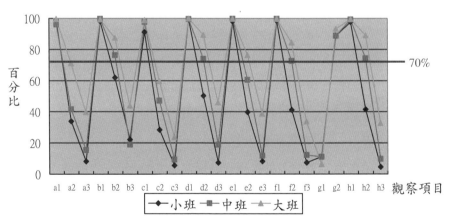

圖 7-5　視覺藝術量表「探索與表現」分析圖

二、視覺藝術量表「回應與賞析」下的向度分析

　　這部分的量表初稿共有三個向度，分別是個人感受、作品內容，以及作品形式，每個向度之下又有三個不同層次的觀察項目，共有九個觀察項目，整理如表 7-9 所示。

表 7-9　視覺藝術量表「回應與賞析」之觀察項目

向度	觀察項目
a 個人感受	a1 簡單說出個人感受
	a2 詳細說出個人感受
	a3 詳細說明並解釋個人的感受或建議
b 作品內容	b1 描述作品呈現的主題或內容
	b2 描述並解釋作品呈現的主題或內容
	b3 描述、解釋並比較作品呈現的主題或內容
c 作品形式	c1 描述作品呈現的形式
	c2 描述並解釋作品呈現的形式
	c3 描述、解釋並比較作品呈現的形式

　　在「回應與賞析」中，主要是針對向度 a、b、c 進行分析。從圖 7-6 發現，大、中、小班幼兒的視覺藝術「回應與賞析」能力方面皆相當類似，表現都在最基本的層次上。在「個人感受」的部分，都能「簡單說出個人感受」；在「作品內容」方面，針對視覺藝術作品都能夠描述出其內容或欲表達的主題，也會描述「作品的形式」。只是若以「作品內容」來看，大班幼兒的表現又更成熟，除了描述內容，還能加以解釋。

　　綜合言之，在視覺藝術的「回應與賞析」中，主要是鼓勵幼兒在欣賞自我或同儕及他人的視覺創作後，會依個人的感覺或偏好表達出來，只是年齡

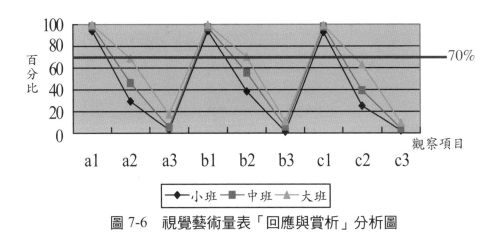

圖 7-6　視覺藝術量表「回應與賞析」分析圖

愈大的幼兒，可以鼓勵其留意一些特殊的素材或色彩、形狀等藝術元素的特色，並連結至作品（作者）欲表達的內容與想法。有趣的是，研究發現，影響幼兒表現的重要關鍵似乎在於教師是否能夠提供藝術相關的工具、材料與藝術作品的分享教學。

三、聽覺藝術量表「探索與表現」下的向度分析

這部分的量表初稿共有七個向度，分別是探索聲音、探索樂器音色、探索樂器音高、歌唱、運用樂器音色、節奏，以及律動，每個向度之下又有不同的觀察項目，整理如表 7-10 所示。

在「探索與表現」中，包含「探索」及「表現」兩個能力。前者「探索」從向度 a 至 c 的分析可以發現，無論是哪個階段的幼兒，都能夠透過聽覺，探索生活環境中的事物所發出的聲音，並且熟悉這些聲音的變化；也能夠透過樂器的操作，探索各種樂器不同的音色與音高的不同。其中在「探索聲音」的部分，70%以上**中、大班幼兒**的表現更進一步能夠辨認出不同聲音變化的差異性；在「探索樂器音色」的部分，**中、大班階段幼兒**也能夠透過操作樂器

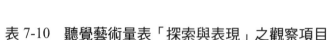

表 7-10　聽覺藝術量表「探索與表現」之觀察項目

向度	觀察項目
a 探索聲音	a1 透過聽覺探索聲音
	a2 透過聽覺熟悉聲音的變化
	a3 透過聽覺熟悉與辨認聲音變化
b 探索樂器音色	b1 透過操作，探索樂器音色
	b2 透過操作，熟悉樂器音色
	b3 透過操作，熟悉與辨認樂器音色
c 探索樂器音高	c1 透過操作，探索樂器音高
	c2 透過操作，熟悉音高變化
	c3 透過操作，建立聲音高低的關係
d 歌唱	d1 隨音樂歌唱
	d2 隨樂曲特性，唱出不同感受的歌曲
	d3 準確地唱出歌曲
	d4 與老師做對答式即興歌唱
	d5 用簡單歌曲輪唱
	d6 創作兒歌，並自創符號記錄
e 運用樂器音色	e1 用不同樂器的音色，為故事配上音效
	e2 用不同樂器的音色，為音樂伴奏
	e3 用不同樂器，與他人進行合奏、伴奏
f 節奏	f1 用樂器，與老師敲打出對應式節奏
	f2 用樂器敲打各種節奏，為歌曲或音樂伴奏
	f3 創作節奏，並自創符號記錄
g 律動	g1 用肢體律動，反映音樂力度元素
	g2 用肢體律動，反映音樂中速度變化
	g3 用肢體律動，反映音樂中高低音變化
	g4 用肢體律動，創作一小段節奏
	g5 用肢體律動，反映音樂中情感的變化
	g6 用肢體律動，展現音樂中的情感

的方式，更加熟悉不同樂器的「音色」變化。至於「探索樂器音高」的部分，只有到了大班階段幼兒才能夠熟悉音高的變化，也能透過操作來發現高音到低音、低音到高音的不同變化，而中、小班幼兒只能探索各樂器中，單獨不同音高的差異，而無法感受到一組音高連續的變化。

在後者「表現」的能力中，主要是針對向度 d 至 g 進行了解。在「歌唱」的部分，87% 以上的小、中、大班幼兒，皆具有隨著音樂歌唱的能力，也能夠運用即興哼唱的方式與老師做音樂上的對答。在「運用樂器音色」的部分，72% 中班階段幼兒能運用音樂來表現故事內容，到了大班階段，73% 以上的幼兒還能進一步運用不同樂器的音色來為音樂進行伴奏。在「節奏」的部分，70% 以上的小、中班階段幼兒皆能夠藉由敲打樂器的方式，回應教師的節奏，並與教師做音樂上的互動，也都能夠用肢體的表現反映出音樂力度與速度的變化。相對於小、中班幼兒的能力，大班階段幼兒又能夠更進一步藉由敲打樂器的節奏為歌曲或音樂進行伴奏。聽覺藝術量表「探索與表現」的分析圖，如圖 7-7 所示。

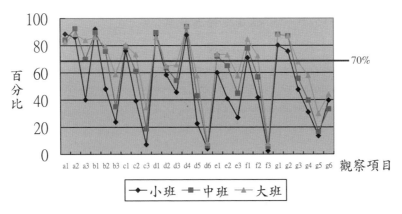

圖 7-7　聽覺藝術量表「探索與表現」分析圖

四、聽覺藝術量表「回應與賞析」下的向度分析

這部分的量表初稿共有五個向度，分別是**表達感受、描述音高變化、描述力度大小、描述音色變化**，以及**描述音樂情感**，每個向度之下又有不同的觀察項目，整理如表 7-11 所示。

表 7-11　聽覺藝術量表「回應與賞析」之觀察項目

向度	觀察項目
a 表達感受	a1 簡單說出個人的感覺
	a2 說明個人對音樂的喜好
	a3 說明並解釋個人的偏好，並提供建議
b 描述音高變化	b1 描述音高變化
	b2 從旋律的音高與節奏的重複中，來分辨曲式
c 描述力度大小	c1 描述音樂強弱的變化
	c2 知道音樂中力度的變化
d 描述音色變化	d1 描述音樂中音色的不同
	d2 知道音樂中音色的變化
e 描述音樂情感	e1 簡單描述音樂情感

在「回應與賞析」中，主要是針對上述向度 a 至 e 進行分析。從圖 7-8 可以發現，**大、中、小班階段幼兒**都能夠回應所欣賞的音樂創作與展現，並藉由簡單的口語表達出自己對於音樂的感覺，也能描述音樂中強弱的變化。其中，在「描述音高／音色變化」的部分，72% 以上的**中、大班階段幼兒**，在音樂欣賞後，能進一步描述音樂中不同的音色以及音高的變化。而在「描述音樂情感」的項目中，除了小班的幼兒外，**中、大班階段幼兒**皆有能力在欣賞音樂後，簡單描述音樂中所欲表現的情感。

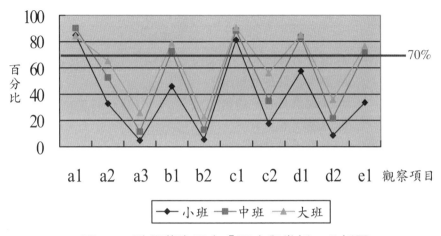

百分比

a1 a2 a3 b1 b2 c1 c2 d1 d2 e1 觀察項目

70%

◆ 小班 ■ 中班 ▲ 大班

圖 7-8 聽覺藝術量表「回應與賞析」分析圖

五、戲劇扮演量表「探索與表現」下的向度分析

這部分的量表初稿共有七個向度，分別是感官經驗、情緒經驗、人物動作、人物口語、扮演情節、道具玩物，以及社會互動，每個向度之下又有三個不同層次的觀察項目，歸結而言，共有 21 個觀察項目供施測用，如表 7-12 所示。

在「探索與表現」中，包含「探索」及「表現」等兩個能力。前者「探索」包含透過扮演遊戲，探索「感官」與「情緒」的經驗。從向度 a 與 b 的分析，可以發現小班階段的 90%以上的幼兒，會在戲劇扮演的探索遊戲中，直覺地反映其感官或情緒的經驗。中班階段的幼兒在探索能力的表現與小班幼兒相當接近，而大班幼兒的表現就可以從直覺地「反映」進階到主動地試探，並覺察其「感官與情緒」的經驗。

在後者「表現」的能力中，主要是針對向度 c 至 g 進行了解。中、小班幼兒階段，在戲劇扮演的表現上都相當類似。在「人物」的部分，95%以上的

表 7-12　戲劇扮演量表「探索與表現」之觀察項目

向度	觀察項目
a 感官經驗	a1 反映感官經驗
	a2 練習表達感官經驗
	a3 清楚表達感官經驗
b 情緒經驗	b1 反映情緒經驗
	b2 練習表達情緒經驗
	b3 清楚表達情緒經驗
c 人物動作	c1 以簡單動作來表現
	c2 以二至三項連續動作來表現
	c3 以較細微的動作來表現
d 人物口語	d1 以簡單口語來表現
	d2 以較複雜的口語來表現
	d3 運用聲音或語調的變化來表現
e 扮演情節	e1 以單一行動來扮演
	e2 以數個行動連結成簡單事件
	e3 以兩個以上的事件連結成完整的扮演情節
f 道具玩物	f1 以接近實物的玩物或服裝來扮演
	f2 利用環境中半具體的玩物來扮演
	f3 運用替代性玩物，且移動桌椅或櫃架來營造扮演空間
g 社會互動	g1 以自己和玩物互動為主
	g2 以兩人關係性角色互動為主
	g3 角色間互動頻繁且複雜

中、小班幼兒，都能夠「以簡單的動作及口語來表現」；在「情節」的部分，98%以上幼兒都能夠「以單一行動進行扮演」；在「道具」的部分，90%以上幼兒也可以「運用接近實物的玩具或服裝進行扮演」；最後，在「社會互動」的部分，多數中、小班幼兒的戲劇扮演較是「以自己及道具玩物的互動」為主。

　　相對於中、小班的基礎表現，**大班**幼兒在各方面的表現就比較成熟。從數據上分析，近80%的幼兒已經可以從簡單的動作、口語表現，進一步以「較複雜」的動作、口語來表現人物，但尚未能表現出人物的細節處；而在「情節」的部分，大班幼兒也可以跳脫出反覆單一的行動，較能「連結」不同的行動，以「完成一個扮演事件」；另外，在「道具」的部分，也有近80%的幼兒已經能夠「利用環境中『半具體』的玩物」，進行扮演；最後，在「社會互動」的部分，除了與玩物互動外，接近90%的大班幼兒，已經能夠進行「兩人以上」的互動扮演，例如：醫生對病人、媽媽對小孩、老闆對顧客等。

　　綜觀而論，中、大班幼兒在戲劇扮演方面，雖然有中等層次的表現，但從數據中顯示，無論在人物、情節、道具運用，以及社會互動等方面，只有40%左右的幼兒能達到同年齡最高層次的表現，這到底是因為幼兒在幼兒園中能夠進行扮演遊戲的機會太少，還是因為城鄉差距，甚至單純就是因為幼兒本身的表現不如預期，這是未來需要持續探討的部分。戲劇扮演量表「探索與表現」的分析圖，如圖 7-9 所示。

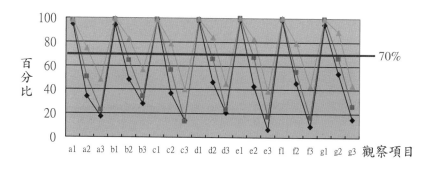

圖 7-9　戲劇扮演量表「探索與表現」分析圖

六、戲劇扮演量表「回應與賞析」下的向度分析

這部分的量表初稿共有四個向度，分別是**個人感受與想法、人物特色、故事情節**，以及**特殊效果**，每個向度之下又有三個不同層次的觀察項目，歸結而言，共有 12 個項目供觀察，整理如表 7-13 所示。

表 7-13　戲劇扮演量表「回應與賞析」之觀察項目

向　度	觀察項目
a 個人感受與想法	a1 簡單說出個人感受
	a2 清楚描述個人感受
	a3 說明並解釋個人的感受或想法
b 人物特色	b1 指出劇中出現的人物或角色
	b2 說出劇中人物的特色
	b3 描述並分析劇中人物的特殊動作、語言
c 故事情節	c1 簡單描述故事或情節內容
	c2 描述故事或情節發展片段過程
	c3 描述故事或情節精采處，並進一步說明原因
d 特殊效果	d1 注意視覺或聽覺效果
	d2 仔細描述劇中視覺或聽覺效果
	d3 描述並簡單解釋劇中視覺或聽覺效果

在「回應與賞析」中，主要是針對向度 a 至 d 進行評量。從圖 7-10 發現，**中、小班階段幼兒**的戲劇「回應與賞析」能力方面相當類似，表現都在最基本的層次上。在「個人感受」的部分，都能「簡單說出個人感受」；在「元素」方面（包含向度 b、c、d），針對劇中出現的人物、故事情節的內容都能做簡單的描述，也會「注意」到視覺／聽覺的效果。**大班**幼兒和前述「戲劇表現」的部分類似，若與中、小班的基礎層次相比，大班的表現大部分落在中等層次

上。在「個人感受」的部分，近80%的幼兒已經可以清楚地描述其個人的感受或想法，而在「元素」的部分，約有 75%左右的幼兒能夠進一步說出人物的特色、情節的過程，以及戲劇中出現的特殊效果。戲劇扮演量表「回應與賞析」的分析圖，如圖 7-10 所示。

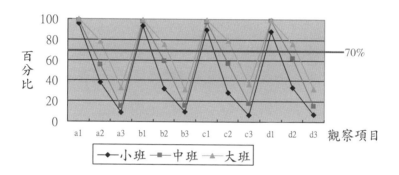

圖 7-10　戲劇扮演量表「回應與賞析」分析圖

七、2～3 歲美感發展

在 2～3 歲幼兒美感的發展情形上，主要以研究助理經過觀察訓練後之「現場觀察」方式蒐集資料。在合作對象的學校選擇上，儘量以不同屬性為考量，包含大專校院附設幼稚園、一般公私立幼稚園、托兒所、混齡班，以及不同城鄉背景等 6 所學校，總計觀察 39 位幼兒，共計 331 小時，每位幼兒的平均觀察時數為 8.5 小時。之後，再分別針對2～3 歲幼兒在「視覺藝術」、「聽覺藝術」和「戲劇扮演」方面中，對「探索與表現」、「回應與賞析」的表現進行分析，研究發現如下。

在「視覺藝術」的部分，2～3 歲幼兒在「探索與表現」的能力上，幼兒已能知覺美的存在，對於生活周遭美的事物有主動「探索」的興致；此外，

也樂於參與創作活動，並且頗能享受其間的樂趣。大小肌肉控制能力已逐漸發展中，線條、造型或色彩都是他們實驗的對象，部分幼兒已能意識到自己作品的內容。在「回應與賞析」的能力中，多數幼兒能使用簡單的藝術詞彙進行回應。

在「聽覺藝術」的部分，2～3歲幼兒在「探索與表現」的能力上，很願意去接觸聲音與音樂，不論是被動地聆聽教師播放音樂或是主動地製造各種聲音，在所有的活動過程中，幼兒一直呈現愉快的狀態。此外，幼兒也願意自發性地發出各種音效聲音，並隨著音樂搖擺或是跟著教師的歌唱做動作。當教師發給幼兒各種打擊樂器時，幼兒願意嘗試玩弄發出各種聲音，並在其中反覆一些聲音。以上所有的活動過程，幼兒一直呈現主動創作的精神。在「回應與賞析」的能力中，當音樂活動或音樂欣賞結束後，幼兒常會希望再反覆聆聽或是希望活動繼續，並且多半表示好玩有趣。

在「戲劇扮演」方面，2～3歲幼兒在「探索與表現」的部分，有著強烈的好奇心及探索慾望，喜歡接觸不同的事物，透過五官感受去覺察周遭人、事、物的變化。只是在「表現」的層次上，則尚停留在基礎的階段；從觀察記錄中顯示，其在對戲劇的媒材或元素的掌握上多以片段的形式展現，劇情無法連貫，時間也較為短暫。在「回應與賞析」的能力中，對於戲劇作品的欣賞活動，必須特別挑選故事情節變化性高、片長適中，且有豐富的聲光音效者，否則由於幼兒的生活經驗有限、口語表達能力尚未成熟，以及注意力短暫等因素，多半難以進行影片賞析的活動。此外，其對賞析影片的回應多透過其「表情」顯現之，其口語的回答多半是簡單的「名詞單字」。

第三節　美感領域的轉化歷程

美感領域指標的轉化與修訂，依據時間來劃分，可分為三個階段，說明如下。

第一階段從 2006 年 2 月至 2008 年 1 月，開始建構「三到六歲幼兒美感行為量表」並進行全國施測，之後再回收量表進行分析。同時，也將實徵研究資料轉換成「幼兒美感指標」，再透過全國專家諮詢會議修訂指標。

第二階段從 2009 年 1 月至 2010 年 9 月，實地進入實驗園所現場，透過實驗以修改美感指標。

第三階段從 2010 至 2011 年，整合六大領域做縱向及橫向的比較，統一敘寫的格式及內容。

 ## 壹、第一階段

美感指標主要以「過程技巧」為縱軸，「學習面向」為橫軸，兩者互相交錯建構而成。在指標建構中，主要的改變如下。

一、雙向細目表中過程能力之修正

美感指標是透過「雙向細目表」建構而成，在直向部分指的是核心能力，也就是「過程能力」，是跨越學習面向的，如以「戲劇扮演」的學習面向為例，課程目標就形成：期待孩子從學習過程中培養透過感官去**發現與探索**事物、進行**表現和創作**，以及**欣賞**藝術作品的各類技巧。至於橫向的部分即為「學習面向」，包含：戲劇扮演、聽覺藝術，以及視覺藝術。

剛開始依據文獻，雙向細目表的過程能力有三，分別是探索與覺察、表現與創作，以及欣賞與回應。然而，在經由兩週一次「美感領域專家小組會議」的反覆修訂，嘗試將核心能力整合為二：「探索與表現」與「審美與賞析」。

續上，在歷經量表修訂、全國施測、專家建議等資料分析，再嘗試將「探索與表現」分為「探索與覺察」及「表現與創作」，而「審美與賞析」部分，則由於實徵研究發現，幼兒尚未能表現出「審美」能力，反倒能「回應」各項藝術作品之內容、形式或對其提出看法，因此，更名為「回應與賞析」，以符合資料分析結果。綜合而論，調整後的核心能力為「探索與覺察」、「表現與創作」，以及「回應與賞析」等三項。

二、加入「情意類」指標

「情意的感受與表達」是幼兒發展美感經驗的重要基石，專家會議中的專家們也認為美感領域需與情意相連結，因此在三項核心能力下，分別加入「情意」方面的指標，例如：在「探索與覺察」中加入「1-1-1」和「1-1-2」[3]兩指標，強調「幼兒接近美的事物後所產生喜樂愉悅的感受」；在「表現與創作」中加入「2-1-1」、「2-1-2」兩指標，強調「喜歡進行創作，並能發揮個人獨特的想像力」；在「回應與賞析」中加入「3-1-1」、「3-1-2」兩指標，強調「喜歡接觸並具欣賞後的樂趣」。

三、調整指標修辭與格式

由於指標轉換自原始的實徵資料，因此在指標修辭上，嘗試將過於工整的文字敘述加以修飾，以助於內容情感的抒發。研編小組參考日本《幼稚園

---

3. 此為實驗階段的結果呈現，在指標數字與內容上皆與現今有所出入。

教育要領解說》（李思儀譯，2006）一書的內容，柔化指標敘述，例如：
「1-1-2 強烈的」、3～5 歲「1-3-3 勇於」、3～5 歲「2-3-1、2-4-1、2-4-2、
2-4-3 大膽地」、5～6 歲「2-4-3 喜歡」、5～6 歲「3-5-1 敏銳地」、5～6 歲
「3-5-3 感性地、令人感動的情感」等。此外，在句型架構上，也嘗試維持個
別年齡層指標敘述的形式，以利教師分辨各個年齡層的發展差異。

四、增加「慣用語澄清」與「名詞解釋」以輔助解讀

　　研究中發現，教師閱讀指標時易產生疑惑，如「什麼是人造物」，因此
嘗試將慣用語做澄清，例如：「人造物」為生活周遭的物品，包含體積較小
的物件或大型建築或作品，如城市景觀、街道等；「扮演遊戲」是「幼兒自
發性的戲劇扮演行為」，有別於一般人對於「戲劇即上臺演出」的刻板印象。
此外，透過聯席會議之討論，發現其他領域亦有名詞解讀的問題，因此，嘗
試統一在指標之後，加入「名詞解釋」[4]，例如：美、體察、戲劇扮演遊戲、
戲劇扮演、戲劇遊戲、玩索、直覺地、藝術的形式、簡單的、基本的、綜合
的、即興歌唱、對應式的節奏、行動、玩物、曲趣等。

　　綜合前述指標修訂原則，最後呈現的指標共有三項核心能力，包含：「探
索與覺察」、「表現與創作」，以及「回應與賞析」。在「探索與覺察」中，
主要透過視覺、聽覺、動覺和情緒感覺等五官知覺，親近生活周遭美的事物
來累積自己的美感經驗。故 1-1 強調幼兒去體驗生活中各式各樣的美，感受愉
悅的感覺和啟發好奇心；而從 1-2 開始逐項敘述視覺藝術、音樂及戲劇等三個
面向，分別透過 1-2 視覺感官、1-3 聽覺感官與身體動作、1-4 扮演遊戲，探
索生活周遭美好的事物。

---

4. 此處呈現的是當時的研究結果，故本章所提的部分名詞可能並未呈現於最後的指標中，
　　請以公布之課綱為主。

在「表現與創作」中，幼兒會主動玩索周遭環境中觸手可及的事物，並運用視覺圖像、音韻節奏、肢體動作，以及角色扮演等各種多元的藝術媒介，發揮想像並以自己獨特的方式進行創作。故 2-1 中強調喜歡創作的主動性及發揮想像，以進行個人獨特的創作之情意；而從 2-2 之後，則是依序運用三個面向，如 2-2 是運用視覺藝術、2-3 是運用音樂、2-4 是運用戲劇之工具與素材，進行表現與創作。希望透過上述敘寫方式，讓教師對個別藝術媒介（三個面向）有所了解，但也提醒教師，應避免過度重視技術性的指導，建議著重於鼓勵幼兒獨特性表現的方向。

在「回應與賞析」中，強調幼兒在欣賞各類藝術創作後所產生的感受與偏好，並進而能敘述其中的細節。另外，也特別強調幼兒能愛惜作品，表現出尊重的態度。故 3-1 強調幼兒能喜歡接觸各類藝術創作，並對自我或他人的美勞、音樂或戲劇創作與展現能有所回應或表現尊重的態度；而從 3-2 開始針對個別面向的賞析進行描述，3-2 為視覺藝術、3-3 為音樂、3-4 為戲劇。依照不同的年齡，幼兒能對生活中各種藝術美感的展現描述自我的喜好或做說明，並從中發展自己的美感偏好。

貳、第二階段

在第一次修訂後，多數的現場老師反映，希望能針對指標中所描述的藝術元素及媒介等內涵的部分做詳盡的說明與示例。因此，研編小組決定重新進入實驗園所現場，一面透過實驗及實例蒐集資料，藉此進行修改工作。

在「視覺藝術」指標修訂方面，因學習指標的敘寫還是無法很詳盡的呈現幼兒在視覺方面的表現程度，除了針對相關文獻再次回顧，也進入現場進行實驗，好讓視覺藝術學習指標的修訂更顯具體，並貼近幼兒的真實表現。

　　在實驗中發現，小班階段幼兒雖然手眼協調的能力已經進步許多，但小肌肉發展尚未完全，對於精細動作以及複雜工具的使用還在摸索階段，畫作裡也尚未有明顯的線條，仍以探索和遊玩的方式進行創作，或常出現反覆的縱橫線表現。此外，透過詢問的確能替圖案命名或賦予意義。因此，在指標的修改上，就由「操作簡單的美勞工具與材料，嘗試進行創作」修改為「玩弄簡單的媒材，嘗試創作」，將「操作簡單的美勞工具與材料，表現出可辨識的點、線、形狀等」修改為「喜好用重複的動作，以線條、形狀或色彩表現出抽象圖案，會命名或賦予意義」。

　　至於中班階段幼兒，與小班相比，已經能明顯看出其對於媒材的使用已有所進步，且能進一步理解不同媒材的操作方式，例如：能運用水彩畫出線條後，會待水彩乾時再進行紙張的拼貼。此外，中班幼兒的表現也開始「有意識的具象表現」，也就是說，在創作時幼兒會清楚的知道自己的創作內容，外人即使不經詢問，也能理解其內容，且不因時空的改變，皆能為其作品做一致性的解釋；而在表現的內容上，則多以個人喜好的人、事、物為主要創作題材。因此，在指標的修改上就由「運用基本的美勞工具與材料，進行創作並表現常見的事物」修改為「理解媒材的基礎操作方式，並進行創作」，將「運用基本的美勞工具與材料，表現具體的線條、色彩、形狀等」修改為「運用線條、形狀、色彩等元素，表現出偏好的人、事、物，進行有意識的具象創作」。

　　到了大班階段，研究發現隨著創作經驗的累積，大班幼兒對於媒材的用法及特性有了更多的了解，例如：在理解蠟筆具有排水性後，後來就不會再用水彩來覆蓋蠟筆的線條了。從作品表現來看，成熟度又比中班高，已能運用較複雜的線條及形狀，並且在畫作上表現個人的想法；畫作中的物件開始增加，內容與色彩的使用也較以往豐富。因此，在指標的修改上就由「逐漸

善用基本的美勞工具與材料，進行創作並表現事物的細節」修改為「理解媒材的特性，運用多元的媒材進行創作」，將「逐漸善用基本的美勞工具與材料，表現具體的線條、色彩、形狀等」修改為「運用較複雜的線條、形狀與豐富的色彩，表現偏好的人、事、物及其情境，進行有主題性的創作」。

在「聽覺藝術」的指標修訂方面，由於現場教保服務人員對於指標所強調的「與老師互動」感到疑惑，並且也對其中所提及的音樂元素感到陌生，因此除了重新回顧文獻，也同時進入現場實驗，了解指標的實踐程度及現場教保服務人員對指標的理解度，以修訂指標。

在實驗後發現，小班階段幼兒除了能和教保服務人員互動，也能和環境中的其他聲音互動。這是一種鷹架學習的概念，若教保服務人員能在小班階段與幼兒積極地做聲音的互動，對於音樂的聽想能力將有所助益。只是「反映」一詞在以身體動作為主詞的指標中，意義比較不精準，如更改為「反應」比較恰當。因此，在指標的修改上就由「以身體動作，反映音樂的大小聲或快慢的變化」修改為「以身體動作，反應音樂的大小聲或快慢的變化」。

在中班階段，幼兒對於聲音的探索已經能夠「開始覺察其不同之處」，而不單只有「開始覺察其變化」，為讓指標敘寫更具體，便將「透過聽覺或身體動作，感受各種聲音或節奏並開始覺察其變化」修改為「透過聽覺或身體動作，感受各種聲音或節奏並開始覺察其不同之處」。只是，在指標中所提的「音色」部分，需要做進一步的釐清，最後在與專業團隊討論後，決定將其定義改為「各種不同的聲音，也就是辨別音質的不同，如小提琴、牛等」。

在大班階段，研究發現幼兒對於聲音的探索已經能夠「覺察其細微的差異」，因此將指標「透過聽覺或身體動作，感受各種聲音或節奏並覺察其變化」修改為「透過聽覺或身體動作，感受各種聲音或節奏並覺察其細微的差異」。至於在聲音的表現上，不再只是侷限在和教保服務人員的互動，改擴

大為回應所有「聽到的聲音」；而「即興哼唱」也泛指用音樂來做語言的回答，不只侷限在節奏、說唱等，在指標的改變上，就從「逐漸善用即興哼唱或敲打樂器的方式與老師做互動」修改為「逐漸善用即興哼唱或敲打樂器的方式去表現音樂或大小的變化」。

　　在「<u>戲劇扮演</u>」指標修訂方面，主要是對「展演」一詞做釐清，認為展演就是「展示演出」，任何的表演形式都是一種展演活動。此外，研究也發現營造一個創造、想像的美感情境，提供多元、豐富的素材，以及開放、彈性的教學心態，是左右幼兒獲得美感體驗的關鍵。除了教保服務人員的戲劇專業知能外，教保服務人員的提問技巧、教學模式，以及參與討論的幼兒人數和年齡，也會影響「回應與賞析」的探討深度與廣度。另外，研究也發現，學習指標大都能在幼兒自發性學習和教學活動中觀察到，像是可在幼兒的學習活動中觀察到指標「透過扮演遊戲，探索並覺察生活中的感官或情緒經驗」，而「欣賞自我或他人的戲劇創作後，能依個人的感覺或偏好，指出其中的內容或特色，並描述細節」，則仍須仰賴教保服務人員的引導才比較能觀察到。

 ## 參、第三階段

　　此階段從 2010 至 2011 年，整合六大領域做縱向及橫向的比較，由另一個研究團隊，在進行個別領域訪談與綜合比較後，為新課綱的格式及內容做統一的修正。

　　在修訂指標的原則上，主要是將美感領域指標的年齡能力表現做一整合，並減少指標的數量，將指標從原有的 44 條減少為 29 條；此外，也將指標描述加以精簡化，希望藉此幫助現場教保服務人員的解讀與實踐。

在本階段後，美感領域指標即完成，並於 2012 年 10 月公布為「幼兒園教保活動課程暫行大綱」，最後於 2017 年 8 月修正為「幼兒園教保活動課程大綱」（簡稱「新課綱」）。

第四節　新課綱與《幼稚園課程標準》的差異

壹、美感領域的差異

美感能力的發展在 1987 年的《幼稚園課程標準》中就已經可以窺見，只是當時是以**學科**作為取向，強調「音樂」、「工作」等教材教法。目前課綱中的美感領域則以**能力**為取向，欲從幼兒園的生活與課程中，培養幼兒「探索與覺察」、「表現與創作」，以及「回應與賞析」的美感素養。此外，1987 年的課程標準列出許多不同的藝術媒介，例如：音樂唱遊、韻律、工作繪畫等，在新課綱美感領域中將之整合為「視覺藝術」、「音樂」，以及「戲劇扮演」等三大媒介。

新課綱「美感」領域的課程理念，欲跳脫過往以單一的「藝術」科目為主的設計概念，反將重點放在培養幼兒接觸美感生活的過程能力，包含對「美」的覺知與好奇、對各種藝術媒介的體驗、創作的樂趣，並逐漸形成個人對「美」的特殊品味等。在原始《幼稚園課程標準》中的「工作」與「音樂」等項教材內容，在新課綱中並未消失，只是「工作」被目前常用的「視覺藝術」取代，另外加上幼兒發展階段中常見的「扮演遊戲」、「身體律動」等內容，希望讓幼兒能透過多元的「藝術媒介」，對外在「美」的事物進行探索、創作與欣賞。

當然，在「美感」領域中，除了「工作」、「音樂」之外，也納入「扮演遊戲」（俗稱辦家家酒或戲劇扮演），因為在一些重要的幼兒發展理論中，多有闡述這類扮演遊戲對幼兒早期發展的關係與影響。這種透過「肢體與口語」的自發性社會互動，是幼兒重新將自己與他人或環境中的「感官」與「情緒」等重要的美感經驗表達出來的機會，它也是早期戲劇發展的開始。然而，多數教保服務人員以為它只是發生在學習區或遊戲場中的兒戲，並未特別注意它的存在，也未將它納入正式的課程或教保活動中。除了幼兒自發性的扮演遊戲外，老師也可以故事繪本為媒介，運用即興性的創造性戲劇活動，將這種自發性的戲劇潛能引發出來。

貳、新課綱的解讀密碼

新課綱自領布以來，很多現場教師在初次接觸課綱時，都有許多解讀上的困擾，以下是幾個閱讀上的建議。

一、將焦點先放在六大領域的主軸能力

各領域的指標在解讀時，可能會發現有諸多重疊之處，或不知該如何將教學活動與學習指標做對應；如何在眾多的學習指標中，找出脈絡並加以理解及內化，是一大學問。針對解讀上的困擾，可以自組讀書會、每月聚焦探討單項領域指標與新課綱內容；在聚會中，可儘量提醒自己暫時拋開各領域的細節內容，轉而將焦點放在對個別領域的主軸精神（過程能力）之理解。另外，隨著閱讀時間的增加，要繼續做領域間橫向的比較，以增加對課綱整體系統的統整了解。

二、克服「教名詞」（知識內容）的習慣，練習將「動詞」（過程能力）轉換成具體的學習經驗

其實，在習慣 1987 年的《幼稚園課程標準》下，現場教保服務人員可能已習慣「教」學，通常會教幼兒數量形、自然科學、美勞、音樂等內容「名詞」。以致於當課綱提倡「過程能力」的培養時，就無法從教導「名詞」的習慣中，轉換成提供過程能力的「動詞」學習體驗。為了能夠看到具體的過程能力如何連結至實際的教學或幼兒的學習經驗中，建議教保服務人員可以配合課室觀察並在每月課程中，選擇一堂課進行「學習指標反思紀錄」，聚焦思考自己在活動引導與學習指標間的對應關係，並釐清教導「名詞概念」和提供「動詞經驗」的不同；最後，統整各園的問題，在班群、園所及跨園會議中進行綜合討論。

三、避免過度聚焦於零碎指標的解讀，培養理解指標全貌的習慣

剛開始時，教保服務人員對於指標不熟，就容易花費許多時間來了解細項的學習指標，且將指標零碎拆解，著重在單一活動中完成片段指標以進行評量，卻無法設計連續的活動，以提供幼兒完整地學習體驗。事實上，在課綱中，每個領域的過程能力都有其連續的關聯與邏輯，例如：認知領域中的「蒐集訊息」、「整理訊息」、「解決問題」就是一脈相連的歷程；而美感領域中的「探索與覺察」、「表現與創作」、「回應與賞析」也是環環相扣的關係。因此，建議教保服務人員儘量以全貌解讀個別領域，並以連續的活動設計完整的經驗，如此才能真正落實課綱的精神。

四、跳出「主題才是課程」的迷思，重新定義「課程」與「主題」在新課綱的意義

　　課程的範疇很廣，舉凡上廁所、吃飯、睡覺、上主題課程、晨會等，皆是課程；換言之，課程應該是在學校所提供給孩子的所有經驗。因此，當幼兒從早上跨入幼兒園的第一步，課程就已開始進行。那主題是什麼？主題只是一座橋梁，透過相關活動的連結，讓幼兒不斷體驗並展現各個領域之下的能力。主題的概念是否能夠完成並不重要，而課程離開主題概念也沒有關係，重要的是幼兒是否能得到充分練習並體會各個過程能力的機會。唯有釐清課程與主題的意義，才能掌握以領域的「動詞」來進行各式活動，並豐富幼兒的學習經驗。

第五節　美感領域Q&A

 壹、美感指標是如何建構出來的？

　　美感指標建構的歷程簡要說明如下：

　　·透過文獻理論、持續性的小組專家學者與聯席會議，建立「雙向細目表」及「量表」。表中縱軸為「探索與覺察」、「表現與創作」，以及「回應與賞析」等三大能力，橫軸為「情意」及「藝術媒介」（包含視覺藝術、音樂及戲劇扮演）兩大學習面向。

　　·依年齡建構出幼、小、中、大班之學習指標初稿。

　　·在兩次量表預試後，進行全國 1,330 位幼兒的美感行為施測。

‧依據實徵研究資料，將 70%以上幼兒能夠做到的能力修改為「美感指標」。

‧邀請35位教學經驗豐富之資深教保服務人員及學者，針對指標內容提出修正意見，以期指標能符合實務現場之應用。

‧進入幼兒園現場，修訂指標用詞與細節。

 ## 貳、課綱為什麼稱為「美感領域」而不叫做「藝術領域」？它與 1987 年《幼稚園課程標準》中的「工作」與「音樂」等領域有何不同？

　　課綱中的美感領域，欲跳脫過往以單一的「藝術」科目為主的設計概念，反將重點放在培養幼兒接觸美感生活的過程能力上，包含：培養敏銳的覺知與鼓勵好奇的探索行為、透過各種藝術媒介進行創作並體驗其中樂趣、慣於回應自己與他人的創作，而形成個人的美感偏好與判斷。

　　1987年版《幼稚園課程標準》中的「工作」與「音樂」，在此次的課綱中並未消失，只是融入成為「美感領域」的藝術媒介，其中「音樂」仍維持其原始概念，也包含與身體動作結合的音樂律動，而原來的「工作」就以「視覺藝術」取代。另外，再加上幼兒階段常見的「扮演遊戲」，這是因為在一些重要的幼兒發展理論中，多有闡述這類扮演遊戲對幼兒早期發展的關係與影響。這種透過「肢體口語」的自發性社會互動，是幼兒重新將自己與他人或環境中的「感官」與「情緒」等重要的美感經驗表達出來的機會，它也是早期戲劇發展的開始。然而，多數教保服務人員以為它只是發生在學習區或遊戲場中的兒戲，並未特別注意它的存在，也未將它納入正式的課程或教保活動中。除了幼兒自發性的扮演遊戲外，老師也可以以故事繪本為媒介，運

用即興性的創造性戲劇活動，將這種自發性的戲劇潛能引發出來。

綜合「聽覺藝術」、「音樂」及「戲劇扮演」，就是希望讓幼兒能透過多元的「藝術媒介」，對外在美的事物進行探索創作與回應欣賞。

 ## 參、為何要在課綱中加入「美感領域」呢？

「美」是新世紀最重要的競爭力。在走入二十一世紀之初，隨著科技的進步與產業的升級，世界各國對於未來人才的培育，都開始積極地進行規劃。面對全球化的趨勢與未來激烈的競爭挑戰，如何能夠創造出符合大眾的需要，又具備美感與個人特色的產品，是在二十一世紀取勝的關鍵。一個國家想要在未來不被淘汰，培養一群具有創意、勇於開發，且集知性與感性於一身的全方位人才，是目前的當務之急。然而，創意與美感人才的培育絕非一蹴可幾，必須從小開始。從教育的觀點來看，幼兒天生就具備敏銳的感官知覺並充滿創意與好奇的本能，若能夠把握這段美感發展的關鍵期，及早提供豐富的美感環境，並讓其累積足夠的美感經驗，這份美感能力就能逐漸開花結果。

 ## 肆、什麼叫做「美感」？對幼兒有什麼重要性？

「美感」是由個體內心深處所主動建構的一種「感知」外在美好事物存在的能力。這種「感知美」的能力，一般需要經由敏銳的感官來覺察各種外在的訊息；同時，也要連結個人的想像或經驗，以引發內在心靈的感動和歡欣愉悅的感覺。

與成人相較，幼兒的「美感」能力特別的敏銳。透過視覺、聽覺、動覺和情緒覺等五官知覺，幼兒能主動與周遭的自然或社會環境產生互動，體驗

簡中的微妙感受，並累積自己的美感經驗。同時，幼兒也能嘗試運用視覺圖像、音韻節奏、身體動作，以及角色扮演等各種方式進行創作，以獨特的方式表現自我，並在過程中感受遊戲與創作的樂趣。隨著知覺經驗的發展，幼兒對於生活中各種藝術的展現，漸漸有能力去分辨並且發展自己的美感偏好。這些早期的美感經驗，能鼓動幼兒好奇探索之心及正向的情意回應，並且產生與生活周遭環境相連結的情感，間接地形成未來對自然關懷、社會意識與文化認同的基礎。

伍、 本次「美感領域」大綱的基本理念為何？

「美感」的定義是指，「個體經由各種感官知覺來接收外界的各種訊息，與思維或想像產生連結，繼而引發內在心靈的觸動，所湧現的一種幸福、歡欣、愉悅的感覺」。其基本理念來自 Dewey（1980）對美感是一種「完整經驗」的看法，他認為「當經驗的主體沉浸於一個事件之中，他們真誠而專注的參與其中，使自己的理性與感性相融合，成就了一種具統一性質的經驗，並於經歷過後，具有滿足、淋漓盡致的感受」。

Dewey也強調，美感必須透過實際的經驗和體會，在不斷「做」與「受」的互動交融中，得到持續又統一的「完整經驗」。他也指出，「藝術」就是一種「做」的過程，與人類經驗息息相關，是人類經驗的最高表現形式，當經驗被徹底統整與完成之時，藝術就會油然而生。藝術的經驗不需外取，從「平日」的生活過程中，就能直接找到美感經驗的連續性。換言之，「生活中的藝術行動，可能成為一種美感經驗的重要媒介」，本課綱的美感領域就是以「視覺藝術」、「音樂」，以及「戲劇扮演」等藝術媒介作為美感的三個面向。

　　美感能力就是透過不斷的「美感經驗」累積而成。「美感經驗」一般可分為「回應式」或「生產式」等兩個層面。「回應式」包含「探索、欣賞和評估」等不同層次的美感體驗。首先，幼兒必須常常有機會運用其感官去「探索與體察」環境中各類事物之美；再進一步地針對各種創作，進行「欣賞與回應」個人感受與看法。「生產式」是以「創造性」或「表達性」的美感經驗為主，強調幼兒能發揮想像，主動使用材料、道具、樂器和工具，進行藝術、音樂、戲劇或舞蹈等自發性的創作。美感領域就是透過「回應式」的經驗，鼓勵幼兒好奇探索的行為與對自己與他人創作的感受表達，而透過「生產式」的經驗，培養樂於表現並積極從事創作的幼兒。不過，基於「遊戲」的天性，無論是「回應式」或「生產式」的美感經驗，都須以「探索」為基礎。本課綱即特別將「探索與覺察」列出，成為美感能力的基礎；另外再加上「表現與創作」以及「回應與賞析」，而成為三項美感能力。

陸、「美感」領域的「探索與覺察」、「表現與創作」，以及「回應與賞析」三項能力之間的關係為何？

　　幼兒美感的發展主要是以「探索與覺察」作為基礎，逐漸導向「表現與創作」或「回應與賞析」的層面。換言之，在進行創作或賞析之前，幼兒必須要有充分的機會對外在環境進行探索。同時，幼兒在進行「表現與創作」或「回應與賞析」的藝術創作時，他們對美的覺察力和敏銳度也逐漸加深加廣。另外，「表現與創作」以及「回應與賞析」常常同時並存，因為幼兒一面創作的同時，一面也與同儕進行非正式的分享討論。此外，當教師透過創作作品進行賞析之時，一方面逐漸讓幼兒發展對美的偏好和藝術元素的學習，

但另一方面也增進下次創作的靈感與動力。綜合上述，「探索與覺察」、「表現與創作」，以及「回應與賞析」等三者之間，彼此呈現交疊、互為因果的關係。

 ## 柒、 美感領域相當於一般所謂的才藝課程嗎？

美感領域並不等於才藝課程，它是一種感受周遭美的事物能力之養成過程。其重點不是教導音樂、美勞或戲劇的知識或技巧，而是透過視、聽、味、嗅覺等感官累積美感的經驗，在其間陶冶而得的過程能力，例如：勇於探索的好奇心、敏銳的五官覺察、情意的表達體認、豐富的想像力等，透過觸手可及的生活或藝術媒材提升自我的表現力和美的感受力，以及參與各種藝術活動的互動、合作、溝通、分享及欣賞的社會技巧。這些過程能力的培養，也連帶提升了幼兒的基本能力，讓幼兒擁有高體會、高感性的特質，以迎接未來社會的挑戰。因此，家長可以常和幼兒分享生活中美好的事物經驗、一同經歷創作的喜悅、常帶幼兒參與社區中的藝術活動等，以擴展幼兒的美感經驗，這都是幫助幼兒獲取美感過程能力的好方法。

第六節　結語

從 2006 年起，在課綱總召集人的邀請下，擔任美感領域召集人。每次的研修小組會議，筆者都必須早上從臺南出發，一路風塵僕僕地趕往臺北開會，結束後回到家都已是晚上八、九點左右。早期去臺北是搭乘飛機再轉計程車，後來改為先搭高鐵再轉捷運，而筆者的三期美感的研究報告和最後的實例計畫，就在這南北奔波的六年歲月中，逐步完成。回想這段研編修訂的歷程，

反反覆覆、鉅細靡遺，承蒙各個藝術領域專家和臺灣各地的現場教師，透過不同的諮詢會議，提供許多寶貴的回饋意見，讓美感領域的修訂，能更符合學理與現場的需要。

　　「美感」在我國幼教發展中是一門新的領域，無論在學理或實務上，它既「複雜抽象」又「炫目迷人」，也一直引發許多中外學者的討論與爭辯。尤其在實務課程中，它又含括了視覺美勞、音樂律動，以及戲劇扮演等各種表達性的藝術媒介，這使得整個實驗研究的準備工作變得更多樣複雜，也挑戰了筆者與研編小組的耐力。這段時期的工作希望能喚起大家對美感教育持續的關注與興趣。事實上，教育部從 2012 年開始推動美感教育五年中長程計畫，在學前階段也實施了幼兒園美感及藝術向下扎根計畫，繼美感領域及課綱之後，持續深耕美感教育至全國幼兒園中。其目標在增加教保服務人員對於美感教育的理解與實作能力，發覺自我的美感傾向，融入美感生活與環境，走入社區連結夥伴，共創美感行動，發展具備美感的特色幼兒園，讓美感從小扎根，以奠定「美力」終身學習的基礎。

美感領域研編小組成員

第一期（2006 年 2 月 1 日至 2008 年 1 月 31 日）

召集人：林玫君

成　員：蔡其蓁、李萍娜、李之光、鄒慧英、甘季碧、林麗雅、羅心玫、胡淨雯

第二期（2009 年 1 月 1 日至 2010 年 9 月 30 日）

召集人：林玫君

成　員：呂昭瑩、曾惠青、陳秀萍、黃慈薇、吳翠倩、胡淨雯

參考文獻

中文部分

李思儀（譯）（2006）。**幼稚園教育要領解說**（原作者：文部科學省）。日本東京：文部科學省。（原著出版年：1999 年）

林玫君（2005）。**創造性戲劇理論與實務：教室中的行動研究**。臺北市：心理。

林玫君（2012）。臺灣幼兒園課綱美感領域學習指標發展初探：以戲劇指標與量表之建構歷程為例。**當代教育研究季刊，20**（4），1-44。

林玫君（2015）。**幼兒園美感教育**。新北市：心理。

林玫君（2017）。**兒童戲劇教育之理論與實務**。新北市：心理。

范瓊方（2003）。「藝術與人文」領域中談幼兒美感教育。**國民教育，43**（6），66-70。

莊惠君（譯）（2000）。**幼兒音樂學習原理**（原作者：E. E. Gordon）。臺北市：心理。

陳伯璋、張盈堃（2007）。來自日常生活的教育學院：社區、課程與美學的探究。**教育與社會研究，12**，41-72。

陳錦惠（2005）。教學經驗中的美感特質探討：Dewey 美學的觀點。**課程與教學，8**（2），15-24。

黃壬來（2003）。**幼兒造型藝術教學：統合理論之應用**。臺北市：五南。

英文部分

Alvino, F. J. (2000). *Art improves the quality of life: A look at art in early childhood settings*. East Lansing, MI: National Center for Research on Teacher Learning. (ERIC Document Reproduction Service No. ED447963)

Bateson, G. A. (1976). A theory of play and fantasy. In J. S. Burner, A. Jolly & K. Sylva (Eds.), *Play: Its role in development and evolution* (pp. 119-129). New York, NY: Basic Books.

Dewey, J. (1980). *Art as experience*. NY: Perigee. (Originally published in 1934)

Gordon, E. E. (2003). *A music learning theory for newborn and young children*. Chicago, IL: GIA.

Jalongo, M. R., & Stamp, L. N. (1997). *The arts in children's lives: Aesthetic education for early childhood*. Needham Heights, MA: Allyn & Bacon.

Kostelnik, M. J., Soderman, A. K., & Whiren, A. P. (2004). *Developmentally appropriate curriculum: Best practices in early childhood education* (3rd ed.). Upper Saddle River, NJ: Pearson.

Lim, B. (2004). Aesthetic discourses in early childhood settings: Dewey, Steiner, and Vygotsky. *Early Child Development and Care, 174*(5), 473-486.

Smilansky, S. (1968). *The effects of sociodramatic play on disadvantaged preschool children*. New York, NY: John Wiley & Sons.

Smilansky, S., & Shefatya, L. (1990). *Facilitating play: A medium for promoting cognitive, socio-emotional, & academic development in young children*. Gaithersburg, MD: Psychosocial & Educational Publications.

Sutton-Smith, B. (1979). Epilogue: Play as performance. In B. Sutton-Smith (Ed.), *Play and learning* (pp. 295-320). New York, NY: John Wiley & Sons.

Wolf, D., & Grollman, S. H. (1982). Ways of playing: Individual differences in imaginative style. In D. J. Pepler & K. H. Rubin (Eds.), *The play of children: Current theory and research* (pp. 46-63). Basel, Switzerland: Karger.

國家圖書館出版品預行編目（CIP）資料

新課綱想說的事：幼兒園教保活動課程大綱的理念
與發展／幸曼玲等著.
--二版.-- 新北市：心理, 2017.09
面； 公分.--（幼兒教育系列；51192）
ISBN 978-986-191-788-7（平裝）

1. 學前教育　2. 學前課程　3. 課程綱要

523.23　　　　　　　　　　　　　　　　106015886

幼兒教育系列 51192

新課綱想說的事：
幼兒園教保活動課程大綱的理念與發展（第二版）

作　　者：幸曼玲、楊金寶、丘嘉慧、柯華葳、蔡敏玲、
　　　　　金瑞芝、郭李宗文、簡淑真、林玫君
責任編輯：郭佳玲
總 編 輯：林敬堯
發 行 人：洪有義
出 版 者：心理出版社股份有限公司
地　　址：231 新北市新店區光明街 288 號 7 樓
電　　話：(02) 29150566
傳　　真：(02) 29152928
郵撥帳號：19293172　心理出版社股份有限公司
網　　址：http://www.psy.com.tw
電子信箱：psychoco@ms15.hinet.net
排 版 者：辰皓國際出版製作有限公司
印 刷 者：辰皓國際出版製作有限公司
初版一刷：2015 年 9 月
二版一刷：2017 年 9 月
二版三刷：2020 年 10 月
Ｉ Ｓ Ｂ Ｎ：978-986-191-788-7
定　　價：新台幣 500 元